美好生活视域下
住房产权福祉效应研究

——完善面向中国式现代化的住房制度体系

吴义东/著

中国财经出版传媒集团

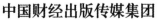

经济科学出版社
Economic Science Press

·北 京·

图书在版编目（CIP）数据

美好生活视域下住房产权福祉效应研究：完善面向
中国式现代化的住房制度体系/吴义东著 . -- 北京：
经济科学出版社，2025.3
（中青年经济学家文库）
ISBN 978 - 7 - 5218 - 4812 - 0

Ⅰ . ①美… Ⅱ . ①吴… Ⅲ . ①房地产 – 产权 – 影响 –
居民 – 社会福利 – 研究 – 中国 Ⅳ . ①D632.1

中国国家版本馆 CIP 数据核字（2023）第 098806 号

责任编辑：王红英
责任校对：郑淑艳
责任印制：邱　天

美好生活视域下住房产权福祉效应研究
——完善面向中国式现代化的住房制度体系
MEIHAO SHENGHUO SHIYUXIA ZHUFANG CHANQUAN FUZHI XIAOYING YANJIU
——WANSHAN MIANXIANG ZHONGGUOSHI XIANDAIHUA DE
ZHUFANG ZHIDU TIXI
吴义东/著

经济科学出版社出版、发行　新华书店经销
社址：北京市海淀区阜成路甲 28 号　邮编：100142
总编部电话：010 - 88191217　发行部电话：010 - 88191522
网址：www. esp. com. cn
电子邮箱：esp@ esp. com. cn
天猫网店：经济科学出版社旗舰店
网址：http：//jjkxcbs. tmall. com
固安华明印业有限公司印装
710 × 1000　16 开　32 印张　500000 字
2025 年 3 月第 1 版　2025 年 3 月第 1 次印刷
ISBN 978 - 7 - 5218 - 4812 - 0　定价：126.00 元
（图书出现印装问题，本社负责调换。电话：010 - 88191545）
（版权所有　侵权必究　打击盗版　举报热线：010 - 88191661
QQ：2242791300　营销中心电话：010 - 88191537
电子邮箱：dbts@ esp. com. cn）

本书的研究工作得到以下基金资助
特 此 致 谢

国家自然科学基金青年项目"住房公积金制度扩面对农业转移人口市民化的影响及其优化研究"（72404002）。

教育部人文社会科学研究青年基金"'三道红线'调控下房地产企业债务风险化解机制、政策效果与优化路径研究"（23YJC790154）。

北京大学—林肯研究院城市发展与土地政策研究中心博士学位论文奖学金资助项目"住房产权对居民福祉的影响研究：理论机制与实证检验"（DS10－20201001－WYD）。

安徽省哲学社会科学重点实验室协同创新项目"数据驱动的房地产市场管理与决策"（GXXT－2022－098）。

前言

让人民生活幸福是"国之大者",增进民生福祉是发展的根本目的。当前,我国已经全面建成小康社会,开启了全面建设社会主义现代化国家新征程,在把握新发展阶段、贯彻新发展理念、构建新发展格局的时代背景下,需要不断增强人民群众获得感、幸福感、安全感。住房问题既是民生问题,也是发展问题,美好居住是美好生活的重要组成部分,实现人民群众住有所居、宜居安居,是满足人民群众对美好生活向往的实事和大事,也是解决我国发展不平衡不充分问题的重要着力点。

从国际视角来看,中国的住房产权对居民主观福祉的影响更具有基础性、根本性和全局性,因而研究中国住房产权对居民主观福祉的影响,是讲好中国故事的重要体现,具有很强的理论意义和实践价值。为此,本书通过理论分析和实证研究等方法,结合经济学、社会学、心理学等多学科的经典理论方法和研究范式,构建了一个系统性和递进式的分析框架,深入剖析了现有研究的观点和局限,梳理了我国住房产权制度的演化历史,描述了我国住房产权和居民主观福祉的基本概况与趋势特征。从微观视角和宏观视角两个维度,实证研究了拥有住房产权对于居民主观福祉的影响效应和影响机制,研究了不同类型住房产权对居民主观福祉的差异化影响,研究了城市住房拥有率和省份住房拥有率对于居民主观福祉的影响与机理。旨在从住房产权视角探讨居民主观福祉的提升路径，同时从增进居民主观福祉视角研究中国住房市场和住房制度发展改革思路。

具体而言，在系统性梳理归纳国内外相关文献的基础上，基于正义理论的哲学思辨，对住房正义的内涵和基本要义进行了界定，从住房正义视角深刻阐述了中国情境下住房产权与民生主观福祉的内在关系。并通过构建数理模型，从理论层面刻画出住房产权影响居民主观福祉的内在机理。而且，同时，本书梳理和概括了我国住房制度从古至今的变迁历程，尤其是自新中国成立以后以及改革开放以来的住房制度演变过程，旨在从历史视角厘清我国住房产权形成的历史渊源和变迁经过，便于我们更好地理解住房产权对中国居民的独特内涵。在此基础上，本书对我国住房产权私有化程度、居民主观福祉的基本面貌和发展动态等进行了全景式展示。

在实证研究部分，本书首先利用多年度中国家庭金融调查（CHFS）数据，从微观视角研究拥有住房产权对居民主观幸福感的影响。并通过多种计量方法确保基准回归结果的稳健性与可靠性。在此之后，本书进一步讨论了拥有住房产权对居民主观幸福感影响的边际效应，研究了拥有住房产权对居民主观幸福感逐步跃迁和跨级跃迁的影响，以及拥有多套住房产权对于居民主观幸福感的影响、"有房—不幸福"与"无房—幸福"群体的分布特征等。研究结果表明：（1）拥有住房产权能够显著提升居民的主观幸福感，即中国的住房产权私有化进程显著增进了居民主观福祉；（2）拥有住房产权能显著降低居民感到"非常不幸福""不幸福""一般"的概率，反之能够显著提高"幸福""非常幸福"的概率，且对居民感到"非常幸福"概率的正向提升作用最大，对主观幸福感"一般"概率的负向抑制作用最大，这也意味着，获取住房产权有助于居民跨越"中等幸福陷阱"；（3）获取住房产权往往只能对那些幸福度较低的人群起到"雪中送炭"的作用，而难以对幸福度较高的人群起到"锦上添花"的作用；（4）现阶段拥有多套住房产权依然能够显著提高人们的幸福感，仅拥有一套房产的居民已经很难从住房产权中获取幸福感，但住房产权数量对居民产生的边际幸福效应呈现出倒"U"形特征。

其次，本书对拥有住房产权影响居民主观福祉的机制进行了多维度深入剖析，结合中国情境，综合运用中国综合社会调查数据（CGSS）、中国社会状况综合调查数据（CSS）、中国家庭金融调查数据（CHFS）等多套微观调查数据资源，围绕经济地位、社会评价、家庭生活、邻里关系、心理感受等多个维度，基于多学科相关理论，从财富积累、阶层认知、身份认同、发展权利、政治参与、社会融合、可行能力、邻里关系等多个视角，对中国住房产权影响居民主观福祉的可能机制进行了全面检验。研究结果表明，住房产权能够产生资产效应、社会门票效应、家庭和谐效应、睦邻效应、政治参与门票效应、自我肯定效应等，进而提高人们的主观福祉。

再次，本书还从产权属性、经济属性、区位属性、资源属性等多个维度，实证研究了拥有不同类型住房产权对居民主观幸福感的差异化影响结果，并结合中国情境分析了产生不同影响结果的可能原因。研究结果表明：（1）从产权属性来看，产权性质为部分产权的住房对居民产生的幸福效应相对偏弱，拥有新建商品房住房产权的居民幸福感水平相对最高。住房产权的幸福效应随着持有时间拉长而逐渐减弱。居民本人及其配偶/伴侣共同持有的住房产权产生的幸福效应最强，而且住房产权对居民主观福祉的影响存在着明显的向下代际传递特征，男性子嗣拥有住房产权能够显著提升父辈的主观福祉。（2）从经济属性来看，不同初始价值的住房产权与居民的主观幸福之间呈现出"左低右高"的非对称性"U"形关系，通过住房公积金贷款获取的住房产权能在更大程度上提升居民的主观幸福感。同时，居民家庭为获取住房产权而产生的经济压力能够显著削弱居民的主观幸福感，对于偿还房债能力不足的家庭而言，拥有住房产权反而抑制了居民的主观幸福感。（3）从区位属性来看，拥有本地区、城市地区、东部地区、房价较高地区的住房产权对于居民主观幸福感的提升程度相对更大；产生租金收益、市场价值高、增值水平高、债务压力小的住房产权能够产生更为明显的幸福效应。（4）从资源属性来看，公共资源可达性高、通勤时间较少的住房产权以及学区住房能在更大程度上显著提升居民的主观幸福感。

最后，本书从宏观视角研究城市住房拥有率和省份住房拥有率对居民主观福祉的影响，旨在从居民主观福祉的视角探讨城市层面和省级层面住房拥有率的不同社会影响。研究发现，城市住房拥有率与居民主观幸福感表现出显著的正向关联，而省份住房拥有率则与居民主观幸福感表现出显著的负向关联。而且，城市住房拥有率和省份住房拥有率对于居民主观幸福感"一正一负"的影响效应存在"幸福感错位"现象，具体而言，城市住房拥有率仅对于幸福感处于"中间"的居民主观福祉产生显著积极影响，而对于幸福感处于"两端"的居民主观福祉则没有显著影响；与之不同的是，省份住房拥有率仅对于幸福感处于"高水平"的居民主观福祉产生显著负面影响，而对于幸福感处于"较高及以下"的居民主观福祉则没有显著影响。此外，对于拥有住房产权的居民而言，在省内城市之间的横向攀比过程中形成了"有产者的焦虑"，从而削弱了自身的主观福祉。

综上所述，住房产权对居民主观福祉的提升作用因人而异、因地而异，住房产权对居民主观福祉的影响重点源于"产"与"权"，不同类型住房产权对居民主观福祉的影响程度存在差异，城市和省份住房拥有率对居民主观福祉产生"一正一负"的影响。基于国家顶层设计、时代背景和民生诉求，结合我国住房市场和城市发展最新动向，围绕主要研究结论，本书从以下四个方面提出了相关政策启示，以期为我国住房市场平稳健康发展和增进民生福祉提供理论参考。一是建立和完善以增进民生福祉为导向的住房制度，二是优化住房"产、权"分配机制增强租购可替代性，三是抑制因攀比心理导致的居民非理性购房行为，四是重视住房产权引发的代际与城乡居民主观福祉传递效应。

总体而言，与国内外现有相关研究成果相比，本书的边际贡献和理论创新可能重点体现在三个方面。第一，本书研究视角具有创新性。比如：在定性分析中从古今视角、中外视角创新性地阐释了住房产权对于中国居民的特殊含义，在实证研究中创新性地将微观视角和宏观视角有机结合，在机制分析中从经济、社会、心理等多重视角创新性地论证了住房产权对居民主观福祉的影响机制，在异质性分析中从是否拥有住房产权和多套房视角、从产权属性、经济属性、区位属性、资源属性视角创新性地区别了不同类型住房产权对于居民主观福祉的差异化影响等。第二，本书研究方法具有拓展性。比如：在理论研究中创新性地刻画了租房阶段和购房之后居民主观福祉的分解及变动情况，创新性地拓展了住房产权影响居民主观福祉的理论模型，将无房阶段和有房阶段的住房消费纳入个体效用函数，测算出房价上涨周期中的居民住房消费最优理论值域；在实证研究中创新性地运用了多种前沿计量模型，灵活性地运用了多套微观调查数据库，对微观数据库中的关联信息进行了细致充分提取和整合，使得不同方法、不同数据有机互补和相互验证，强化了量化结果的稳健性，克服了实证结果的内生性，尽可能地确保了论述的科学性。第三，本书研究观点具有原创性。比如：创新性地将正义理论引入理论分析过程，提出了"住房正义"观点；基于细致化的实证研究设计，创新性地提出了"中等幸福陷阱""有产者焦虑""非理性幸福"等观点；在实证研究过程中，创新性地将居民主观福祉划分成绝对主观幸福感、相对主观幸福感、主观幸福感跃迁，探讨了住房产权对居民主观福祉的深层次影响；创新性地分析了"房产—幸福"倒挂的个体基本特征；创新性地提出了住房产权影响下的主观福祉代际传递效应，并进一步区分了子代的性别，认为男性子嗣的住房产权拥有情况能够显著影响父辈主观福祉；创新性地分析了不同住房债务压力、不同公共服务获取便利度下的住房产权幸福效应。综上所述，本书通过设计出逻辑严密的分析框架，得到了很多新颖生动的结论，提出了创新性的研究观点，对本领域的研究进行了有力拓展和深化。不但能够加深人们对于住房产权与居民主观福祉之间关系的认知，同时还能为进一步改革和完善住房制度提供科学可行的富有建设性的政策建议。

目录

第一章

绪　论

本章依次详细介绍了本书的研究背景、研究目的与研究意义、研究对象与研究内容、研究方法与技术路线、内容结构安排、研究贡献与创新等。本章通过把本书研究放到当前中国特色社会主义事业进入新发展阶段、贯彻新发展理念、构建新发展格局，尤其是住房制度改革的时代大背景和大环境中，旨在说明本书研究深深植根于中国社会发展的基本现实，讲好蕴含在住房产权和居民福祉之中丰富生动的中国故事，彰显出本书的研究价值和现实意义。同时，本章对本书的具体研究过程制定了详细完备的分析框架和写作提纲，旨在描绘出本书研究的逻辑脉络和思考过程，突出本书研究的逻辑性、层次性、创新性。此外，本章还对本书研究过程中的相关方法进行梳理归纳，旨在体现出本书研究的科学性、生动性。

第一节　研究背景

2021 年是中国共产党成立 100 周年，是实现第一个百年奋斗目标之年，也是全面建设社会主义现代化国家开局起步之年。民生连着民心，民心关乎国运，当前，我国已经进入新发展阶段，广大人民群众在注重丰富物质文化生活的同时，也越来越重视福祉的提升。自新中国成立以来特别是改革开放 40 多年以来，我国社会生产力、综合国力、人民生活水平实现了历史性跨越。人民对美好生活的向往比任何时候都更加强烈，人民群众的需要也逐渐呈现出多样化多层次多方面的特点，期盼获得更优的教育、更稳的工作、更高的收入、更好的社会保障、更优美的环境、更舒适的居住条件、更丰富的精神文化生活等。邓小平同志曾经说过，要把"人民拥护不拥护，赞成不赞成，高兴不高兴，答应不答应作为制定方针政策和作出决断的出发点和归宿"。① 显然，这一"人民标准"是党为人民服务宗旨的具体深化，也是经过历史检验的正确命题。党的二十大报告明确指出，"维护人民根本利益，增进民生福祉，不断实现发展为了人民、发展依靠人民、发展成果由人民共享，让现代化建设成果更多更公平惠及全体人民"，需要"不断夯实人民幸福生活的物质条件"。习近平总书记多次强调，我们党和政府做一切工作出发点、落脚点都是让人民过上好日子，让人民生活幸福是"国之大者"，也是最大的人权，人民对美好生活的向往就是党的奋斗目标，中国共产党人的初心和使命，就是为中国人民谋幸福，为中华民族谋复兴。② 2021 年 3 月，十三届全国人大四次会议通过的《中华人民共和国国民经济和社会发展第十四个五年规划和 2035 年远景目标纲要》也再次明确要"增进民生福祉，不断实现人民对美好生活的向往"。这些表述都充分彰显了新时代我国发展的新理念，不仅要继续加强经济建设，丰裕人们的物质生活，同时在发展的过程中更需要注重提升居民的福祉水平，要让人们生活得更加快乐、更加幸福、更有尊严。

从物质视角来看，住房作为所有居民最基本的生活必需品，获得适足的住房水平是每个人生存与发展的必要前提条件（陈杰和吴义东，2019）。从 1998 年中国城镇住房全面市场化改革以来，商品房销售价格总体上呈现出快速上涨的态势，房价收入比不断攀升，城镇家庭的购房压力持续加大。与其他普通商品所不同的是，住房商品不仅具有

---

① 中国共产党新闻网（http：//cpc. people. com. cn/n1/2024/0830/c443712 - 40309287. html）。

② 习近平总书记在中共中央政治局第三十七次集体学习时发表的重要讲话。

消费属性，满足人们居住的需求，同时还具有明显的投资属性，尤其在住房价格不断上涨的情形下，城市住房的投资价值显得更为明显。因此，住房市场"住"和"炒"的矛盾，进一步加剧了住房市场的畸形发展和租购失衡，产生了一系列的社会问题和民生问题。此外，在"有恒产者有恒心""安居乐业""筑巢引凤"等传统观念的影响下，住房产权已经在某种程度上被赋予了身份和阶层的象征。"安得广厦千万间，大庇天下寒士俱欢颜"，历经千年，住房产权对于中国居民的意义早已不仅仅是遮风避雨御寒的场所，人们还把对生活更美好的期许赋予其中。显然，住房市场引发的住房不平等和财富分配不平等，已经引发了一定的社会焦虑，给众多家庭带来了现实压力和预期压力，严重影响了社会情绪、微观家庭福祉及居民主观幸福感。为此，党的二十大报告明确强调"坚持房子是用来住的、不是用来炒的定位，加快建立多主体供给、多渠道保障、租购并举的住房制度"，旨在从根本上解决住房市场不平衡、不充分的发展矛盾，让全体人民住有所居、住有宜居、职住平衡，让人们从住房市场和住房制度中感受到社会公平正义，提升住房给居民家庭带来的获得感、幸福感和安全感。

从传统意义上说，诸如国内生产总值（GDP）、国民生产总值（GNP）、人均可支配收入等指标通常被用作衡量国富、民富的标准，但著名的伊斯特林悖论（Easterlin Paradox）曾提出，收入或财富的增加并不必然带来幸福的提升。很显然，居民幸福程度与 GDP 等同样重要，一方面，它能够有效监控经济社会运行态势；另一方面，它可以了解人民群众的生活满意度。不可否认，作为最重要的非经济因素，居民幸福程度是社会运行状况和百姓生活状态的"晴雨表"，也是社会发展与民心向背的"风向标"，是一项"隐藏的国民财富"（the Hidden Wealth of Nations）（Halpern，2010）。世界上很多国家、地区以及国际组织把提升居民主观福祉作为一项非常重要的发展指标。美国《独立宣言》就曾经把"追求幸福"称为人的一项"不可剥夺的权利"，并将拥有这项权利视作不证自明的公理，而且还将这种权利与生命权和自由权等量齐观。20 世纪 80 年代后期，不丹第四代国王也明确表示，要将增加"国民幸福总值"（Gross National Happiness）作为指令性原则在国家加以执行。1990 年，联合国开发计划署（United Nations Development Programme）开发了人类发展指数（Human Development Index，HDI）[①]，即以预期寿命、教育水平、生活质量三个维度基础变量，按照特定计算方法，计算出综合指标，并在每年的《人类发展报告》（Human Development Report）中发布。在此之后，联合国开发计划署每年都公开发布世界各国和地区的人类发展指数，并以此衡量相关国家和地区的人类发展水平。自 20 世纪 90 年代以来，人类发展指数已在指导相关国家和地区制定相应发展战略等方面发挥了极为重要的作用。在 2020 年世界 189 个国家和地区的人类发展指数排名中，中国仅排名第 85 位。[②] 与此同时，考虑到追求幸福是人的一项基本目标，幸福生活是全世界人类生活中的普遍目标和期望，2012 年 6 月 28 日第 66 届联合国大会决议将每年的 3 月 20 日定为"国际幸福日"。从 2012 年开始，联合国可持续发展解决方案网络（The Sustainable Development Solutions Network，SDSN）每年发布一次《全球幸福指数报告》（*World Happiness Report*）[③]，其中包括"世界最幸福国家"榜单。根据 2021 年发布的报告显示，对于世界上 149 个主要的国家和地区，中国的幸福排名仅为第 84 位。近年来，经济合作与发展组织（OECD）开始发布幸福生活指数（Better Life Index）[④]，这一指数可以对不同国家的主观福祉水平进行对比，包括物质生活条件和生活质量。

由此可见，世界上很多国家或地区以及国际组织越来越重视居民主观福祉水平以及居民幸福程度。正是因为幸福快乐在人生中的极端重要性，所以它理应成为国家治理和城市治理追求的一个目标。近些年来，中国居民的幸福指数和幸福程度也逐渐受到各界关注。我国也

---

① UNDH 人类发展指数官方网站：http：//hdr. undp. org/en。
② UNDH 人类发展指数官方网站：http：//hdr. undp. org/en。
③ SDSN 全球幸福指数官方网站：https：//worldhappiness. report。
④ OECD 美好生活指数官方网站：http：//www. oecdbetterlifeindex. org。

在建设幸福社会和幸福城市，旨在让居民的生活更加幸福、更加和谐、更有尊严。我国很多省（区、市）在正式场合明确提出"幸福"概念，并将"幸福"列为了施政目标，各地在城镇老旧小区改造中也在深入开展美好环境与幸福生活共同缔造活动，追求"幸福"已经形成广泛共识。例如，2015 年 2 月，西南财经大学中国家庭金融调查与研究中心发布《国民幸福报告 2014》，在收入、学历、婚姻、职业、健康等各个方面对构成幸福的要素进行解读，揭示出当前中国百姓的幸福状态，研究发现我国居民普遍感到幸福，且城镇地区居民的幸福指数略高于农村地区居民，幸福指数最高的省份是山东省，京沪两地居民的幸福感并不如想象中低。2018 年 1 月，北京师范大学中国民生发展课题组发布了《2017 中国民生发展报告》，报告指出我国一线城市民生发展较快，省会城市、计划单列市民生发展总体水平大幅提高，地级市民生发展首次打破了"东高西低"的魔咒，而且西部地区地级市在二级民生指标中表现出较强潜力。与此同时，自 2006 年起，中央电视台、国家统计局、中国邮政集团、北京大学国家发展研究院联合发起《中国经济生活大调查》，被誉为全球最大规模"美好生活"主题调查，这项调查综合了市民对所在城市的认同感、归属感、安定感、满足感，以及外界人群的向往度、赞誉度等，评选出中国最具幸福感城市（China's Happiest City），经过近 15 年的发展，该项评选结果已经引起了地方政府的广泛关注，产生了较大的影响力。根据 2021 年 4 月发布的《中国美好生活大调查（2020 – 2021）》，2020 年幸福感最强的十大省会城市和直辖市、计划单列市分别是厦门、拉萨、成都、呼和浩特、青岛、西宁、大连、海口、南宁、长沙，而且该报告还从城市规模、子女教育、住房产权、收入水平、性别等多个维度对不同地区和不同类型居民的幸福感进行了全方位比较。除此之外，近年来诸如美好生活研究院等研究机构开始在国内设立和兴起，国内越来越多的科研机构甚至相关企业开始关注居民主观福祉，并且重点围绕居民居住主观福祉开展了较多调查研究。比如，自 2013 年开始，国务院发展研究中心"中国民生调查"课题组开始持续开展跟踪民生发展状况的专项调查，并逐年发布《中国民生调查综合研究报告》，旨在了解重点民生领域点的民生工作满意度，并基于民生指数及民生发展变化等提出相关政策建议。2019 年 10 月，上海交通大学住房与城乡建设研究中心发布了《中国城市居住高质量发展研究报告 2019》，该报告通过对中国主要城市的居住质量进行多维度综合评价，清晰刻画当前各个城市居住质量，从而找准定位和发现短板，为增进民生福祉、实现各个城市居住高质量发展提供思路与建议。自 2020 年起，贝壳研究院开始发布《新青年居住消费报告》，重点对新青年群体的居住行为和居住负担等进行详细分析。2021 年 3 月至 4 月，《小康》杂志社联合国家信息中心等，对"2021 中国现代居住发展指数"进行了调查，通过将调查结果与国家有关部门的统计监测数据进行加权处理，最终发现 2021 年中国现代居住发展指数为 70.0 分。

综合来看，不论是从中国的实际出发，还是从世界范围内不同类型的居民主观福祉指数或幸福指数来看，住房都对居民福祉、幸福程度和生活满意度等方面产生重要的影响。相比较其他商品市场，中国的住房市场具有显著的独特性。住房产权不仅能够满足人们的日常居住需求，也在很大程度上成为了家庭财富、社会经济地位等的有力象征，住房产权也成为了社会公共服务资源尤其是稀缺公共资源的重要载体。所以，从这个意义上说，中国的住房产权对居民主观福祉的影响更具有基础性和根本性，其中也蕴含了非常丰富的中国故事，因而研究中国住房产权对居民主观福祉的影响，更具有理论意义和实践价值。为此，本书将通过理论分析和实证研究等方法，结合房地产经济学、福祉经济学、幸福经济学和社会心理学等学科的理论方法和研究范式，从微观视角和宏观视角两个维度，深入论证住房产权对居民主观福祉的影响程度、作用机制和异质性特征，旨在从住房产权视角探讨居民主观福祉的提升路径，同时从增进居民主观福祉视角研究中国住房市场和住房制度发展改革路径。

第二节　研究目的与研究意义

一、研究目的

本书通过系统性梳理国内外相关研究成果，充分借鉴经济学、社会学、心理学等相关学科理论，从理论层面论证住房产权对居民主观福祉可能产生的影响及其影响机制。然后，综合运用宏观和微观数据，首先从历史维度、国际维度、区域维度、时间维度，充分描述我国住房制度、住房产权、居民主观福祉的现状与变迁，在此基础上，分别从微观、宏观两个维度对住房产权进行刻画，据此开展丰富的实证研究。总体而言，本书的研究目的主要包含如下五个方面。

研究目的之一：从理论层面深入论证拥有住房产权对居民主观福祉的影响及其内在机理。本书结合中国住房产权的一般性和特殊性，基于中国的传统文化背景、住房市场现状、住房制度设计等基本事实，借鉴效用理论、需求层次理论、社会比较理论、社会网络和社会资本理论、阶层流动理论、可行能力理论、正义理论等多学科经典理论，深刻剖析获得住房产权对居民家庭的价值内涵，从而厘清拥有住房产权对居民个人的主观福祉影响及其对应的理论机理。

研究目的之二：从实证层面全面检验拥有住房产权对居民主观福祉的影响。在理论分析的基础之上，本书综合运用多年度中国家庭金融调查数据（CHFS）、中国综合社会调查数据（CGSS）和中国社会状况综合调查数据（CSS）等国内微观数据资源，通过计量实证的手段，量化研究居民家庭拥有住房产权对于居民主观福祉的影响，并从个体特征、区域特征等维度，比较拥有住房产权对不同居民的主观福祉产生的差异性影响结果。

研究目的之三：从实证层面多维度探索拥有住房产权影响居民主观福祉的可能机制。在本书理论分析的基础上，结合中国住房市场发展态势、住房产权制度设计以及传统文化等多重因素，综合运用上述多套微观数据资源，从经济地位、社会评价、家庭生活、邻里关系、心理感受等多个维度，全方位解析拥有住房产权对居民主观福祉产生影响的可能机制。即通过量化实证的方式，多角度解释为什么拥有住房产权能够显著影响居民主观福祉。

研究目的之四：多角度分析拥有不同类型住房产权对居民主观福祉的影响及其差异。本书不仅研究了住房产权对居民主观福祉的影响及其相关机制，而且还进一步对住房产权进行多维度细分，从住房产权性质维度、获取维度、使用维度、成本维度、价值维度、公共资源可及性维度、职住平衡维度等多维度分析和比较拥有不同类型住房产权对居民主观福祉的差异化影响。

研究目的之五：从宏观视角研究城市和省份住房产权拥有率对微观居民主观福祉的影响。在理论分析和微观实证的基础上，本书进一步从宏观维度刻画住房产权，即分别从城市层面和省份层面测算出居民住房产权拥有率，然后实证研究宏观层面的住房拥有率对微观居民主观福祉的影响。换句话说，本书尝试研究当一个城市或者一个省份中拥有住房产权的居民增多时，对个体居民的主观福祉产生怎样的影响，并尝试解释其中的影响机理。

此外，基于丰富的理论分析和实证研究结果，本书提出相应的政策启示，旨在从住房产权视角为提升居民主观福祉提供理论依据，同时从增进居民主观福祉视角为改革完善中国住房市场和住房制度提供决策参考。

二、研究意义

本书在系统性梳理国内外已有研究成果基础上，从理论层面论证了拥有住房产权对居民主观福祉的影响及内在机理。而且回顾了住房制度的历史变迁过程及住房文化传承，从横向和纵向视角全面分析了当前我国居民住房产权拥有情况和居民主观福祉的现状。在此基础上，从微观层面和宏观层面两个维度，递进式地研究住房产权对居民主观福祉的影响效应，并细致探讨拥有住房产权对居民主观福祉影响的各种机制。进一步地，本书研究了拥有不同类型住房产权对居民主观福祉的差别化影响结果，并通过计算城市和省份两个层级的住房拥有率，研究住房拥有率对微观居民主观福祉的不同影响。总体而言，本书研究具有一定的理论意义与现实意义。

（一）理论意义

第一，本书以关注民生和增进福祉作为本书的着眼点和落脚点，具有鲜明的时代特色和理论价值。

本书的两大研究对象分别是住房产权和居民主观福祉，而不论是住房产权还是居民主观福祉，都是民生领域的重要研究范畴，分别反映了人们客观物质生活和主观精神风貌这两个不同维度的福祉。在当前我国全面建成小康社会，开启全面建设社会主义现代化国家新征程的时代背景下，本书基于民生视角，循序渐进地深入研究住房产权对居民主观福祉的影响，这有助于我们更加清晰地了解客观物质对人们主观福祉水平的作用，更为细致地掌握中国居民的民生福祉诉求。所以，本书基于时代背景，瞄准时代发展方向，因而具有鲜明的时代特色和学理价值。

第二，本书紧密联系中国情境，从理论层面厘清了住房产权对居民主观福祉的具体影响，并为解释住房产权影响居民主观福祉提供了理论依据。

本书将房地产经济学、福祉经济学、幸福经济学和社会心理学等经典理论和研究方法有机结合，从理论层面和实证层面系统性论证了住房产权对居民主观福祉的影响，这不仅契合新发展理念下增进民生福祉的发展目标，同时厘清了中国情境下住房产权对居民主观福祉的影响及其承载的丰富的中国故事，有助于我们科学评判住房产权对于居民家庭乃至整个社会的深刻含义，能够进一步深化对于住房产权以及住房制度的理解。

第三，本书多维度刻画住房产权，拓宽了住房产权影响居民主观福祉的研究视角，丰富和完善了住房产权对居民主观福祉的研究成果。

本书不仅仅研究了拥有住房产权对于微观个体主观福祉的影响，而且还从经济、社会、家庭、邻里、心理等多个维度，探讨了住房产权影响居民主观福祉的内在机制。更重要的是，本书还进一步研究了不同类型住房产权对于居民主观福祉的差异化影响结果，而且从宏观维度探讨了城市住房拥有率和省份住房拥有率对于微观居民主观福祉的影响。除此之外，本书还分别讨论了拥有多套住房对于居民主观福祉的影响，住房产权对居民主观幸福感跃迁的影响，住房产权与代际福祉传递等多个科学问题。因此，本书遵循的是递进式的研究范式和逻辑，层层深入地全景式讨论了住房产权对于居民主观福祉的影响，丰富和完善了国内外现有相关研究成果。

（二）现实意义

第一，本书从历史维度、国际维度、时间维度、区域维度，全景式展示了我国住房制度演变历程，对比分析了我国住房产权、居民主观福祉的变迁与现状，有助于厘清我国住房产权和居民主观福祉的概况和特征。本书结合相关史料记载和现有文献，以时间线的方式展开分析了我国住房制度漫长的演变历史，而且基于联合国等国际组织公布的权威统计资料，通过国际比较等方式分析了我国居民主观福祉的变迁与近况。在此基础上，本书重点从微观层面展开研究，结合现有的数据资源，通过不同数据资料的相互补充、相互验证，对近年来我国居民住房产权和居民主观福祉进行了细致刻画。因此，本书深入全面地刻画了当前中国的住房产权状况和居民主观福祉现状，有助于总结我国住房产权制度和居民主观福祉的新动向。

第二，本书着眼民生问题，以住房产权和居民主观福祉为研究对象，通过深入研究厘清二者的内在关联，有助于进一步提高社会各界对于民生幸福的关注，为建设和谐社会和幸福社会提供更加全面、更为清晰的思路参考。正如习近平总书记所指出的那样，让人民生活幸福是"国之大者"，增进民生福祉是发展的根本目的，本书从住房产权的视角研究居民主观福祉，围绕住房产权因素更为具体地探讨居民主观幸福感，全方位厘清二者之间的关系，从而能够为新时期不断提升居民获得感、幸福感、安全感提供现实指导意义。

第三，本书不仅从住房产权视角研究居民主观福祉，还从增进民生福祉视角反观中国住房市场和住房制度中存在的突出问题，并为住房市场调控和住房制度改革提供决策指导，对于我国住房市场的平稳健康发展和长效机制建设具有较强的实践意义。本书将住房产权和居民主观福祉有机结合起来，形成一个完整紧凑的分析框架，不仅能够厘清住房产权对于居民主观福祉的影响，同时也能反思我国住房制度改革的得与失，尤其是住房市场和住房制度的症结所在。并据此进一步探讨如何通过住房制度改革和配套性政策设计，进一步提高住房商品在增进居民主观福祉方面发挥的积极作用。即从增进居民主观福祉视角为改革完善中国住房市场和住房制度提供决策参考，为建立面向社会主义现代化的住房制度提供思路借鉴。

第三节 研究对象与研究内容

一、研究对象

本书的研究主题是探索住房产权对居民主观福祉的影响，因而主要研究对象是住房产权和居民主观福祉。为了使得本书理论分析和实证研究过程中的研究对象更加清晰，本节对本书的主要研究对象进行概念界定。

主要研究对象之一：住房产权。作为本书研究的重点关注对象，住房产权（homeownership）表示受访家庭已经获取到的住房所有权，这种所有权是指房产的所有者按照国家法律规定所享有的各项权益总和，即房屋所有者对该房屋财产的占有、使用、收益和处分的权利。自 2021 年 1 月 1 日起开始施行的《中华人民共和国民法典》（以下简称《民法典》）第三条明确规定：民事主体的人身权利、财产权利以及其他合法权益受法律保护，任何组织或者个人不得侵犯；第一百一十三条明确规定：民事主体的财产权利受法律平等保护；第二百一十七条明确规定：不动产权属证书是权利人享有该不动产物权的证明。显然，住房属于财产的一种形式，居民住房产权也自然受到《民法典》和相关法律法规的平等保护。而且，住房属于一种典型的不动产，也需要有不动产权属证书来证明其所有者享有该房屋的物权，《房屋所有权证》（housing property certificate）就是人民政府房地产行政主管机关向居民核发的具有法律效力的证件，以此证明该套房屋所有权的持有人、房屋类型、产权比例、房屋地址、产权来源、房屋结构、房屋面积等。基于此，本书从如下四个维度对居民家庭住房产权进行细分：其一，按照是否拥有住房产权，本书将受访居民家庭划分为拥有住房产权家庭和不拥有住房产权家庭；其二，按照居民家庭拥有的住房产权数量，本书将受访居民家庭住房产权划分为仅拥有一套住房产权和拥有多套住房产权；其三，按照不同类型住房产权，本书将居民家庭持有的住房产权分别依据产权属性、经济属性、区位属性和资源属性等进行类别划分，依次从产权性质、获取方式、获取时间、初始价值、首付来源、贷款方式、所处区位、产权用途、产权归属、市场现价、产权增值、产权债务、学区住房、公共资源可达性、通勤成本等视角探讨不同类型住房产权对于居民主观福祉差异化影响；其四，按照微观和宏观视角，本书将住房产权划分为微观家庭住房产权和住房产权拥有率，而且住房产权拥有率的统计口径包含了受访者所在城市和所在省份两个层面，即城市住房拥有率和省份住房拥有率。综合来看，本书对于住房产权的刻画维度十分丰富，旨在更加全面地反映出当前我国住房产权的现实情况。

主要研究对象之二：居民主观福祉。作为本书关注的另一项非常关键的研究对象，居民主观福祉的内涵在中国以及在世界其他国家都有着十分久远的发展延续。在本书的实证研究过程中，考虑到指标的科学性、可得性、可比性等，本书则重点关注了居民的心理性主观福祉，即主观幸福感。国际文献中通常将其译为"subjective well-being"或者"happiness"，强调的是居民的生活幸福程度。这一主观心理指标也是国内外幸福经济学、社会学和心理学领域的重要研究对象，特别在近年来受到了越来越多的学者关注（Ng，2005；Deaton，2013；Oishi & Diener，2014；Diener et al.，2018；Chen et al.，2021）。主观幸福感是人们生活质量的重要综合性心理指标，主要是指人们对于自己生活质量所做出的情感性和认知性整体评价，因而是一种主观的、整体的概念，同时也是一个相对稳定的值，它是评估相当长一段时期内的个人情感反应和生活满意程度（苗元江，2002；黄有光，2005）。正如古希腊著名思想家亚里士多德（Aristotle）所说的那样，幸福是人类存在的终级目标。显然，让人民生活幸福是"国之大者"，因而研究居民主观幸福感具有很强的现实意义和理论价值。本书实证过程中关于居民主观幸福感的数据搜集，重点来源于中国家庭金融调查数据（CHFS）、中国综合社会调查数据（CGSS）和中国社会状况综合调查数据（CSS）等国内微观数据资源，上述调查中都设计了受访者主观幸福感的相关题项，通过李克特量表（Likert scale）或者自评分值等方式搜集了受访居民的自评主观幸福感信息。

本书的概念框架如图 1.1 所示。

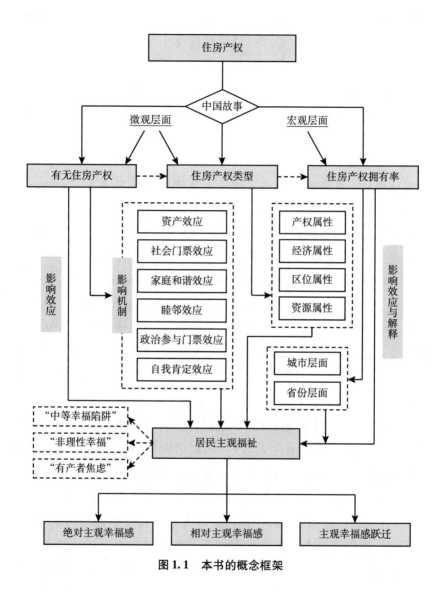

图1.1 本书的概念框架

二、研究内容

围绕本书的研究选题和研究目的，结合国内外现有相关文献，同时为了体现出本书的科学性、创新性、逻辑性，本书重点围绕以下六个方面内容展开研究：一是从理论层面论证住房产权对于居民主观福祉的影响及其内在机理；二是梳理和总结我国住房制度历史变迁、住房产权和居民主观福祉现状及特征；三是实证检验拥有住房产权对于居民主观福祉的影响效应；四是多维度实证探讨拥有住房产权对居民主观福祉影响的机制；五是实证研究不同类型住房产权对于居民主观福祉的差异化影响；六是实证研究宏观层面住房产权拥有率对微观居民主观福祉的影响。上述关于本书的六个方面主要研究内容具体如下：

主要研究内容之一：从理论层面论证住房产权对于居民主观福祉的影响及其内在机理。

本书综合借鉴房地产经济学、福祉经济学、幸福经济学和社会心理学等不同学科的相关经典理论，结合中国文化背景、制度背景和市场背景，通过构建理论分析模型和质性分析等方法，从理论层面深入论证住房产权对于居民主观福祉的影响效应和影响机制，厘清住房产权对于居民生存和发展的深刻内涵和实践价值。从而提升本书的研究高度和理论深度，并且为本书开展后续实证研究奠定坚实的理论基础。

主要研究内容之二：清晰地描述我国住房制度历史变迁、住房产权和居民主观福祉的现状。

本书在系统性梳理国内外现有的相关文献的基础上，基于相关历史资料、文献以及政策文件资料等，对中国住房制度的演变历程进行全方位梳理和总结，尤其对 1998 年我国住房市场化改革以来的住房制度和住房市场演变特征进行了仔细分析，并总结了我国住房制度从古至今的变革和沿革。与此同时，本书综合利用联合国等国际组织编制的相关福祉指标，以及典型国家的住房统计数据等，对我国居民主观福祉演变和住房产权拥有情况等进行了长周期、国际性比较分析。并基于相关统计资料，对我国居民住房产权状况、居民主观福祉水平进行了多维度细致描述，全景式展示住房产权和居民主观福祉的基本现状与趋势特征。旨在充分揭示我国住房制度历史变迁、住房产权和居民主观福祉现状，总结出一般性规律特征，从而为本书的进一步深入研究做好充足准备。

主要研究内容之三：实证检验拥有住房产权对居民主观福祉的影响。

在理论分析和特征规律总结的基础上，本书充分运用中国家庭金融调查数据（CHFS）、中国综合社会调查数据（CGSS）、中国社会状况综合调查数据（CSS）等多套微观数据库，细致筛选出本书实证研究的关键变量，并匹配了国家统计局公布的相关宏观统计数据，在描述性统计分析的基础上，利用有序 Probit 模型进行实证研究，多维度实证住房产权对于居民主观福祉的影响效应。进一步通过调整估计方法、关键指标、实证样本、数据库等方式，综合运用有序 Logit 模型、普通最小二乘法（OLS）、Probit-adapted OLS 模型、泊松回归、二值选择 Probit 模型、PSM 倾向得分匹配法、Heckman 两步法、Lewbel 工具变量法、岭回归、Lasso 回归等方法进行稳健性检验，确保基准实证结果的稳健性，而且从个体特征、调查年份、区域特征等方面进行异质性讨论。此外，还进一步讨论了住房产权对居民主观福祉影响的边际效应，住房产权对居民主观幸福感跃迁，以及拥有多套住房产权对居民主观福祉的影响等，旨在全方位厘清家庭住房产权对居民主观福祉的影响结果。

主要研究内容之四：多维度探讨拥有住房产权对居民主观福祉的影响机制。

基于对住房产权与居民主观福祉之间关系的理论研究，本书实证探讨住房产权对居民主观福祉影响的可能机制。具体而言，本书围绕经济地位、社会评价、家庭社会、邻里关系、政治参与、心理感受等维度，并且结合了效用理论、需求层次理论、社会比较理论、社会流动理论、社会资本理论、社会网络理论、可行能力理论等经济学、社会学、心理学经典理论，逐一实证检验了住房产权对居民主观福祉的影响机制，对住房产权影响居民福祉作出了解释。旨在回答住房产权为什么会影响居民主观福祉这一问题，深化对于中国情境下住房产权的理解。

主要研究内容之五：研究不同类型住房产权对于居民主观福祉的不同影响。

在对住房产权与居民主观福祉之间的关系进行理论分析和实证研究基础上，本书进一步将居民家庭拥有的住房产权类型进行细分，且划分维度包括产权属性（产权性质、获取方式、获取时间、产权用途、产权归属）、经济属性（初始价值、首付来源、贷款方式、市场价值、产权增值、产权债务）、区位属性（本地与外地、城乡区域、地理区域/价格区域）、资源属性（学区住房、公共资源可达性、通勤成本）等多个方面。与此同时，本书还研究了住房产权与居民主观福祉之间的跨城乡区域、跨代际联动效应。旨在从多个维度探讨不同类型住房产权对于居民主观福祉的差异化影响结果，从居民主观福祉角度更为精准地理解不同类型住房产权对于居民的不同价值内涵。

主要研究内容之六：研究宏观层面住房产权拥有率对居民主观福祉的影响。

本书在微观层面实证研究的基础上，进一步从宏观视角刻画居民住房产权的拥有情况，进而研究城市住房拥有率和省份住房拥有率对微观居民主观福祉的不同影响，通过多种计量手段和实证方法确保基准回归结果的稳健性与可靠性，并且利用"隧道效应""攀比心理"等相关理论对实证结果进行解释。在此基础上，从住房产权维度、个体特征维度、区域特征维度，分析住房产权拥有率对不同群体主观幸福感的异质性影响。同时还研究了市级和省级住房产权拥有率对居民主观幸福感影响的边际效应，及其对居民主观幸福感逐级跃迁和跨级跃迁的影响，此外还研究了多套住房产权拥有率对于居民主观幸福感的影响等，旨在从居民主观福祉的视角探讨城市层面和省级层面住房拥有率的不同社会影响。

此外，本书还基于理论分析和实证研究结果，从住房产权视角研究居民主观福祉的提升路径，同时还从居民主观福祉视角探究住房市场调控和住房制度的改革路径，旨在从保障和改善民生视角有针对性地提出提升居民福祉和完善住房制度等方面的政策启示。

第四节　研究方法与技术路线

一、研究方法

本书的研究选题具有明显的多学科交叉性，因而本书在研究过程中综合采用了房地产经济学、福祉经济学、幸福经济学和社会心理学等学科的经典理论和研究方法，拓展了住房领域的研究范畴，系统性论证了住房产权对居民主观福祉的影响效应和影响机理。总体而言，本书在研究过程中使用的方法可以大体上概括为两大类，即定性研究和定量研究相结合。

其一，在定性研究中，本书使用的相关方法主要包括文献研究、政策梳理、比较分析、现象描述、理论归纳、理论建模、机制阐述等。具体而言，本书系统性地梳理了国内外相关文献，归纳总结了现有研究取得的成果和相关局限，从而拟定出本书的创新性研究思路。并且，通过对中国从古至今住房制度特别是新中国成立以来的住房制度变革历史进行全面梳理，厘清了千百年来我国住房制度的演化发展史。在此基础上，本书结合国内外代表性统计数据，对我国住房产权和居民主观福祉进行现象描述和特征总结，对比分析出我国住房产权和居民主观福祉的基本概况和发展趋势。更为重要的是，本书有机结合经济学效用理论、马斯洛需求层次理论、社会比较理论、社会阶层理论、社会网络理论、可行能力理论等多学科经典理论，深刻论述了中国情境下住房产权对于微观居民主观福祉可能产生的内在影响及其相关机制。此外本书还构建了相应理论模型，从而更加具体地刻画了住房产权对居民主观福祉的影响路径和作用结果。总体而言，通过丰富的定性研究，旨在对住房产权和居民主观福祉之间的关系进行预估性、推断性和逻辑性探索，解释这一问题背后牵涉的理论根源，以此夯实定量研究的前提和基础。

其二，在定量研究中，本书在定性研究的基础上，重点基于中国家庭金融调查数据（CHFS）、中国综合社会调查数据（CGSS）、中国社会状况综合调查数据（CSS）等国内多套家庭层面微观数据资源，基于相关描述性统计分析结果，综合运用有序 Probit 模型、有序 Logit 模型、普通最小二乘法（OLS）、Probit-adapted OLS 模型、泊松回归、二值选择 Probit 模型、PSM 倾向得分匹配法、Heckman 两步法、Lewbel 工具变量法、岭回归、Lasso 回归、似无相关模型（SUR）、费歇尔组合检验（Fisher's Permutation test）、边际效应分析等多种技术手段，全方位论证住房产权对居民主观福祉的影响效应、作用机制，而且分析了不同类型住房产权对居民主观福祉的差别化作用结果。与此同时，本书还分别从城市层面和省份层面统计了住房拥有率，并据此进一步实证研究了宏观层面住房拥有率对微观个体主观幸福感的影响。此外，本书还从个体维度、时间维度和区域维度等，开展了一系列异质性分析和进一步讨论。总而言之，本书通过层层递进式的实证研究，不仅检验了本书定性研究中的相关推论和研究假设，而且更为具体地揭示了住房产权对居民主观福祉的影响效应，并且比较了住房产权对于不同居民的主观福祉、不同类型的住房产权对于居民主观福祉、不同层面的住房拥有率对居民主观福祉影响效应的细微差异，使得研究过程更加科学、研究结论更加可靠。

二、技术路线

本书紧扣住房产权对居民主观福祉的影响研究这一研究主线，遵循理论研究和实证检验这一研究范式，采取层层递进式的研究逻辑，深入分析了住房产权与居民主观福祉之间的关系。具体而言，本书首先系统性梳理了中国语境下住房产权和居民主观福祉的文化背景、时代背景、政策背景和市场背景，并从住房产权的影响效应、居民主观福祉的内涵与影响因素、住房产权对居民主观福祉的影响等维度，细致综述了国内外现有相关文献的研究视角、研究方法与研究结论。然后，本书基于经济学、社会学、心理学等领域的相关理论，从理论维度深刻论证了住房产权对中国居民主观福祉影响效应及其理论机理。基于此，本书从历史维度和国际维度、从区域维度和时间维度，对中国住房制度的历史变革与沿革、中国家庭住房产权基本状况、中国居民主观福祉基本状况等进行了系统性描述和分析，总结出住房产权与居民主观福祉的相关演变趋势、特征和规律。进一步地，本书重点基于中国家庭金融调查数据（CHFS）、中国综合社会调查数据（CGSS）、中国社会状况综合调查数据（CSS）等微观数据库，围绕住房产权与居民主观福祉之间的关系开展了丰富详细的实证研究，且实证研究主要分为四个部分的内容：一是从微观层面实证研究了拥有住房产权对中国居民主观福祉的影响效应；二是实证研究了拥有住房产权影响居民主观福祉的可能机制；三是实证研究了拥有不同类型住房产权对居民主观福祉的影响及其差异；四是从宏观层面实证研究了城市与省份住房产权拥有率对微观居民主观福祉的影响效应及相关机制。而且，在实证研究过程中，本书还开展了一系列稳健性检验、异质性分析和进一步讨论等。基于理论研究和实证研究结果，本书最后总结了相关研究结论，提出了政策启示和未来研究展望。总体而言，本书研究思路清晰连贯、章节之间环环相扣，尽可能确保研究体系的逻辑性、研究证据的充分性和研究结果的科学性。

本书的技术路线如图 1.2 所示。

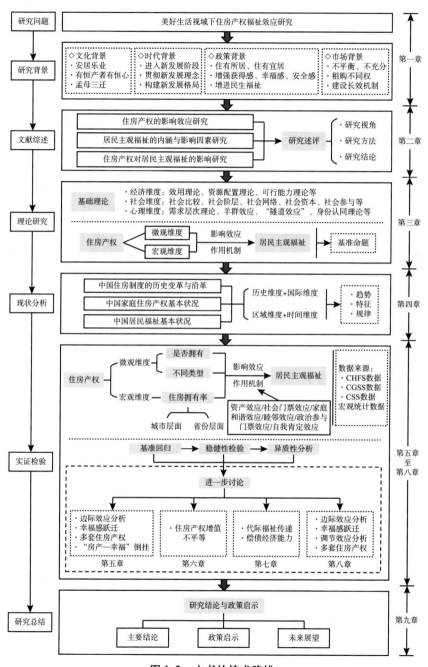

图 1.2　本书的技术路线

第五节　内容结构安排

本书一共分为九个章节，结构安排及各个章节的具体内容如下：

第一章为绪论。本章依次详细介绍了本书的研究背景、研究目的与研究意义、研究对象与研究内容、研究方法与技术路线、内容结构安排、研究贡献与创新等。本章通过把本书研究放到当前中国特色社会主义事业新发展阶段，尤其是在住房制度改革的时代大背景和大环境中，旨在说明本书研究深深植根于中国社会发展的基本现实，讲好蕴含在住房产权和居民主观福祉之中的丰富生动的中国故事，彰显出本书的研究价值和现实意义。同时，本章对本书的具体研究过程制订了详细完备的分析框架和写作提纲，旨在描绘出本书研究的逻辑脉络和思考过程，突出本书研究的逻辑性、层次性、创新性。此外，本章还对本书研究过程中的相关方法进行梳理归纳，旨在体现出本书研究的科学性、生动性。

第二章为文献回顾与述评。本章重点从住房产权的影响效应研究、居民主观福祉的内涵与影响因素研究、住房产权对居民主观福祉的影响研究等方面入手，对国内外现有相关文献进行了系统性归纳与述评。在这个过程中，本章吸收借鉴经济学、社会学、心理学等多学科的经典理论，对居民主观福祉的相关基础理论进行了梳理。本章不仅整理了现有相关文献的研究对象、研究视角、研究方法和主要研究结论等，而且梳理出国内外学术界对于住房产权与居民主观福祉之间关系的研究脉络和最新研究进展，从而基于纵向视角、横向视角比较出住房产权与居民主观福祉之间关系的共性和特性。与此同时，本章深入总结国内外现有相关研究的局限与不足之处，从而凸显出本书研究的重要性、必要性，彰显出本书的边际贡献和学术价值。

第三章为住房产权对居民主观福祉影响的理论分析。本章吸收借鉴经济学、社会学、心理学等多学科的经典理论，根据效用理论、需求层次理论、社会比较理论、阶层流动理论、社会网络理论、社会资本理论、正义理论、可行能力理论、"隧道效应"理论等，对居民主观福祉的影响因素和相关基础理论进行了梳理与概括。在此基础上，本章从住房正义的视角深刻阐述了中国情境下住房产权对居民主观福祉的影响效应。并通过构建数理模型，从理论层面刻画出住房产权与居民主观福祉之间的数理关联。本章研究侧重于理论研究，不仅加深了我们对于中国住房产权与居民主观福祉之间关系的理解，同时也为本书的后续实证研究奠定了坚实的理论基础，体现出本书的理论贡献和研究深度。

第四章为中国住房产权制度历史演变及居民主观福祉现有测度。本章围绕住房产权对居民主观福祉的影响这一研究主线，高度概述了我国漫长曲折的住房制度变迁历程，分析了住房制度及其思想的变革与沿革。在此基础上，多渠道搜集和整理了相关权威代表性数据，从住房产权、民生主观福祉两个维度，基于国际宏观数据、中国统计数据以及微观调查数据等，通过时间和区域维度的对比分析，全面展示我国住房产权自有情况和居民主观福祉状况，旨在对本书的研究对象形成总体框架性基本认知，初步提炼出我国住房产权和居民主观福祉的基本面貌特征和发展动态，并为后文的实证研究梳理背景和奠定基础。

第五章至第八章为本书的核心实证研究章节。图1.3报告了本书核心实证章节的逻辑简图。从逻辑上看，本书的四章实证研究具有递进性。其中，第五章为本书的基准实证章节，从微观层面实证检验了住房产权对居民主观福祉的影响效应；第六章则在第五章的基础上，探讨了住房产权影响居民主观福祉的可能路径；第七章进一步将住房产权进行多维度细分，论证了不同类型住房产权对居民主观福祉的不同影响；第八章则基于宏观维度，研究了住房产权拥有率对微观居民主观福祉的影响。由此可见，本书的四章实证章节具有很强的逻辑性，研究思路环环相扣，并且研究内容逐步细化和深化，目的是围绕住房产权与居民主观福祉之间的关系这一研究主线，从实证视角系统性回答住房产权是否会影响居民主观福祉？住房产权为什么会影响居民主观福祉？不同类型的住房产权会对居民主观福祉产生怎样的差异化影响？当所在地区居民拥有住房的比率升高时，又会对居民主观福祉产生何种影响等一系列科学问题。

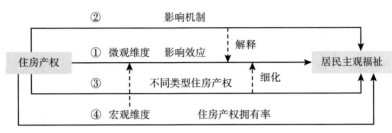

图1.3 本书核心实证章节的逻辑简图

注：图中的①②③④分别表示本书第五章、第六章、第七章、第八章。

具体而言，本书第五章至第八章的主要内容安排如下：

第五章为住房产权影响居民主观福祉的基准实证结果。本章重点基于2011～2017年中国家庭金融调查数据（CHFS），从微观视角研究拥有住房产权对居民主观福祉的影响。本章是本书的基准实证结果，通过充分细致的实证研究，旨在从居民主观福祉视角探讨住房产权的价值和意义，验证前文理论分析推论的合理性。并且通过多种计量手段和实证方法确保基准回归结果的稳健性与可靠性。在此基础上，本章从个体特征维度、调查年份维度和区域特征维度等分析拥有住房产权对不同群体主观幸福感的异质性影响。在此之后，本章展开进一步讨论，研究了住房产权对居民主观幸福感影响的边际效应，以及拥有住房产权对居民主观幸福感逐级跃迁和跨级跃迁的影响，同时还研究了拥有多套住房产权对于居民主观幸福感的影响、"有房—不幸福"与"无房—幸福"群体的分布特征等。

第六章为住房产权影响居民主观福祉的机制分析。基于本书第五章关于拥有住房产权对居民主观福祉的影响研究结果，本章重点实证研究拥有住房产权对居民主观福祉影响的相关机制。综合运用中国综合社会调查数据（CGSS）、中国社会状况综合调查数据（CSS）、中国家庭金融调查数据（CHFS）等多套微观调查数据资源，充分挖掘各数据库中的相关指标，围绕经济地位、社会评价、家庭生活、邻里关系、心理感受等多个维度，基于需求层次理论、可行能力理论、阶层流动理论、社会流动理论、社会比较理论、政治参与理论、社会网络和社会资本理论、正向"隧道效应"等多种理论，从财富积累、阶层认知、身份认同、发展权利、政治参与、社会融合、可行能力、邻里关系等多个视角，挖掘蕴含在住房产权与居民主观福祉之间更为丰富的中国故事。

第七章为不同类型住房产权对居民主观福祉的影响研究。在厘清了拥有住房产权与居民主观福祉之间的关系以及相关影响机制的基础上，本章重点研究拥有不同类型住房产权对居民主观福祉的差异化影响。基于 2011～2017 年中国家庭金融调查数据（CHFS）和 2012～2017 年中国综合社会调查数据（CGSS），本章结合中国语境，从住房产权的产权属性、获取方式、获取时间、获取成本、产权区位、产权价值、产权增值、产权归属、产权用途、公共服务可达性等多个维度展开讨论，对比不同类型的住房产权究竟对居民主观福祉产生了怎样的影响，并且结合中国的住房市场发展状况、传统文化观念以及社会比较理论、社会适应理论等对实证结果进行分析，旨在通过对住房产权类型进行细致划分，递进式地论证和对比不同类型住房产权对居民产生的幸福效应细微差异，研究中国居民的住房产权类型偏好。

第八章为宏观视角下住房产权对居民主观福祉的影响研究。本章在前文微观层面实证研究的基础上，重点基于 2011～2017 年中国家庭金融调查数据（CHFS），从宏观视角研究城市住房拥有率和省份住房拥有率对微观居民主观福祉的影响。通过充分细致的实证研究，旨在从居民主观福祉的视角探讨城市层面和省级层面住房拥有率的不同社会影响，通过多种计量手段和实证方法确保基准回归结果的稳健性与可靠性，并且利用相关理论对实证结果进行解释。在此基础上，本章从住房产权维度、个体特征维度、区域特征维度，分析地区住房产权拥有率对不同群体主观幸福感的异质性影响。在此之后，本章展开进一步讨论，研究了市级和省级住房产权拥有率对居民主观幸福感影响的边际效应，及其对居民主观幸福感逐级跃迁和跨级跃迁的影响，同时还研究了地区多套住房产权拥有率对于居民主观幸福感的影响等。

第九章为研究结论与政策启示。研究住房产权对中国居民主观福祉的影响，不仅能够探索出住房产权与民生主观福祉之间存在的一般性规律，还能够揭示出蕴含在其中的非常丰富的中国故事。中国社会的历史变迁、社会矛盾、制度改革等都与这个问题存在不同程度的关联。本章基于本书的理论研究和实证研究结果，对相关研究结论进行概括性归纳与总结，并提出相关政策启示。具体而言，本章归纳了本书研究的四点主要研究结论：一是住房产权对居民主观福祉的提升作用因人而异因地而异；二是住房产权对居民主观福祉的影响重点源于"产"与"权"；三是不同类型住房产权对居民主观福祉的影响程度存在差异；四是城市和省份住房拥有率对居民主观福祉产生"一正一负"的影响。基于此，本章对研究结论中的政策含义进行了讨论：一是建立和完善以增进民生福祉为导向的现代化住房制度；二是优化住房"产、权"分配机制增强租购可替代性；三是抑制居民因攀比心理导致的非理性与投机性购房行为；四是重视住房产权引发的代际与城乡居民主观福祉传递效应。

第六节　研究贡献与创新

与国内外现有相关研究成果相比，本书的边际贡献和理论创新可能重点体现在如下三个方面。

第一，本书研究视角具有创新性。比如：在定性分析中从古今视角、中外视角创新性地阐释了住房产权对于中国居民的特殊含义，在实证研究中创新性地将微观视角和宏观视角有机结合，在机制分析中从经济、社会、心理等多重视角创新性地论证了住房产权对居民主观福祉的影响机制，在异质性分析中从是否拥有住房产权和多套房视角、从产权属性、经济属性、区位属性、资源属性视角创新性地区别了不同类型住房产权对于居民主观福祉的差异化影响等。

具体而言，国内现有关于住房产权对于居民主观福祉的研究较为匮乏，而且本领域多数相关研究与中国实际的联系程度并不高。从国际视角上看，住房产权对居民主观福祉的影响具有一定的普适性特征和机理，但是从具有中国特色的文化背景、制度背景、市场背景等方面来看，住房产权对中国居民主观福祉的影响无疑拥有着更为丰富的故事性、趣味性。因此，本书在写作过程中不仅进行了一系列标准化的科学论证，更注重基于中国的实际情况，从中国的现实国情和居民的真实生活状况等角度出发，深刻论证住房产权对于居民主观福祉影响的外在表征和内在机理。同时，本书不仅从微观视角分析了住房产权与居民主观福祉的关系，还从宏观视角论证了城市和省份住房产权拥有率对于居民主观幸福感的影响，并创新性分析了宏观层面住房拥有率对于微观家庭住房产权幸福效应的调节作用。而且，本书把经济学、社会学、心理学等经典理论有机贯穿到理论分析和实证研究的全过程，创新性地从住房产权的资产效应、社会门票效应、家庭和谐效应、睦邻效应、政治参与门票效应、自我肯定效应，揭示了住房产权幸福效应的内在机理。此外，本书突破了现有绝大多数研究将居民家庭住房产权抽象为一个无差别的符号，而是在整体性论证是否拥有住房产权对居民主观福祉影响的基础上，还进一步从多个视角对居民家庭的住房产权进行了类型细分，以此论证不同类型住房产权对居民主观福祉的差别化影响。所以，相比较国内外现有研究而言，本书在研究视角上具有创新性，拓宽了本主题的研究视野，强化了本主题的研究深度。

第二，本书研究方法具有拓展性。比如：在理论研究中创新性地刻画了租房阶段和购房之后居民主观福祉的分解及变动情况，创新性地拓展了住房产权影响居民主观福祉的理论模型，将无房阶段和有房阶段的住房消费纳入个体效用函数，测算出房价上涨周期中的居民住房消费最优理论值域；在实证研究中创新性地运用了多种前沿计量模型，灵活性地运用了多套微观调查数据库，对微观数据库中的关联信息进行了细致充分提取和整合，使得不同方法、不同数据有机互补和相互验证，强化了量化结果的稳健性，克服了实证结果的内生性，尽可能地确保了本书论述的科学性。

具体而言，住房产权对居民主观福祉的影响机理涉及面较广，因而纯粹地仅仅基于理论研究或者仅仅基于实证研究，都难以充分地解释清楚住房产权与居民主观福祉之前的关系以及背后的原因，所得出的结论也将较为粗糙或说服力不足。为此，本书将理论研究和实证研究有机结合，不仅依据经典理论及其最新发展深刻阐释了拥有住房产权对于居民主观福祉的可能影响及其理论根源，而且对现有权威文献中的住房与主观福祉数理模型进行了创造性拓展和改进，将住房消费划分成租房阶段和买房阶段，进而重新构建拉格朗日函数，模拟测算了物质因素福祉权重不同情形下的住房消费水平最优理论值域。与此同时，在实证研究过程中，本书尽可能地突破了数据可得性约束的问题，综合利用了 CHFS、CGSS、CSS 等国内多套家庭层面微观调查数据资源，充分提取出相关有效信息，据此多维度开展了相关实证研究，不仅对理论分析推论进行了有效检验，而且更进一步地全方位量化出住房产权与居民主观福祉之间的关系，细致对比了住房产权对不同类型居民的主观福祉、不同类型住房产权对居民主观福祉产生的不同影响。而且，本书所使用的计量方法也具有较强的综合性，不仅使用了传统的有序 Probit 回归等，还综合运用了 Probit-adapted OLS 模型、泊松回归、PSM 倾向得分匹配法、Heckman 两步法、Lewbel 工具变量法、岭回归、Lasso 回归、似无相关模型（SUR）、费歇尔组合检验（Fisher's Permutation test）等方法，尽可能地确保实证结果的可信度。与此同时，在对相关实证结果进行解释的过程中，本书也注重运用相关理论进行解释和拓展。总而言之，本书遵循理论与实证相结合的研究范式，注重研究的理论深度，同时在实证过程中注重方法选择的科学性，确保了实证结果的科学性和可靠性。

第三，本书研究观点具有原创性。比如：创新性地将正义理论引入理论分析过程，提出了"住房正义"观点；基于细致化的实证研究设计，创新性地提出了"中等幸福陷阱""有产者焦虑""非理性幸福"等观点；在实证研究过程中，创新性地将居民主观福祉划分成绝对主观幸福感、相对主观幸福感、主观幸福感跃迁，探讨了住房产权对居民主观福祉的深层次影响；创新性地分析了"房产—幸福"倒挂的个体基本特征；创新性地提出了住房产权影响下的主观福祉代际传递效应，并进一步区分了子代的性别，认为男性子嗣的住房产权拥有情况能够显著影响父辈主观福祉；还创新性地分析了不同住房债务压力、不同公共服务获取便利度下的住房产权幸福效应。

具体而言，本书在研究设计中进行了大胆创新，不仅仅局限于探讨拥有住房产权对居民主观福祉的影响效应，更重要的则是通过多维度分析，论证了住房产权对居民主观福祉影响的具体机制，进一步从多学科视角回答了住房产权为什么能够影响居民主观福祉等一系列科学问题。在此基础上，本书还将住房产权从不同维度进行细分，对比分析了不同类型住房产权对居民主观福祉的不同影响结果。与此同时，本书还创新性地从宏观维度研究了城市住房拥有率和省份住房拥有率对居民主观福祉的不同影响，而且基于相关理论对实证结果予以了解释。通过上述系统性科研研究，本书创新性地提出了住房正义这一概念，并从住房正义视角深刻阐释了住房产权与居民主观福祉之间的内在机理。通过边际效应分析等方法，创新性地提出了需要谨防中国居民陷入"中等幸福陷阱"。而且，在区分不同类型住房产权对居民主观福祉的差异化影响过程中，本书细致识别了诸如住房产权的子代归属对父辈主观幸福感的影响等，得出了一系列符合中国实际的生动结论，比如男性子嗣获取住房产权、公共服务可达性、偿债压力等能够显著影响住房产权的幸福效应。此外，还将仅有一套房家庭和拥有多套房家庭进行比较，发现前者存在"有产者焦虑"；将微观与宏观结合起来分析，发现居民存在攀比心理而产生"非理性幸福"。综上所述，本书通过设计出逻辑严密的分析框架，得到了很多新颖生动的结论，提出了创新性的研究观点，对本领域的研究进行了有力拓展和深化。不但能够加深人们对于住房产权与居民主观福祉之间关系的认知，同时还能为进一步改革和完善住房制度提供科学可行的富有建设性的政策建议。

第二章

文献回顾与述评

本章重点从住房产权的影响效应研究、居民主观福祉的内涵与影响因素研究、住房产权对居民主观福祉的影响研究等方面入手，对国内外现有相关文献进行了系统性归纳与述评。在这个过程中，本章吸收借鉴经济学、社会学、心理学等多学科的经典理论，对居民主观福祉的相关基础理论进行了梳理。本章不仅整理了现有相关文献的研究对象、研究视角、研究方法和主要研究结论等，而且梳理出国内外学术界对于住房产权与居民主观福祉之间关系的研究脉络和最新研究进展，从而基于纵向视角、横向视角比较出住房产权与居民主观福祉之间关系的共性和特性。与此同时，本章深入总结国内外现有相关研究的局限与不足之处，从而凸显出本书研究的重要性、必要性，彰显出本书的边际贡献和学术价值。

第一节　住房产权的制度演化与影响效应研究

本节基于现有相关文献，结合改革开放以来的住房制度改革历程，对中国住房产权的演化历史、形式及内涵进行了系统性梳理。并且根据现有文献，对中国住房产权在经济、社会、心理等方面的影响效应进行了总结和概括，旨在深度揭示我国住房产权的私有化过程及其产生的多维度效应。

一、中国住房产权的制度演化

新中国成立之后的一段时期内，我国实行社会主义计划经济制度，住房也被视为福利品而不是商品（Chen et al.，2010），住房在就业、福利、保障三位一体的企业制度中处于十分重要的地位（王育琨，1992）。城镇职工获取住房往往需要"论资排辈"，住房条件与年龄增长明显正相关（冯同庆和许晓军，1993）。但是，实践证明这种福利分房制度存在诸多弊端，因而逐步开始探索住房产权的私人所有，将住宅商品视为社会主义商品经济的组成部分（晓亮和戚名琛，1985）。改革开放之后，在建立中国特色社会主义市场经济的政策指引下，中国政府开始积极探索住房制度的改革路径，通过推进住房制度改革，让市场机制发挥更为有效的调节作用（王育琨，1992）。但是，在住房制度改革的过程中，我国的住房制度也经历了很多的挫折。从本质上说，住房制度改革的核心问题和关键问题是住房产权建设，以前的住房制度的根本弊端在于否定、排斥了住房产权。这使得房改一度面临着明显的困境，主要还是由于偏离了住房产权建设的正确方向（吕福新，1993）。在不断总结住房改革经验的基础上，决策者也对住房改革的认识不断深化，最终提出了住房商品化的改革思路（王育琨，1992）。

从某种意义上说，在中国经济体制改革中，住房制度改革是影响最深最广的改革之一，而且在 20 世纪 80 年代，中国城镇住房制度改革的目标，从提出住房商品化、住房私有化到居者有其屋，住房商品化即通过买卖或者租赁的方式，转移住房的所有权或者使用权；住房私有化则排斥公有住房出租的形式，强调将公有住房的所有权逐步转变为私有住房；居者有其屋则进一步排斥私有住房租赁的形式，强调住房产权的私人所有（杨鲁，1991）。截至 20 世纪 90 年代中期，虽然我国住房制度改革取得了一定的成效，但却呈现出新旧体制交替转换的二元体制特征，即住房福利化供给模式与住房商品化供给模式并存，且前者仍占据主导地位。住房产权制度的特征表现为住房产权结构趋于多元化、住房产权灰色交易持续滋生、住房产权制度缺少法律保障（高波，1996）。显然，住房制度能够发挥多个方面的功能，包括促进经济增长、维护社会公平、实现社会稳定等（邹东涛，1998）。所以，住房商品化改革并非仅仅是一项单一的住房制度改革，也是收入分配体制改革的一部分（李京文等，1998）。在住房制度改革的过程中，住房产权制度是核心也是关键，之所以传统的住房制度存在诸多弊端，归根到底是由于住房产权制度的问题与缺陷。正是因为如此，我国住房制度改革从一开始便围绕着住房产权建设而展开，不论是起初的低价售房，还是之后的提租补贴和住房公积金制度等，都是旨在推进住房产权私有化进程（马洪云，1998）。

从本质上说，在中国的计划经济时期，住房分配实际上是收入分配的一个重要组成部分，政府或者单位将个人收入的一部分以住房实物的方式分配给职工。但是，这种分配方式既不是按劳分配，也不是理论意义上的共产主义按需分配，而是一种战时的供给制、等级制以及各类当事人之间的谈判、游说、争夺等因素夹杂在一起的混合物。这种制度导致的后果是，对于所有人而言，住房似乎永远都是短缺的（朱玲，1998）。面对住房需求不足的问题（葛本中，1996），1998 年我国彻底结束了福利分房制度，全面开启了住房市场化改革，虽然中国城镇的住房市场化改革至今才 30 余年，但从大约 100% 的社会租赁形式转变为超过 80% 的住房自有率，这个过程是极为罕见的（Hamnett，2021）。推进住房制度改革，需要依据我国的实际国情，按照市场经济规律，通过实现货币化分配方式，实现住房的商品化和社会化，最终形成投入—产出的良性循环（宋春华，1999）。之所以要进行住房产权的私有化，是因为住房是人们生活的基本资料，而且这也是社会主义市场经济的客观要求，并不会改变社会主义生产关系的本质，私人拥有住房的占有权、使用权、处置权和收益权，而且私有住房产权受到法律保护（文魁，2000）。

市场经济的逻辑起点是要承认独立的经济利益和产权，私有产权的确立和保护有助于提高市场配置资源的效率。所以，中国住房制度改革本质上是住房产权制度的改革，目标是确立住房的私有产权，这是促进我国房地产业发展和推动经济增长的重要手段，同时也是市场经济有效运行的重要前提（任寿根，2000）。实践证明，住房制度改革有力地推动了我国房地产开发投资持续发展，极大地缓解了新中国成立以来直至 20 世纪 90 年代城镇居民住房严重短缺的矛盾（许宪春等，2015）。从本质上看，社会经济条件变化是城镇住房供给侧结构性变迁的客观原因，而住房供给理念变迁则是其主观原因（李正图等，2018）。

住房市场化改革提高了我国居民的住房消费水平（肖作平和尹林辉，2014）。住房制度改革提升了我国居民住房自有率，而且从中国六大城市 2000 年人口普查资料 0.095% 抽样数据来看，城镇家庭住房产权选择受到了制度变迁、地区差异和家庭社会经济特征的影响（易成栋和刘志东，2006）。中国居民热衷于购房住房产权，而且新兴中产阶级正在购买多套住房产权，以便自身的娱乐或休闲消费、满足日益增长的居住流动性需求和对更好更大住房的渴望。而且，获取多套住房产权还受到住房公积金、购房补贴等制度因素的影响；大规模的拆迁安置、优质教育资源的分布不均衡以及不断变化的准入政策，都变相鼓励了多套房置业需求。总之，个人或家庭社会经济条件、子女、体制与政策等因素都对居民是否拥有住房产权具有决定性影响（尹银等，2019）。此外，传统的婚姻观念、作为身份象征的住房产权，都影响了有儿子家庭购买多套住房（钱江洪等，1987；易成栋等，2018；Huang et al.，2020）。与此同时，基于不完全信息的羊群行为理论，从中国住房市场的实际情况来看，中国住房市场已经具备了羊群行为产生并快速扩散的条件，特别是对于住房市场繁荣的地区而言，住房价格上涨与住房交易量增长相互促进，表现出明显的扩张性羊群行为特征（高波和洪涛，2008）。除了传统的观念之外，现存的社会制度、社会环境以及人们普遍存在的心理交互作用等，在多种因素的共同作用下，我国居民偏爱购房而不愿租房，中国城镇居民获取住房产权的积极性不断提升，住房私有率快速提升，并且相比较发达经济体而言，我国居民对购买住房产权具有强烈的偏好（廖海波，2011）。以中国城市青年群体为例，基于马斯洛需求层次理论，他们对于住房产权的需求由低到高可以分为租赁型住房需求、刚需型首套购房需求、改善型次套购房需求、投资型多套购房需求，这也反映出城市青年对住房产权稳定性的偏好（朱庄瑞和王玉廷，2021）。除此之外，还有研究发现了制度变迁以及地区经济差异对住房产权类型选择的影响（易成栋，2006）。

在中国住房制度改革的过渡期内，公共住房的出售价格远低于市场价格，所以那些特定教育程度、职业和居住状况的居民成为了住房制度改革的最大赢家（Logan et al.，2010）。住房产权拥有者的身份属性分布状况能在一定程度上反映出经济蛋糕分配的公正程度（范剑勇等，2015）。而且，自城镇住房市场化改革以来，中国住房价格高速上涨引起了全球关注（Wu et al.，2012）。21世纪以来，尽管中国政府出台了一系列紧缩政策，但房地产市场仍保持了前所未有的繁荣（Wu，2015）。有证据表明，近年来亚洲新兴经济体的住房财富效应显著增强（Peltonen et al.，2012），而且中国住房财富对家庭消费的影响比发达经济体的规模要大得多（Chen et al.，2018）。不仅如此，住房产权还在经济、社会、心理等诸多方面深刻影响着中国居民，为了减少住房产权对于中国社会发展的负面影响，很多学者就此展开了大量讨论。例如，陈锦华（1991）认为住房制度改革涉及面广，搞好住房改革，必须要取得广大群众的了解、理解和支持，把住房改革变成群众自己的事；冯俊和张锋（2014）认为住房政策的导向应该是综合运用土地、财税、信贷政策，增加包括保障房在内的城镇住房供给，稳定住房市场价格，引导和治理住房需求，促进实现住有所居和保持宏观经济平稳运行；郭克莎（2017）认为应该建立稳定且有效的住房需求调制制度与机制，科学确定城镇居民的居住面积目标，改革完善差别化的住房信贷、税收等政策；俞明轩等（2021）认为应该以租购并举为制度基础，发挥市场在满足不同层次住房需求中的决定性作用，发挥政府在提供基本住房保障中的基础性作用；许德风（2009）认为应该修订城市房地产管理法、合同法，限制房屋出租人解除住房租赁合同的权利，参照市场水平调制租金，以此培育和发展住房租赁市场。此外，有学者指出中国住房市场问题丛生的根源在于只有住房产业政策和住房政策，而缺乏了住房公共政策（易宪容，2009）。而对于老城改造，应该在整体保护的前提下，探索以产业升级、环境政治、基础设施改进相结合的"微更新"模式，以公房引导和私房自主更新相结合的老城区住房产权治理策略（何子张和洪国城，2015）。随着我国房地产市场长效机制的建立与完善，"房住不炒"的政策导向也将会让住房回归满足人们居住需求的本质，有学者预计 2015～2030 年中国城市住房需求将呈现出"上升—平稳—下降"的倒"U"形走势，2025 年之后中国城市住房需求将不再具备快速增加的条件（李超等，2015）。

二、住房产权的影响效应研究

在中国住房产权私有化程度不断提升的过程中，也产生了很多方面的影响，主要涉及经济、社会、心理等诸多领域。总体而言，产生的影响大致可以分为正外部性和负外部性两大类（孙三百和董建秋，2016）。

（一）经济维度视域下的住房产权影响效应

住房产权直接影响到家庭收入（Özmen et al.，2019），其中的影响机制主要包括"收入预算效应"和"交易成本效应"，并且住房产权的专用性投资会直接影响到人力资本的投资回报，带来收入的增长（钟荣桂和吕萍，2018）。钟荣桂和吕萍（2018）使用中国的经验数据研究发现，拥有住房产权的青年群体，其收入会比无住房产权的青年群体约高 9.05%。

国内外很多研究都已经表明，家庭是否拥有住房产权、房产价值高低也会作用到居民消费水平，即住房产权具有很显著的财富效应（Wealth effect）（张雅淋等，2022）。拥有住房产权不仅意味着要支付住房的使用成本，在房价上涨的现实背景下，也意味着要支付进行住房投资的机会成本，两者的相对值便是住房产权影响消费的重要因素（杨赞等，2014）。房价上涨给住房产权所有者带来的财富效应会刺激消费增长，对非耐用品消费的影响程度更为显著（张大永和曹红，2011；张传勇和王丰龙，2017）。陈永伟等（2014）指出，住房财富和家庭教育开支之间呈现出一种"S"形的关系。住房的财富效应会因住房产权类型的不同而有所差异（何兴强和杨锐锋，2019）。自有产权住房的财富效应高于单位或国家产权住房（黄静和屠梅曾，2009）。而住房财富效应主要是通过降低家庭预防性储蓄动机并缓解流动性约束而产生的（李涛和陈斌开，2014；臧旭恒和张欣，2018）。田青等（2008）认为，地区经济发展程度不同，住房的财富效应也会存在差异。地理空间差异也会带来住房的不平等问题（方长春和刘欣，2020）。在一线、二线城市，住房的投资吸引力呈现出减弱趋势（李凤等，2016），但在预期未来房价上涨的前提下，也会产生居民对住房"越涨越买"的现象（王频和侯成琪，2017）。此外，很多的住房制度或政策也会对居民的收入、消费等产生影响，比如我国的住房公积金制度就具有很明显的收入分配效应（毛丰付等，2017；王先柱等，2020；Chen et al.，2020a；Chen et al.，2020b）。当然，住房产权也可能会存在一定的负外部性。比如，对农户承包权的退出意愿起到一定程度的负向影响（王常伟和顾海英，2016）。而且，因购房产生的房贷压力会通过房奴效应抑制消费支出（颜色和朱国钟，2013）。

从居民储蓄视角来看，居民或多或少地都承担着养老、住房方面的负担，预防性动机使其将较多收入都用于储蓄，以应对未来不确定的支出需求（Giles & Yoo，2007；Chamon & Prasad，2010）。而"为买房储蓄"是导致储蓄率提高的重要因素（陈斌开和杨汝岱，2013；范子英和刘甲炎，2015），尤其是对于高收入、首套房面积较小等有着多套房购房决策的群体（李雪松和黄彦彦，2015）。

住房产权也影响到居民的"下海"创业行为。作为一种天然的抵押物，完全住房产权可以使住房所有者获得一部分创业融资，通过缓解流动性约束而提高自主创业的积极性（周京奎和黄征学，2014；李江一和李涵，2016）。胡明志和陈杰（2019）指出，因房价上涨带来的房产增值仅会作用于完全产权房的创业行为，且房产增值对于创业的促进作用在资金约束较高和创业概率较大群体中更为显著。可能的解释在于，房价的上涨会明显提高居民的主观风险偏好，进而作用于其客观风险偏好行为（张光利和刘小元，2018）。

（二）社会维度视域下的住房产权影响效应

住房产权的分化现象日益突出。陈胜（2014）认为，影响住房产权分化主要有三种约束，即偏好约束、体制约束和市场约束。而住房产权的分化能够直接体现居民市场能力的差异（王宁和陈胜，2013）和福利水平（方福前和吕文慧，2009），受城市发展水平的影响较大（赵方杜，2013；Wei，2020）。单位房和租借房相对不会造成职住分离（孟斌等，2013）。当然，住房产权的分化也会造成一些负的外部性，比如过高的房价将降低城市对于高素质人才的吸引力（Chen et al.，2018；周颖刚等，2019），不利于城镇居民社会信任的养成（刘军岭，2017）。而房价上涨不利于居民对地方政府的政绩评价（陈伟和吴晓刚，2020）。并且，住房产权具有明显的世代效应，可通过代际传递加剧青年群体的分化现象（吴开泽，2017；方长春，2018；朱庄瑞和刘杰，2019；方长春，2020），在工业化与市场化"双重转型"的背景下，家庭先赋因素对青年群体住房产权影响更为突出（黄建宏，2018；崔璨等，2021；范一鸣，2021）。

住房产权私有化加速了社会分层。住房产权分化是社会分层的重要标志（刘米娜，2009；张文宏和刘琳，2013；肖黎姗等，2013；吴开泽，2019）。无产权房阶层、有产权房阶层和多产权房阶层构成城市住房分化的主要结构（刘祖云和毛小平，2012）。在住房产权自有之后，居民便不再倾向于产权转换（刘望保和闫小培，2010）。收入是提升流动人口住房自有率的决定因素（刘佳纯和王子成，2019），城乡地区差异、家庭生命周期、户主职业地位、受教育程度等都不同程度地影响住房产权类型（边燕杰和刘勇利，2005；孙玉环和张金芳，2014；刘望保和闫小培，2015；范雷，2016；李潇晓等，2019），更好的社会融合可以有效提高流动人口的住房产权自有率（邹静等，2017；钟荣桂等，2017；王智敏和王实，2018）。但住房特征和居住隔离状态是影响流动人口定居意愿的重要因素（毛丰付等，2018；林李月，2019；刘琳，2019），住房产权有利于改善新生代农民工的婚姻状况（梁土坤，2019）。因而，吴开泽和魏万青（2018）认为，住房分化有可能会对市民化和城镇化进程带来不利影响。

住房产权分化强化了财富和收入分配的不平等。住房兼具消费品与投资品的双重属性，且两种属性具有不可分割性（周密和刘秉镰，2017）。我国房价上涨具有"非平稳性"和"异质性"（陈斌开和张川川，2016）。房价的上涨进一步提升了富裕家庭的住房投资性需求进而带来财富增长（陈彦斌和邱哲圣，2011），而低收入家庭却会因买房而储蓄错失利好良机（宁光杰，2014），由此，便会加剧不平等程度（Bian & Logan，1996；Zhang et al.，2021）。其中的影响路径主要有因住房产权带来的资产性收益和因住房市值带来的潜在再投资收益两条（原鹏飞和冯蕾，2014；张传勇，2018）。当然，收入差距扩大是抬高房价租金比的主要因素（高波等，2013），反之也会影响住房产权分化（罗楚亮，2013），而且自有住房估算租金有利于缩小收入差距（罗楚亮等，2021）。

（三）心理维度视域下的住房产权影响效应

住房产权差异影响居民主观心理感受，进而在行为上得以体现。"人因宅而立"的传统观念使居民对于住房产权备受推崇，即便在倡导"租购同权"的政策背景下，居民也难以完全认同租房可以完全取代购房的观点（陈杰和吴义东，2019）。而社区场域的运行则以住房产权为基础，形成了一种新型的邻里互动关系（钱志远和孙其昂，2019），自有住房产权的居民对于社区参与的心理融合程度较高，其政治参与积极性也相对较高（李骏，2009；孙三百，2018；李斌和张贵生，2019；

黄建宏等，2020）。陈建国（2020）指出，居民参与社区治理的关键是其对住房产权利益及制度规则的认知。住房分层会直接影响阶层分化（张传勇等，2020），拥有住房产权可以显著提升农民工的城市身份认同（徐延辉和邱啸，2019；孙力强和李国武，2019）。但自有产权住房会相对减少邻里交往，相对于无住房产权的居民而言，自有住房产权的居民从不"串门"的比例更高（孙龙和雷弢，2007）。与此同时，房价上涨的现实背景叠加上偿还房贷所带来的心理压力也会提高工作机会成本，会降低单套住房所有者的工作满意度，从而造成安居未必乐业的现象（刘斌和张安全，2021）。

第二节　居民主观福祉的内涵与影响因素研究

改善和增进民生福祉是人类社会孜孜以求的共同发展目标，也是理论界持续探讨的重要话题。正如前文所述，本书重点研究对象是居民主观幸福感，因此本节将围绕居民主观幸福感展开文献梳理。

一、居民主观福祉的内涵讨论

幸福是一个古老的话题，古希腊著名思想家亚里士多德（Aristotle）认为，幸福是人类存在的唯一目标（Diener，1994；苗元江，2004）。孔子等著名人物都曾阐释过对美好生活的理解（Diener et al.，2018）。1776 年美国《独立宣言》提出，对幸福的追求，就像我们对生命和自由的那种不可剥夺的权利追求一样重要（Frey & Stutzer，2002）。虽然直到近代学术界才开始对幸福感进行系统性研究，但人类对幸福的关注却已有上千年的历史。早在 2000 多年前，古希腊著名思想家、哲学家柏拉图（Plato）开始测度统治者的幸福程度；18 世纪之后，英国著名法理学家、伦理学鼻祖杰里米·边沁（Jeremy Bentham）开创性地将测度幸福上升到科学研究的高度（林洪和孙求华，2013）。这些关于幸福的古老定义与许多其他有关情绪幸福感的概念一起，对人类的学术研究和政策制定产生了深远的影响。从理论上说，马克思的辩证唯物主义认为，人的需要分为物质需要和精神需要，因而人的幸福分为物质快乐和精神快乐，物质快乐是精神快乐的前提和基础，精神快乐反过来又影响物质快乐，只有将物质快乐与精神快乐结合起来，才能实现真正的幸福。福祉经济学理论认为，幸福或快乐是人生的最终目标，而且是唯一有理性的最终目标（黄有光，2005）。因此，经济政策甚至其他政策的最终目标都应该是为了增加人们的快乐。政策是不是一个好政策，最终要看是否会增加人们的福祉。作为"隐藏的国民财富"和反映民生的重要指标，国民幸福感已被视为指导公共政策的标尺和试金石（马志远和刘珊珊，2021）。总的来说，幸福感是一个多层次、多维度的结构，包括主观幸福感、心理幸福感、社会幸福感（陈浩彬和苗元江，2012）。

相比较居民福祉而言，学术界对于主观幸福感（subjective well-being，SWB）的研究相对较早，且起始于社会心理学。所谓主观幸福感，主要是指人们对其生活质量所做的情感性和认知性的整体评价，是基于人们各类需求被满足后所产生的一种主观体验。因此，主观幸福感具有三个明显的特点，即主观性、整体性、相对稳定性（苗元江，2002），是一种主观性和整体性的认知和态度，同时它也是评估相当长一段时期之内对生活满意程度的情感反应。主观幸福感涉及五大要素，是指职业幸福感、社交幸福感、财务（经济）状况幸福感、健康状况幸福感和社会环境（社会贡献）幸福感。这些都是一个人感受多大幸福的重要影响因素，也是我们提高和增进自身幸福感的重要方面（高启杰等，2012）。20世纪40年代，美国著名心理学家马斯洛在《人类激励理论》中，将人类需求从低到高分为五种类型，分别是生理需求、安全需求、社交需求、尊重需求和自我实现需求。在此之后，理查德·伊斯特林（Easterlin，1974）提出了著名的"Easterlin悖论"，或称作"幸福—收入之谜"，他认为收入提高并非一定能够提升人们的幸福程度。这一结论也得到了很多学者进一步验证和拓展（Veenhoven，1993；Diener & Suh，1997；Myers，2000）。在研究主观幸福感的众多西方学者之中，社会心理学家埃德·迪纳（Diener）曾在该领域进行了长期卓有贡献的研究，他关注主观幸福的理论和测度，并从文化角度、收入角度、性格角度等方面对主观幸福进行了系统性研究，提出了主观幸福感的四维结构，一是对过去、现在和未来生活的满意程度，二是积极的情感体验，三是消极的情感体验，四是对生活各方面的满意程度（Diener，1984）。在20世纪末迪纳对主观幸福感研究进行了30年回顾和总结（Diener et al.，1999），并强调了研究主观幸福感对于促进社会进步的重要意义。同时，迪纳等（Diener et al.，2018）又进一步归纳和总结了主观幸福感的最新研究进展，认为主观幸福感与健康长寿、社会关系、工作表现和创造力等都具有密切关联。

然而，遗憾的是，经济学自诞生之日起，就没有重点或持续关注过人们的幸福。在长达数个世纪里，幸福问题一直都是哲学和心理学研究的中心。长期以来，幸福的经验研究也一直属于心理学的领域。在此之后，社会学家和政治科学家也对此作过一些重要贡献。20世纪中后期，心理学与经济学开始联姻，诞生了幸福经济学，引人注目的是伊斯特林的开创性研究（熊毅，2016）。布鲁诺·S. 弗雷（Frey，2008）在其著作《幸福：经济学革命》（*Happiness：A Revolution in Economics*）中，也指出在很长一段时间内，经济学家经常将收入作为人类福祉的一个重要的代理变量，然而，主观幸福感这一指标的优越度远胜于收入指标，它是心理学中一项科学指标，用来衡量人们的积极和消极情绪、幸福度或者生活满意度。庇古（Pigu，1922）年在他的著作中首次将福祉经济学当作一个独立的学科。福祉经济学的称谓已近一个世纪，但传统的福祉经济学却仅仅钟情于对偏好的分析。从偏好层面转向更深的福祉层面之所以有必要，是因为偏好并非我们的终极目标，但快乐却是（黄有光，2005）。幸福和快乐只是时间上的差别，幸福通常指长期的快乐，而快乐通常指当前的。如果时间一样，则幸福和快乐是完全一样的（黄有光，2005）。就居民福祉而言，以1998

年的诺贝尔经济学奖得主阿玛蒂亚·森（Amartya Sen）为代表的新一代福利经济学家对福祉进行了新的探讨，森提出福祉不仅包括效用，还包括人的功能性能力（functional capability）的函数（Sen，1995）。森的功能福祉论，成为联合国人类发展指数（HDI）的主要理论依据。

联合国开发计划署在《1990年人类发展报告》中，首次提出了人类发展的概念，明确提出发展的真正目的是扩大人类在经济、政治、文化等各个领域的选择权，实现人类的尊严、全民人权、自由、平等、公平和社会正义等，而非单纯地增加收入（陈雪莲，2010）。由此可见，人类物质财富的积累使得人们越来越重视快乐的感受（高启杰等，2012），在人类自身追求方面，人们已经从单纯地追求物质转变为更加追求"快乐"，从单纯地关注人均GDP转变为关注自身幸福、快乐、健康、受到尊重、自我实现等，而这些也逐步成为影响人们选择的重要因素，甚至是决定性因素。众多国家越来越重视国民幸福指数（Gross National Happiness，GNH）核算方法在国民社会经济体系中的应用。这一时期的人类发展观，可以概括为"以人为本，全面、协调、可持续的"人类发展观。

在很多情况下，人们往往对效用或者偏好与幸福的关系界定不清，黄有光（2005）对此进行了相应的论证。效用是指个人需要得到满足的主观感受，在经济学中主要指人们消费商品带来的心理满意程度。偏好是一个微观经济学的概念，也被广泛用于对福利的理解和测量，它是指人们按照自己的愿望对消费品进行排序，虽然无法准确测量某一消费品带来的福利是多少，但可以在选项中进行排序，知道哪种选择能为自己带来更多的福利。在经济学界，解决测量个人福祉这一难题的途径之一就是用偏好来代表福祉，如果一个人喜欢 x 胜于 y，我们就认为他在 x 时的福祉比在 y 时高。但用偏好来代表福祉的方法并不总是妥当。首先，由于无知和不完全预见，偏好和福祉会有所不同。福祉的事前概念可用于解释行为，只有事后概念才是实际的福祉。其次，一个人的偏好不仅受他自己福祉的影响，而且受他对别人福祉考虑的影响。在福利经济学界，幸福常被译为 Well-being 或 Happiness。经济学家萨缪尔森曾提出了一个简化的幸福方程式，即效用/欲望＝幸福指数。由此可见，幸福不等于效用，有钱也不一定就快乐，因为效用仅仅是从消费物品中所得到的满足程度，而幸福的主观体验还受到其他诸多因素的影响。另外，根据马斯洛的需求层次理论，当人们以物质需求为主逐渐转向以文化精神需求为主后，效用与幸福的相关性将明显减弱。更进一步地，幸福与快乐虽然在英文中都可以翻译为 Happiness，但是西方的伦理学家更愿意把幸福称为 Eudemonia。幸福是指一种持续时间相对较长，对生活较为满足，并希望长久保持的愉悦精神，快乐则是欲望满足时所产生的愉悦体验，可以理解为幸福的一个维度。

纵观经济学的始终，除了幸福感和生活满意度这两项指标以外，没有其他既代表综合福祉又能量化的指标，经济学理论中，"效用"被定义为人们决策时的依据，即人们选择能带来最大效用的策略，但"效用"的内涵百年来备受争议（Graham，2005）。一般认为，效用就是快乐，是个人对生活的满足感。但事实上，效用可被区分为决策效用、体验效用，前者对应于新古典经济学强调的效用的欲求含义，而后者则为古典经济学偏重的效用的快乐含义。从这个意义上看，幸福应是体验效用的一个子集（贺京同等，2014），是从主观方面评估客体的效用（杨缅昆，2008）。著名经济学家安格斯·迪顿（Angus Stewart Deaton）因其在消费、贫困与福利领域所作出的突出贡献而获得 2015 年诺贝尔经济学奖。福利是迪顿的重要研究领域，其根本目的是想从更宽广的角度考察当今世界人类的福祉问题（Deaton，2013）。在迪顿看来，主观幸福感才是福利、福祉、效用最好的且最可量化的代理变量，值得深入研究（鲁元平，2015）。关于幸福感的度量，迪顿在理论上和实践上都有一定的研究。在理论方面，迪顿等（Steptoe，Deaton & Stone，2015）认为主观幸福感至少可以从三个方面进行测度，包括生活质量评价（life evaluation）、享乐幸福（hedonic well-being）、幸福学幸福（eudemonic well-being）。

除了在哲学、社会心理学和经济学等学科对居民福祉的深入研究，福祉或者幸福的相关概念以及测算方法已经被世界多国或地区以及国际组织所应用。正如联合国可持续发展解决方案网络（SDSN）在 2019 年发布的《全球幸福指数报告》（*World Happiness Report*）中讲到，大多数关于不平等的研究都聚焦于收入和财富的分配不平等，但是将收入作为衡量生活总体质量的指标还过于笼统，收入不平等对于衡量总体不平等的做法太过局限。例如，健康对于生活满意度的影响可能会影响收入对于生活满意度的影响。同时，我们还发现幸福不平等比收入不平等更为明显，且更具有系统性。从 2007～2018 年，世界范围内幸福不平等程度在逐步加深。通过对国家内部和国家之间的不平等分解，发现二者都呈现出上涨的趋势，但是国家之间的幸福不平等上涨幅度较为轻微，幸福不平等的加剧主要体现在国家内部。

当然，在不同时代，不同国家的思想家们，一直都在思考人类发展到底是为了什么。然而，对于什么是美好幸福的生活，如何创造美好幸福的生活，则无统一的结论和标准，存在着价值主观主义和多元主义（郭伟和，2001）。例如，国内学者张兴祥等（2018）通过问卷设计，将国民幸福感划分成五个量级，包括非常不幸福、不幸福、一般、比较幸福、非常幸福。问卷主要从六个维度考察居民幸福感的主客观影响因素，包括政治生活、经济生活、文化生活、人际关系、健康状况、环境状况。不丹 GNH 指数则从社会经济发展、文化、环境、良好治理四个维度刻画居民福祉。总之，美好社会是一幅反思、扬弃与超越"现代性"、切中"人民的现实幸福"、在现有条件下追求"自由个性"的社会图景（项久雨，2020）。美好生活要求将物质生活与精神生活相统一，其最佳状态是实现人和社会的全面发展（张威威和王承就，2021）。从根本上说，美好生活取决于物质生产发展的程度与等级，在物质不断丰裕的过程中，人们的精神需求也在不断发生量和质的变化，进而把生活质量推向更新、更高层次（卢淑华和韦鲁英，1992）。

在过去的几十年里，越来越多的研究开始讨论公共经济学家是否应该以及如何将幸福纳入政策分析框架（Hirschauer et al.，2015）。相比较传统的经济指标而言，主观幸福感被认为是更具有说服力的政策评价标准，这是因为主观幸福感可以允许个人而非专家来决定什么是重要的（Diener et al.，1998）。而且，人们的主观幸福感可以很好地跟踪客观的社会和经济状况（Oishi & Diener，2014），是一项"隐藏的国民财富"（the Hidden Wealth of Nations）（Halpern，2010）。中国学者自20世纪末以来，也对此进行了深入讨论。近年来，作为衡量民众幸福的直观指标，幸福指数逐渐成为一种新的社会发展评价尺度（王艺和程恩富，2013）。林南等（1987）认为生活质量不但能反映个人对生活总体满意程度和对生活各方面感受，而且为研究个人生活各个方面的相对重要性提供了比较基础和评价依据，这是一般的经济指标、宏观社会指标所难以穷尽的（卢汉龙，1990）。所以，如果社会政策的目标是让大多数人实现幸福最大化，那么就有必要研究怎样才能增进人们的幸福（赵奉军，2004）。游士兵等（2010）从绿色 GDP、幸福 GDP 和政府 GDP 角度，提出 3G – GDP 国民经济核算概念；丘海雄和李敢（2012）倡导从既有专注于经济域的国民经济账户体系时代逐步转向兼顾社会域的"国民幸福账户"体系时代；黄有光（2013）提出以"快乐国家指数"替代国内生产总值，以此作为国家和地区发展的主要指标。

二、居民主观福祉的相关基础理论梳理

论证住房产权对居民主观福祉的影响，涉及经济维度、社会维度、心理维度等多种理论假说。为此，本节对本书后续研究中使用到的相关理论进行概括性介绍，以此为后文研究奠定基础。而且，为了避免理论介绍过于冗繁，本节挑选出最为关键性的相关理论进行阐述，其他理论如级差地租理论、社会适应理论、社会流动理论、攀比效应等则在后文分析过程中进行解释。

（一）经济维度相关基础理论

1. 效用理论

效用理论是微观经济学中的经典理论之一，效用（Utility）衡量的

是消费者从一组物品中获得的满足程度和幸福程度（曼昆，2015）。换句话说，在穆尔（Mill）、埃奇沃思（Edgeworth）的古典或者新古典理论中，效用具有明显的主观性。在维多利亚女王时代，哲学界和经济学界把效用看作是消费者的整个福利指标（范里安，2015），他们假定消费者的效用是可以度量的，且不同消费者的效用或者不同商品对于消费者的效用是可以相比较的（平新乔，2001）。效用和无差异曲线（Indifference curve）是高度相关的，由于同一条无差异曲线上的每个点表示消费者的满足程度都相同，因而可以将无差异曲线视作一条"等效用"曲线（曼昆，2015）。通常而言，消费者的个人效用遵循着边际效用递减规律。图 2.1 描绘了个体进行社会比较的一般图示，其中，X_1 和 X_2 分别表示两种消费品，U_1、U_2、U_3 分别表示三条无差异曲线，且对应的效用值大小关系为 $U_1 < U_2 < U_3$。线段 AB 为消费者的预算约束线。此时，消费者为了追求个体效用最大化，会选择 U_2 与预算约束线的切点 M 为决策点，即对 X_1 和 X_2 的消费量分别为 x_1 和 x_2。

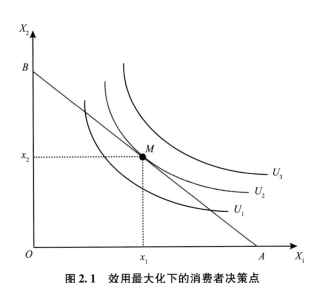

图 2.1 效用最大化下的消费者决策点

2. 资源配置理论

从根本上说，经济学是研究各种稀缺资源如何被合理配置和利用的科学。资源配置理论是马克思经济学的一个重要组成部分（屈炳祥，1999；王云中，2006）。相对于人的欲望无穷性，资源总是表现出相对稀缺性。因此，需要对有限的稀缺资源进行合理分配，从而实现社会总效用的最大化。在《资本论》中，马克思从历史和逻辑相统一的视角，阐释了人类社会资源配置的几种基本方式，即按需要和习惯进行配置、市场配置和计划分配（屈炳祥，1999）。资源配置反映了两大原则，包括优化原则和交换原则，前者反映了市场参与主体的行为特征，后者则反映了不同经济主体之间的利益交换（尹敬东和周绍东，2015）。经济主体的互动特征决定了资源配置过程属于一般均衡过程，而经济主体的优化原则表明了经济学是一种资源利用的决策学（尹敬东和周绍东，2015）。

3. 可行能力理论

20 世纪 90 年代，著名经济学家阿玛蒂亚·森（Amartya Sen）在对传统福利分析方法进行批判的基础上，在其著作《以自由看待发展》（*Development as Freedom*）一书中，以"实质自由"为视角，建设性地提出了可行能力理论（capacity theory）。该理论把人们的福利定义成两个部分：一是人们值得去做的事情（doing）以及达到的状态（being），即功能性活动（functioning）；二是人们想要做的事情以及达到状态的自由程度，即可行能力（capacity）（叶静怡和王琼，2014）。所以，可行能力是指个人有可能实现的各种可能的功能性活动的组合，可行能力理论不仅考虑人们的实际最终选择，同时重点关注人们选择不同结果的自由程度。换句话说，阿玛蒂亚·森不仅关心人们的各项权利，更关心人们实现各项权利的能力。显然，在阿玛蒂亚·森的这一理论中，个人不再仅仅是被作为社会福祉的作用对象，而是拥有主动和自由选择各项权利和机会的自主个体。

（二）社会维度相关基础理论

1. 社会比较理论

新古典经济学理论体系在大多数情况下仅关心经济人自身的绝对收

益最大化，忽略了社会比较对个体效用和行为的影响（李国武，2020）。无论是消费者行为理论，还是厂商理论等，都建立在绝对收益最大化的假设基础上。然而，社会学家和心理学家则一直强调社会比较（social comparison）以及由此产生的相对剥夺（relative deprivation）、相对优越（relative superiority）的重要性（Headey & Wearing，1988；Clark & Oswald，1996；方文，2008）。1974年，美国著名经济学家加里·贝克尔（Gary S. Becker）阐释了社会相互作用理论，并提出了个体受他人状况影响的扩展效用函数，其简化形式是：$U_i = U_i(X_i, R)$。其中，U_i 表示个体 i 的效用函数，X_i 是个体 i 拥有的所有商品和服务，R 是其他个体拥有的所有商品和服务（Becker，1974）。这也意味着，其他个体拥有的商品和服务也会影响到个体 i 的效用。而且，在保持个体 i 的商品和服务拥有量不变，当他人拥有的商品或服务总量增加时，会对个体 i 的效用产生负向影响；而当他们拥有的商品或服务总量减少时，会对个体 i 的效用产生正向影响（李国武，2020）。

图 2.2 展示了个体进行社会比较的一般图示。假定社会的个体总数量为 Q_2，不妨将所有个体按照商品和服务的拥有量进行从低到高排序，排序结果如曲线 l_1 所示。那么，对于第 Q_1 个人而言，他所持有的商品和服务总量为 W_3，即 $Q_2 - Q_1$ 个人的商品和服务拥有量高于他，而有 $Q_1 - 1$ 个人的商品和服务拥有量低于他。此时第 Q_1 个人的效用 U_M 不仅取决于他自身所拥有的 W_3 个单位商品和服务产生的效用 C，还取决于其向上社会比较（upward social comparison）和向下社会比较（downward social comparison）所产生的效用。因而，可以将第 Q_1 个人的效用函数写成如下形式：

$$U_M = \lambda \times \left\{ \left[(Q_1 - 1) \times \frac{W_3 - W_1}{2} \right] \Big/ \left(Q_2 \times \frac{W_4 - W_2}{2} \right) \right\} - \mu$$

$$\times \left\{ \left[(Q_2 - Q_1) \times \frac{W_4 - W_3}{2} \right] \Big/ \left(Q_2 \times \frac{W_4 - W_2}{2} \right) \right\} + C \quad (2.1)$$

其中，λ、μ、C 的取值范围均为正数，且 λ、μ 分别表示个人对于其相对优越和相对剥夺的感知程度。图 2.2 中曲线 l_2 则刻画了更为一般形式的社会比较排序结果，其基本原理与 l_1 一致。

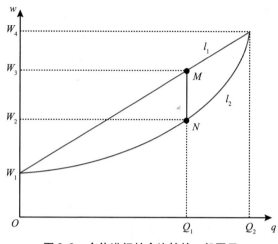

图 2.2　个体进行社会比较的一般图示

与此同时，根据诺贝尔经济学奖得主加里·贝克尔（Becker，1974）的研究，社会比较不仅能对个体的心理产生影响，而且还可能对个体的行为产生影响，即可能引发个体的追赶行为和损害行为。参考李国武（2020）的研究，本节基于无差异曲线绘制了上述两种行为的示意图。具体而言，根据图 2.3 可知，个体 i 和社会中其他人初始拥有的财富数量分别为 x_0 和 r_0，当社会中其他人拥有的财富数量增长到 r_1 时，此时个体 i 的效用将从 U_3 下降到 U_2。个体 i 为了避免自身的效用受到损失，将努力增加自己拥有的财富数量，当其拥有的财富数量从 x_0 增加到 x_1 时，那么他的效用将重新恢复至 U_3，即个体 i 发生了追赶行为。

类似地，根据图 2.4 可知，个体 i 和社会中其他人初始拥有的财富数量分别仍为 x_0 和 r_0，当社会中其他人拥有的财富数量增长到 r_1 时，个体 i 为了避免自身的效用从 U_3 下降到 U_2，不惜耗费 $x_0 - x_1$ 的自有财富，通过破坏、盗窃、掠夺等损害性方式，使得社会中其他人的财富数量从 r_1 减少到 r_2，此时个体 i 的效用则重新恢复至 U_3，即个体 i 发生了"损人不利己"的损害行为，且图 2.4 的曲线 d 即为损害曲线。

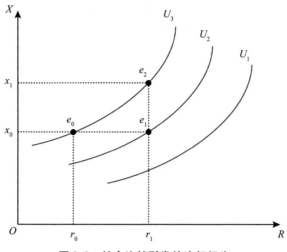

图 2.3　社会比较引发的追赶行为

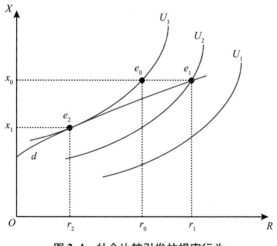

图 2.4　社会比较引发的损害行为

2. 社会阶层理论

社会阶层（social strata）是一种普遍性存在的社会现象，社会学家对这一现象的研究跨越了数个世纪，现代社会学的三大奠基人卡尔·海因里希·马克思（Karl Heinrich Marx）、爱米尔·涂尔干（Émile

Durkheim)、马克斯·韦伯（Max Weber）都曾对其开展过卓有成效的研究（郭永玉等，2015）。社会阶层是指由于政治、经济、文化、种族等多种因素，导致了不同社会个体在社会层次结构中处于不同地位，他们的收入、教育、职业等客观社会资源和主观感知等存在差异（Kraus et al.，2012；胡小勇等，2014）。所以，社会阶层不仅仅在客观权力和物质层面对社会个体产生影响，而且也在主观心理感知层面对社会个体产生影响。近年来，经济学界、社会学界和心理学界等国内外学者围绕社会阶层开展了大量研究，并特别关注了社会阶层对居民主观福祉的影响（Hu & Ye，2019；王先柱和王敏，2018；王敏，2019；张传勇等，2020；万广华和张彤进，2021）。

3. 社会网络理论

社会网络（social network）是一组特殊类型的社会关系，与信任和规范一起被视为社会资本的重要内容（Putnam et al.，2001），是社会学和经济研究中的重要概念（胡金焱和张博，2014）。通常以私人或群体友谊、交易关系和成员资格等相互连接起来的结点所形成的网络（张宝建等，2011）。换句话说，是由不同社会个体以及他们之间关系所构成的集合。在传统的社会形态中，亲朋好友通常是社会个体接触的最频繁的群体，这也就使得人们形成了一种有限范围内稳定的社会认知，即强关系现象（strong ties）。但是，20世纪80年代，美国社会学家马克·格兰诺维特（Granovetter，1983）深入研究了社会网络在职业流动中的作用问题，发现人们在社会交往中还存在一种弱联系（weak Ties）。而且，马克·格兰诺维特还在1985年的创造性地提出了"嵌入理论"（embeddedness），认为人们的各项活动并不是孤立和单纯的，而是嵌入社会结构中（Granovetter，1985），这一理论对社会网络理论作了进一步深化和发展。21世纪以来，中国学者从职业流动、组织管理、民间融资、社会治理等方面，对社会网络理论进行了广泛应用和拓展（边燕杰和张文宏，2001；张文宏和刘琳，2013；胡金焱和张博，2014；黎耀奇和谢礼珊，2013）。

4. 社会资本理论

社会资本（social capital）这一概念是法国学者布尔迪厄（Pierre Bourdieu）于20世纪70年代率先提出来的，关于社会资本比较有代表性的解释是，基于社会联系获取稀缺资源，并由此获益的能力（Bourdieu，1986；Coleman，1994；边燕杰和丘海雄，2000；李涛等，2021）。参考边燕杰和丘海雄（2000）的研究，上述定义中的稀缺资源，是指权力、地位、财富、资金、学识、机会、信息等。而且，人们通常可以通过两种社会联系摄取这些稀缺资源，第一种社会联系是个体作为社会团体或组织的成员，并与这些团体和组织建立起来的稳定联系；第二种社会联系是人际社会网络，这种人际社会网络没有相关的准入门槛或者依附于相关的团体及组织形式，主要是依靠人与人之间的接触、交流、交往、交换等互动过程发生和发展的（边燕杰和丘海雄，2000）。而且，不少研究结果已经表明，社会资本对于经济增长、居民福祉、创新提升、身体健康等方面都能产生显著促进作用（严成樑，2012；万建香和汪寿阳，2016；曹维明，2014）。此外，参考边燕杰（2004）的研究，社会资本构成、来源和作用的理论模型如图2.5所示。

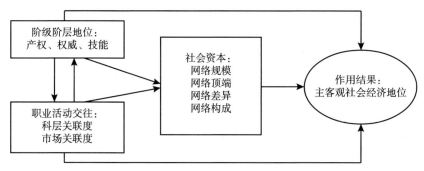

图 2.5　社会资本构成、来源和作用的理论模型

资料来源：参考边燕杰（2004）的研究。

5. 社会参与理论

社会参与是指社会成员以各种方式影响国家政治生活、经济生活、社会生活、文化生活以及社区的共同事务，进而影响社会发展的过程（王兵，2012；霍海燕，2014）。换句话说，在公共政策和社会事务的治理中，从以往的以市场或者政府为中心的单一参与模式，转变为政府、市场、社会、公民等多个群体或者组织为中心的多元参与模式（周悦和崔炜，2012）。从理论上看，市场失灵、政府失灵和志愿失灵客观存在，并且不同的参与主体的利益代表各不相同，因而在社会治理和公共事务的过程中往往需要引入社会参与，以此平衡各个参与主体的优势与劣势，实现社会治理的最优状态。一般而言，社会参与具有三个方面的核心内容，一是社会参与是在社会层面进行的，二是社会参与是和他人相互联系的，三是社会参与是能够体现参与者价值的（王兵，2012）。而且，实现重大公共政策社会参与的有序性、有效性，是建设中国特色社会主义政治文明的核心内容之一（李晓明，2013）。社会参与的有序性强调的是公民以及其他社会团体以合法的形式和制度化渠道，有限度地参与政治生活并影响公共决策的过程；社会参与的有效性则强调公民以及其他社会团体能够对重大公共政策过程产生一定的影响，并取得了决策者的积极回应（李晓明，2013；魏星河，2007；傅广宛，2008）。

（三）心理维度相关基础理论

1. 需求层次理论

美国著名社会心理学家亚伯拉罕·马斯洛（Abraham H. Maslow）在其1943年的著作《人类动机的理论》（*A Theory of Human Motivation*）中，开创性地提出了人的需求层次论。总体而言，马斯洛需求层次理论（hierarchical theory of needs）将人的需求划分成为五个等级，从低到高依次包括生理需求（physiological need）、安全需求（safety need）、归属和爱的需求（belongingness and love need）、尊重的需求（esteem need）和自我实现的需求（self-actualization need）。当人们满足了低层次的需要之后，则会不断追求更高层次的需求满足。而且，马斯洛认为自我实现是人的需求的最高阶层次，这一观点实际上与亚里士多德的观点一致，不同于享乐主义（Hedonism）将幸福视为由"趋利避害"所获取的快乐最大化，亚里士多德认为真正的幸福是自我实现（Eudaimonia）（魏新东和汪凤炎，2020）。自我实现是指个体能够认识到自己的价值所在，并实现自己的各项才能和潜能（Ryff & Singer，2008）。

2. 羊群效应

在不完全信息环境中，行为主体容易受到其他人决策或者行为的影响，进而形成一种模仿他人决策或者行为的现象，即"羊群行为"（Herd behavior）（陈卓，2018）。通常来说，羊群行为是一种特殊的非理性行为，也是社会认知的一种极端方式（宋超英和张乾，2009）。通俗地讲，由于人们对于某些问题的认识能力有限，在进行决策的时候往往选择周边其他人的行为作为参照，但实际上其他人也存在这样的心理，进而导致了一旦一部分人作出了相关决策或行动，其他人也会纷纷跟随和仿效，形成了羊群效应（Herding effect）。大量研究已经证实，在房地产市场、资本市场存在着十分明显的羊群效应（贺京同等，2009；宋超英和张乾，2009；郑挺国和葛厚逸，2021；路磊等，2014；吴佳哲，2015；方兴和王博，2019）。

3. 隧道效应

与攀比效应（Bandwagon effect）不同的是，有部分研究发现较低的相对收入对居民的主观幸福感并没有产生显著的负向影响，反而可能表现出一种正向关联，即基尼系数对居民主观幸福感可能会产生正向影响（Jiang et al.，2012；陈钊等，2012；Knight et al.，2009）。即当群体中的其他个体收入提高时，即便某个个体的相对收入出现下滑，但他可能会由此形成对自身收入水平的上升预期，结果导致该个体的幸福感反而提高，对于上述现象，有学者将其总结为示范效应（demonstration effect）（Senik，2004）。实际上，在20世纪70年代，Hirschman（1973）最早提出了"隧道效应"（tunnel effect），很形象地对上述现象进行了解释。通俗而言，当人们在拥堵的两车道隧道中发现边上车道的车辆开始向前移动时，即便自身所处的车道依然处于拥堵状态，但能够产生一种乐观预期和愉悦感，即产生了"正向隧道效应"。

但如果在一段时间之后，人们发现仅仅是边上的车道被疏通了，而自身所处的车道依旧保持拥堵情况，那么这种乐观预期就会衰减消失，并产生一种不满、愤怒等不良情绪，即产生了"负向隧道效应"（何立新和潘春阳，2011；陈钊等，2012）。"正向隧道效应"成立的前提条件是需要满足机会均等的原则，即不同车道的车辆都具有同样的向前移动的机会（何立新和潘春阳，2011）。综上所述，图2.6和图2.7分别直观展示了"正向隧道效应"与"负向隧道效应"的一般图示。在此基础上，图2.8和图2.9分别刻画了"正向隧道效应"与"负向隧道效应"的主观福祉变动情况，考虑到上述表述已经描述了相关基本思路，因而此处不作赘述。

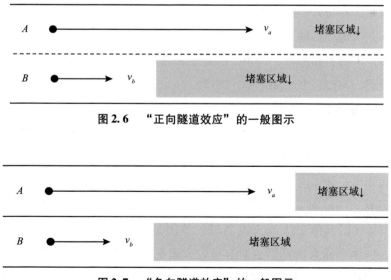

图2.6　"正向隧道效应"的一般图示

图2.7　"负向隧道效应"的一般图示

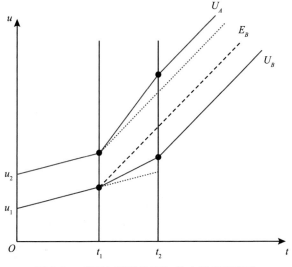

图2.8　"正向隧道效应"的主观福祉变动

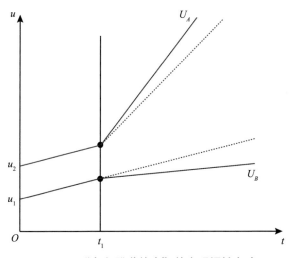

图2.9　"负向隧道效应"的主观福祉变动

4. 身份认同理论

"身份"通常是指人在社会上或者法律上的地位或资格，"认同"是对一种事物与另一种事物相区别的认可（吴翠萍，2013）。身份认同是一个人对自身归属于哪个特定群体的认知（Deaux，1993）。关于身份认同的研究跨越了哲学、社会学、心理学等多个学科领域，哲学研究者往往将身份认同视为一种对价值和意义的承诺与确认，社会学领域的身份认同则是个体对其角色的合法性确认，对角色的共识及其对社会关系的影响，心理学领域中的身份认同则通常是指主观心理意义上的归属，更侧重于关注人的心理层面的感知（张淑华等，2012）。由此可见，身份认同不仅仅包含了人们在客观层面的地位或资格，还包括了人们在主观层面的心理认同、感知与情感体验。

三、居民主观福祉的影响因素分析

国内外大量研究从多个维度探讨了居民主观幸福感的各类影响因素，尤其自 21 世纪以来，随着计量方法不断推广以及数据资料不断丰富，经济学、社会学、心理学等领域涌现出了一大批有关居民主观幸福感影响因素的研究成果。当然，随着经济社会的发展变革，不同历史时期主观幸福感的影响因素也在不断变化（崔巍，2019）。总体而言，居民主观幸福感的影响因素可以概括为三个维度，包括个体人口统计学维度、个体社会经济维度、公共政策与社会发展维度。

（一）个体人口统计学维度

从本质上说，基因能够影响人的幸福感（Frey et al.，2014）。但是，也有研究表明，人的智商虽然能够影响健康，但却不影响其幸福（Hartog & Oosterbeek，1998）。而且，人们的性别、年龄、婚姻状况、子女数量、代际关系、健康程度、种族、能力、个性、人格特征等都能显著影响居民的主观福祉（Diener，1984；Easterlin，2003；Inglehart，2002；Easterlin，2006；Appleton & Song，2008；Yang，2008；Veenhoven，2010；Asadullah et al.，2018；沈可等，2013；陈志霞和李启明，2013；边燕杰和肖阳，2014；黄少安和郭俊艳，2019；冷晨昕和陈前恒，2019；马汴京，2019；邓敏，2019；朱慧劼，2019；苗国强，2020；李景睿和李青塬，2021）。比如，从性别视角来看，与男性相比，女性通常显得更加幸福（Hartog & Oosterbeek，1998；李磊等，2017；黄少安和郭俊艳，2019），但有研究发现 45 岁以上的女性幸福感却发生了减弱（Inglehart，2002）；从健康程度来看，较差的健康状况与个人主观幸福感存在强烈的负向关联（Diener，1984；Dolan et al.，2008；Asadullah et al.，2018）；从年龄视角来看，对于美国居民而言，从 18 岁到中年，其主观幸福感略有提升，此后则缓慢下降（Easterlin，2006），但也有研究表明，美国居民的幸福感具有很强的年龄效应，且幸福感呈现先下降后上升的趋势（Yang，2008）。但对于中国居民而言，有研究发现中国居民幸福感与年龄之间呈现"U"形关系，即随着年龄的增长先下降后上升（许玲丽等，2018）；从子女视角来看，随着家庭子女数量的增加，中国居民的主观幸福感呈现出倒"U"形的变化趋势（冷晨昕和陈前恒，2019；李景睿和李青源，2021），而且照料孙子女能够通过经济支持、情感慰藉、社会交往等渠道显著提升祖辈的幸福感（何庆红等，2020），多代同堂能够有助于提升老年人幸福指数（沈可等，2013），有儿子比有女儿更能对老年人产生明显的幸福效应（冷晨昕和陈前恒，2019）；从婚姻视角来看，婚姻对于居民而言具有明显的幸福效应（朱慧劼，2019），离婚对个体幸福感能够产生显著的负向冲击，但有研究表明这种负向冲击持续的时间较为短暂，大约在 3 年后基本消失（马汴京，2019）。除此之外，还有研究发现父母的主观幸福感能够通过亲子沟通等机制影响子女的主观幸福感（范航等，2019）。

（二）个体社会经济维度

自从 1974 年美国南加州大学（University of Southern California）经济学教授理查德·伊斯特林（Richard A. Easterlin）在其著作《经济增长可以在多大程度上提高人们的快乐》中提出著名的"伊斯特林悖论"（Easterlin Paradox）以来，国内外学者围绕个体收入与居民幸福感这个主题开展了大量研究。近十年来，中国学者也就此展开了广泛讨论。从总体上说，不少学者充分肯定了个体收入对于提升主观幸福感的重要作用（Ball & Chernova，2008；罗楚亮，2009；朱建芳和杨晓兰，2009；鲁元平和王韬，2010；邢占军，2011；张学志和才国伟，2011；陈志霞和李启明，2013；徐映梅和夏伦，2014；赵佳丽，2017；徐淑一和陈平，2017；刘自敏等，2018；高启杰和费佐兰，2019；刘志侃和程利娜，2019；许海平，2020），但同时也就此进行了深入讨论，得到了一些有价值的结论。例如，高启杰和费佐兰（2019）研究发现个体收入虽然总体上能够正向提升居民主观幸福感，但对低收入组的影响程度相对更大；汤凤林和甘行琼（2013）、徐淑一和陈平（2017）发现收入对人们的边际幸福效应递减，而其他非收入因素对个体幸福感的影响力则逐渐增强；赵新宇等（2013）认为"幸福悖论"在我国已经出现，即绝对收入与居民幸福感呈现倒"U"形关系，而相对收入对居民主观幸福感的提升效果强于绝对收入。无独有偶，李超和万海远（2013）研究发现贫民住区改造后的家庭收入水平与幸福指数之间呈现出倒"U"形关系。对于这种倒"U"形关系，黄嘉文（2015）认为这意味着不同收入人群的幸福获得模式存在显著差异；张学志和才国伟（2011）的研究还发现，虽然绝对收入与居民主观幸福感之间存在倒"U"形关系，但在考虑相对收入的影响之后，绝对收入对幸福感的影响将不再显著；刘宏等（2013）研究发现与居民当期收入相比，永久性收入是主观幸福感更为重要的正向影响因素；李磊和刘斌（2012）、贺京同和郝身永（2013）认为收入预期等因素与居民主观幸福感之间存在显著正向关联；闫丙金（2012）甚至发现收入对城乡居民主观幸福感的影响并不显著；官皓（2010）认为绝对收入对居民主观幸福感没有显著影响，而相对收入地位则显著正向影响人们的幸福感；鲁元平和王韬（2011）则进一步从收入不平等的视角，认为收入不平等能够显著抑制居民主观幸福感，且对农村居民和低收入居民的负向影响更大。

和个体收入相比，消费对居民主观幸福感具有显著的正向促进作用（胡荣华和孙计领，2015；许玲丽等，2016；Wang，2019）。胡荣华和孙计领（2015）认为但消费对居民幸福感的影响偏小，而许玲丽等

（2016）则认为花钱比赚钱更有利于提升个人幸福感。而且，胡荣华和孙计领（2015）的研究还指出，消费对于收入水平、受教育水平、经济社会阶层偏低群体的影响程度更大。服装、交通通信、耐用品、文化娱乐休闲、人情送礼等支出对于居民的主观幸福感影响较大。崔馨月等（2021）也研究了居民亲社会支出对于主观幸福感的积极作用。此外，李树和于文超（2020）还发现上一期户主主观幸福感能够显著提升当期家庭人均消费意愿。从家庭储蓄的视角来看，何强和董志勇（2016）研究认为，增大同期储蓄率更有利于提升人们整个生命周期的幸福水平。从家庭债务的视角来看，负债会显著降低居民主观幸福感（李江一等，2015；陈屹立，2017），但这种负面影响主要是由非银行债务产生的，银行债务对于中等收入群体的幸福感甚至具有显著的正向作用（陈屹立，2017）。

从就业的视角来看，工作是人们获取幸福感的重要渠道，但只有高质量就业才能提升人们的主观幸福感（卿石松和郑加梅，2016）。这可能是因为，高质量的就业能够提升人们的获得感，而获得感则对生活满意度等产生积极提升作用（叶胥等，2018；谭旭运，2020）。在工作之余，人们的休闲时间、休闲参与、休闲满意度也同样会对他们的主观幸福感产生显著的积极影响（王心蕊和孙九霞，2019）。反之，人们的幸福感上升也能促进劳动力就业概率，提升失业人口的隐性再就业概率，这主要是由于幸福感上升增加了人们享有的"关系"等社会资本，并且提升了人们的工作搜寻努力（李树和陈刚，2015）。

从参与社会保险的视角来看，国内学者已有很多研究证实购买社会保险可以显著提高人们的主观幸福感（程名望和华汉阳，2020；周晶晶，2021），而且购买的社会保险种类越多，人们的主观幸福感也往往越高（程名望和华汉阳，2020）。比如，对于医疗保险而言，参与城镇居民基本医疗保险和商业医保都能显著提升人们的幸福感（陈璐和熊毛毛，2020；王沁雨等，2020；褚雷和邢占军，2022），其中一个非常重要的中介变量是经济安全感（桑林，2018）；对于养老保险而言，其同样也能对中国居民包括农村老年人的主观幸福感产生显著的促进作用（邓大松和杨晶，2019）。不仅如此，有研究表明，家庭参与其他方面的金融市场也会显著提升他们的主观幸福感（尹志超等，2019）。然而，也有研究对此提出不同的观点，胡珺等（2019）研究发现中国家庭金融投资行为显著削弱了居民主观幸福感，尤其是股票和基金投资（胡珺等，2019）。

从教育的视角来看，国内外不少研究都已经表明，教育能够显著提升人们的主观幸福感（Cuñado & Gracia，2012；黄嘉文，2013；Jongbloed，2018）。而且，拥有高中、中专和大学以上学历的群体是最幸福的（黄嘉文，2013）。异质性分析发现，高学历女性的单身状态能够显著提升她们的主观幸福感，这主要是因为她们可以通过更为独立自主的婚姻态度、更高的人力资本价值、更弱的社会压力等方式来提升个体幸福感（赵玮和刘旭阳，2019）。同时，教育对人们主观幸福感的作用程度取决于他们目前的年龄（Nikolaev & Rusakov，2016）。但是，也有研究表明，教育并非能够提升人们的幸福感。以中国的大学扩招政策为例，虽然该政策提升了人们高等教育的入学机会，但因扩招而上大学的个体对阶层流动的公平感知却明显降低，反而降低了该群体对社会总体公平的认同度（龚锋等，2021）。以美国为例，上过大学的人并不因此而快乐，实际上他们的自杀率略高于那些没有上过大学的人（Buryi & Gilbert，2014）。国内学者也发现，当实证模型中加入社会关系后，受教育程度不再与人们的主观幸福感显著相关（邓敏，2019）。

从城乡户口的视角来看，获得城市户口显著提高了家庭的主观幸福感，对于男性尤为如此（Tani，2017；温兴祥和郑凯，2019）。户口类型的转变实质上是人们基于户籍制度功能做出的理性选择行为（于潇和Ho，2016），这是由于城市户籍身份能够带来劳动力市场状况、社会保障状况、社会资本状况等方面的改善（温兴祥和郑凯，2019）。但是在21世纪初期，农村居民主观幸福感比城镇居民高，这可能是由于预期满足程度、收入变化预期、生活状态改善评价等因素引发的（罗楚亮，2006）。但也有研究表明，农村人口流入城市并未明显提高他们的幸福感（祝瑜晗和吕光明，2020），甚至以损失幸福感为代价（陈飞和苏章杰，2020）。而且在 2003～2015 年，农村居民的幸福感略低于城市居民，而农村居民的幸福感增幅大于城市居民（马志远和刘珊珊，2019）。

从政治面貌的视角来看，共产党员的身份能够显著提高居民主观幸福感（Appleton & Song，2008；马万超，2018）。而且，配偶的政治身份存在显著的家庭外溢效应，丈夫的党员身份能够显著提升妻子的主观幸福感，特别是提升了没有党员身份的妻子的幸福感，但妻子的党员身份对其自身以及丈夫的幸福感都没有显著影响（王群勇等，2020）。

此外，相关研究还发现，拥有家用汽车（王孝璇等，2020）、宗教信仰（Ellison，1991；Devine et al.，2019）、创业行为（周烁等，2020）、互联网使用（鲁元平和王军鹏，2020；周烁和张文韬，2021）、社会网络和非正式社会参与（裴志军，2010；王疏影和梁捷，2014；马丹，2015；艾洪山和袁艳梅，2015；张君安和张文宏，2019；郭小弦和王建，2019）、社会信任（裴志军，2010；艾洪山和袁艳梅，2015；刘明明，2016）、社会资本（裴志军，2010；李平和朱国军，2014；张梁梁和杨俊，2015；朱晨和杨晔，2017；Clark et al.，2019）、社会关系（Bartolini et al.，2013）、社会融合（王广州和王军，2013；边燕杰和肖阳，2014；韩莹莹，2016）、社会地位和社会阶层（刘欣，2007；艾洪山和袁艳梅，2015；陈云松和范晓光，2016；王敏和王峰，2019；Yu & Blader，2020；许海平，2020；李涛等，2021）、相对优越感（sense of relative superiority）（Headey & Wearing，1988；Clark & Oswald，1996）等个体社会经济因素能够显著提升人们的幸福感。

（三）社会发展与公共政策维度

任何社会政策都关乎福利资源分配和攸关群体的认同重构（赵蜜和方文，2013）。所以从宏观视角来看，社会发展与公共政策等因素也必然会对居民主观幸福感产生影响。比如，从中国的经验实证结果来看，在 21 世纪初期，有学者研究认为 GDP 是影响居民幸福感的最为重要的指标（孙凤，2007），如果经济收缩，那么居民幸福感也有可能会随之降低（刘军强，2012）。但是，也有研究认为，居民幸福感并没有随着地区经济增长而同步提升，地区富裕程度与居民幸福感之间的关联并不明显（邢占军，2011）。之所以如此，是因为人们的幸福感不仅与收入相关，而且还与其个体特征、经济环境、政治环境、生态环境等因素相关，而且中国的户籍制度和收入不平等是影响人们幸福感的重要原因（种聪和岳希明，2020）。所以，有研究指出，中国已经进入经济增长对国民幸福提升作用逐渐减弱的阶段，改善民生对于提升居民幸福感的作用更大（周绍杰等，2015）。

对于从中等收入跨入中上等收入水平的国家而言，提升国民幸福感更需要关注非收入因素，特别是人们的相关权利、社会公平正义等软因素（李清彬和李博，2013）。随着经济社会的发展，人们逐渐由物质型需求向发展享受型需求升级，因此个人物质财富产生的幸福回报被不断削弱，而且社会不平等的加剧引发了强烈的相对剥夺效应，冲抵了经济发展给人们带来的幸福回报（李路路和石磊，2017）。由于收入不平等不仅能导致教育和医疗等资源的配置不均（申云和贾晋，2016），并且人们在分配公平判断中存在攀比效应和虚荣效应（周浩和龙立荣，2015），所以收入不平等往往会对居民生活满意度和主观幸福感产生显著负向影响（何立新和潘春阳，2011；陆铭等，2014；阳义南和章上峰，2016；申云和贾晋，2016；岳经纶和张虎平，2018；杨晶等，2019；Zhang & Churchill，2020），也会进一步拉大中国的幸福不平等（Yang et al.，2019）。尽管如此，也有研究认为收入不平等并不会影响人们的主观幸福感，甚至可能还会出现相反的结果（侯玉波和葛枭语，2020）。例如，马红鸽和席恒（2020）研究发现收入差距与居民主观幸福感之间表现出倒"U"形关系；何立新和潘春阳（2011）研究发现收入差距显著损害了低、中低和高收入居民的幸福感，但对中上收入阶层的影响并不显著；陈钊等（2012）研究发现社区层面的收入差距会产生较强的示范效应，有助于提高居民的幸福感。

事实上，收入不平等往往意味着社会机会不均等，机会不均等对人们的主观幸福感会产生显著的负面影响（何立新和潘春阳，2011；鲁元平和张克中，2014；张彤进和万广华，2020），并且对于农村居民和低收入者的影响程度更大（何立新和潘春阳，2011）。因此，为了实现更高程度的公平，就必须要建立更加公平的医疗服务、住房、社会保障、教育等体制机制（Wang et al.，2020）。当然，也有研究认为，随着相对收入的提高，机会不平等对人们主观幸福感的边际影响呈现倒"U"形特征，即机会不平等削弱了中低收入、高收入者的主观幸福感，但却提升了中高收入阶层的主观幸福感（万广华和张彤进，2021）。再者，需要树立从"为经济而发展"向"为主观幸福感而发展"转变的思路，这是因为经济社会的发展往往需要付出相应的代价，最为典型的发展代价是污染问题，抵消了经济增长带来的国民幸福感的提升（Song et al.，2019）。收入水平越高，环境污染对于居民主观幸福感的负向影响则越大（叶林祥和张尉，2020）。所以，高质量发展才能显著提升居民的主观幸福感（石华平和易敏利，2020）。

除此之外，现有研究还指出了财政分权度（张梁梁和杨俊，2015）、地方财政支出（何强和董志勇，2015）、城市化水平（Lenzi & Perucca，2020）、人力资本水平（Florida et al.，2013）、社会文化（Hajdu & Hajdu，2016）、地区代际流动（李芳芝和张焕明，2021）、社会公平感（周雪娇等，2021）、新农保政策（王震和刘天琦，2021）、社会保障和社会支持（韩莹莹，2016；张子豪和谭燕芝，2018；陈鑫和杨红燕，2020；何晓斌和董寅茜，2021）、城市更新（Du et al.，2020）、住房保障（冷晨昕和祝仲坤，2021）、地方政府住房保障承诺（Chen et al.，2021）、公共服务（倪鹏飞等，2012；刘成奎等，2019；董源等，2020；段巍等，2020）、居住证制度（梁土坤，2020）、政府行为满意度（田立法和刘艳阳，2020）、公共教育总体投入（殷金朋等，2019）、社会赋权（韩莹莹，2016）、租购同权（黄静和崔光灿，2019）、村庄民主发育程度（陈前恒等，2014）、基层社区服务（徐延辉和黄云凌，2013）、社区环境（詹婧和赵越，2018）、社区平均幸福感（刘斌等，2012）、城市生活品质（Shi et al.，2021）等社会发展与公共政策因素对居民主观幸福感具有显著积极作用。相反，住房价格（安虎森和叶金珍，2018）、通货膨胀（陈刚，2013；周雅玲等，2017）等因素则对居民主观幸福感具有显著抑制作用。此外，城市规模与居民幸福感呈现出"U"形关系（孙三百等，2014）；更高的收入透明度反而降低了穷人的幸福感（Perez - Truglia，2020）；从增进居民幸福感的角度来看，累进个人所得税制度未必是最可取的制度安排（何强，2012）。

第三节　住房产权与居民主观福祉的关系研究

住房问题事关国计民生，既是经济问题，更是影响社会和谐稳定的重要民生问题（陈勇兵等，2021）。在过去的数十年中，国内外学者围绕住房产权与居民主观福祉等相关选题开展了大量研究。本节首先对国内外相关文献进行统计分析，然后围绕住房产权与居民主观福祉的关系进行系统性综述。

一、国内外相关文献研究概况

首先，基于中国知网（CNKI）数据库检索该领域中文期刊论文，大约检索到281条论文发表记录，且CNKI中收录的首篇关于住房产权与民生福祉的文献是上海社会科学院社会学研究所卢汉龙老师于1990年在《社会学研究》第1期上发表的《来自个体的社会报告——上海市民的生活质量分析》。但20世纪90年代CNKI中收录的与本主题相关的中文文献仅此一篇，且21世纪前10年中，CNKI中仅检索到13篇相关文献。因而，国内学者有关住房产权与居民主观福祉的研究从2010年之后才开始正式起步。但从相关文献数量上看，国内学者对于本领域的相关研究成果并不算丰富，且近三年来对本主题的关注程度明显提高（见图2.10）。

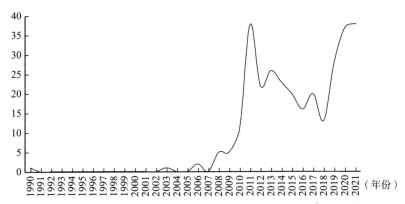

图 2.10　CNKI 期刊库中收录的关于住房与居民主观福祉文献数量

资料来源：根据 CNKI 数据库统计所得，检索范围是期刊库。

　　基于上述 CNKI 文献检索结果，本书借助文献可视化分析软件 CiteSpace，对相关文献中涉及的关键词进行分析（见图 2.11），可以发现国内相关文献围绕"幸福感"这个关键词，研究了住房保障、住房产权、住房条件等与居民幸福感之间的关联。但总体而言，现有相关国内文献的研究思路还显得较为单一，研究体系还有待进一步丰富。

　　其次，本节也从 Web of Science 数据库中检索了有关住房产权与居民主观福祉的英文文献，受限于数据库访问权限，检索的时间跨度为 2003～2021 年，共计检索到 2317 条文献记录。且从每个年度的文献数量和趋势来看，国外学者对于该主题的关注程度日益提高（见图 2.12）。

　　同样地，基于上述 WOS 文献检索结果，借助 CiteSpace 分析软件，对相关英文文献中涉及的关键词进行分析，可以发现国外相关文献围绕"happiness"这个关键词，研究了很多关于住房与居民福祉有关的问题，包括生活品质、健康、社会支持、社会适应、文化、婚姻、效用等（见图 2.13）。因此，相比较国内现有相关研究而言，国外学者不仅非常关注住房产权与居民福祉之间的关系，而且围绕这一主题开展了大量延伸性拓展性研究，将本问题的研究嵌入经济、社会、文化、心理等诸多领域。

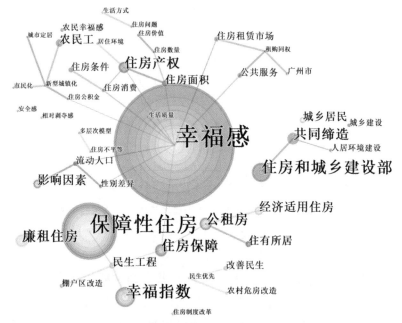

**图 2.11　住房与居民主观福祉 CNKI 中文期刊文献主题词
检索 CiteSpace 分析结果**

资料来源：（1）在中国知网期刊库中基于主题词进行检索，专业检索语法表达式是：
SU = '住房'*'幸福' OR SU = '住房'*'福祉'；（2）检索时间范围是 1990 年 1 月 1 日 ～ 2021 年 5 月 15
日；（3）使用文献可视化分析软件 CiteSpace 制作而成。

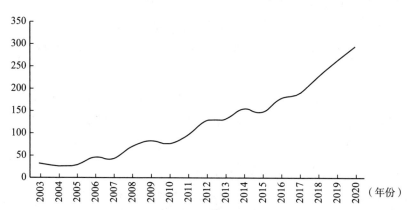

图 2.12　WOS 核心合集中收录的关于住房与居民主观福祉英文文献数量

资料来源：根据 Web of Science 核心合集库统计所得。

图 2.13 住房与居民主观福祉 WOS 核心合集主题词检索 CiteSpace 分析结果

资料来源：（1）在 Web of Science 核心合集中基于住房/住房产权和福祉/幸福感主题词进行英文论文检索；（2）受限于数据库访问权限，检索的时间跨度为所有年份：2003～2021年；（3）使用文献可视化分析软件 CiteSpace 制作而成。

二、住房产权与居民主观福祉的关系综述

住房产权既能从客观层面给居民带来实实在在的物质获得，也能从主观心理层面对居民的主观幸福感、满足感、安全感产生基础性影响。在传统意义上，居民主观幸福感往往属于社会心理学（social psychology）的研究范畴。近年来，基于住房商品的特殊性，国内外学术界越来越关注住房对于居民福祉的影响，这不仅将社会心理学与房地产经济学进行了学科交叉，也开创了一个新的研究视角，尤其在实现全体人民住有所居和增进民生福祉的时代要求下，住房产权对居民主观福祉的

影响已经成为社会各界关注的重要焦点。近些年来，住房产权以及居住条件等对于居民主观幸福感的影响成为了一项新的研究问题。综观现有的相关研究，大多聚焦于住房状况和住房租买对于居民主观幸福感的影响，通过实证性方法探讨二者之间的因果联系。例如，相关研究指出住房采光不足、缺少花园、潮湿或干燥等因素都对居民的主观幸福感产生显著的负面影响（Fujiwara，2013）。在此之前，就有学者通过问卷调查数据，研究发现了上述住房特征变量对于居民的身心健康都产生了显著的影响（Pevalin et al.，2008）。还有研究发现房屋的居住属性（房屋房间数目、房屋人均使用面积和房屋已使用时间等）也能提高人们的生活满意度（张翔等，2015；Foye，2017）。

除了住房的物理属性对于居民主观幸福感的影响之外，很多学者就住房产权与主观幸福感的关系也进行了卓有成效的研究。有学者通过对截面数据进行倾向匹配得分处理，发现拥有产权能够对住房所有者的精神健康产生显著的积极影响（Manturuk，2012）。除此之外，还有很多学者就住房自有产权与居民主观幸福感进行了相关研究，也认为住房产权能够提高主观幸福感和生活满意度（Rohe & Stegman，1994；Rohe & Basolo，1997；Elsinga & Hoekstra，2005；Cattaneo et al.，2009；Stillman & Liang，2010；Ruprah，2010；孙伟增和郑思齐，2013；Hu，2013；毛小平，2013；刘宏等，2013；高红莉等，2014；Huang et al.，2015；范红忠和范阳，2015；Cheng et al.，2016；张洋，2017；王先柱和王敏，2018；Zhang et al.，2018；Hu & Ye，2019；Zheng et al.，2020；易成栋等，2020；陈伟，2020；Fong et al.，2021；杨继东和邹宏威，2021）。而且家庭拥有的住房产权数量能够显著增强居民主观幸福感（林江等，2012；刘米娜和杜俊荣，2013；张洋，2017；易成栋等，2020；Cheng et al.，2020）。即便对于农民而言，拥有城镇住房产权也能显著提升其主观幸福感，城镇商品住房产权能使农民感觉"非常不幸福""不幸福""一般"的概率分别下降 0.3%、1.4% 和 2.6%，使农民感觉"幸福"与"非常幸福"的概率分别上升 2.1% 和 2.3%（余亮亮和蔡银莺，2019）。

虽然很多文献已经证实拥有住房产权能够显著提升居民主观幸福感，但住房产权的幸福效应并不是稳定的、连续的。居民获取住房产权之后，短期内能够显著提升其主观幸福感，但由于人们买房之后逐步适应了新的住房环境，因而长期之中住房产权对居民幸福感的影响会大幅减弱（Stotz，2019）。拥有第二套和第三套房子对居民产生的幸福效应也会显著降低（Cheng et al.，2020）。而且，对于流动人口而言，虽然租房会降低居民的幸福感，但随着他们更多地融入所移居的地方，租住居民的幸福感比住在自有房屋的居民得到了更大程度的提升（Zhang et al.，2019）。此外，购买住房产权的首付款、贷款期限、还款方式、未来房贷政策预期等各方面因素都会直接或间接影响居民幸福指数（宁薛平和文启湘，2011）。

上述研究虽然探讨了住房条件、住房产权等对于居民主观幸福感的影响，但一个重要缺陷是没有检验住房与主观幸福感之间的作用机制。正如相关研究所指出的那样，我们必须要厘清为什么住房与主观幸福感之间存在上述关联（Manturuk，2012）。为此，有部分文献对此进行了分析，在此不妨以住房产权对主观幸福感的影响为例进行梳理。总体而言，依照现有文献，住房产权对居民主观幸福感的影响机制大致可以概括为以下五个方面。

一是拥有住房产权能够产生资产效应和财富效应。拥有住房产权不仅意味着居民拥有永久性住所，还意味着居民可以从房屋价值增值中获得可观的资产收益（Zhang & Zhang，2019），使得居民实际拥有的住房财富值增加（Turner & Luea，2009；Wainer & Zabel，2020），增加了个人的永久性收入（Ansell，2014）。有研究表明，人们基于住房产权所获得的财富已经超过了职业收入（魏万青和高伟，2020）。显然，居民所拥有的房产财富能够正向提升他们的主观幸福感（刘宏等，2013；Zhang & Zhang，2019；易成栋等，2020）。同时，相关研究发现住房价格上涨具有明显的财富效应，尤其是住房价格的长期上涨，财富效应更为显著（Campbella et al.，2007；Glaeser et al.，2017）。因而，这种财富效应能够在较大程度上提升居民的主观幸福感。具体而言，房价上涨通过住房产权借贷抵押渠道和财富效应渠道影响居民消费，即在房价上涨的情况下，住房产权可以提高居民的消费水平，增进居民的物质性福祉（Cooper，2013；Chen et al.，2018）。并且，对于自有房屋的居民而言，房屋出租可以让他们获取租金收入，而"租金收入效应"与"消费替代效应"则分别是影响房东和租客家庭消费行为的主要机制（孙伟增等，2020）。然而，住房价格上涨对于无房者和有房者的影响截然不同，对于无房者而言，房价上涨之后不得不削减其他项目支出，以此应对支付房租和未来购房的压力，这种压力也显著降低了无房者的主观幸福感（Paker et al.，2010）。而且，居民购买住房的时间越早，他们在住房价格上涨后的生活满意度越高，这主要是由于较早购房的居民会因住房价格上涨获得全部的资本溢价（Chen et al.，2010）。此外，虽然通货膨胀能够显著削弱城镇居民的主观幸福感，但住房保值增值预期等因素能够有效对冲这一负面影响（周雅玲等，2017）。

二是拥有住房产权提高了人们的自主权和获得感。人们天生有一种自然的占有欲，渴望有清楚地属于他们自己的一块领地，而这一欲望可以通过房屋所有权得到满足（Saunders，1990）。中国住房市场至今仍然存在明显的"租购不同权"现象，意味着房主和租户在公共服务获取权方面存在明显的权利不对称性（陈杰和吴义东，2019）。正因为如此，租户的幸福感往往低于拥有住房产权居民。所以，倘若住房市场实现"租购同权"，那么则会显著提升居民主观幸福感（黄静和崔光灿，2019）。而且，有证据表明，拥有完全住房产权能够显著提高城市居民制度化公众参与的概率（孙三百，2018）。此外，还有研究表明，相比较仅拥有一套住房产权的居民而言，拥有多套住房产权能够显著提高人们的工作满意度，他们在工作收入、工作时间、工作环境等客观条件方面也都优于其他群体（刘斌和张安全，2021）。

三是拥有住房产权改善了人们的生活条件。毋庸置疑，个人主观幸福感与他们所拥有的物质条件以及住房环境密切相关（Bradshaw et al.，2011），生活得舒适安全是构成人们主观幸福感的最重要因素之一

（Papachristou & Rosas – Casals，2019）。之所以住房所有权能够改善居民的生活条件，这是因为拥有住房的人比租房的人通常享有更多的经济利益（Gatzlaff et al.，1998；Iwata & Yamaga，2008），因而他们可以选择更加优质的居住条件，不断改善自己的生活品质。因此，相对住房条件越好，居民的主观幸福感也相对更高（范红忠和侯亚萌，2017）。

四是拥有住房产权提升了人们的安全感和健康度。通常来说，相比租房者而言，拥有住房所有权能够给予购房者更高的安全感（Clapham et al.，2018）。同时，拥有住房产权还能够增进人们的身心健康水平（Li & Liu，2018；陈淑云和杨建坤，2018；姚秋涵和杜妍冬，2020；Chen et al.，2021）。比如，对于城市未婚青年而言，拥有住房产权能够显著改善他们的精神健康，还能提升他们的生活满意程度，这对于城市未婚女性表现得更为突出（陈伟，2020）；对于流动人口而言，居住不稳定性导致的频繁迁居和频繁流动会对他们的健康状况产生负面影响（程晗蓓等，2021），所以相比较户籍人口而言，获取住房产权对流动人口的心理健康水平的正向提升作用更为明显（姚秋涵和杜妍冬，2020）；对于 35 岁及以上的居民群体而言，拥有住房产权能够显著改善他们的健康水平（陈淑云和杨建坤，2018）。

五是拥有住房产权提高了人们的社会地位认知。在当今社会，住房产权往往是身份和社会地位的外在表征，住房产权使得购房者更容易得到社会认可，所以拥有住房产权已经成为衡量居民社会地位的一个重要指标（Gurney，1999；Erling et al.，2000；易成栋等，2020；魏万青和高伟，2020）。因此，获取住房产权能够显著提高人们的社会阶层认同（Hu & Ye，2019；王先柱和王敏，2018；王敏，2019；张传勇等，2020）。

当然，不同类型的住房产权对居民主观幸福感产生了不同的作用。第一，从住房产权的所有人来看，现有相关研究表明，相比较丈夫或妻子单独拥有住房所有权的情形而言，夫妻共同拥有住房产权能够在更大程度上提升他们的幸福感，而且配偶拥有住房产权能在更大程度上增强自身幸福感（Hu & Ye，2019）。第二，从住房产权的性质来看，商品房、保障性住房和其他类型的住房与居民主观幸福感之间的关系各不相同（Wu et al.，2019）。通常而言，保障房社区比其他住房社区的公共服务可及性明显较差，居住在保障房居民的生活满意度偏低，社区归属感弱（Zeng et al.，2019），而居住在商品住房的居民往往拥有更强的社区依恋度（Chang et al.，2020）。李涛等（2011）认为拥有大产权住房以及更多的大产权住房能够显著提高人们主观幸福感，但拥有小产权住房、小产权住房数量对居民幸福感却不存在显著影响，且大产权住房数量对居民幸福感提升的边际作用递减（刘米娜和杜俊荣，2013）。第三，从住房产权的持有年限来看，随着住房产权持有年限的增加，拥有住房产权对居民主观幸福感的刺激作用也越来越弱（张洋，2017）。第四，从住房产权的空间区位来看，住房产权对于东部、中部、西部地区居民主观幸福感呈现出由高到低的"梯化特征"（王先柱和王敏，2018）。第五，从住房产权的设施环境来看，良好的轨道交通能够提升人们的通勤幸福感（Wu，2014），而且通勤时间与居住环境之间存在显著的补偿关系，拥有住房产权居民偏好教育资源和适宜的居住面积，而个体商户更偏好良好的生态环境与人文环境（王丽艳等，2020）。第六，从住房搬迁的角度来看，搬家之后人们的居住满意度普遍提高（Foye，2017；Wang & Wang，2020），这得益于住房条件、邻里环境等方面的改善（Wang & Wang，2020）。而且，中国的经验证据表明，对于被拆迁的居民而言，大量的补偿能够显著提高他们的满意度（Huang et al.，2020）。当然，这取决于人们的补偿议价能力和搬迁后的住房策略（Huang et al.，2020），因而要理性看待强制征迁，减少城市更新和搬迁过程中引起的社会不和谐（Yan & Bao，2018）。此外，李超和万海远（2013）研究了贫民住区改造对原住民主观幸福感的影响，发现改造后的家庭收入状况和幸福指数之间呈现出倒"U"形关系，虽然社区生活质量改善对原住民都产生了积极影响，但是改造后出现的新沟通交流方式以及邻里关系变化却并没有显著提升主观幸福感。

与此同时，住房产权还可能会影响代际福祉。有学者基于 2001 ~ 2013 年调查了澳大利亚收入和劳动动态（HILDA）面板数据集，研究了住在父母家中如何影响年轻人的主观幸福感，发现与父母同住的年轻人对自己生活更可能不太满意（Nikolaev，2015）。而且，10 ~ 15 岁的有房儿童主观幸福感高于无房者子女大约 2.79 个百分点（Prakash & Smyth，2019）。从中国的实践来看，中国家庭具有较为强烈的"助儿买房"思想，但在城市房价高企的背景下，"助儿买房"损害了中国父母的主观幸福感，并且拥有男性子嗣的父母幸福感相对更低（陆方文等，2017）。

虽然国内外很多文献都已经证实住房产权对于居民而言具有显著的幸福效应，但是也有一些研究表明，住房产权与居民主观幸福感之间并不存在明显的相关关系，甚至反而抑制了人们的主观幸福感。例如，拥有住房通常被视为"美国梦"的重要组成部分，但有学者指出，几乎没有证据表明在美国买房能提高整体幸福感（Kuroki，2019）。与普遍认为的"美国梦"相反，房主并不比租房者更快乐，然而拥有住房可能会带来负面的经济社会影响和心理体验（Bucchianeri，2011）。第一，如果房主每月支付的房贷额度较高，他们可能不得不降低生活水平，导致其承受过度经济压力；第二，许多房主并不总是有足够的资金来购买维护或修理他们的房子；第三，住房产权的市场价值可能会出现下降；第四，邻居的素质或当地经济可能会随着时间的推移而恶化，并且房主搬家比租房者搬家通常会更加困难；第五，人们经常在需要更大通勤成本的地方买房，这无疑增加了他们的通勤压力，减少了休闲时间（Stutzer & Frey，2008；Diener et al.，2009）；第六，如果人们在外地购买自己的住房时，那么就不得不离开他们的朋友或者家人，可能会牺牲良好的社会关系并经历社会孤立（Oishi & Schimmack，2010）。

除此之外，还有研究指出，虽然买房者比租房者的幸福指数更高，但是买房之后并没有比买房之前更加幸福，这也意味着住房产权并不构成居民幸福感提升因果关系（Bucchianeri，2009；Baker et al.，

2013；Popham et al.，2015）。这可能是由于购买住房的居民面临着当前和今后的资金压力，这种压力抵消了拥有产权带来的幸福感。而且，购房支付能力有限和按揭贷款能够显著降低购房者的主观幸福感，尤其对于低收入的购房者而言，这种负向作用体现得更为明显（Taylor et al.，2006；Bentley et al.，2011；Mason et al.，2013；Zumbro，2014）。由此可见，住房产权对于居民主观幸福感的提升作用往往取决于购房者的支付能力，而且住房债务能够显著降低人们的主观幸福感（Liu et al.，2020）。总之，从现有的文献来看，拥有住房产权是否真正提高了人们的生活满意度仍然是一个模棱两可的问题（Kuroki，2019），住房所有权对居民主观幸福感的总体影响取决于其积极影响和消极影响的相对大小，并且造成这种关系不清晰的原因可能包括三点：一是居民个体所面临的经济负担；二是不同地方的历史背景、文化传统、社会规范和经济发展；三是住房产权拥有者自身的异质性（Zheng et al.，2020）。

第四节　文献述评与本章小结

总的来说，住房产权与居民主观福祉已经成为国内外学术界的重要研究问题。现有研究从住房物理属性、住房产权、住房不平等、住房价格波动等方面对主观幸福感进行了卓有成效的研究。但客观而言，现有研究仍然存在很多局限性。

一是研究视角相对单一，讨论维度比较片面。现有文献对住房与居民主观幸福感进行了研究，但研究视角大多聚焦在居民家庭有无住房产权或者所拥有的住房财富值，没有对中国住房产权的类型进行多维度细致划分，对中国住房产权区别于其他商品、区别于其他国家住房产权的特殊性缺乏关注，即中国住房产权不仅与其他国家住房产权存在显著不同，而且中国住房产权在资源属性、经济价值、社会功能等诸多方面也存在很多差异。同时，现有文献对住房产权与居民主观福祉之间关系的理论机理论证不深。而且，鲜有学者从宏观视角探讨住房产权拥有率对微观个体主观福祉的影响，也因此忽视了中国住房市场可能显著存在的"羊群效应"和"隧道效应"等。总体而言，国外学者在本领域已经初成体系，但是国内学者在本领域的研究仍然处于起步阶段。

二是研究方法不够多元，量化手段相对粗略。现有研究多数基于社会心理学规范分析或者截面数据的微观实证，在居民主观福祉量化研究的理论深度和指标体系构建等方面，仍有待进一步探讨和完善。而且，对于现有本主题的实证研究文献，在实证方法的选择上仍然显得较为笼统和单一，在稳健性检验、内生性讨论等方面存在短板，因而在住房产权与居民主观福祉之间的因果关系识别上存在模糊和值得商榷（Dolan et al.，2008）。诚然，从技术角度来看，或许本研究问题中潜在的遗漏变量导致的内生性问题难以从根本上解决，但是仍需通过各类量化方法和理论分析等方式，尽最大努力厘清二者之间的因果关系和边际效应，从而将本问题的科学研究向前推进，从居民主观福祉视角对中国居民热衷于购房的现象作出解释，揭示出住房产权对于中国居民生存与发展的丰富含义。

三是机制探讨存在不足，研究结论存在分歧。由于不同的样本选择和不同时间维度，从本章的文献回顾结果可以看出，现有的研究尚未形成统一共识，尤其是没有充分基于中国的文化背景以及不同时期的政策环境和市场环境，在机制探讨方面也依然存在很多可完善之处。而且，不同文献的研究结论甚至出现对立，关于拥有住房产权是否提升了居民主观福祉这一问题仍然模棱两可（Kuroki，2019）。与此同时，随着中国经济社会的快速发展和住房市场长效机制的逐步建立，住房产权对于居民主观福祉的影响也可能出现一些新的变化，因此需要对现有文献的研究结论和机制分析作进一步拓展，通过更加综合、更为细致地分析，才能更加全面清晰地理解住房产权对居民主观福祉的影响及其作用机理。

基于此，本书将在现有研究的基础上，融合房地产经济学、福祉经济学、幸福经济学、社会心理学等学科的研究范式和研究方法，在典型事实和理论分析的基础上，展开多维度实证研究。构建科学的指标体系准确测度居民主观福祉水平，从有无住房产权和住房产权类型两大维度，充分论证住房产权对居民主观福祉的影响效应和影响机制，并从宏观视角分析住房拥有率对居民主观福祉的影响。最后，根据研究结论，从增进民生福祉视角为住房市场调控和住房制度改革提供科学的政策建议。本书通过学科交叉研究，不仅有利于从住房产权视角进一步分析居民主观福祉的特征与变化，还有利于从居民主观福祉视角进一步明确住房制度的改革路径。

第三章

住房产权对居民主观福祉影响的理论分析

本章吸收借鉴经济学、社会学、心理学等多学科的经典理论，从住房正义视角深刻阐述了中国情境下住房产权对居民主观福祉的影响效应。在此基础上，通过构建数理模型，从理论层面刻画出住房产权与居民主观福祉之间的数理关联。本章研究侧重于理论研究，不仅加深了我们对于中国住房产权与居民主观福祉之间关系的理解，同时也为本书后续实证研究奠定了坚实的理论基础，体现出本书的理论贡献和研究深度。

第一节　住房正义视角下住房产权影响居民主观福祉的理论阐释

本节在前文相关理论梳理的基础上，结合当前中国的发展背景和制度背景，从理论层面系统性论证住房产权对居民主观福祉的影响及其机理。当然，从本书第二章的文献综述中可以看出，住房产权对居民主观福祉的影响机理存在诸多维度，因此需要寻找一个合适的理论框架，进而对不同学科的理论基础和相关影响机理建立起完整的分析框架，既能够体现出论证体系的统一性，又能够凸显出逻辑思路的连贯性。为此，本节以实现住房正义为核心搭建起研究框架，深刻阐释中国情境下住房产权对居民主观福祉的价值内涵，揭示出住房产权对居民主观福祉的影响效应和影响机制，并且基于理论分析结果，提出建立面向现代化的住房制度这一构想。

一、政策逻辑与价值取向

增进民生福祉是发展的根本目的，这是人类社会的普适性道理，也是人类文明不断进步的内在驱动力。民生福祉并非抽象概念，而是拥有很丰富的价值内涵和很具象的实践抓手。以增进民生福祉为导向的发展集中体现了以人民为中心的发展宗旨，也充分彰显了马克思主义最鲜明的政治立场，即一切理论和奋斗都应致力于实现以劳动人民为主体的最广大人民的根本利益。近年来，党和政府把增进民生福祉提升到前所未有的高度，在各项纲领性文件中将其上升为国家意志。那么，怎样定义以及究竟该如何增进民生福祉？党的十九大报告提出，必须多谋民生之利、多解民生之忧，在发展中补齐民生短板、促进社会公平正义，使人民获得感、幸福感、安全感更加充实、更有保障、更可持续。2020 年 5 月，中共中央、国务院印发的《关于新时代加快完善社会主义市场经济体制的意见》，也进一步提出坚持和完善民生保障制度，促进社会公平正义，让改革发展成果更多更公平惠及全体人民。2021 年 3 月，十三届全国人大四次会议通过的《中共中央关于制定国民经济和社会发展第十四个五年规划和二〇三五年远景目标的建议》，再次强调坚持把实现好、维护好、发展好最广大人民根本利益作为发展的出发点和落脚点，促进社会公平，增进民生福祉，不断实现人民对美好生活的向往。显然，在这些意义深远的国家层面战略性论断中，与增进民生福祉紧密关联的是促进社会公平正义。深刻论证二者的理论逻辑，才能从根本上厘清社会公平正义之于民生福祉的实践价值。

公平正义是社会主义的基本价值取向，公平正义的社会发展理念和治国理念渗透到中国特色社会主义道路、理论体系和制度之中，实现公平正义已经成为中国特色社会主义的核心内容和首要目标（朱前鸿、刘伟，2016）。在物质条件得到极大丰富的全面小康社会中，我们仍面临着人民日益增长的美好生活需要和不平衡不充分的发展之间的矛盾。其中，在物质领域，以住房为代表的发展矛盾深刻关系着中国公平正义的进步历程。从直观上看，历经20余年的市场化发展与变革，住房已经成为当代中国家庭最重要的财富形式。根据中国人民银行统计司城镇居民家庭资产负债调查课题组发布的《2019年中国城镇居民家庭资产负债情况调查》，中国城镇居民家庭实物资产占家庭总资产的79.6%，且74.2%的实物资产为住房资产，这也意味着城镇居民住房资产占家庭总资产的比重接近60%。正因为如此，在过去的一段时期内，社会各界对住房市场和住房制度表现出相对强烈的关注度。并且，从某种意义上说，民众的普遍关注也从侧面展现出住房和民生福祉之间可能存在十分紧密的联系。

在哲学语境中，公平和正义有着不同的释义，公平侧重于利益均衡，即不偏袒任何一方，而正义侧重于利益对等，即每个人都能从社会得到他应得的那份利或害（韩跃红，2007）。但约翰·罗尔斯（John Bordley Rawls）在其代表作《正义论》（A Theory of Justice）中，建设性地拓展了正义的内涵，将社会公平的意蕴加入其中，认为社会公平是实现正义的题中应有之义，并提出了"公平的正义"（justice as fairness）的观念，把公平内化到正义之中。所以，本节姑且不从学理上深究公平和正义的内在区别，重点论证住房正义对民生福祉的内在影响，以及这种影响背后的形成机理，并基于中国情境，探讨民生福祉视域下的住房正义实现逻辑和检验标准。

二、理论思辨与住房正义内涵界定

从古至今，人类探寻什么是正义以及怎样实现正义的脚步从未停滞，正义理论随着人类社会进步不断演变和发展。在马克思之前，休谟、斯密、康德、黑格尔等都曾直接或间接地对正义问题予以探询，并建立起了近代西方正义理论的基本构架（李佃来，2014）。尤其是随着社会生产力的不断提高，以及经济学和社会心理学等理论的快速兴起，人们开始系统性审视社会生产领域和分配环节的正义问题。正义问题也往往超越了单个制度的狭隘范畴，更多的则是把正义嵌入整个社会的制度体系中去理解。以此形成的正义理论为我们理解和界定住房正义提供了扎实理论基础，也为我们从正义视角评价中国的住房制度和住房市场创造了条件。

（一）正义理论的思辨与演化发展

正如罗尔斯在《正义论》开宗明义地写道，"正义是社会制度的首要德性，正像真理是思想体系的首要德性一样"，"作为人类活动的首要德性，真理和正义是决不妥协的"。正因为如此，正义才是人类社会发展孜孜以求的永恒准则和价值规范，人类关于正义问题的讨论也从未停止过。在古代文明中，正义理论承认各个社会阶层和不同国家之间存在不平等，但只要不同等级之间各安其职各守其分，则就被认为是正义（童萍，2020）。比如，古希腊以"应得"为核心要义的分配正义是基于美德和城邦之善的具体正义（黄建军，2021）。柏拉图认为，在国家里各做各的事而不相互干扰时，便有了正义。亚里士多德认为，人类确实原来存在着自然奴隶和自然自由人的区别，前者为奴，后者为主，各随其天赋的本分而成为统治和从属，这就有益而合乎正义。然而，在从中世纪向近代社会逐步过渡的进程中，市民社会观念开始形成，绝对主义国家（absolutism）遭受到强烈反抗，市民社会与国家也因此相互分离（张康之和张乾友，2009）。在这个过程中，人和人之间渐渐形成了经济和利益关系，正义也从共同体之善的社会伦理概念转变为关涉个体权利能否在现实社会中得到实现的问题，正义也因此和个体之间平等的权利紧密地联系在一起（童萍，2020）。

　　进入 19 世纪之后，马克思和恩格斯经过长期艰苦卓绝的理论探索，在著作《德意志意识形态》中基于历史唯物主义理论体系，确立了关于正义研究的方法论，即从现实的物质生产和经济关系来理解正义。在后来的《资本论》中，马克思在批判古典经济学劳动价值论的基础上创立了科学劳动价值论，强调了劳动是人类社会存在和发展的决定性因素，这也为透视正文问题提供了理论支撑。马克思基于现代市民社会形成的历史大背景、对近代自由主义政治哲学的批判，更是基于历史唯物主义的理论视域，对分配正义、社会平等、劳动所有权等问题作出理论关切和判断（黄建军，2021）。或许是基于对那些自称普适的和永恒的规范正义的批判，以及对正义观念之社会解释和批判功能的质疑，马克思和恩格斯并没有明确提出自己的正义观。但综合来看，马克思和恩格斯对于正义的概念存在两种用法。第一种是基于历史唯物主义，他们沿用了正义是"给每个人以其应得"的用法，因此，资本主义分配关系中的正义是一种道德评价，而根据历史唯物主义，道德评价属于上层建筑中的意识形态，是由社会经济基础（即生产关系的总和）所决定的。第二种是基于不同阶级或社会集团的分配诉求，在资本主义社会中，尽管不同阶级或社会集团对"每个人应得什么"存在不同的甚至对立的理解，但是他们无疑都把"正义"或"公平"作为自己的分配诉求（段忠桥，2020）。

　　在马克思和恩格斯看来，在共产主义社会高级阶段，正义至少应该包括两个层面的内容。一是由于权利平等造成了事实上的不平等，因此"要避免所有这些弊病，权利就不应当是平等的，而应当是不平等的"[1]。换句话说，社会权利不应该平均分配，而需要从每个人的实际情况出发，从而让每个人实现全面发展。二是"每个人的自由发展是一切人的自由发展的条件"[2]，这是马克思和恩格斯对社会主义最高

---

[1]　中共中央马克思恩格斯列宁斯大林著作编译局．马克思恩格斯文集（第 3 卷）［M］．北京：人民出版社，2009：435.

[2]　中共中央马克思恩格斯列宁斯大林著作编译局．马克思恩格斯文集（第 2 卷）［M］．北京：人民出版社，2009：53.

目标以及终极价值的高度概括，它正确解决了人类社会中始终存在的"每个人与一切人"的关系及其所包含的诸多矛盾（叶汝贤，2006；袁吉富，2011）。从本质上看，在马克思和恩格斯的正义理论中，分配实质上是一种社会关系，它反映的是人和人之间的关系，这种关系在社会生产领域中被创造出来。由于生产决定分配，所以分配正义从属于生产正义，相较于分配正义，生产正义才是政治经济学的主题（魏传光，2020）。因此，马克思从批判资本主义的分配正义衍生出更深层次的"生产性正义"，生产正义与否才是马克思评判资本主义分配的核心尺度（黄建军，2021）。由此可见，马克思主义的正义理论在本质上并非分配正义，而是"美好生活"理论，即强调人的自我实现、自我完善，并且这种"美好生活"只有当共产主义进入高级阶段才能最终实现（鲁克俭，2020）。总而言之，个人所有权、分配正义以及人的自我实现，这三者构成了马克思主义思想的层次，尽管它们看似处于不同的位阶，且内容各有分殊，但其本身却存在一种会通、包容、推递、提升、助长的内在关系，这使得马克思主义思想成为一个由多重意蕴有机组合而成的立体结构，其内涵丰富而又不失辩证的张力。正是因为如此，马克思虽未像休谟、罗尔斯等人那样构建起系统的正义理论，但其正义思想却已达到了比自由主义更高的层面，而且更具有理论解释力和穿透力（李佃来，2014）。

20 世纪罗尔斯《正义论》的问世，有力地推动了正义理论的演变和发展。罗尔斯认为，正义的对象是社会的基本结构，即用来分配公民的基本权利和义务、划分由社会合作产生的利益和负担的主要制度。为此，他提出了一种"词典式序列"（lexical order）的两个正义原则，第一个原则是平等自由原则，即每个人对与所有人所拥有的最广泛平等的基本自由体系相容的类似自由体系都应有一种平等的权利；第二个原则是机会公正平等原则和差别原则的结合，即所有的社会基本价值，如自由和机会、收入和财富、自尊的基础，都要平等地分配，除非对其中一种或所有价值的一种不平等分配合乎每一个人的利益。其中，第一个原则优先于第二个原则，而第二个原则中的机会公正平等原则又优先于差别原则。在这两个正义原则之间不允许存在利益交易，即每个人都拥有一种基于正义的不可侵犯性，这种不可侵犯性即使以整个社会的福利之名也不能逾越。因此，正义否认为了一些人分享更大利益而剥夺另一些人的自由是正当的，不承认许多人享受的较大利益能强加于少数人的牺牲。而且，在"差别原则"中，罗尔斯认为也要使最不利的群体也得到一种符合"最大最小值规则"（maximin rule）的利益保障。与此同时，罗尔斯还认为，人们的生活前景不仅受到政治体制以及经济、社会各方面条件的影响，还会受到人们出生伊始社会地位和自然禀赋不平等的持久而深刻的影响，并且这种初始禀赋是个人无法自我选择的。所以，正义原则就应该首先应对这种初始的不平等，尽量排除社会历史和自然方面的偶然任意因素对于人们生活前景的影响。然而，对于罗尔斯提出的作为公平的正义，是以"无知之幕"（the veil of ignorance）和原初状态（original position）的预设为前提①，这种预设基于逻辑的假设，呈现某种抽象的形态，罗尔斯对正义的理解仍没有离开权利的视域（杨国荣，2021）。

阿玛蒂亚·森（Amartya Sen）在他的《正义的理念》（*The Idea of Justice*）（Sen，2009）一书中既肯定了罗尔斯提出的"公平的正义"对于正义理论发展作出的重要贡献，但同时也批判了罗尔斯"无知之幕"以及正义原则近似于乌托邦理论，根本原因在于包括罗尔斯等在内往往是从"先验制度主义"的角度出发讨论正义问题，而森更强调正义不只是停留在抽象的制度和规则上，应该从现实角度

---

① 罗尔斯在《正义论》中指出，在公平的正义中，平等的原初状态（original position）相应于传统的社会契约理论中的自然状态（the stage of nature）。这种原初状态当然不可以看作是一种实际的历史状态，更非文明之初的那种真实的原始状况，它应被理解为一种用来达到某种确定的正义观的纯粹假设的状态。这一处境的基本特征是：没有一个人知道他在社会中的地位，无论是阶级地位还是社会出身，也没有人知道他在先天的资质、能力、智力、体力等方面的运气。甚至假定各方并不知道他们特定的善的观念或他们特殊的心理倾向。正义原则是在一种无知之幕后被选择的。这可以保证人和人在原则的选择中都不会因自然的机遇或社会环境中的偶然因素得益或受害。由于所有人的处境都是相似的，无人能够设计有利于他的特殊情况的原则，正义的原则是一种公平的协议或契约的结果［选自罗尔斯《正义论》（修订版）第10页］。

来思考正义问题，他也因此系统阐述了"着眼于制度安排"与"着眼于现实"的面向实践的正义观。在这一思维框架下，森使用社会选择理论代替契约理论研究正义问题，建设性地提出了可行能力理论（capacity theory），不仅考虑人们的实际最终选择，同时重点关注人们选择不同结果的自由程度，即将自由和正义联系到一起。所以，森将正义的本质定义成一种选择的自由，以及包容多元选择自由的制度环境。换句话说，森不仅关心人们的各项权利，更关心人们实现各项权利的能力。显然，在森的正义理论中，人不再仅仅是被作为社会福祉的作用对象，而是拥有主动和自由选择各项权利和机会的自主个体。因此，正义的宗旨并不是要寻找或实现绝对的极致的正义，而是要致力于减少和消灭明显的不正义，从而改善那些处于比较劣势中的自主个体的可行能力。事实上，这一思延续了亚当·斯密（Adam Smith）在代表作《道德情操论》（*The Theory of Moral Sentiments*）中的观点，斯密把正义定义成"一种消除的美德"，因为在绝大多数情况下，"它仅仅阻止我们去伤害周围的邻人"[①]。所以，从某种意义上说，森的可行能力理论其实已经揭示了正义与福祉的内在关联，并且还突破性拓展了福祉的内涵，即福祉不仅仅只是人们生活中的最终选择和幸福状态，也包括人们作为自主个体的相关可选择性集合及作出各项选择的自由能力。

（二）住房正义的内涵和基本要义

住房是社会经济中的重要商品和权利载体，是全体人民赖以生存的生活必需品，特别是在住房已经成为中国家庭最主要的财富形式这一背景下[②]，住房集中体现了社会生产领域和分配领域的供求关系，同时也集中体现了社会发展的各种矛盾及其转变。因此，住房正义既是社会正义的重要组成部分，又是社会正义实现过程中不可回避的现

---

① 亚当·斯密. 道德情操论［M］. 北京：经济管理出版社，2021.
② 根据中国人民银行统计司城镇居民家庭资产负债调查课题组发布的《2019 年中国城镇居民家庭资产负债情况调查》。

实问题。住房之所以能超越其他商品，成为中国家庭的主要财富形式，这意味着住房存在十分显著的特殊性。在中国语境下，这种特殊性主要体现在如下四个方面①：第一，住房的物理属性，住房是所有居民赖以生存的居所，也是关系百姓获得感、幸福感、安全感的重要物质基础；第二，住房的经济属性，住房已经成为很多家庭私有财富的储存和保值增值形式，以及通过金融手段获取经济杠杆和外部融资的标的；第三，住房的社会属性，住房是一系列空间权利和公共服务获取权利的枢纽和载体，以满足人们实现生存权基础上的发展权；第四，住房的文化属性，诸如"有恒产者有恒心""安居乐业""筑巢引凤"等传统观念深刻影响着居民的住房观，这种影响既来自社会个体对自身的角色定位和心理状态，也来自其他个体对他的社会认知。由此可见，实现住房正义并非只是促成浮于表面的空中楼阁式的形式公平，相反，实现住房正义拥有很强的民生根基和很丰富的实践内涵，也是一套内容复杂、结构系统、层次递进的综合解决方案。

那么，在明确界定了住房属性的基础上，什么才是住房正义呢？基于不同历史时期和不同社会体制下的正义理论思想交集，以马克思主义历史唯物主义视域中正义理论为基础，结合正义理论在当代的最新发展，密切联系中国发展阶段、实际国情和社会主要矛盾，笔者认为，住房正义的内涵需要重点包括以下五个方面的内容：一是人人享有平等的住房权；二是全体人民住有所居；三是全体人民宜居安居；四是人人享有平等的基于住房的各项生存和发展权利；五是住房制度要能够自发应对住房不正义。从本质上说，上述五个方面构成了"超越住房的住房正义"基本要件，彰显了正义本身应有的"消除的美德"，将先验制度主义正义观和着眼于制度和现实的实践正义观有机融合，重点从现实的物质生产和经济社会关系来理解正义，避免带有平均主义倾向和自诩的普适或永恒的正义。关于住房正义五个方面的基

---

① 关于住房的相关属性，本书在后文进行了详细论述，在此暂不展开。

本要义，需要对其进行逐一论述。

第一，人人享有平等的住房权。根据联合国人居署的相关定义，"住房权"（housing rights）也被称为适足住房权（the rights to adequate housing），是指社会中每个人获得适当住房的权利，该权利被联合国和各种国际人权公约文书规定为一项基本人权（UN‑HCHR，2009），是派生于适当生活水准的一项基本民生权利。适足住房权的核心是尊严和安全的生活住所权，它与其他人权，特别是平等和不受歧视的权利以及生命权相互依存①。通常，住房权在一定程度上被忽视，也往往和"居住权"在用法上产生混淆。我国 2020 年 5 月颁布的《民法典》第十四章第三百六十六条对居住权给出了清晰的含义界定，"居住权人有权按照合同约定，对他人的住宅享有占有、使用的用益物权，以满足生活居住的需要"②。由此可见，"住房权"和"居住权"是完全不同的概念（陈杰和吴义东，2019）。联合国等众多国际组织倡导把"住房权"视为基本人权之一，就是意在强调，作为任何一个社会中的人，不管其社会地位高低贵贱，也不管对社会能产生多少经济价值，无论自身能否对基本生活消费有支付能力，都天然拥有受到社会扶助而过上有基本尊严生活的权利，都天然拥有获取住房的公平机会，尤其不应该因为性别、年龄、民族、肤色、户籍、出生地、家庭、生理、职业等方面原因而在获取住房方面遭受歧视性待遇（陈杰等，2020）；而获取适宜居住住房的权利，是这个过程中必不可少的组成部分（陈杰，2020），所以对居民住房权的保护，无关乎其住房的来源形式（杨巧，2014）。同时，联合国人居署强调，住房权是为确保所有人在安全可靠的住所过安全、和平与体面的生活，获得适足住房是享有多项人权的前提③。所以，在他们的定义中，适足住房远远不止四面墙壁和一个屋顶，还应该至少包括安全性

①　2017 年联合国人权理事会第三十四届会议发布的《适足生活水准权所含适当住房权以及在这方面不受歧视的权利问题特别报告员的报告》。

②　具体内容可参见 2020 年 5 月 28 日我国颁布的《中华人民共和国民法典》第十四章第三百六十六条。

③　联合国人居署：《关于适足住房权》，联合国人权事务专员高级办公室、联合国人类住区规划署，日内瓦，2010 年。

（security）①、基本供给可及性（availability）②、可负担性（affordabili-ty）③、宜居性（habitability）④、可通达性（accessibility）⑤、区位性（location）⑥、文化充足性（cultural adequacy）⑦。从本质上说，适足住房权强调的是从法理上对所有社会个体生存权的无条件保护，人们从出生之日起就应该有平等的获得适足且体面的住房权利，这项基本人权不得被剥夺或遭遇威胁。因而，人人享有平等的住房权是实现住房正义的首要条件。

第二，全体人民住有所居。显然，住房正义不能沦为乌托邦理论，就要超越空中楼阁式的住房权平等，需要从现实行动中保障每个人适足住房。"让全体人民住有所居"是党的十九大报告明确提出的住房发展目标，也是保障全体人民享受平等住房权的实践努力。在对这一政策顶层设计的解读中，很多学者更多的是关注"住有所居"，但"全体人民"这个修饰语也不可忽视，因为它也体现出住房正义所应该达到的基本状态。即住有所居并不能仅限于部分群体或者大部分群体，而是应该针对全社会所有个体。只有当人人都获得了适足的居住空间，才能达到住房的实践正义必要条件。当然，让全体人民住有所居这一目标并不容易实现，这主要是由于住房商品的市场交易价格往往较高，超过了社会中一部分群体的支付能力。社会中总存在一部分群体难以通过市场化手段实现住有所居，而且这一客观现象也绝非中国所特有。因而，从现实层面提高居民住房支付能力和解决住房贫困是实现全体人民住有所居的应有之义。从微观个体的视角来看，支付能力不平等的形成因素既包括后天的劳动所得差异，也包括先天的初始禀赋差异。

---

① 住房合法保护住户免遭驱逐、骚扰或其他形式的威胁。
② 住房需要有安全的饮用水，充足的卫生设施，用于烹饪、供暖、照明的能源，食物储存以及垃圾处理。
③ 住房成本不能够威胁或损害居住者的其他人权。
④ 住房需要保证人身安全并提供足够的空间，抵御寒冷、潮湿、高温、风雨等其他威胁。
⑤ 住房需要将残疾人或者其他弱势群体的特定需要考虑在内。
⑥ 住房不能与就业机会、健康服务、学校、托儿所以及其他社交设施分开，也不能处于被污染或危险区域。
⑦ 住房需要尊重考虑到文化认同的表达。

正因为如此，在中国特色社会主义市场经济规则的正义语境中，前提是承认个体差别的存在，核心是调节这种差别，不论是承认差别还是调节差别，都是为了保障每一个社会个体实现居住的基本权利（吴海瑾，2020）。换言之，住房正义视域下的全体人民住有所居需要"给每个人以其应得"，正确处理好"每个人与一切人"的关系，从每个人的生存发展实际情况出发，补齐社会相对弱势群体的住房获取能力短板，从而为每个人实现全面发展提供基本物质条件。

第三，全体人民宜居安居。在全面建设社会主义现代化国家的征程中，我们显然不能止步于实现全体人民住有所居的政策目标，而是要不断实现人民对美好生活的向往，努力实现更高层次的住房正义，即致力于从"有没有"到"好不好"的转变。因此，实现全体人民宜居安居是在保障人人享有平等的住房权以及实现全体人民住有所居的基础上，平等地提升人们的居住条件和居住质量，这也是基于更高的物质文明基础和社会供给能力，实现面向现代化的住房正义新内涵和新要求。事实上，上海市在《中共上海市委关于制定上海市国民经济和社会发展第十四个五年规划和二〇三五年远景目标的建议》中，就已经有"把让人民宜居安居放在首位""基本实现住有宜居"等正式提法。从根本上说，实现全体人民宜居安居是实现人的全面发展重要组成部分，而实现人的全面发展是马克思主义追求的根本价值目标，也是共产主义社会的根本特征（李明，2019）。所以，作为人类生产出来的一种物质商品，住房必须服务于人的生存生活以及社会实践等各方面需求，即坚持以人民为中心的根本立场。在这个过程中，住房需要超越其最基本的满足生存需求的物理属性，在功能上需要与人民对美好生活的向往有机协调同步。即不仅要在住所和社区等硬件方面安全、稳定和体面，还需要在配套性基础设施、公共服务、自然环境、人文环境、文化习俗等方面充分考虑并尊重居民的实际需求和价值遵循。从这个意义上说，实现全体人民宜居安居是住房正义的高阶表现，是从满足人们物质需求到满足人们全面发展需求的质的飞跃，是实现

"物化"的住房和"文化"的人的有机统一①。

第四，人人享有平等的基于住房的各项生存和发展权利。作为不动产的典型代表，住房具有很强的空间性，这种空间性表现在对土地资源和立体维度的高度依赖性。从狭义的物理空间来看，每个住房所占有的空间都具有唯一性和排他性。而且相对于人类无限增长的需求而言，空间资源总是有限和稀缺的。与此同时，在社会主义发展的初级阶段，很多公共服务也同样具有很强的空间性和稀缺性。再加上住房天然具有的长期性和稳定性，所以在长期实践中逐渐形成了"住房产权—公共服务获取权"这一关系，住房产权成为了实际意义上获取公共服务的硬通货。换句话说，住房产权已经拥有了公共服务获取权的分配权。但是，不论在社会主义国家还是在资本主义国家，住房产权（homeownership）都具有明显的私有化特征。我国自从20世纪末开展住房全面市场化改革以来，住房产权的私有化程度迅速攀升，住房拥有率已经达到96%②，与之相对应的住房租赁市场受到了严重挤压，这背后的一部分重要原因就在于住房产权与很多稀缺的优质公共服务密切挂钩，而绝大多数家庭对这些稀缺的优质公共服务都有需求，比如优质的教育资源等。所以，住房私有产权对公共服务获取权的干预，在实践层面就表现为住房私有产权分配不平等也会导致公共服务获取权的不平等，其中最为典型事实是住房"租购不同权"。从本质上说，这些权利不应该以住房产权为载体，而是社会的公共产品和共同财富，每个自主个体都应该能公平地获取，就如新鲜的空气、温暖的阳光、清洁的水源一样，这是人们赖以生存和实现发展的必要条件。而且，即便住房产权在实质上不影响一部分公共服务使用权，但由公共服务供给和分配不均衡造成的可及性差异（比如公共交通、园林绿地等），其背后也折射出公共服务获取权的不平

①　习近平总书记在《之江新语》中指出："人，本质上就是文化的人，而不是'物化'的人；是能动的、全面的人，而不是僵化的、'单向度'的人。"

②　资料来源于中国人民银行统计司城镇居民家庭资产负债调查课题组发布的《2019年中国城镇居民家庭资产负债情况调查》。

等。所以，实现住房正义，需要突破"住房产权—公共服务获取权"甚至"住房区位—公共服务可及性"的依附关系，保障人人享有平等的基于住房的各项生存和发展权利，不应因为住房选择的不同而导致在享受公共服务上遭受名义上或实质上的歧视性对待。从正义理论的更高层面来讲，不仅要保障人人"得其应得"，还应该让人们"得其需得"，即获取社会资源的依据不仅是个体拥有的权利，而是需要本身，这也扬弃了"应得"的任意性与不平等性，而且赋予正义以仁道的理念（杨国荣，2021）。

第五，住房制度要能够自发应对住房不正义。实现住房正义并不能一蹴而就，而是要基于长期的理论校准和实践纠偏。在这个过程中，住房制度的作用显得尤为重要。如前所述，马克思主义正义观批判了自诩普适的和永恒的规范正义，且亚当·斯密将正义定义为"一种消除的美德"。所以，世界上没有极致的正义，消除非正义也是实现正义的重要一环，我们应该超越乌托邦式的正义理论，构建出识别和减小甚至消除非正义的住房制度，进而实现社会关系的动态平衡和推动住房正义化进程。在中国特色社会主义市场经济制度框架下，不仅要充分发挥市场在资源配置中的决定性作用，还要更好发挥政府作用，推动有效市场和有为政府更好结合①，住房制度的构建也同样需要遵循这样的原则。这是因为，住房属于商品范畴，需要在市场上进行交易，实现住房供需双方的有效匹配，解决大多数人们的住房问题。但是仅仅依赖市场这只"看不见的手"还难以完全实现人人住有所居、宜居安居，一部分社会相对弱势群体难以在市场上获得适足体面的住房，因而需要政府这只"看得见的手"进行托底，消除住房市场产生的不正义现象，引导住房市场秩序向社会正义的方向演化。而且，政府作为社会资源组织生产者、提供者和保障分配者，有责任保证社会成员的基本住房权利（吴海瑾，2020）。相比生命权、自由权等第一代人

---

① "有效市场和有为政府"的提法引自 2021 年 3 月十三届全国人大四次会议通过的《中华人民共和国国民经济和社会发展第十四个五年规划和 2035 年远景目标纲要》。

权，住房权属于第二代人权，更加需要国家行政机关积极作用，通过建立各种层次的住房保障体系等方式，对那些住房权因为疾病、灾难、收入低下等原因而受到威胁的群体进行公共救济或扶助，保障他们也可以得到现代文明所要求的适足住房（陈杰和吴义东，2019）。此外，需要说明的是，住房制度要能够自发应对住房不正义，这种自发性并不是普适的和永恒的，而是要用发展的眼光看待住房正义，通过在不同发展阶段的社会实践中不断进行制度纠偏，从而实现制度的生命力和正义性。而制度的完善和纠正过程，本身也是一种正义的表现，并且能让人们从住房上感受到更多公平正义，更有获得感、幸福感、安全感。

三、住房产权与居民主观福祉内在关系

住房的特殊性以及住房正义的基本要义决定了住房和民生主观福祉之间存在密切的内在关系，这种关系体现在诸多方面。概括而言，既体现在生存维度，也体现在发展维度；既体现在生产领域，也体现在分配环节；既体现在个体内部，也体现在代际和区域之间。从正义视角厘清住房与民生主观福祉的内在关联，才能正确认识住房正义对于增进民生福祉的深刻价值。

（一）住房产权关系到人们的生存和发展

毋庸置疑，住房是每个人生存和发展的基本物质基础，住房不正义也必然将导致人们生存和发展的不正义。所以，我们需要从更大的尺度空间上去理解住房对于每个人的价值。从根本上说，住房是人类赖以生存的空间载体，空间原本是公共资源，但同时也是稀缺的资源，通过住房的产权私有化，住房将空间这种公共资源转变成私有资源，私人具有了空间的居住权、使用权、改造权、转让权、继承权等。在这个过程中，基于空间的价值增值也被私有化。之所以空间能够形成价值增值，是因为其不同于自然界的空气、水、阳光等，空间具有很

明显的唯一性、排他性，而且空间凝结和承载了大量的自然资源、公共服务获取权和可达性等。不同空间的价值也存在显著的分布差异。比如，容积率较高的住房，单位空间的阳光可及性较差；偏远的郊区或乡村，公共服务的获取能力和可及性较差；受过污染的工业区域，空间的新鲜空气和水资源、绿地的获取的可及性较差。所以，这就形成了空间的价值势能。低价值势能区域的居民，他们的生存权和发展权在某种意义上说是受到一定程度剥削的，而这种剥削是基于住房的空间差异形成的。

在现代社会，住房除了是人们生存的空间载体和物质载体，还是产权人的权利介质和信用标的。如前所述，住房产权承载了一些特定的公共服务获取权，尤其是较为优质的有限公共服务和资源，比如优质的基础教育资源。基础教育等公共资源本来具有公共属性，即每个社会成员获取的机会应该具有平等的受教育机会。但是在优质教育资源相对稀缺的客观背景下，通过学区制度来给这些公共服务和社会资源设置了"门票"，通过住房产权来划分获取"门票"的资格，这显然是对公共财富和公共资源的一种非公平分配。也正是因为如此，公共服务实际上以计价形式被资本化到住房价格中，助推了学区房价格的畸高，增加了人们的居住成本和购房负担。除此之外，住房作为不动产，具有可抵押性，使得产权人往往具有相对更高的信用水平和更强的金融可及性，这些都和居民的生存及发展密切相关。

与此同时，根据马斯洛需求层次理论（hierarchical theory of needs），人的需求从低到高依次包括生理需求（physiological need）、安全需求（safety need）、归属和爱的需求（belongingness and love need）、尊重的需求（esteem need）和自我实现的需求（self-actualization need），这体现出了人们从生存到发展的过程中，对应的需求层次也在逐步提高。在这个过程中，住房对人们的影响贯穿了各项需求的始终。即便到了人们需求的高级阶段，住房也在其中扮演着非常重要的角色。比如，很多研究已经表明，住房能显著影响人们的归属感（张传勇等，2020）。并且，由于住房的各方面价值集成，使得住房已经在某种意上显化成为了人们的基本身份表征，同时也是人们实现自我理想和目标、获得成就感的重要条件。所以，住房影响着人们身心发展的全过程，倘若按照森的可行能力理论，通过"功能—能力"框架来衡量人的多维福祉，那么住房不仅关系到人们做出各项选择的可选择集合和可实现能力，即各项功能性福祉（functional well-being），还会通过社会比较（social comparison）等机制，影响到人们的心理健康（欧阳文静，2019；刘利利和刘宏，2020）、身份认同（李志刚，2019）、阶层认知（李斌和张贵生，2019；张传勇等，2020）、幸福感知（李涛等，2011；张翔等，2015）等一系列主观心理性福祉（subjective well-being）。

（二）住房产权关系到社会财富的生产与分配

社会价值凝结在住房产权之上，形成了一种基于住房的社会财富，这种财富并非仅仅指代住房本身，而是住房及其所凝结的社会公共财富、权利和机会。所以，住房产权在某种意义上是社会机会、公共资源、社会权利等的载体化体现，这些机会、资源和权利能够参与社会的生产和再生产过程。比如，拥有住房产权的家庭往往可以通过抵押甚至反向抵押等方式获得流动性支持，这意味着住房可以影响个体的社会信用生产；拥有优质学区房的家庭子女更有可能获得相对优质的基础教育资源，这意味着住房可以影响微观家庭的知识生产。

同时，住房作为一种特殊的社会资源和利益，住房产权关联着社会资源的分配问题（吴海瑾，2020）。所以，住房产权对社会财富的影响不仅仅体现在生产领域，还体现在分配环节。根据马克思的劳动价值理论，房子作为一种可买卖的特殊商品，与其他一般商品一样，都具有价值和使用价值。而且，价值决定价格，土地由于是自然生成物而非人类劳动形成的产品，所以其没有价值，土地以资本化的地租形式计入住房价格。但是，在现实中，对于两套在施工建设中采用同样设计标准和工序流程的住房，即凝结的社会必要劳动时间一致，它们的实际交易价格却存在差异甚至很大差异。显然，其中最重要的原因是地租的差异。马克思在《资本论》中明确提出，一切地租都是剩余价值，是剩余劳动的产物。[1] 由于土地所有权的存在，这种超额利润会转化为级差地租，并且凡是有地租存在的地方，就会有级差地租。

那么，住房领域的级差地租是如何形成的？又该如何分配呢？按照马克思对于建筑地租的理解，建筑地租的首要特征是位置对级差地租具有决定性影响，所以，任何具有空间属性的公共服务、公共资源（包括自然资源），都会产生级差地租。在住房领域，诸如学校、医院、公共交通、绿地公园、人文景观等诸多空间属性较强的公共服务和公共资源都会对居住用地的级差地租产生显著影响，进而也会对住房交易价格产生作用，这个过程往往被称作公共服务和公共资源的资本化（capitalization）。地租是土地所有权在经济上的体现，因而级差地租的分配也往往是依据土地所有权进行的。然而，与资本主义国家土地资料私有制完全不同的是，根据《中华人民共和国土地管理法》，我国实行土地的社会主义公有制，即全民所有制和劳动群众集体所有制[2]。这也意味着，我国的级差地租应该归属于社会集体而非个人，但现实情况与理论推演之间可能存在矛盾。

（三）住房产权关系到代际主观福祉和区域主观福祉的传递

如前所述，住房拥有多重属性，因而住房也成为了一系列社会关系的联结和投射，住房对人们主观福祉的影响并非仅仅局限于特定的个体，尤其在中国的情境中，住房对人们主观福祉的影响还表现出明显的跨代际和跨区域等特征。正因为如此，在代际主观福祉和区域主观福祉的视域下，我们还需要从更长的时间跨度和更大的空间范围来理解住房正义的实践价值。

---

① 马克思. 资本论 ［M］. 北京：人民出版社，2018.

② 《中华人民共和国土地管理法》第九条规定：城市市区的土地属于国家所有。农村和城市郊区的土地，除由法律规定属于国家所有的以外，属于农民集体所有；宅基地和自留地、自留山，属于农民集体所有。

　　在当代道德哲学和政治哲学中，代际正义理论是重要理论之一（高景柱，2020）。罗尔斯在《正义论》中，系统性详细论述了代际的正义问题（inter-generational justice），他认为如果所有世代（或许除了第一代）都要得益，那么他们必须选择一个正义的储存原则（the just savings principle），即每一代都从前面的世代获得好处，而又为后面的世代尽其公平的一份职责①。所以，对于传统的世代家庭而言，每个家庭都是世代链条中的一个节点，都承担着承前启后的作用。在这个过程中，往往能够且普遍存在的代际传递的便是住房资产。在中国，由于住房具有实用性、稳定性和长期性等基本特质，住房资产的代际传递显得尤为常见。比如，农村地区家庭往往延续着数千年的"子承父业"封建传统，当父代去世之后，其原本占有或使用的住房以及宅基地等通常以遗产等方式自然继承给后代（往往是男性子嗣或者指定的继承人），而且，在子代（往往是男性子嗣）成年或者结婚成家之后，父代也常常通过"分家"等方式将住房和宅基地等资产在后代中进行分配。而在现代城市地区，很多父代为子代（往往是男性子嗣）购房或者为子女购房提供必要的资金支持。由此可见，住房往往表现出典型的"父代—子代"向下传递特征，因此住房能够影响子代的初始禀赋。不仅如此，依附在住房产权上的各项公共服务和公共资源也同样会对子代福祉产生影响，父代支付能力对福祉的影响被不断显化和放大。较为直接的证据是，优质学区房业主的子女往往能够享受到更好的基础教育资源，房价上涨对子代教育支出同样也会产生显著影响（耿峰和秦雪征，2019），即父代的住房能够影响子代的教育质量和教育机会。除此以外，住房以及与住房相关的因素还可以通过其他形式影响子代的福祉。比如，相关研究已经证实，住房价格往往会影响人们的生育意愿（李江一，2019）。

　　不仅如此，子代的住房状况也能够影响父代的福祉，即表现出

---

　　①　罗尔斯. 正义论［M］. 何怀宏、何包钢、廖申白译. 北京：中国社会科学出版社，2009.

"子代—父代"逆向传递特征。在中国家庭代际文化背景下，住房已经超越了个体范畴，成为一个家庭甚至是代际家庭的利益交集，子女"为结婚而买房"等社会现实很可能损害老年人的福祉（彭争呈和邹红，2019）。具体而言，子代购房支付首付款甚至偿还按揭贷款往往需要父代的经济支持，高昂的购房经济压力往往会向上传递给父代。所以，从代际福祉的视角来看，住房能够紧密影响父代和子代之间的福祉双向关联。

与此同时，住房对居民福祉的影响并非局限在特定的物理区域中，还会通过对社会个体行为或心理等层面的影响，从而扩散到更大的区域维度。从中国社会的客观实践出发，我们能够寻找到很多生动的例证。例如，高昂的城市商品住宅价格不仅会影响到城市居民的福祉，而且还会通过代际福祉关联以及农业转移人口城市化进程等机制影响到农村居民福祉。同时，部分城市流动人口以及中低收入家庭由于支付能力有限，难以获得所在城市住房产权，在当前"租购不同权"以及户籍制度等多重约束下，这些家庭的子女往往只能留在异地或者农村上学，由此形成了中国常见的留守儿童问题。并且，一部分城市居民有限的居住条件也制约了他们和父代同居以及就近赡养的机会，孤寡老人问题也显得尤为突出。所以，留守儿童或孤寡老人的福祉在一定程度上也受到了剥削，而且这种剥削在很大程度上也是基于住房产权形成的。这不仅再一次佐证了住房对于代际福祉的影响，还说明了住房所产生的区域福祉联动效应。除此之外，从宏观层面来讲，房价波动也具有城市之间的传导性（高然和龚六堂，2017），因而也会影响到不同城市居民的福祉水平。城市住房价格还会影响到农村人口进城定居（Chen & Wang，2019），也影响到城市之间的人口流动（张莉等，2017；周颖刚等，2019），这实际上表明了住房在某种程度上影响到人们追求更好生活的可行能力，并在实质上干预了人们的自由迁移权。

第二节　住房产权影响居民主观福祉的
　　　　数理分析

一、推理与命题

本节基于本章第一节中的相关理论，通过构建数理模型，从理论层面探讨住房产权对居民主观福祉的影响。首先，从生命周期的视角来看，我们不妨将单个居民的一生划分为两期 T_1 和 T_2，且 T_1 期为租房阶段，此时居民并不拥有住房产权；T_2 期则为买房之后的阶段，此时居民拥有住房产权，且假设居民购房的时间点为 T_1。图 3.1 报告了住房产权获得与居民主观福祉分解及变动。具体而言，在 T_1 期的租房阶段，在住房"租购不同权"的现实背景下，居民租住房屋通常可以视作纯粹为了满足基本居住需求，因而租房对于居民而言能够产生一定的居住福祉 $u_5(u_5>0)$。然而，正如本章第一节中所述，租住居民无法获取房屋增值的经济收益，在社会权益方面特别是在公共服务获取权方面与购房者存在显著的落差，而且由于社会比较和攀比心理等，居民在心理层面也会产生一定的相对剥夺感。我们不妨将这些福祉概括为超额福祉，且租房阶段超额福祉会随着居民的年龄增长、房价上涨、生命周期演进等不断凸显。由此可见，在 T_1 期的租房阶段，除了租住房屋产生的基本居住福祉 u_5 之外，此时租房还会对居民产生不断加深的负向超额福祉 $u_1(u_1<0)$，假设住房对居民产生的实际福祉等于居住福祉与超额福祉的和，那么租房阶段居民的实际福祉将从 u_5 不断下滑至 $u_4(u_4>0)$，且 $|u_5-u_4|=|u_1|$。在时间点 T_1 上，该居民获取了自有住房产权，并进入了生命周期的 T_2 阶段，此时居民一方面可以享受到自有房屋产生的基本居住福祉 $u_6(u_6>0)$，另一方面还可以从经济层面、社会层面、心理层面以及其他层面获得自有住房产权产生

的正向超额福祉 $u_3(u_3 > 0)$，那么此时住房产权对居民产生的实际福祉将从 u_7（$u_7 > 0$）逐步提高到 u_8（$u_8 > 0$），且 $|u_7 - u_6| = |u_2|$，$|u_8 - u_6| = |u_3|$。综上所述，获取住房产权能够显著提高居民的实际福祉。

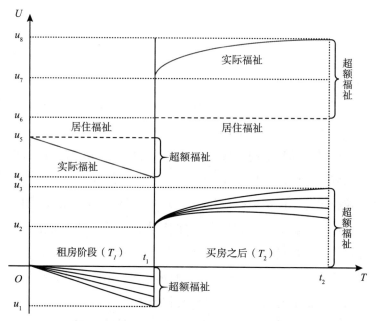

图 3.1　住房产权获得与居民主观福祉分解及变动

注：图中所列的超额福祉主要来源于经济层面、社会层面、心理层面以及其他。
资料来源：笔者绘制。

二、函数关系与优化求解

那么，上述推理是否成立，仍需要进行充分细致的论证。本节参考李涛等（2011）的研究，通过效用函数表征居民的主观幸福感，因而住房对居民主观幸福感的影响体现为住房与居民效用之间的关系。依照本书在前文中的论述，虽然居民效用和主观幸福感是不完全一致的概念，但根据著名的萨缪尔森幸福方程式，即效用/欲望＝幸福指数，效用与幸福指数之间存在非常强烈的正向关联，而我们显然很难量化出个人的欲望，因此参考现有的文献，在实际量化研究过程中，用效用来代理居民主观幸福感是合理的。同样地，不妨将居民的生命周期划分为两期，而且假设居民的效用函数取决于住房消费和非住房消费两大类因素。与李涛等（2011）不同的是，本节不仅将非住房消费划分为第一期和第二期，而且也将住房消费划分为第一期和第二期，以此刻画第一期和第二期的不同居住形式。设定居民的效用函数表达式为：

$$U(C_1, C_2, H_1, H_2) = F(C_1) + \alpha \times F(C_2) + G(H_1) + \beta \times G(H_2)$$

$$(3.1)$$

其中，$U(\cdot)$ 表示的是居民的效用水平，C_1、C_2 分别表示居民第一期和第二期的非住房消费，H_1、H_2 分别表示居民第一期和第二期的住房消费，且为了与图 3.1 中的描述的情形保持一致，假设 H_1 为租房消费，H_2 为购房消费。α 和 β 分别为非住房消费和住房消费的折现因子。$F(\cdot)$ 和 $G(\cdot)$ 分别直接刻画了非住房消费和住房消费对居民主观幸福感的直接影响，且包含了现有文献中提及的所有可能作用机制。与此同时，假定 $F(\cdot)$ 和 $G(\cdot)$ 都满足效用函数的标准条件，非住房消费和住房消费遵循边际效用为正且边际效用递减规律，即存在 $F'(\cdot) > 0$，$F''(\cdot) < 0$，$G'(\cdot) > 0$，$G''(\cdot) < 0$。

　　显然，在生命周期内，居民的非住房消费和住房消费不能超过两期的总收入，即居民的预算约束条件为：

$$P_1 \times C_1 + P_2 \times \frac{C_2}{1+r} + P_3 \times H_1 + P_4 \times \frac{H_2}{1+r} \leqslant Y_1 \times \frac{Y_2}{1+r} \quad (3.2)$$

其中，P_1、P_2 分别表示外生给定的两期非住房消费品价格，P_3 表示第一期住房租金水平，P_4 表示第二期住房价格水平，且住房价格水平高于住房租金水平，即 $P_3 < P_4$。r 为外生给定的实际利率水平，Y_1 和 Y_2 分别表示第一期和第二期居民的收入水平。假定居民可以通过借贷方式平滑消费，即不受到当期流动性的约束。那么，此时居民的效用最优化选择问题为：

$$\max U(C_1, C_2, H_1, H_2) = F(C_1) + \alpha \times F(C_2) + G(H_1) + \beta \times G(H_2)$$

$$\text{s. t. } P_1 \times C_1 + P_2 \times \frac{C_2}{1+r} + P_3 \times H_1 + P_4 \times \frac{H_2}{1+r} \leqslant Y_1 \times \frac{Y_2}{1+r} \quad (3.3)$$

据此构建出的拉格朗日函数（Lagrangian function）如下：

$$L(C_1, C_2, H_1, H_2, \lambda) = F(C_1) + \alpha \times F(C_2) + G(H_1) + \beta \times G(H_2) + \lambda$$

$$\times \left(\begin{array}{c} P_1 \times C_1 + P_2 \times \dfrac{C_2}{1+r} + P_3 \\ \times H_1 + P_4 \times \dfrac{H_2}{1+r} - Y_1 \times \dfrac{Y_2}{1+r} \end{array} \right) \quad (3.4)$$

其中，λ 为拉格朗日乘子（Lagrange multiplier）。对于居民第一期的租房消费 H_1，其最优化的一阶条件为：

$$\frac{\partial L(C_1, C_2, H_1, H_2, \lambda)}{\partial(H_1)} = G'(H_1) + \lambda \times P_3 \quad (3.5)$$

同理，对于居民第二期的租房消费 H_2，其最优化的一阶条件为：

$$\frac{\partial L(C_1, C_2, H_1, H_2, \lambda)}{\partial(H_2)} = \beta \times G'(H_2) + \lambda \times P_4 \times \frac{1}{1+r} \quad (3.6)$$

令式（3.5）和式（3.6）中的一阶条件均为 0，即：

$$\frac{\partial L(C_1, C_2, H_1, H_2, \lambda)}{\partial(H_1)} = 0 \quad (3.7)$$

$$\frac{\partial L(C_1, C_2, H_1, H_2, \lambda)}{\partial(H_2)} = 0 \quad (3.8)$$

根据式（3.7），容易解得拉格朗日乘子 λ 的表达式如下：

$$\lambda = -\frac{G'(H_1)}{P_3} \quad (3.9)$$

将式（3.9）代入式（3.8），可以得到 $G'(H_1)$ 的表达式如下：

$$G'(H_1) = \beta \times (1+r) \times \frac{P_3}{P_4} \times G'(H_2) \quad (3.10)$$

参考李涛等（2011）的研究，不失一般性，不妨假设式（3.10）中 $\beta \times (1+r) = 1$，据此可以得到：

$$\frac{G'(H_1)}{G'(H_2)} = \frac{P_3}{P_4} \quad (3.11)$$

由于 $P_3 < P_4$，即 $\dfrac{P_3}{P_4} < 1$，那么则有下式成立：

$$G'(H_1) < G'(H_2) \tag{3.12}$$

其中，$G'(H_1)$ 表示居民在第一期中租房消费产生的边际效用，$G'(H_2)$ 表示居民在第二期中购房消费产生的边际效用。这也意味着，居民在第一期中租房消费产生的边际效用小于在第二期中购房消费产生的边际效用，说明了获得住房产权对于居民产生的主观福祉效应更为显著。

基于上述分析，图 3.2 报告了等量住房消费视角下的主观福祉对比，图 3.3 报告了等量主观福祉视角下的住房消费对比。显然，由于 $G'(H_1) < G'(H_2)$，所以在 $G(H_2)$ 对应的曲线比 $G(H_1)$ 对应的曲线更为陡峭，$G(H_2)$ 对应的曲线在 $G(H_1)$ 对应的曲线上方。根据图 3.1 可知，当居民在第一期和第二期消费等量的住房时，租住房屋产生的主观福祉效应 u_1 低于自有房屋产生的主观福祉效应 u_2，即 $u_1 < u_2$。同理，根据图 3.3 可知，当居民为了在第一期和第二期获取同等的居住福祉时，则自有住房消费量 h_1 少于租住房屋消费量 h_2，即 $h_1 < h_2$。综上所述，自有住房对居民产生的主观福祉效应高于租住房屋对居民产生的主观福祉效应。

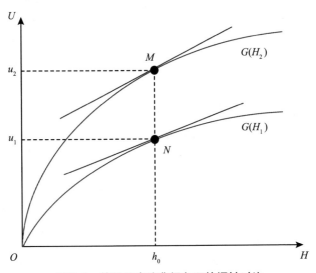

图 3.2　等量住房消费视角下的福祉对比

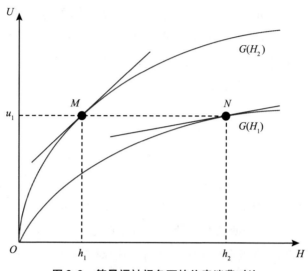

图3.3　等量福祉视角下的住房消费对比

与此同时，正如本章第一节在基础理论部分所提及的，人们在消费等方面通常存在很强的攀比效应（bandwagon effect）。不仅如此，很多研究表明，人们的消费往往也存在很明显的棘轮效应（ratchet effect）。所谓棘轮效应，是指人们容易养成某种消费习惯，而且消费习惯存在明显的不可逆性，即消费习惯易于向上进行调整，而难于向下做出改变（Carroll，2003；Carroll et al.，2011）。住房商品同样作为一种消费品，攀比效应和棘轮效应也在一定程度上存在。那么，从理论上看，在一定的预算约束条件下，居民的最优住房消费理论值究竟是多少呢？即为了实现自身福祉的最大化，居民应该支配多少收入水平用于住房消费？本节进一步就该问题展开分析。

参考何强（2011）的研究，本节假定居民个体的效用服从柯布—道格拉斯（Cobb－Douglas）效用函数形式。而且与何强（2011）不同的是，本节将居民消费拆分成非住房消费和住房消费两大类，且增加了居民的预算约束条件。据此，居民的效用函数表达式可以写为：

$$U_t = (C_t + H_t)^\alpha \times \left(\frac{C_t + H_t}{\bar{C}_t + \bar{H}_t} \right)^\beta \times \left[\frac{C_t + H_t}{f(C_0, C_1, \cdots, C_{t-1}; H_0, H_1, \cdots, H_{t-1})} \right]^\gamma$$

$$\times \left(T - \frac{y_t}{w} \right)^{1-\alpha-\beta-\gamma} \tag{3.13}$$

其中，U_T 表示居民在第 t 期的效用水平，C_t、H_t 表示居民在第 t 期的非住房消费和住房消费。需要说明的是，参考朱国钟和颜色（2013）的研究，以有效住房消费 H_t 来表征买房或租房所带来的同质住房消费。$\bar{C}_t$、$\bar{H}_t$ 分别表示在第 t 期时候参照人群的非住房消费和住房消费水平，因而 $\frac{C_t + H_t}{\bar{C}_t + \bar{H}_t}$ 反映的是居民非住房消费和住房消费的攀比效应。$f(C_0, C_1, \cdots, C_{t-1}; H_0, H_1, \cdots, H_{t-1})$ 表示居民在第 t 期之前的消费函数，同样也包含了非住房消费和住房消费，因而 $\frac{C_t + H_t}{f(C_0, C_1, \cdots, C_{t-1}; H_0, H_1, \cdots, H_{t-1})}$ 反映的是居民非住房消费和住房消费的棘轮效应。y_T 表示的是居民在第 t 期的收入水平，w 表示单位平均工资水平，那么 $\frac{y_t}{w}$ 则反映了居民在第 t 期的工作时间。T 表示居民在第 t 期的总生活时间，那么显然 $T - \frac{y_t}{w}$ 表示的是居民在第 t 期的闲暇时间，参考朱国钟和颜色（2013）的表述，在这里它可以作为非物质因素的代表。除此之外，参数 α、β 和 γ 分别表示每一项的幂指数，衡量的是居民对于物质消费的重视程度，且满足 $0 < \alpha \leqslant 1$，$0 \leqslant \beta$，$\gamma < 1$。

假定在第 t 期内，居民的非住房消费和住房消费不能超过第 t 期的总收入水平 y_t，即居民的预算约束条件为：

$$C_t + H_t \leqslant y_t \tag{3.14}$$

通过对式（3.13）两边取对数，可以得到居民的幸福函数表达式：

$$\ln(U_t) = \alpha \times \ln(C_t + H_t) + \beta \times [\ln(C_t + H_t) - \ln(\bar{C}_t + \bar{H}_t)] + \gamma$$
$$\times \{\ln(C_t + H_t) - \ln[f(C_0, C_1, \cdots, C_{t-1}; H_0, H_1, \cdots, H_{t-1})]\}$$
$$+ (1 - \alpha - \beta - \gamma) \times \ln\left(T - \frac{y_t}{w} \right) \tag{3.15}$$

那么，此时居民的主观福祉最优化选择问题为：

$$\max \ln(U_t) = \alpha \times \ln(C_t + H_t) + \beta \times [\ln(C_t + H_t) - \ln(\bar{C}_t + \bar{H}_t)] + \gamma$$
$$\times \{\ln(C_t + H_t) - \ln[f(C_0, C_1, \cdots, C_{t-1}; H_0, H_1, \cdots, H_{t-1})]\}$$
$$+ (1 - \alpha - \beta - \gamma) \times \ln(T - \frac{y_t}{w})$$
$$\text{s. t. } C_t + H_t \leqslant y_t \tag{3.16}$$

根据式（3.16），构建拉格朗日函数如下：

$$L(C_t, H_t, y_t, \lambda) = \alpha \times \ln(C_t + H_t) + \beta \times [\ln(C_t + H_t) - \ln(\bar{C}_t + \bar{H}_t)]$$
$$+ \gamma \times \{\ln(C_t + H_t) - \ln[f(C_0, C_1, \cdots, C_{t-1}; H_0, H_1, \cdots,$$
$$H_{t-1})]\} + (1 - \alpha - \beta - \gamma) \times \ln(T - \frac{y_t}{w}) + \lambda \times (C_t + H_t - y_t)$$

$$\tag{3.17}$$

基于式（3.17），两边分别对居民有效住房消费 H_t 求偏导，可以得到：

$$\frac{\partial L(C_t, H_t, y_t, \lambda)}{\partial(H_t)} = \frac{\alpha + \beta + \gamma}{C_t + H_t} + \lambda \tag{3.18}$$

同样地，对式（3.17）两边分别对居民收入水平 y_t 求偏导，可以得到：

$$\frac{\partial L(C_t, H_t, y_t, \lambda)}{\partial(y_t)} = \frac{1 - \alpha - \beta - \gamma}{T - \frac{y_t}{w}} \times \frac{-1}{w} - \lambda \tag{3.19}$$

令拉格朗日函数 $L(C_t, H_t, y_t, \lambda)$ 对居民收入水平 y_t 的偏导为0，即：

$$\frac{\partial L(C_t, H_t, y_t, \lambda)}{\partial(y_t)} = 0 \tag{3.20}$$

容易解得拉格朗日乘子 λ 的表达式：

$$\lambda = \frac{1 - \alpha - \beta - \gamma}{T - \frac{y_t}{w}} \times \frac{-1}{w} \tag{3.21}$$

将式（3.21）代入式（3.18），可以得到：

$$\frac{\partial L(C_t, H_t, y_t, \lambda)}{\partial(H_t)} = \frac{\alpha + \beta + \gamma}{C_t + H_t} + \frac{1 - \alpha - \beta - \gamma}{T - \frac{y_t}{w}} \times \frac{-1}{w} \tag{3.22}$$

同样地，令拉格朗日函数 $L(C_t, H_t, y_t, \lambda)$ 对居民有效住房消费 H_t 的偏导为 0，即：

$$\frac{\partial L(C_t,\ H_t,\ y_t,\ \lambda)}{\partial(H_t)} = 0 \qquad (3.23)$$

可以解得在居民主观福祉最大化的情况下，居民有效住房消费 H_t 的理论最优值表达式如下：

$$H_t = \frac{w \times \left(T - \dfrac{y_t}{w}\right)}{1 - (\alpha + \beta + \gamma)} \times (\alpha + \beta + \gamma) - C_t \qquad (3.24)$$

为了简便起见，不妨假设 $w = 1$，$T = 1$，按照每天 8 小时上班工作制，意味着三分之一的时间用于工作，即收入水平 $y_t = \dfrac{1}{3}$。那么式（3.24）可以改写为：

$$H_t = \frac{2}{3 - 3(\alpha + \beta + \gamma)} \times (\alpha + \beta + \gamma) - C_t \qquad (3.25)$$

如前所述，参数 α、β 和 γ 分别表示每一项的幂指数，衡量的是居民对于物质消费的重视程度，因而 $\alpha + \beta + \gamma$ 表示的是居民对于非住房和住房两大类物质因素赋予的福祉权重，显然 $0 \leqslant \alpha + \beta + \gamma \leqslant 1$。在当前社会主义初级阶段，不妨假设居民对于物质因素仍然表现出较为强烈的偏好，那么根据式（3.25），可以绘制出物质因素偏好型个体的住房消费水平最优理论值域。需要强调的是，居民的收入水平 $y_t = 1/3$。由图 3.4 可知，当居民的物质因素福祉权重越高时，即居民越看重物质因素时，而且其他商品消费水平偏低时，主观福祉最大化情形下的住房消费水平理论值也将越高。

为了进一步验证拉格朗日函数 $L(C_t,\ H_t,\ y_t,\ \lambda)$ 对居民有效住房消费 H_t 的二阶导数符号，本节进一步对式（3.21）两端求 H_t 的二阶导数：

$$\frac{\partial^2 L(C_t,\ H_t,\ y_t,\ \lambda)}{\partial(H_t)^2} = -\frac{\alpha + \beta + \gamma}{(C_t + H_t)^2} \qquad (3.26)$$

显然，拉格朗日函数 $L(C_t,\ H_t,\ y_t,\ \lambda)$ 对居民有效住房消费 H_t 的二阶导数为负值，因此拉格朗日函数 $L(C_t,\ H_t,\ y_t,\ \lambda)$ 是关于 H_t 的凸函数，这也验证了有效住房消费遵循边际效用递减的规律。

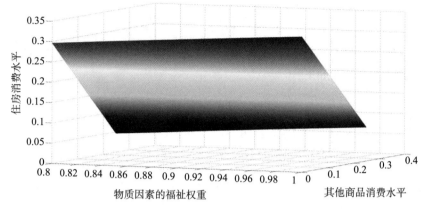

图 3.4 物质因素偏好型个体的住房消费水平最优理论值域

参考何强（2011）的研究，即便我们考察最极端的情形，即当幸福度函数中不包括非物质因素的情形，此时 $1-(\alpha+\beta+\gamma)=0$，即 $\alpha+\beta+\gamma=1$。那么，根据式（3.22）和式（3.26），拉格朗日函数 $L(C_t, H_t, y_t, \lambda)$ 对居民有效住房消费 H_t 的一阶条件和二阶条件分别为：

$$\frac{\partial L(C_t, H_t, y_t, \lambda)}{\partial (H_t)} = \frac{1}{C_t + H_t} \tag{3.27}$$

$$\frac{\partial^2 L(C_t, H_t, y_t, \lambda)}{\partial (H_t)^2} = -\frac{1}{(C_t + H_t)^2} \tag{3.28}$$

由于 $C_t + H_t > 0$，因此上述一阶条件为正，二阶条件为负，即：

$$\frac{\partial L(C_t, H_t, y_t, \lambda)}{\partial (H_t)} > 0 \tag{3.29}$$

$$\frac{\partial^2 L(C_t, H_t, y_t, \lambda)}{\partial (H_t)^2} < 0 \tag{3.30}$$

由此可见，对于物质因素偏好型个体而言，居民的幸福度函数为严格递增的凸函数，即有效住房消费能够提升居民主观福祉，且边际效用递减。

进一步地，根据相关文献的研究结论，当人们的收入达到非常高

的水平时，闲暇等非物质因素对人们幸福度将产生重要影响（Ng &
Wang，1993；Clark et al.，2008）。所以，当人们不关心物质因素而只
在乎非物质因素时，此时的极端情形为 $\alpha + \beta + \gamma = 0$。那么，根据式
（3.22）和式（3.26），拉格朗日函数 $L(C_t，H_t，y_t，\lambda)$ 对居民有效
住房消费 H_t 的一阶条件和二阶条件分别退化为：

$$\frac{\partial L(C_t，H_t，y_t，\lambda)}{\partial(H_t)} = -\frac{1}{w \times \left(T - \frac{y_t}{w}\right)} \tag{3.31}$$

$$\frac{\partial^2 L(C_t，H_t，y_t，\lambda)}{\partial(H_t)^2} = 0 \tag{3.32}$$

显然，式（3.31）中的一阶条件为负，即：

$$\frac{\partial L(C_t，H_t，y_t，\lambda)}{\partial(H_t)} < 0 \tag{3.33}$$

在这种极端情形下，拉格朗日函数 $L(C_t，H_t，y_t，\lambda)$ 是关于有效住房
消费 H_t 的严格递减线性函数。且根据式（3.25），此时居民主观福祉
最大化下的有效住房消费 H_t 理论值为：

$$H_t = -C_t \tag{3.34}$$

即有效住房消费 H_t 是关于非住房消费 C_t 的线性单调递减函数，二者存
在显著的相互挤出效应。同时这也意味着，有效住房消费 H_t 的理论值
域可以为负值。

　　基于上述分析，本节放宽物质因素的福祉权重范围，将其理论值
域设置为 $0 \leqslant \alpha + \beta + \gamma \leqslant 1$ 的闭区间。图 3.5 报告了物质因素福祉权重
放宽后的住房消费水平最优理论值域，由此可见，在居民主观福祉最
大化情形下，有效住房消费水平取决于其对于物质因素的重视程度以
及对于其他商品的消费水平。当居民越在乎物质条件时，或者说物质
资源相对稀缺时，理性经济人可能会通过压缩其他商品消费水平，从
而在可支付能力下尽可能获取更多的住房物质，以此实现个人的主观
福祉最大化。

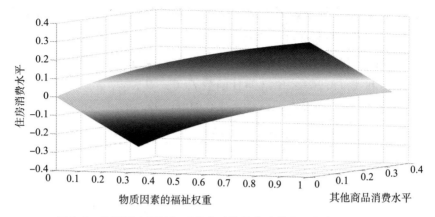

图 3.5   物质因素福祉权重放宽后的住房消费水平最优理论值域

综合以上分析，本节提出关于住房产权与居民主观福祉之间关系的一个基准命题，即当中国住房价格处于上涨周期时，且在居民住房消费满足边际效应为正等特定情形下，拥有住房产权能够提升人们的主观福祉。

第三节   本 章 小 结

全面深化改革必须以促进社会公平正义、增进人民福祉为出发点和落脚点。本章基于正义理论的哲学思辨，对住房正义的内涵和基本要义进行了界定，从住房正义视角深刻阐述了中国情境下住房产权与民生主观福祉内在关系。并通过构建数理模型，从理论层面刻画出住房产权与居民主观福祉之间的数理关联。

本章研究结果表明，获取住房产权能够显著提高居民的主观福祉水平，特别在物质资源相对稀缺时，理性经济人可能会通过压缩其他商品消费水平，从而在可支付能力下尽可能获取更多的住房物质，以此实现个人的主观福祉最大化。与此同时，实现社会公平正义合乎政策逻辑和价值取向，而实现住房正义需要包含五层要义：一是人人享有平等的住房权；二是全体人民住有所居；三是全体人民宜居安居；四是人人享有平等的基于住房的各项生存和发展权利；五是住房制度要能够自发应对住房不正义。住房与居民主观福祉的关系体现在人们的生存和发展、社会财富的生产与分配、代际主观福祉和区域主观福祉的传递等维度。本章研究侧重于理论研究，不仅加深了我们对于中国住房产权与居民主观福祉之间关系的理解，同时也为本书后续实证研究奠定了坚实的理论基础。

第四章

中国住房产权制度历史演变及居民主观福祉现有测度

本章围绕住房产权对居民主观福祉的影响这一研究主线，高度概述了我国漫长曲折的住房制度变迁历程，分析了住房制度及其思想的变革与沿革。在此基础上，多渠道搜集和整理了相关权威代表性数据，从住房产权、居民主观福祉两个维度，基于国际宏观数据、中国统计数据以及微观调查数据等，通过时间和区域维度的对比分析，全面展示我国住房产权自有情况和居民主观福祉状况，旨在对本书的研究对象形成总体框架性基本认知，初步提炼出我国住房产权和居民主观福祉的基本面貌特征和发展动态，并为后文的实证研究梳理背景和奠定基础。

第一节　中国住房产权制度的历史变革与沿革

"以史为鉴，可以知兴替"，中国住房制度在中华民族漫长的历史演变中不断发展变化。纵观古今，在中国极其灿烂的历史文化中，住房制度虽然发生了极其深刻的变革，但部分住房制度特别是伟大的住房保障思想，以及住房产权在中国"家文化"中的含义却得到了传承与发扬。

一、中国古代和近代住房产权的制度演化

追溯历史，中国古代社会奉行"普天之下，莫非王土"①的土地制度，从最早期的井田制（五亩之宅），到后来的名田宅、均田制，都有相应的宅地制度设计。孟子主张"仁政"，提出"制民恒产"②，在《孟子·滕文公上》中，孟子认为"有恒产者有恒心，无恒产者无恒心"③，而在《孟子·梁惠王上》中，孟子强调"五亩之宅，树之以桑，五十者可以衣帛矣"④。类似地，在《荀子·大略》中，荀子认为"故家五亩宅，百亩田，务其业而勿夺其时，所以富之也"⑤。秦汉时期实行的名田宅制度，始行于秦孝公时期商鞅变法提出的"明尊卑爵秩等级，各以差次名田宅"⑥，根据《商君书·境内》的记载，"能得甲首一者，赏爵一级，益田一顷，益宅九亩，一除庶子一人"⑦，即人们可以根据军功获得爵者和田宅，并享有役使他人等方面的特权。从魏晋到唐朝前期，均田制得到推广实施，即按照人口进行土地分配，肯定了土地的所有权及占有权。然而，自唐朝中期以后，包括宅地在内的各类土地大规模私有化，国家无力保障每个人都能占有适量的宅地，迫使国家开始建立对于弱势群体的住房保障制度（高波等，2017；刘洪清，2016）。宋代的住房保障制度化、系统化取得了重大进展（张群，2007）。宋代通过法律手段规定了政府的住房保障责任，设置居养院、安济坊，为穷苦百姓发放衣物粮食、提供临时住所、资助百姓重建家园等，还为逃荒流民、赤贫百姓和无人奉养的老人修建了福田院，

---

①　出自《诗经·小雅·北山》，是中国古代经典文献中关于土地所有权与君主权威的著名表述。

②　出自《孟子·梁惠王上》，是孟子在阐述"仁政"思想时提出的核心主张之一。

③　出自《孟子·滕文公上》，是孟子论述社会治理与民生关系时提出的核心观点。

④　出自《孟子·梁惠王上》，是孟子阐述仁政思想时提出的具体措施之一。

⑤　出自《荀子·大略》，揭示了物质保障与社会治理的深层关联。

⑥　出自《史记·商君列传》，是司马迁对商鞅变法中"名田制"的记载。

⑦　出自《商君书·境内》，是商鞅变法中军功授爵制度的核心内容之一。

南宋朝廷则进一步把福田院细分成为居养院、安济坊和漏泽园，分别用于住房保障、慈善医疗和安葬无人认领的死者（刘洪清，2016）。在宋代住房保障政策的基础上，根据《元史·刘秉忠传》的记载，"立养济院以处鳏寡孤独废疾不能自存者，月给米薪，冬夏有衣，死有棺"①。即元代建立了更为完备的养济院（孤老院、济众院）制度，专门收养救助鳏寡孤独废疾不能自存之人。明太祖朱元璋出身贫寒，高度重视住房等社会保障，根据《明太祖实录》史料记载，朱元璋下诏"鳏寡孤独废疾不能自养者，官为存恤"，"诏天下郡县立孤老院"②，孤老院后来更名为养济院。同时，为了确保养济制度顺利推行，朱元璋将其载入《大明律》，对于地方官吏的失职行为处以重刑。清代大体上继承了明代的制度，并形成了较为成熟的流民收养制度，根据《清世祖实录》的记载，"各处养济院，收养鳏寡孤独及残疾无告之人，有司留心举行，月粮依时给发，无致失所"③。而且，清朝初期朝廷按照官衔品级给旗人分配住房，而乾隆时期由于国库不堪重负，进而取消了免费分房制度，出现了为特权阶层建造的"经济适用房"（刘洪清，2016）。此外，民间团体善会善堂逐渐承担起救济鳏寡孤独百姓的主要责任，官府的作用逐步弱化（张群，2007）。

清末民初，中国城市人口激增，然而住房供给却远赶不上人口增长的速度，造成严重的住房短缺问题（张群，2007）。孙中山在《建国方略》中对"居室工业"进行了分析和规划，指出"中国四万万人中，贫者仍居茅屋陋室，北方有居土穴者。而中国上等社会之居室，乃有类于庙宇"，"就中国之居室工业论，雇主乃有四万万人，未来五十年中至少需新居室者有五千万，每年造屋一百万间，乃普通所需要也"，"居室为文明一因子，人类由是所得之快乐，较之衣食更多"，

---

① 出自《元史·刘秉忠传》，是元代社会福利制度的重要记载。

② 出自《明太祖实录》，明太祖朱元璋在建立明朝后，推行了一系列社会福利政策，旨在通过国家力量救助社会弱势群体。孤老院的设立是其中一项重要措施，专门收养鳏寡孤独及残疾人士。

③ 出自《清世祖实录》，是清代官方文献中关于养济院制度的具体规定。

"吾所定发展居室计划，乃为群众预备廉价居室"。① 这也成为了民国时期住房政策重要指导思想。为了应对严重的房荒现象，国民政府先后颁布了《土地法》《内战房荒救济办法》《战时房屋租赁特别法》《社会救济法》《战时房屋租赁条例》《房屋租赁条例》等（张群，2007；高波等，2017）。

二、新中国成立以来的住房产权制度发展与改革

新中国成立初期，我国实行计划经济体制，在指令性经济制度框架下，生产什么、怎样生产和为谁生产基本上都是由政府来决定。住房政策也同样如此，实施"统一管理、统一分配、以租养房"的公有住房分配制度（姚玲珍等，2020；高波等，2017）。20 世纪 50 年代实施的私房公有化改造，使得 1958 年年底我国私房已经基本不存在，此后，私人租赁性质的住房关系也基本消失（陈杰，2019）。而且随着国家机关工作人员由供给制改薪金制，考虑到他们的支付能力有限，公有住房实行低租金的过渡办法，尤其自 1956 年以后，在片面强调住房福利品的思想影响下，"以租养房"逐渐被否认。同时，在优先发展重工业以巩固国防和增强国力的导向下，大部分国民收入被投入工业生产，导致住房投资得不到支持，这也更强化了当时住房的低租金福利供给性质（陈杰，2019）。然而，由于住房供给的高度计划性和福利性，导致了住房建设资金"有去无回"，住房建设投资长期匮乏，收取的租金也不足以支付住房的维护和管理，城镇职工形成了"等、靠、要"的住房观念。1978 年，全国 190 个城市人均住房居住面积仅为3.6 平方米，甚至比解放初期的 4.5 平方米更少。缺房户达到 869 万户，占当时城镇总户数的 47.5%。而且大量存量房年久失修，住房质量很低，新建成的公有住房质量也很低劣，相关配套十分简陋（陈杰，2019；姚玲珍等，2020；高波等，2017）。总而言之，全面改革城镇住

---

① 出自孙中山《建国方略·实业计划》，是孙中山对中国居室工业发展的重要论述。

房制度已经十分迫切。本书附录中的表 A1 较为细致地搜集和整理了新中国成立以来的有关住房代表性论述、会议和制度，有助于我们梳理新中国住房制度的演变历史。

1978 年是中国改革开放的元年，也拉开了我国住房制度改革的历史大幕。1978 年 9 月，中央召开城市住宅建设会议，传达了邓小平同志的重要谈话精神，"解决住房问题能不能路子宽些，譬如允许私人建房或者私建公助，分期付款。把个人手中的钱动员出来，国家解决材料"①。1980 年 4 月，邓小平同志就住宅问题再次发表重要讲话，提出了新、老房子都可以出售，买房可以分期付款，逐步提高房租，提倡私人建房等设想。② 作为中国改革开放的总设计师，邓小平同志的这些思路为此后近二十年的住房制度改革指引了方向（陈杰，2019）。当然，住房改革的进程并非十分顺利，而是在"摸着石头过河"中一步步找到了正确的改革路径。

1979 年至 1987 年是我国城镇福利住房制度改革的起步阶段（陈杰，2019）。1980 年 6 月，中共中央、国务院批转国家建委党组《全国基本建设工作会议汇报提纲》，正式将房改目标确立为"实现住房商品化、社会化"，提出个人可以新建、购买、拥有住房。随后，《关于加强城市公房管理工作的意见》《城镇个人建造住宅管理办法》《城市私有房屋管理条例》《关于城市私有出租房屋社会主义改造遗留问题的处置意见》等陆续出台。在这个过程中，1980 年 10 月至 1981 年，全价出售住房政策在全国推广，但效果并不理想。1982 年进入"三三制"补贴售房探索阶段，即政府、企业和个人分别承担房屋售价的 1/3，但由于政府及单位财政压力过大，该政策也最终于 1986 年 3 月被叫停（陈杰，2019；姚玲珍等，2020）。1986 年 11 月，国务院办公厅转发《关于烟台、唐山、蚌埠、常州、江门五城市住房制度改革试点工作会议纪要的通知》，提出通过"提租发券"等方式探索住房制度改革道

---

① 出自《邓小平文选》第二卷。
② 出自 1980 年 4 月 2 日邓小平在全国基本建设工作会议上的讲话。

路，但最终该政策也没有在全国推广。

1988 年至 1997 年是我国双轨制住房制度与房地产市场初步建立阶段（陈杰，2019）。1988 年初，第一次全国住房制度改革工作会议召开，住房制度改革正式列入中央和地方的改革计划，且确立了住房制度的改革办法是实现住房商品化，基本构思是提高房租、增加工资、鼓励职工买房。1988 年 2 月，国务院印发《关于在全国城镇分期分批推行住房制度改革的实施方案》，住房商品化改革进入了整体方案设计和全面试点阶段。在此之后，国家层面的各项住房制度改革办法密集出台，住房公积金制度也正是在这样的历史背景中诞生（吴义东和陈杰，2020）。尤为关键的是，1994 年 7 月，国务院发布《关于深化城镇住房制度改革的决定》，这一文件构建了我国住房改革史上第一个综合性框架（陈杰，2019）。从 1978 年到 1997 年 20 年期间，我国住房制度改革积累了宝贵的经验和教训，住房事业也取得了一定成效。1997 年我国城镇人均住房居住面积提高到 8.8 平方米（陈杰，2019），显著高于改革开放初期的水平。但是，住房分配体制仍以福利分房为主，没有发生根本性变革。而且，住宅产权仍然存在三个方面的突出问题，包括住宅产权不清、住宅产权单一公有制、住宅产权僵化（汪利娜，1994）。

1998 年至 2003 年是我国住房实现完全市场化、房地产支柱型产业地位得以确立的阶段（陈杰，2019）。1998 年通常被视为我国城镇住房全面市场化改革的起点，1998 年 7 月，国务院下发《关于进一步深化城镇住房制度改革加快住房建设的通知》，正式宣布彻底停止住房实物分配，逐步实行住房分配货币化。自此之后，我国城镇住房制度进入了市场化发展的时代。随后，有关房地产价格调控、现有公有住房改革、招标拍卖挂牌出让国有土地使用权、房地产市场宏观调控等一系列相关政策陆续出台，城镇房地产市场进入了市场化、法治化、规范化的发展时期。

2004 年至 2015 年是我国房地产市场密集调控与住房保障并重阶段（陈杰，2019）。房地产市场全面市场化改革之后，商品住宅价格呈现出飞速上涨的趋势，伴随着城镇化进程的快速推进，城镇住房矛盾日益突出，特别是中低收入群体的住房困难问题日趋严重。因此，中央密集出台了关于房地产市场调控、遏制房价过快上涨的诸多政策法规。例如，2005 年 5 月，国务院办公厅转发建设部等部门《关于做好稳定住房价格工作意见的通知》；2007 年 8 月，国务院发布《关于解决城市低收入家庭住房困难的若干意见》；2008 年 12 月，国务院办公厅印发《关于促进房地产市场健康发展的若干意见》；2010 年 1 月，国务院办公厅发布《关于促进房地产市场平稳健康发展的通知》；2010 年 4 月，国务院发布《关于坚决遏制部分城市房价过快上涨的通知》。与此同时，中央不断强化住房保障工作，大力增加保障房建设投资和完善供应结构。例如，2008 年 11 月，住建部宣布今后 3 年中央财政将投资9000 亿元用于廉租住房、经济适用住房建设和棚户区改造；2010 年 1月，国务院办公厅发布《关于促进房地产市场平稳健康发展的通知》，提出要加快推进保障性安居工程建设，并且力争在 2012 年末基本解决 1540万户低收入住房困难家庭的住房问题。2011 年 3 月，《中华人民共和国国民经济和社会发展第十二个五年规划纲要》明确提出，今后五年城镇保障性安居工程建设 3600 万套。除此之外，在此期间，中央还陆续提出要加快棚户区改造、建立公开规范的住房公积金制度、加快房地产税立法、培育和发展住房租赁市场、化解房地产库存等政策要求。

2016 年至今是我国房地产发展新阶段（陈杰，2019）。这一时期住房政策鲜明特点是强调"房住不炒""租购并举""长效机制""住有所居"。尤其是发展住房租赁市场，中央密集出台了多项政策文件，并且在相关会议上进行了多次强调，将发展住房租赁市场的重视程度提升到前所未有的高度。例如，2016 年 6 月，国务院办公厅印发《关于加快培育和发展住房租赁市场的若干意见》；2017 年 7 月，住建部等部委联合印发《关于在人口净流入的大中城市加快发展住房租赁市场的通知》。与此同时，共有产权住房试点工作也在北京、上海展开。2017年 10 月，党的十九大报告指出，"坚持房子是用来住的、不是用来炒的定位，加快建立多主体供给、多渠道保障、租购并举的住房制度，让全体人民住有所居"，这为今后一个时期我国住房市场发展指明了方向。除此之外，中央关于实施城市更新行动、加快城镇老旧小区改造、落实"因城施策"和"稳地价、稳房价、稳预期"、推进房地产税立法、改革住房公积金制度、完善长租房政策、推进租赁赋权、促进职住平衡等一系列政策陆续被提出。2020 年 10 月，住建部党组书记、部长王蒙徽在《人民日报》撰文，对"十三五"时期我国住房和城乡建设事业发展的成就作了全面总结和高度评价，指出 2019 年我国城镇和农村居民的人均住房建筑面积已经分别达到 39.8 平方米和 48.9 平方米，我国已经建成了世界上最大的住房保障体系，房地产市场保持平稳健康发展，城镇老旧小区改造全面推进（王蒙徽，2020）。2021 年是我国"十四五"规划的开局之年，我国进入新发展阶段，站在全面建成小康社会的历史新起点上，开启了全面建设社会主义现代化国家的新征程，2021 年 3 月发布的《中华人民共和国国民经济和社会发展第十四个五年规划和 2035 年远景目标纲要》也对我国今后一个时期的住房政策和发展目标作了清晰的界定。2021 年 7 月，住建部等 8 部门联合印发《关于持续整治规范房地产市场秩序的通知》，明确提出力争用 3 年左右时间，实现房地产市场秩序明显好转。2021 年 12 月，中央经济工作会议创新性地提出要探索新的发展模式，支持商品房市场更好满足购房者的合理住房需求，因城施策促进房地产业良性循环和健康发展。2022 年 3 月，国务院政府工作报告也再次延续了 2021 年中央经济会议中关于住房政策的提法。至此，我国住房制度发展进入了一个历史时期。

三、中国住房产权制度历史传承和住房文化古今延续

回溯数千年来中国住房制度变迁历史，虽然历经坎坷但却让人深刻感受到历史的发展和时代的进步。从古至今，中国住房制度既有变革也有沿革，国家对于居民住房权的保障得到了传承与发展，而且在中华民族历史悠久的"家文化"中，住房产权对于中国人的价值内涵不断延续和拓展。

其一，根据东汉时期著名经学家、文字学家编撰的《说文解字》中的释义，"宀为屋也""豕为猪也"，两字合写为"家"，由此可见，中国古人通过文字构造将"住房"和"家"生动地联系起来，也是对于住房含义的最朴素表达。时至今日，这两者之间的关系仍然十分密切，诸如"成家立业""安居乐业""筑巢引凤"等思想仍然深刻影响着当代中国居民的住房观。

其二，中国古代对于住房有着众多的雅称，不同身份地位人的住宅拥有不同的称谓。比如，皇帝的住所和神庙一般称为"宫""阙"；供奉神佛或者君王处理朝政的地方称作"殿""廷"；达官显贵之人的住宅称作"府""邸""第"；普通的住宅包括"宅""室""寓""厢""舍"；华丽高大的居所称作"阁""榭""堂""厦"；简易的房屋称作"庐""寮""庑""庵""墅"（刘洪清，2016）。由此可见，在古代工匠的设计和雕琢之下，各式各样的楼宇亭阁彰显着不一样的尊贵奢华与雍容华贵，不同类型的住宅象征着不同的尊卑等级和社会地位，直到今天，不同类型的住房对人们社会阶层和经济地位仍有重要的表征作用。

其三，中国古代很多"居庙堂之高"的王侯将相和"处江湖之远"的文人墨客，都牵挂着天下百姓的住房问题。例如，东汉著名史学家、文学家班固在其所作的史书《汉书·货殖列传》中就曾提出"各安其居而乐其业"的伟大思想；东晋诗人陶渊明在《桃花源记》中描述了一幅"土地平旷，屋舍俨然"的世外桃源景象；在南朝宋时期著名史学家范晔编撰的《后汉书·王充王符仲长统列传》中，记载了先贤"安居乐业，长养子孙，天下晏然，皆归心于我矣"的光辉思想。唐代"诗圣"杜甫曾发出了"安得广厦千万间，大庇天下寒士俱欢颜"的真情感慨。显然，政策制定者和学界仁人志士关心百姓住有所居的为民情怀亘古不变。

其四，东汉经学家赵岐在其所作的《孟子题词》中提到"孟子生有淑质，幼被慈母三迁之教"，经典《三字经》也提到"昔孟母，择邻处。子不学，断机杼"。孟母为了给子代成长选择良好的环境，不惜想尽办法多次搬迁。千百年来，孟母三迁和断杼择邻的典故深远地影响了当代中国居民的选房行为。

其五，古往今来，除了上述有关住房的中华优秀传统文化和古代思想精髓的继承发扬，甚至也有一些中国古代宅地政策、住房保障政策和对居民住房权的保障等在当代依然被延续发展。比如前文中提及的古代中国社会对穷人建造的保障居住的房屋，在现代住房保障政策体系中，保障性住房建设和分配依然与此高度关联。再如针对官员住房的"官邸制"在中国演变和发展历史非常久远，至今仍然得到延续。"官邸制"发端于先秦时期，经过了历朝历代的发展，隋唐时期被称为"赐第"，两宋时期被称为"公宇"，明清时期被称为"官房"。"官邸"一般专供给在任期间的官员居住，但不享有其产权（刘洪清，2016）。综上所述，中国的住房制度和住房保障思想历史深远，同时也历久弥新，在数千年的历史发展进程中逐渐形成了具有中国特色的社会主义住房制度和政策体系。

第二节　中国家庭住房产权基本状况与典型特征

一、中国城镇住房制度改革推动住房自有率跃升

从 20 世纪 90 年代末我国开启城镇住房全面市场化改革开始，实行了近 40 年的福利分房制度被彻底终结，中国住房市场在过去的 20 余年间经历了从无到有、从弱到强的快速发展和深刻变革，中国家庭的住房产权私有化程度也随之快速提高。在这个过程中，中国住房市场逐步显现出高房价、高分化和低住房可支付性等特征。

为了从总体上对中国家庭住房产权状况形成基本认知，本书首先通过住房自有率这一指标进行分析。之所以选择这个指标，是因为住房自有率通常是国际上衡量居民居住条件的常用指标，其含义是指居住在拥有产权住房的家庭户数与整个社会家庭户数的比例，即住房自有率 =（居

住在自有产权住房的家庭户数/全部家庭户数）×100%。显然，该指标能够很好地反映住房产权私有化程度和"居者有其屋"的整体水平。

从住房自有率这一指标来看，根据历届国家统计局人口普查数据的测算结果，图4.1报告了住房市场化改革前后我国城镇家庭住房自有率对比结果。由图可知，在我国城镇住房全面市场化改革之前，1985年我国城镇家庭住房自有率仅为15.80%，但进入21世纪之后，2000年我国城镇家庭住房自有率已经快速攀升至74.10%，2015年该指标的全国均值更是已经接近80%，并且很多省份城镇家庭住房自有率已经超过80%甚至90%。其中，河南、河北、辽宁、江西、湖南、山东等地的城镇家庭住房自有率相对较高，而广东、北京、上海、浙江、西藏、福建等地的城镇家庭住房自有率相对偏低，但也基本处于60%至70%的区间范围。

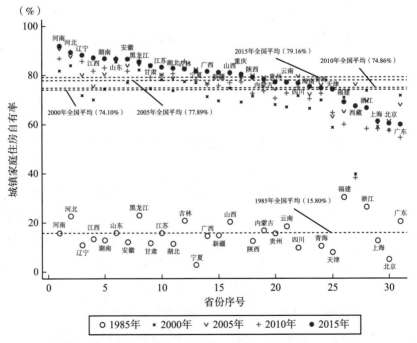

图4.1　住房市场化改革前后我国城镇家庭住房自有率对比

资料来源：根据国家统计局人口普查数据、全国1%人口抽样调查数据以及国家统计年鉴公布的数据测算所得。

二、中国城镇住房自有率高于欧美等发达国家

从国际视角上看，现有很多文献指出，中国的住房自有率已经处在高位，且超过了绝大多数欧美等经济发达国家或地区（易成栋和刘志东，2006；Chen et al.，2020；Hamnett，2021）。我们不妨将中国住房自有率与美国和欧盟进行对比，图 4.2 刻画了美国和欧盟地区住房自有率的动态变化趋势。首先，从 1990 年至 2020 年，美国住房自有率正经历着"N"形的演变趋势。具体而言，从 1990 年至 2004 年，美国住房自有率逐年升高，并于 2004 年前后达到峰值 69.2%，在随后的十年间，美国住房自有率逐步回落至 1990 年前后的水平，近五年来又呈现出反弹趋势。但总体而言，作为目前世界上第一大经济体，美国住房自有率仍显著低于中国。类似地，近十年来欧盟地区平均住房自有率总体上表现出略微下滑态势，基本处在 69% 至 71% 的区间。虽然欧盟住房自有率高于美国，但也明显低于中国住房自有率。

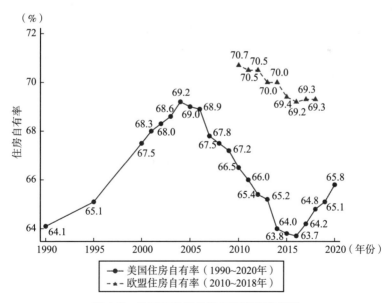

图 4.2　美国和欧盟住房自有率变化趋势

资料来源：美国人口普查局（US Census Bureau）、欧盟统计局（Eurostat），且欧盟住房自有率数据涵盖了所有 28 个成员国。

当然，除了住房自有率这一指标外，住房拥有率也往往是被用来衡量住房产权私有化程度的重要指标。但需要注意的是，住房自有率和住房拥有率是两个不同的指标，前者度量的是有多少比例居民是住在自己持有的房子里，而后者则是指有多少比例的住宅产权性质属于私人所有而非公共所有（陈杰，2006）。正因为如此，二者在统计数值上也有存在差异。考虑到人口流动以及部分有房家庭选择在学校或就业单位等附近租住房屋，进而形成了有房的租客，因而城市住房拥有率数值通常高于城市住房自有率数据。根据中国人民银行调查统计司城镇居民家庭资产负债调查课题组于 2019 年 10 月中下旬在全国 30 个省（自治区、直辖市）对 3 万多户城镇居民家庭开展的资产负债情况调查结果，住房已经成为中国城镇居民家庭的重要实物资产，城镇居民家庭的住房拥有率已经高达 96.0%，且各个收入阶层的住房拥有率相对均衡。其中，58.4% 的家庭拥有一套住房，31.0% 的家庭拥有两套住房，10.5% 的家庭拥有三套及以上住房，户均拥有住房 1.5 套。而同期美国住户家庭的住房拥有率为 63.7%，低于我国 32.3 个百分点。美国收入最低 20% 家庭的住房拥有率仅为 32.9%，而我国收入最低 20% 家庭的住房拥有率也已经达到了 89.1%。由此可见，不论从住房自有率还是住房拥有率来看，中国住房产权私有化程度较高已经成为不争的事实，中国居民热衷于获得住房产权这一现象也已经表现得十分明显。

第三节　中国居民主观福祉现有测度与发展趋势

一、中国居民主观福祉水平总体不高但增势明显

作为本书研究的关键被解释变量，我们有必要在此对中国居民主观福祉的基本状况进行描述。从国际视角来看，居民主观福祉

（subjective well-being）或者幸福感（happiness）已经成为世界各国以及众多国际组织关注的重要话题。当前国际组织中最具代表性的民生福祉指标来源主要包括：一是联合国开发计划署（United Nations Development Programme，UNDP）在 1990 年创立的人类发展指数（Human Development Index，HDI），并持续发布的《人类发展报告》（*Human Development Report*）[1]，重点从预期寿命、知识水平和生活水平等维度衡量联合国各成员国经济社会发展水平；二是联合国可持续发展解决方案网络（The Sustainable Development Solutions Network，SDSN）从 2012 年开始发布的《全球幸福指数报告》（*World Happiness Report*）[2]，重点从收入、自由、社会支持、健康和寿命以及民意调查结果等方面分析对比各个国家和地区的居民幸福水平；三是经济合作与发展组织（OECD）从 2011 年开始启动发布美好生活指数（Better Life Index，BLI）[3]，重点从住房、收入、工作、社区、教育、环境、政府治理、健康、生活满意度、安全、工作与生活的平衡度 11 个维度对成员国居民的幸福感进行评估。除此以外，联合国的千年发展目标（Millennium Development Goals，MDGs）、经济发展与社会进步国际委员会（International Commission on the Measurement of Economic Performance and Social Progress）世界价值观调查（World Values Survey，WVS）、世界卫生组织（WHO）健康指数、盖洛普健康指数等都构建出相应的福祉指标测度体系。

　　基于数据可得性和适用性等方面的考量，本书首先选择联合国可持续发展解决方案网络（SDSN）发布的全球幸福指数，从国际视野对比分析中国居民主观福祉的基本状况和演变趋势。表 4.1 报告了 2013 年至 2021 年《全球幸福指数报告》中典型国家和地区幸福指数排名情况。为简洁起见，本书选取中国、加拿大、澳大利亚、英国、德国、美国、巴西、法国、新加坡、韩国、俄罗斯、日本、中国香港、南非、印度 15 个国家或地区进行对比。总体而言，在各年度全球幸福指数排

---

① UNDH 人类发展指数官方网站：http：//hdr. undp. org/en。
② SDSN 全球幸福指数官方网站：https：//worldhappiness. report。
③ OECD 美好生活指数官方网站：http：//www. oecdbetterlifeindex. org。

名中，中国的居民幸福指数排名一直处于中等偏下的位置，排名位置显著低于欧美日韩等发达国家，也略低于中国香港地区。而对于 BRICS 金砖国家（巴西、俄罗斯、印度、中国、南非），中国的幸福指数低于巴西和俄罗斯，而高于南非和印度。事实上，中国的幸福指数排名与我国占据世界第二的经济总量排名相差甚远，表明了我国居民的幸福感提升并没有很好地与经济总量增长相匹配，在提升居民主观福祉方面中国仍然任重道远。

表 4.1 2013～2021 年《全球幸福指数报告》中典型国家和地区幸福指数排名情况

国家和地区	2013 年	2015 年	2016 年	2017 年	2018 年	2019 年	2020 年	2021 年
中国	93	84	83	79	86	93	94	84
加拿大	6	5	6	7	7	9	11	14
澳大利亚	10	10	9	9	10	11	12	11
英国	22	21	23	19	19	15	13	17
德国	26	26	16	16	15	17	17	13
美国	17	15	13	14	18	19	18	19
巴西	24	16	17	22	28	32	32	35
法国	25	29	32	31	23	24	23	21
新加坡	30	24	22	26	34	34	31	32
韩国	41	47	58	55	57	54	61	62
俄罗斯	68	64	56	49	59	68	73	76
日本	43	46	53	51	54	58	62	56
中国香港	64	72	75	71	76	76	78	77
南非	96	113	116	101	105	106	109	103
印度	111	117	118	122	133	140	144	139
国家和地区总数	156	158	157	155	156	156	153	149

资料来源：联合国可持续发展解决方案网络（The Sustainable Development Solutions Network，SDSN）从 2012 年开始发布的《全球幸福指数报告》（*World Happiness Report*），报告获取网址为：https://worldhappiness.report。其中，2012 年发布的首期报告中缺乏幸福感的直接排名数据，2014 年没有发布相应报告。

与此同时，作为对全球幸福指数测度结果的校验，本书还搜集了自 1990 年以来联合国开发计划署发布的人类发展指数（HDI）。在此需要说明的是，虽然 HDI 等指数是基于人们预期寿命、知识水平和生活水平多维度指标的合成，本质上属于居民客观福祉，但根据本书第二章的文献梳理可知，这些指标无疑是构成人们主观福祉的重要成分，因而不妨以 HDI 指数为例，从侧面观察中国居民主观福祉及其发展趋势。由图 4.3 可知，在世界 189 个国家和地区的人类发展指数排名中，中国 2020 年排名第 85 位。从 20 世纪 90 年代至 2010 年，中国人类发展指数一直低于世界人类发展指数的平均水平，但一直处于快速追赶阶段，并于 2010 年前后达到世界平均人类发展指数水平，随后逐步超过平均值。表明了在过去的 30 年间，中国的人类发展指数逐年改善，且已超过了世界平均水平。因此，透过 HDI 指数的比较结果，可以推断出虽然中国居民主观福祉总体水平不高，但在过去 30 年中表现出显著增势。

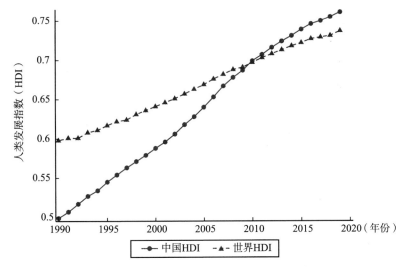

图 4.3　过去 30 年中国 HDI 指数变化趋势

资料来源：联合国开发计划署（UNDP）发布的《人类发展报告》（*Human Development Report*）①。

———————

① 人类发展指数获取网址为：http：//hdr. undp. org/en/indicators。

　　除了上述国际组织或地区对于居民福祉的相关测算和比较，近年来，中国政府也特别强调要增进民生福祉，提高人民群众的获得感、幸福感、安全感。国内相关的一些福祉指数和调查研究也逐步兴起。比如，近些年国家统计局与中央电视台联合主办的《中国经济生活大调查》评选中国最具幸福感城市（China's Happiest City）；全国人大财经委于 2009 年 11 月组成福祉指数（后改为中国民生指数）课题组，并编制中国民生指数；国内很多的大型家庭微观调查都涵盖了居民福祉相关指标，比如中国人民大学中国调查与数据中心最早自 2003 年在全国范围内开展的综合性连续性"中国综合社会调查"（Chinese General Social Survey，CGSS）①、中国社会科学院社会学研究所自 2005 年发起的全国范围内大型连续性抽样调查"中国社会状况综合调查"（Chinese Social Survey，CSS）②、西南财经大学中国家庭金融调查与研究中心自 2011 年起在全国范围内开展的"中国家庭金融调查"（China Household Finance Survey，CHFS）③ 等，都不同程度设计了居民福祉相关设问，并搜集了大量一手微观调查资料，也为本书的定量研究提供了宝贵的数据支撑。

　　近年来，国内高校和研究机构也不断发布有关居民福祉的研究成果。例如，西南财经大学中国家庭金融调查与研究中心根据 2013 年中国家庭金融调查（CHFS）对受访者主观幸福感的询问结果，于 2015 年 2 月发布了《国民幸福报告 2014》④，报告显示我国居民总体上普遍感到幸福，并且在我国受调研的 29 个省份中（调查区域未涵盖我国新疆、西藏等地），山东省居民的幸福指数相对最高，内蒙古、吉林、安徽、天津、辽宁等地的居民幸福指数相对较高，北京、

---

①　中国综合社会调查（Chinese General Social Survey，CGSS）官方网站：http：//cgss. ruc. edu. cn/index. htm。

②　中国社会状况综合调查（Chinese Social Survey，CSS）官方网站：http：//css. cssn. cn/css_sy/。

③　中国家庭金融调查（China Household Finance Survey，CHFS）官方网站：https：//chfs. swufe. edu. cn/。

④　报告获取地址：https：//chfs. swufe. edu. cn/thinktank/resultsreport. html？id=1650。

上海居民的幸福指数位居前十，而贵州省则暂处于相对垫底状态（见图4.4）。

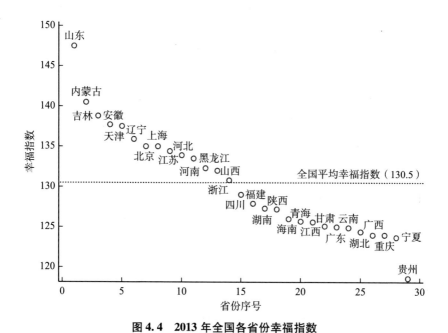

图4.4　2013年全国各省份幸福指数

资料来源：根据西南财经大学中国家庭金融调查与研究中心2015年2月发布的《国民幸福报告2014》绘制而成。数据未涵盖中国的新疆、西藏及港澳台等地区。

二、中国居民生活正在总体性朝着"幸福"等级迈进

除了上述有关国际组织和国内研究机构对中国居民福祉的测度外，本章基于后文实证研究重点使用的数据库之一中国家庭金融调查（CHFS）数据，进一步对我国居民幸福感的分布、变迁进行描述和总结。在此需作简要补充说明的是，根据西南财经大学中国家庭金融调查与研究中心官方网站介绍，中国家庭金融调查是一项在全国范围内开展的抽样调查项目，旨在收集有关家庭金融微观层次的相关信息，主要内容包括住房资产与金融财富、负债与信贷约束、收入与消费、社会保障与保险、代际转移支付、人口特征与就业以及支付习惯等，

目前已分别在 2011 年、2013 年、2015 年、2017 年和 2019 年成功实施了五次调查，且数据具有全国代表性。关于本套数据更为详细的介绍以及处理过程，本书将在第五章第二节"研究设计"部分给出相应说明，在此暂不赘述。

关于居民主观福祉的设问，CHFS 的每期调查中均有所涉及，最为关键和直观的一道调查问题是"总的来说，您现在觉得幸福吗?"，且可供受访者回答的选项共有五个，包括非常不幸福、不幸福、一般、幸福、非常幸福。考虑到上述主观幸福感的五个选项明显具有有序特征，按照现有研究的通常赋值办法，对非常不幸福至非常幸福的五个等级分别赋值为 1 至 5。即非常不幸福赋值为 1，不幸福赋值为 2，一般赋值为 3，幸福赋值为 4，非常幸福赋值为 5。但是基于实际数据的可获取性，本章根据正式渠道申请到的官方已经公开的前四期（2011/2013/2015/2017 年）调查数据展开分析。并且，由于 CHFS 数据集中关于受访者所在地点的信息只公布了省份名称和城市匿名编码，因而我们只能尽可能依托已有的这些信息进行分析。

图 4.5 展示了各调查年度居民主观幸福感的总体分布情况。从图中可以看出，每个调查年度的不同等级的居民主观幸福感占比相对稳定。其中，感到幸福的受访者比例最高，2017 年已经接近 50% 的受访者感到幸福，且超过 20% 的受访者感到非常幸福。而且，从时间维度上看，近年来感到幸福或非常幸福的居民占比总体上呈现出增加趋势。这表明了我国居民总体幸福程度较高，同时呈现出逐步提升的趋势。

本书进一步通过 CHFS 数据集中公布的城市代码计算了城市层面受访居民平均幸福感，各个年份城市层面居民平均幸福感的核密度分布如图 4.6 所示。从直观上看，2017 年城市层面居民平均幸福感产生了较为显著的提升，绝大部分城市的平均幸福感分布在 3.5 ~ 4.25 之间。但大多数城市的平均幸福感还没有达到分值 4，即没有跨越"幸福"这一门槛。所以，近年来我国居民的幸福感水平有了明显的提升，但多数城市距离实现"幸福城市"或"幸福社会"仍然还有一定的差距。

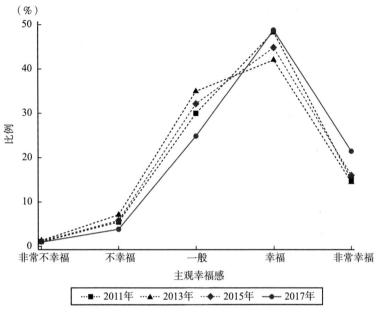

图 4.5　各调查年度居民主观幸福感的总体分布情况

资料来源：2011～2017 年 CHFS 数据。

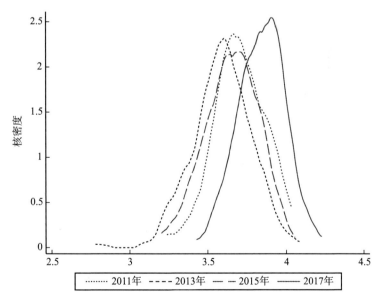

图 4.6　各调查年度城市层面受访居民平均幸福感的核密度分布

资料来源：2011～2017 年 CHFS 数据。

　　本书还测算了 CHFS 各调查年度各省份居民平均主观幸福感，并据此进行时间和区域维度的对比（如图 4.7 所示）。总体而言，2011 年全国平均幸福感水平相对偏高，但随后发生了轻度下滑，从 2011 年至 2017年以来，各省（区、市）的平均幸福感水平逐步提升，尤其是 2017 年提升幅度最为明显，全国层面平均幸福感值已经达到 3.86，接近了"幸福"的水平。以 2017 年为例，对比结果表明，山东、内蒙古两个地区的平均幸福感已经超过了"幸福"水平，重庆、江苏、吉林、辽宁、四川等地的平均幸福感也相对较高，但贵州、广西、江西、云南、陕西等地的平均幸福感相对较低。因此，综合来看，我国居民的生活总体上正在逐步接近"幸福"等级，且山东和内蒙古已经实现这一目标，正在向着更高等级的幸福社会迈进，但幸福感的分布呈现出明显的区域差异，绝大多数地区居民的平均幸福感还处于"一般"至"幸福"这个区间，居民幸福程度仍有继续提升的较大空间。在当前我国进入现代化发展阶段这一时代背景下，着重强调提升居民主观福祉具有非常强的必要性。

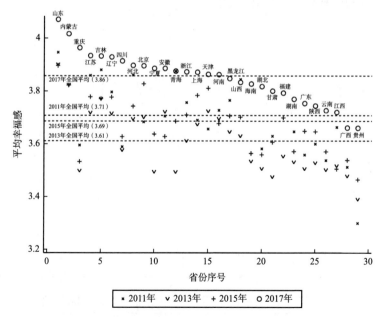

图 4.7　各调查年度各省份居民平均主观幸福感比较

资料来源：2011～2017 年 CHFS 数据。

第四节 本 章 小 结

本章紧扣本书研究的关键对象，梳理和概括了我国住房制度从古至今的变迁历程，尤其是自新中国成立以后以及改革开放以来的住房制度演变过程，旨在从历史视角厘清我国住房产权形成的历史渊源和变迁经过，便于我们更好地理解住房产权对中国居民的独特内涵。在此基础上，本章搜集和整理了历届全国人口普查数据，并据此测算了不同时期不同省（区、市）住房自有率指标，而且从美国人口普查局（US Census Bureau）、欧盟统计局（Eurostat）搜集了美国和欧盟历年的住房自有率数据，从国际维度、时间维度和区域维度，对比和分析了我国住房产权私有化程度、演变趋势和区域差异。与此同时，本章梳理了当前权威国际组织和国内研究机构有关居民主观福祉的指标测算和相关研究，并以联合国可持续发展解决方案网络（SDSN）发布的全球幸福指数、联合国开发计划署（UNDP）发布的人类发展指数为例，从国际视角对比分析了当前我国居民主观福祉的基本面貌特征和发展动态，也结合了中国家庭金融调查（CHFS）相关数据，对中国居民主观福祉的总体水平、区域差异和动态变化进行了全景式展示。

总体而言，中国住房制度在中华民族漫长的历史演变中不断发展变化。纵观古今，在中国极其灿烂的历史文化中，住房制度虽然发生了极为深刻的变革，但部分住房制度特别是伟大的住房保障思想，以及住房产权在中国"家文化"中的含义却得到了传承与发扬，住房产权对于中国人的价值内涵不断延续和拓展。同时，中国住房制度变迁历史折射出我国社会主义市场经济的艰难探索道路，在这个过程中，人们对住房产权的重视程度也逐渐发生变化，获取住房产权已经成为中国居民的普遍选择。这也导致了相比较世界上其他国家或地区，我国居民家庭的住房自有率和住房拥有率程度都相对较高的客观事实。与此同时，我国居民的主观福祉水平在国际比较中仍处于相对劣势，但近十年来中国居民主观福祉总体上呈现逐步改善的趋势。然而，我国区域之间的主观福祉水平呈现出明显差异，且大多数地区的居民主观福祉水平尚未达到"幸福"状态，因而提升居民主观福祉仍然拥有较大空间。

本章内容为后文的实证研究提供了基本事实，刻画了我国住房制度变迁、住房产权、居民主观福祉的概貌和特征，有助于我们更加清晰地理解相关时代背景和本书研究价值，并为后文的实证研究奠定基础。

第五章

住房产权影响居民主观
福祉的基准实证结果

本章重点基于 2011～2017 年中国家庭金融调查（CHFS）数据，从微观视角研究拥有住房产权对居民主观福祉的影响。本章是本书的基准实证结果，通过充分细致的实证研究，旨在从居民主观福祉的视角探讨住房产权的价值和意义，验证前文理论分析推论的合理性。并且通过多种计量手段和实证方法确保基准回归结果的稳健性与可靠性。在此基础上，本章从个体特征维度、调查年份维度和区域特征维度等分析拥有住房产权对不同群体主观幸福感的异质性影响。在此之后，本章展开进一步讨论，研究了住房产权对居民主观幸福感影响的边际效应，以及拥有住房产权对居民主观幸福感逐级跃迁和跨级跃迁的影响，同时还研究了拥有多套住房产权对于居民主观幸福感的影响、"有房—不幸福"与"无房—幸福"群体的分布特征等。

第一节　问题提出

近年来，国内外学者围绕住房产权以及住房财富等对居民主观福祉的影响进行了卓有成效的研究，也获得了丰富的研究结果。但是，总体而言，关于中国住房产权与居民主观福祉之间关系的研究依旧匮乏，且在研究视角、研究方法等方面仍然存在显著不足。与发达国家不同的，中国的住房制度和住房市场具有显著的独特性，比如我国现阶段住房市场仍然存在明显的"租购不同权"特征。而且，自 1998 年我国城镇住房全面市场化改革以来，我国城镇住房价格快速飙升，住房价格高涨已经成为中国住房市场的显著特征，也由此引发了大量的民生问题和社会焦虑。不仅如此，从中国悠久的住房制度演变历史和文化传承视角来看，住房产权对于中国居民具有更强的故事性，中国人的历史观、价值观、社会观、代际观、阶层观、家庭观、婚姻观等各个方面，都不同程度掺杂着住房产权的身影。

虽然国外相关研究已经证明住房产权对于提升居民主观福祉具有正向促进作用（Rohe & Stegman，1994；Rohe & Basolo，1997；Cattaneo et al.，2009；Stillman & Liang，2010），但也不乏有些研究认为住房产权并不一定促进了人们的主观福祉，反而有可能会削弱人们的主观福祉（Taylor et al.，2006；Bentley et al.，2011；Mason et al.，2013；Zumbro，2014）。而中国学者近年来对住房产权与居民主观福祉的关注度日益提升，主要可能源于当前各级政府和社会对于增进居民主观福祉，提高人民群体获得感、幸福感、安全感的高度重视，尤其在中国已经全面建成小康社会、消除绝对贫困的历史阶段，在全面开启社会主义现代化国家建设的新征程中，在贯彻新发展理念和构建新发展格局中，中国社会比历史上任何时期都更加关注增进居民主观福祉。然而，就住房产权与居民主观福祉这一研究问题而言，现有文献的研究范式相对单一，论证过程相对笼统，机制设计比较直观简易，技术方法也比较单一。正因为如此，住房产权对中国居民主观福祉的影响效应和作用机制等仍然需要深度挖掘，这一研究问题也是讲好中国故事的重要载体。那么，住房产权在增进居民主观福祉的过程中究竟发挥着什么样的作用？获取住房产权对中国居民而言究竟有着怎样的价值内涵？住房产权对居民主观福祉的影响是否存在人群和区域异质性？据此，本章将进行全面深入的探讨。

本章接下来的主要研究内容具体安排如下：（1）介绍本章的实证研究设计，包括数据来源与处理过程、模型形式与变量设定、变量的描述性统计等；（2）实证研究拥有住房产权对居民主观幸福感的影响；
（3）通过多种实证手段进行稳健性检验；（4）基于个体特征维度、调
查年份维度、区域特征维度等多个方面，分析拥有住房产权对居民主
观幸福感的异质性影响；（5）从边际效应、居民主观幸福感跃迁、拥
有多套住房产权、"有房—不幸福"与"无房—幸福"群体的分布特
征等视角展开进一步讨论。

第二节　研究设计

一、数据来源与筛选说明

（一）数据来源

本章实证研究所选取的数据来自西南财经大学家庭金融调查与研
究中心在全国范围内开展的抽样调查项目中国家庭金融调查（CHFS），
该调查自 2011 年开始实施，每两年实施一次全国性家庭调查，通过
较长篇幅的调查问卷搜集居民家庭微观层次的相关信息，重点包括人
口统计学特征、资产与负债、保险与保障、支出与收入等多个维度的
信息。除此之外，CHFS 问卷还搜集了受访者的相关主观态度，其
中对于本书研究至关重要的一项设问是"总的来说，您现在觉得幸
福吗？"，对应的选项为"非常幸福、幸福、一般、不幸福、非常不
幸福"。

目前通过正式渠道能够申请获取使用的中国家庭金融调查数据集
为 2011 年、2013 年、2015 年和 2017 年调查数据。根据家庭金融调查
与研究中心官方网站的介绍，2011 年首轮调查的家庭样本分布在中国
25 个省（区、市），80 个县，320 个村（居）委会，搜集到的有效样
本数量为 8438 户。2013 年第二轮调查的家庭样本分布在中国 29 个省
（区、市），262 个县，1048 个村（居）委会，搜集到的有效样本数

量为 28000 户。2015 年第三轮调查的家庭样本分布在中国 29 个省
（区、市），363 个县，1439 个村（居）委会，搜集到的有效样本数
量约为 40000 户。2017 年第四轮调查的样本也同样分布在中国 29 个
省（区、市），搜集到的有效样本数量超过 40000 户。总体而言，在
上述四轮调查执行中，中国家庭金融调查数据的全国代表性、省份代
表性、城市代表性不断增强。近十年来，国内外基于 CHFS 微观调查数
据形成了大量学术成果，在文献中得到了广泛应用（Chen et al.，
2020；Chen et al.，2021）。

　　基于数据的可得性，本章实证研究主要来自 2011 年、2013 年、
2015 年和 2017 年共计 4 轮的 CHFS 的家庭调查数据和个人调查数据。
除此之外，本章还搜集整理了地区层面的相关宏观数据，主要包括住
宅商品房平均销售价格、年末常住总人口、物价水平、人均地区生产
总值等，数据来源于中国国家统计局①，用于反映地区的房价、物价、
人口和经济发展水平等。

（二）数据筛选说明

　　为了确保本章后续实证研究结果的可信度，本书重点从以下几个
方面对搜集到的 4 轮 CHFS 调查样本做了预处理。第一，考虑到中国的
私有住房通常是以家庭为单位所持有的，同时，在家庭成员中，户主
往往是最能代表家庭的个体，因而按照现有文献的惯常做法，本书将
CHFS 中的家庭层面数据集与户主信息进行了匹配，因而最终的数据层
级为家庭层面；第二，由于 CHFS 原始样本中存在户主年龄低于 18 岁
或者超过 100 岁的样本，为了防止异常值对本书后续实证结果产生影
响，因而本书对这些未成年样本和年龄过大样本进行了剔除；第三，
鉴于受访者容易受到主观认知偏差或者其他偶然因素的影响，而对家
庭收入、支出、债务、住房财富值等作出误判或填写错误，本书对上
述变量进行了逐一检查，并剔除了存在无效值、缺失值、异常值等的

---

① 中国国家统计局官方网站：http：//www.stats.gov.cn。

样本，同时对受访者的作答结果不属于 CHFS 问卷题项范围内的相关样本进行了剔除；第四，为了后续实证模型中对地区房价、物价、人口和经济发展水平等宏观经济变量加以控制，由于 CHFS 数据库只公布了受访者所在省份而没有公布具体的所在城市名称，因而本书根据 CHFS 数据提供的受访者省份信息，将搜集整理的相应年度的地区住宅商品房平均销售价格、年末常住总人口、消费价格指数、人均地区生产总值等指标与 CHFS 微观调查数据进行了匹配。经过上述一系列数据整理和清洗之后，本书最终得到了 CHFS 四年共计 111331 个家庭样本观测值，其中，2011 年 8339 个观测值，2013 年 26542 个观测，2015 年 36944 个观测，2017 年 39506 个观测。经过统计，在总样本中，共有 100531 户受访家庭在受访时刻已经拥有住房产权，剩余的 10800 户受访家庭则尚未获取住房产权，即拥有住房产权的家庭占总样本的比重约为 90.30%。

二、模型形式与变量设定

（一）模型形式

本章重点关注的是拥有住房产权对居民主观幸福感的影响。我们主要基于 CHFS 数据库中提供的"总的来说，您现在觉得幸福吗？"这一问题，提取出每个受访者的主观幸福感水平。并且，根据 CHFS 问卷的选项设置，居民主观幸福感一共划分成五个等级，从低到高依次分为非常不幸福、不幸福、一般、幸福、非常幸福，且对这五个等级分别赋值为 1 至 5，即 1 表示"非常不幸福"、2 表示"不幸福"、3 表示"一般"、4 表示"幸福"、5 表示"非常幸福"。

显然，本章使用的关键被解释变量属于个人的主观感受，不可否认的是，此类主观评价指标存在的一个主要缺点是它容易受到受访者心理状态的影响，因而并非所有受访者的主观感受都能真正代表他最真实的主观福祉水平。但是，主观幸福感指标是很长一段时间以来社会心理学和幸福经济学等学科领域十分重要的指标之一，它存在明显的优点，即受访者的主观幸福感是在综合了各类复杂信息的基础上做出的判断，因而具有很强的稳定性、综合性。相比之下，大多数衡量居民主观福祉的客观指标却只能反映比较狭窄的一个方面或部分方面（连玉君等，2014）。从这个意义上说，居民主观幸福感更能反映出人们对生活水准、心理状况以及功能性福祉等多个方面的综合评价。正是因为如此，主观幸福感也成为了国内外学者研究居民主观福祉时最为常用的一项指标。

参考国内外已有相关文献（李江一等，2015；Chen et al.，2021），同时结合本章实证研究的微观数据具体情况，本章采用多年度 CHFS 混合截面数据考察拥有住房产权对居民主观幸福感的影响。由于本章被解释变量居民主观幸福感的取值为典型的排序数据（ordered data），因而，传统的普通最小二乘法 OLS 估计可能并不合适，这是因为主观幸福感数值的等距变化并不一定代表着主观幸福感的等距变化。为此，本书采用国内外已有文献中广泛使用的有序 Probit 模型（Ordered Probit model）进行回归估计。简言之，有序 Probit 模型是在二值选择 Probit 模型基础上的扩展，专门用来处理计量模型中被解释变量是排序数据的实证情形。本章的有序 Probit 计量模型形式设定如下：

$$happiness_{ijt} = F(\beta_{1,1} + \beta_{1,2} \times homeownership_{ijt} + \beta_{1,3} \times controls_{ijt} + \theta_t + \delta_j + \varepsilon_{ijt})$$

$$(5.1)$$

其中，$happiness_{ijt}$ 是本章实证研究的关键被解释变量，表示在 t 时期 j 地区的第 i 个受访个体的主观幸福感。$homeownership_{ijt}$ 是本章最关心的解释变量，它是受访家庭是否拥有住房产权的虚拟变量。$controls_{ijt}$ 为控制变量集合，经过参考大量现有相关研究（Hu & Ye，2019；Chen et al.，2020；Chen et al.，2021），本书中的控制变量主要分为三大类：第一类控制变量是受访家庭的人口统计学特征，包括户主性别、年龄、婚姻状态、家庭人口规模、少儿人口占比、老年人口占比、自评健康状况等，同时考虑到已有研究表明个体主观幸福感与年龄之间可能存在非线性关系（Chen et al.，2021），因而实证模型中也控制了年龄的平方项；第二类控制变量是受访家庭的社会经济特征，包括城市地区虚拟变量、受教育年限、工作状态、户口状态、政治面貌、住所使用面积、是否拥有汽车、家庭年总收入、家庭年总支出、家庭总负债、医疗保险参与、养老保险参与等；第三类控制变量是地区宏观经济变量，考虑到区域发展程度和价格水平等因素也往往是居民主观幸福感变化的重要影响因素（孙三百等，2014；Chen et al.，2021），因而模型中对城市住房拥有率、省份住房拥有率、年末常住总人口、商品住宅平均销售价格、人均地区生产总值、消费价格指数等进行了控制。在上述控制变量集合中，为了尽可能减弱模型中绝对数值可能产生的异方差性，在本书的实证研究中，对家庭年总收入、家庭年总支出、家庭总负债、年末常住总人口、商品住宅平均销售价格、人均地区生产总值等进行了取自然对数处理。与此同时，由于本书已获取的 CHFS 数据包含了 2011 年、2013 年、2015 年和 2017 年四年调查样本，因而模型中还控制了随时间变化的不可观测因素 θ_t。而且，由于 CHFS 数据库公开了受访家庭所在城市的匿名代码，因而模型中也同时控制了随城市变化的不可观测因素 δ_j。模型中的 ε_{ijt} 为随机扰动项，服从均值为 0、方差为 1 的标准正态分布。此外，$F(\cdot)$ 为某非线性函数，具体形式为：

$$F(happiness_{ijt}^*) = \begin{cases} 1 & happiness^* < \mu_1 \\ 2 & \mu_1 < happiness^* < \mu_2 \\ \vdots & \vdots \\ J & happiness^* > \mu_{J-1} \end{cases} \tag{5.2}$$

其中，$happiness_{ijt}^*$ 为 $happiness_{ijt}$ 背后的不可观测的连续变量，一般被称为潜变量（latent variable），满足：

$$happiness_{ijt}^* = \beta_{2,1} + \beta_{2,2} \times homeownership_{ijt} + \beta_{2,3} \times controls_{ijt} + \theta_t + \delta_j + \varepsilon_{ijt} \tag{5.3}$$

$\mu_1 < \mu_2 < \mu_3 < \cdots < \mu_{J-1}$ 称为切点（cutoff points），均为待估计参数。

（二）变量设定

基于回归方程（5.1）中的指定的相关变量，本章基准回归使用到的所有变量如表 5.1 所示。由于前文已经有所介绍，此处不再进行赘述。表 5.1 也已经报告了各个变量的定义、赋值方式或计算方式。

表 5.1　　　　　　　　　**本章主要变量设定与定义**

维度	变量名	变量定义
被解释变量	主观幸福感	受访家庭户主的主观幸福感水平，非常幸福 =5，幸福 =4，一般 =3，不幸福 =2，非常不幸福 =1
解释变量	住房产权	受访时家庭拥有住房产权的状况，拥有住房产权为 1，否则为 0
控制变量	性别	虚拟变量，男性赋值为 1，女性赋值为 0
	年龄	在调查年度的年龄（单位：岁）
	年龄的平方项/100	在调查年度年龄的平方项/100
	婚姻状态	虚拟变量，受访者在婚或同居赋值为 1，否则为 0
	家庭人口规模	受访家庭的家庭总人口（单位：人）
	少儿人口占比	15 岁及以下人口/家庭人口规模
	老年人口占比	65 岁及以上人口/家庭人口规模
	自评健康状况	受访者自评健康状态，赋值为 1~5，数值越大表示越健康
	城市地区	虚拟变量，受访家庭位于城市地区为 1，否则为 0
	受教育年限	小学以下为 0 年，小学为 6 年，初中为 9 年，高中、职业高中、中专、技校为 12 年，大专、高职为 15 年，大学本科为 16 年，硕士研究生为 19 年，博士研究生为 22 年
	工作状态	虚拟变量，当前有工作赋值为 1，否则为 0
	非农业户口	虚拟变量，受访者为非农业户口赋值为 1，否则为 0
	中共党员	虚拟变量，受访者为中共党员（含中共预备党员）为 1，否则为 0
	住所使用面积	受访者居住房屋的使用面积（单位：平方米）

维度	变量名	变量定义
控制变量	拥有汽车	虚拟变量，受访家庭拥有汽车为1，否则为0
	家庭年总收入	受访家庭上一年总收入水平（单位：元）
	家庭年总支出	包含食品、衣着、居住、生活用品、医疗保健、交通通讯、文化娱乐和其他消费八大类（单位：元）
	家庭总负债	受访家庭未偿还总债务额度（单位：元）
	医疗保险	虚拟变量，受访家庭拥有社会医疗保险或者新型农村合作医疗保险为1，否则为0
	养老保险	虚拟变量，受访家庭拥有养老保险或者养老金为1，否则为0
	城市住房拥有率	受访者所在城市的住房拥有率
	省份住房拥有率	受访者所在省份的住房拥有率
	年末常住总人口	家庭所在省份年末常住总人口（单位：万人）
	商品住宅平均销售价格	家庭所在省份的商品房销售均价（单位：元/平方米）
	人均GDP	家庭所在省份人均生产总值（单位：元）
	CPI指数	家庭所在省份居民消费价格指数（单位:%）

资料来源：2011~2017年CHFS调查数据；国家统计局。

三、变量的描述性统计

表5.2具体展示了本章实证研究相关变量的描述性统计结果。可以看出，在全样本中，被解释变量主观幸福感的平均值为3.731，即居民的平均幸福水平处于"一般"和"幸福"之间。对于住房产权这一关键解释变量，其平均值为0.903，表示在CHFS的四年混合截面样本中，约有90.3%的受访家庭在接受问卷调查时已经获得了家庭自有住房，即住房拥有率约为90.3%。除此以外，从控制变量的描述性统计结构可以看出，在受访户主中，大约76.6%的户主为男性，且受访户主的平均年龄为53岁左右，86%的受访户主处于在婚或同居状态。来

自城市地区的样本家庭大约占总样本的 68%，64.7% 的受访户主受访时拥有工作，42.7% 的受访户主拥有城市户口，且总样本中中共党员（含预备党员）占比近 13.1%。总体而言，CHFS 数据具有较为良好的代表性，能够为后续实证研究提供良好的数据支撑。

表5.2　　　　　　　　　　本章相关变量的描述性统计结果

维度	变量名	观测值	平均值	标准差	最小值	最大值
被解释变量	主观幸福感	111331	3.731	0.852	1	5
解释变量	住房产权	111331	0.903	0.296	0	1
控制变量	性别	111331	0.766	0.423	0	1
	年龄（岁）	111331	53.292	14.365	18	100
	年龄的平方项/100	111331	30.462	15.639	3.24	100
	婚姻状态	111331	0.860	0.347	0	1
	家庭人口规模	111331	3.300	1.635	1	20
	少儿人口占比	111331	0.195	0.297	0	0.8
	老年人口占比	111331	0.272	0.419	0	1
	自评健康状况	111331	3.202	1.085	1	5
	城市地区	111331	0.680	0.467	0	1
	受教育年限（年）	111331	9.278	4.195	0	22
	工作状态	111331	0.647	0.478	0	1
	城市户口	111331	0.472	0.499	0	1
	中共党员	111331	0.131	0.337	0	1
	住所使用面积（平方米）	111331	72.096	28.686	5	500
	拥有汽车	111331	0.226	0.418	0	1
	家庭年总收入（元）	111331	76864	175582	1	5000000
	家庭年总支出（元）	111331	50375	74297	1	5191600
	家庭总负债（元）	111331	47710	243011	1	10000000
	医疗保险	111331	0.924	0.265	0	1
	养老保险	111331	0.789	0.408	0	1
	城市住房拥有率	111331	0.903	0.060	0.709	0.997

续表

维度	变量名	观测值	平均值	标准差	最小值	最大值
控制变量	省份住房拥有率	111331	0.903	0.040	0.715	0.988
	年末常住总人口（万人）	111331	5325	2868	568	11169
	商品住宅平均销售价格（元/平方米）	111331	7782	5322	3090	34117
	人均GDP（元）	111331	58486	25321	16413	128994
	CPI指数	111331	102.081	1.142	100.600	106.100

资料来源：2011~2017年CHFS调查数据；国家统计局。

为了对初步查验拥有住房产权对居民主观幸福感的影响，表5.3报告了拥有住房产权和不拥有住房产权居民的主观幸福感均值差异T检验结果。检验结果表明，在总样本中拥有住房产权居民的主观幸福感平均值为3.745，而暂不拥有住房产权居民的主观幸福感平均值为3.600，即拥有住房产权的人群的主观幸福感水平显著高于其他群体。进一步地，本书分年度继续验证这一结论的存在性，发现2011年至2017年期间，拥有住房产权的居民平均主观幸福感始终显著高于不拥有住房产权的居民。而且，即便继续将总样本划分为城市区域和农村区域，上述发现依然存在，相比较农村区域而言，城市区域拥有住房产权居民与不拥有住房产权居民之间的主观幸福感均值差异更大，这暗示着我国城市区域的居民可能更加在意住房产权。类似地，本书还将总样本按照东部地区、中部地区、西部地区进行了划分，并分别对拥有住房产权居民的主观幸福感与不拥有住房产权居民的主观幸福感进行了均值差异T检验，结果依旧发现三个组别中拥有住房产权的居民的平均幸福感水平显著更高，且东部、中部、西部地区的三个子组的两类人群幸福感组间差异分别为0.182、0.132和0.084，这也意味着可能住房产权对东部地区居民的主观幸福感影响程度最大，中部地区住房产权作用次之，西部地区住房产权作用相对最弱。

表 5. 3   **拥有住房产权和不拥有住房产权居民的**
主观幸福感均值差异 T 检验

样本	组别	观测值	主观幸福感			P 值	显著性
			平均值	标准差	组间差异		
总样本	拥有住房产权	100531	3. 745	0. 846	0. 145	0. 000	***
	不拥有住房产权	10800	3. 600	0. 895			
2011 年	拥有住房产权	7580	3. 725	0. 816	0. 197	0. 000	***
	不拥有住房产权	759	3. 528	0. 911			
2013 年	拥有住房产权	23387	3. 627	0. 860	0. 130	0. 000	***
	不拥有住房产权	3155	3. 497	0. 908			
2015 年	拥有住房产权	33825	3. 699	0. 847	0. 154	0. 000	***
	不拥有住房产权	3119	3. 545	0. 877			
2017 年	拥有住房产权	35739	3. 869	0. 825	0. 121	0. 000	***
	不拥有住房产权	3767	3. 748	0. 878			
城市区域	拥有住房产权	66287	3. 782	0. 815	0. 184	0. 000	***
	不拥有住房产权	9390	3. 598	0. 882			
农村区域	拥有住房产权	34244	3. 672	0. 898	0. 056	0. 035	**
	不拥有住房产权	1410	3. 616	0. 979			
东部地区	拥有住房产权	48926	3. 794	0. 823	0. 182	0. 000	***
	不拥有住房产权	5619	3. 612	0. 895			
中部地区	拥有住房产权	28441	3. 722	0. 860	0. 132	0. 000	***
	不拥有住房产权	2894	3. 590	0. 903			
西部地区	拥有住房产权	23164	3. 669	0. 868	0. 084	0. 000	***
	不拥有住房产权	2287	3. 585	0. 886			

注: ** 、*** 分别代表在5% 和1% 显著性水平上显著。

第三节   基准回归结果分析

表 5. 4 报告了拥有住房产权对居民主观幸福感影响的基准回归结

果。为了查看关键解释变量回归结果的稳健性，第（1）列在加入解释变量之后，仅仅控制了年份固定效应和城市固定效应。从第（2）列至第（4）列，回归方程中依次逐步引入受访户主人口统计学特征、社会经济特征、宏观经济变量这些控制变量。第（1）列回归结果表明，在不控制其他可观测变量的情况下，住房产权的回归系数为正且在 1% 的显著性水平上显著，初步显示拥有住房产权与居民主观幸福感之间存在正向关联。第（2）列在回归方程中加入了人口统计学特征，关键解释变量住房产权的回归系数依然在 1% 的显著性水平上显著为正。类似地，第（3）列又在回归方程中补充加入了受访者社会经济特征，结果发现住房产权的回归系数依然显著为正。在此基础上，第（4）列进一步控制了受访者所在地区的宏观经济变量，发现住房产权的回归系数同样为正，且在 1% 的显著性水平上显著。由此可见，不论如何加入控制变量，住房产权的回归系数符号和显著性水平始终保持很好的稳定性，这意味着拥有住房产权能够显著提高居民的主观幸福感。这一基准研究结论与国内外现有部分相关研究的结果相一致（Rohe & Stegman，1994；Elsinga & Hoekstra，2005；Cattaneo et al.，2009；Stillman & Liang，2010；Cheng et al.，2016；Ruprah，2010；孙伟增和郑思齐，2013；Hu，2013；Huang et al.，2015；王先柱和王敏，2018；Zhang et al.，2018；Hu & Ye，2019；易成栋等，2020；Fong et al.，2021），即拥有住房产权的居民往往会过得更加幸福。

　　显然，这一结果不仅从居民主观福祉视角为中国居民倾向于获取自有住房的现象提供了解释，同时也让我们对中国的住房产权价值和作用提供了更加全面的认知。正如本书在理论分析中所论述的那样，获取住房产权绝不仅仅是因为住房能够为居民提供更好的生活场所，在中国语境下，住房产权还能够从更高维度影响人们的主观幸福感，提高人们的生活质量，增进人们的多维福祉。那么，为什么拥有住房产权的社会群体往往生活得更加幸福？对于相关机制的探讨，本书已经在前文理论分析中进行了较为翔实深入的分析。也将在本书的第六章进行多维度的实证验证，全面揭示拥有住房产权对居民主观幸福感影响的若干机制。因此，本书在此暂不作赘述。

表 5.4 中控制变量的回归结果也基本符合经济直觉以及现有的相关理论或文献研究结论。简要来看，依据第（4）列的回归结果，人口统计学的相关变量回归结果表明，男性的主观幸福感显著低于女性，这与很多现有相关研究的发现相一致（Hartog & Oosterbeek，1998；李磊等，2017；黄少安和郭俊艳，2019）。年龄与居民主观幸福感之间存在"U"形关系，且拐点大致出现在 40 岁左右，表明中国 40 岁左右的中青年群体幸福感水平相对其他年龄层次显得最低，这可能与他们所处的生命周期和人生阶段高度相关。已婚人士的幸福感显著较高。少年人口抚养比和老年人口抚养比对居民幸福感产生了截然相反的影响，前者有抑制作用而后者则有促进作用。健康状况与幸福感之间也存在高度正向关联。社会经济特征的部分控制变量回归结果表明，城市区域和较高教育程度并没有显著影响人们的主观幸福感。出乎意料的是，城市户口与居民主观幸福感之间存在显著的负向关联。住所面积在一定程度上反映出人们的居住条件和品质，它与居民主观幸福感之间显著正相关。社会保障也同样能提高人们的主观福祉水平。最后，宏观经济变量回归结果表明，城市住房拥有率和省份住房拥有率对微观个体的主观幸福感存在截然相反的作用，前者正向促进而后者负向抑制，考虑到这两个指标是从不同层级的宏观层面刻画的住房产权私有化情况，为此，本书将在第八章中对此进行详细论证。商品住宅平均销售价格显著降低了人们的主观幸福感，以人均 GDP 表征的地区经济发展水平显著提高了居民主观福祉。

表 5.4　　拥有住房产权对居民主观幸福感影响的基准回归结果

	（1）	（2）	（3）	（4）
	被解释变量：主观幸福感			
解释变量				
住房产权	0.181 *** （0.014）	0.152 *** （0.014）	0.116 *** （0.014）	0.112 *** （0.014）

续表

	（1）	（2）	（3）	（4）
		被解释变量：主观幸福感		
控制变量				
人口统计学特征				
性别		− 0.080 *** （0.008）	− 0.090 *** （0.008）	− 0.091 *** （0.010）
年龄		− 0.029 *** （0.002）	− 0.029 *** （0.002）	− 0.028 *** （0.002）
年龄的平方项/100		0.035 *** （0.001）	0.036 *** （0.002）	0.035 *** （0.002）
婚姻状态		0.327 *** （0.010）	0.277 *** （0.011）	0.273 *** （0.014）
家庭人口规模		− 0.001 （0.002）	− 0.007 *** （0.002）	− 0.006 ** （0.003）
少儿人口占比		− 0.022 * （0.012）	− 0.038 *** （0.012）	− 0.039 *** （0.013）
老年人口占比		0.096 *** （0.011）	0.097 *** （0.011）	0.101 *** （0.011）
自评健康状况		0.254 *** （0.003）	0.234 *** （0.003）	0.235 *** （0.004）
社会经济特征				
城市地区			− 0.002 （0.009）	− 0.001 （0.014）
受教育年限			0.002 ** （0.001）	0.002 （0.001）
工作状态			0.030 *** （0.009）	0.028 *** （0.009）
城市户口			− 0.045 *** （0.009）	− 0.042 *** （0.012）
中共党员			0.113 *** （0.010）	0.113 *** （0.010）
住所使用面积			0.002 *** （0.000）	0.001 *** （0.000）
拥有汽车			0.147 *** （0.009）	0.148 *** （0.010）

续表

	(1)	(2)	(3)	(4)
	被解释变量：主观幸福感			
ln(家庭年总收入)			0.020 *** (0.002)	0.020 *** (0.002)
ln(家庭年总支出)			0.055 *** (0.004)	0.058 *** (0.005)
ln(家庭总负债)			−0.014 *** (0.001)	−0.014 *** (0.001)
医疗保险			0.088 *** (0.013)	0.090 *** (0.013)
养老保险			0.063 *** (0.009)	0.063 *** (0.010)
宏观经济变量				
城市住房拥有率				0.487 *** (0.108)
省份住房拥有率				−0.988 *** (0.212)
ln(年末常住总人口)				−0.010 (0.012)
ln(商品住宅平均销售价格)				−0.207 *** (0.034)
ln(人均GDP)				0.150 *** (0.032)
CPI 指数				−0.011 (0.012)
年份固定效应	是	是	是	是
城市固定效应	是	是	是	是
观测值	111331	111331	111331	111331

注：（1）括号内为稳健聚类标准误；（2）*、**、*** 分别代表在10%、5%和1%显著性水平上显著。

第四节　稳健性检验

为了本章确保上述基准实证结果的可靠性，本章将通过调整估计方法、替换关键指标、改变实证样本、更换数据库等方式展开一系列稳健性检验，并且基于 PSM 倾向得分匹配法、Heckman 两步法、Lewbel 工具变量法进行内生性检验，旨在充分论证拥有住房产权对居民主观幸福感的正向影响是稳健成立的结论。

一、调整估计方法

和有序 Probit 模型相对应的是有序 Logit 模型（ordered logit model），这两种估计方法仅仅存在比较细微的差别，前者的扰动项服从标准正态分布，而后者的扰动项则服从 logistic 逻辑分布。因此，有序 Probit 模型相对应的是有序 Logit 模型通常都被用来估计被解释变量是排序数据的回归方程。与此同时，虽然居民的主观幸福感数据一个典型的排序数据，但是近年来也有很多本领域研究为了获取回归系数的经济学含义，采用经典的普通最小二乘法（ordinary least squares，OLS）进行估计（何立新和潘春阳，2011；Jiang et al.，2012；Hu & Ye，2020）。为此，本书首先应用有序 Logit 模型和 OLS 方法，重新估计拥有住房产权对居民主观幸福感的影响。

表 5.5 报告了有序 Logit 模型和 OLS 方法的估计结果。其中，第（1）列至第（4）列中的结果为有序 Logit 模型估计结果，第（5）列至第（8）列中的结果为 OLS 的估计结果。为与前文基准回归模型尽量保持一致，本书也通过依次加入不同类型控制变量的方式进行逐步回归，且解释变量、所有的控制变量、年份固定效应和城市固定效应等数据都与基准回归保持一致。第（1）列至第（4）列中的回归结果表明，不论是否对相关控制变量进行控制，关键解释变量住房产权的回

归系数始终为正且都在1%的显著性水平上显著，这说明拥有住房产权能够显著提升居民的主观幸福感。与此相类似，第（5）列至第（8）列中的回归结果表明，即便放松对主观幸福感是排序数据这一假设，假设它是连续变量，OLS 估计结果同样显示住房产权的回归系数始终为正且均在1%的显著性水平上显著，这也再次说明住房产权能够正向促进居民的主观幸福感。因此，有序 Logit 回归和 OLS 回归结果均表明本章基准实证结果具有稳健性和可靠性。

表 5.5　稳健性检验：基于有序 Logit 模型和 OLS 方法的估计结果

	（1）	（2）	（3）	（4）	（5）	（6）	（7）	（8）
	被解释变量：主观幸福感							
	Ordered Logistic model				OLS			
解释变量								
住房产权	0.310 *** (0.019)	0.270 *** (0.020)	0.211 *** (0.020)	0.208 *** (0.020)	0.146 *** (0.009)	0.124 *** (0.009)	0.097 *** (0.009)	0.096 *** (0.009)
控制变量								
人口统计学特征	否	是	是	是	否	是	是	是
社会经济特征	否	否	是	是	否	否	是	是
宏观经济变量	否	否	否	是	否	否	否	是
年份固定效应	是	是	是	是	是	是	是	是
城市固定效应	是	是	是	是	是	是	是	是
调整 R^2	—	—	—	—	0.029	0.084	0.101	0.102
观测值	111331	111331	111331	111331	111331	111331	111331	111331

注：（1）括号内为稳健聚类标准误；（2）*** 代表在1%显著性水平上显著。

在上述回归模型中，本书始终控制了年份虚拟变量和城市虚拟变量，旨在分别控制住城市层面不随时间变化而变化的因素对结果估计的影响，以及时间层面的波动对估计结果的影响。但是，对于各个城市随着时间变化的政策效应等不可观测因素，比如城市的营商环境、信贷环境等变化，诸如此类的变量也有可能会影响当地居民的主观幸福感，但我们在实际的控制变量中可能很难穷尽此类因素。为此，本书接着采取相对更为严苛的控制方法，即控制年份和城市的联合固定效应，以此捕捉各个城市随着时间变化的政策效应可能对实证结果造成的影响，缓解遗漏变量带来的估计偏误。在此情形下，基准回归模型中的地区层面相关宏观经济变量在该情形下也就无须重复控制。表5.6报告了控制住年份和城市联合固定效应之后的实证结果，同样发现关键解释变量住房产权的回归系数始终为正且都在1%的显著性水平上显著。这也说明了本章基准回归结果具有很好的稳健性。

表5.6　稳健性检验：控制年份和城市的联合固定效应估计结果

	(1)	(2)	(3)
	被解释变量：主观幸福感		
解释变量			
住房产权	0.187 *** (0.014)	0.159 *** (0.013)	0.119 *** (0.014)
控制变量			
人口统计学特征	否	是	是
社会经济特征	否	否	是
宏观经济变量	否	否	否
年份固定效应 × 城市固定效应	是	是	是
观测值	111331	111331	111331

注：(1) 括号内为稳健聚类标准误；(2) *** 代表在1%显著性水平上显著。

与此同时，本章基准回归采取的是混合截面有序 Probit 模型进行估计，但事实上，CHFS 数据库中也有部分样本为追踪调查，但追踪的起始年份不同，仅有少量的样本被追踪了四年。因此，从某种意义上说，我们可以将 CHFS 数据视为一种非平衡面板数据，进而可以将控制变量中的城市固定效应进一步缩小至个体固定效应，从而缓解因可能存在的遗漏变量问题带来的实证结果偏误。表 5.7 报告了控制个体固定效应之后的估计结果，回归过程仍然延续了基准回归中的逐步回归法。研究结果表明，不论是否控制其他变量，关键解释变量住房产权的回归系数为正且均在 1% 的显著性水平上显著，这再一次增强了本章基准实证结果的可信度。

表 5.7　　　　　稳健性检验：控制个体固定效应的估计结果

	(1)	(2)	(3)	(4)
	被解释变量：主观幸福感			
解释变量				
住房产权	0.055 *** (0.018)	0.055 *** (0.018)	0.052 *** (0.018)	0.051 *** (0.018)
控制变量				
人口统计学特征	否	是	是	是
社会经济特征	否	否	是	是
宏观经济变量	否	否	否	是
年份固定效应	是	是	是	是
城市固定效应	否	否	否	否
个体固定效应	是	是	是	是
观测值	111331	111331	111331	111331

注：(1) 括号内为稳健聚类标准误；(2) *** 代表在 1% 显著性水平上显著。

而且，正如本章在数据来源与筛选说明中所介绍的，CHFS 数据为全国层面的微观家庭金融调查数据，虽然调查团队通过不断优化调研方案和抽样方法，尽可能增强数据在全国、省级和市级层面的代表性，但是我们不可否认的是，任何微观调查都可能会在不同程度上涉及样本代表性问题。为了进一步消除可能存在的样本选择性问题对实证结果造成的偏差，本书以各个地区的年末常住总人口为依据，假设在单个城市中每户家庭理论上被抽到的概率相同，进而本节以每个家庭被选中的概率作为权重，在保持样本容量不变的情况下，实现对回归结果的修正。表5.8报告了抽样权重调整后的估计结果，同样也采用分步骤加入控制变量的方式，可以看出关键解释变量住房产权的回归系数为正且在1%的显著性水平上显著，这也进一步加强了本章基准回归结果的说服力。

表5.8　　　　稳健性检验：抽样权重调整后的估计结果

	(1)	(2)	(3)	(4)
	被解释变量：主观幸福感			
解释变量				
住房产权	0.175 *** (0.016)	0.145 *** (0.014)	0.110 *** (0.014)	0.109 *** (0.014)
控制变量				
人口统计学特征	否	是	是	是
社会经济特征	否	否	是	是
宏观经济变量	否	否	否	是
年份固定效应	是	是	是	是
城市固定效应	是	是	是	是
观测值	111331	111331	111331	111331

注：（1）括号内为稳健聚类标准误；（2）*** 代表在1%显著性水平上显著；（3）使用stata中的pweight命令语句完成估计。

由于本章基准回归模型采用的是有序Probit模型进行估计，但其中一个很突出的问题是，与经典的OLS回归模型相比，有序Probit回归结果的参数含义并不直观，只能从参数符号和显著性水平这两个方面提供较为有限的信息（连玉君，2014）。并且，有序Probit模型的边际效应也并不像OLS回归参数那么直观，它侧重的是测算解释变量变化对于被解释变量取得每个数值的概率影响方向和影响程度。那么，从计量手段上究竟该如何更好地处理此类问题？显然，其中的核心思想是将居民主观幸福感这个排序数据（ordered data）转变成含义连续的数值，进而通过 OLS 方法进行估计，从而直观获取回归参数的经济学含义。显然，这也是现阶段绝大多数此类文献没有很好解决的问题之一。

实际上，早在 2004 年，牛津大学出版社（Oxford University Press）出版了荷兰阿姆斯特丹大学伯纳德·M. S. 范普拉格教授和阿达·费雷尔－卡博内尔合著的《幸福量化：一种满意度演算方法》（*Happiness Quantified：A Satisfaction Calculus Approach*）一书，书中创新性地提出了 Probit 调整的普通最小二乘法（即 Probit-adapted OLS 方法，也称 Probit－OLS 方法，或简称 POLS），并在 2008 年的修订版中进行了较大程度修正（van Praag and Ferrer-i-carbonell，2008）。概括而言，该方法将诸如主观幸福感这类排序数据通过匹配正态分布的方式进行重新转化，并且最终生成的新的一组数据加权均值为 0，总样本方差为 1。例如，假如 q 表示最低等级的幸福水平，那么 Probit 调整的普通最小二乘法将为这个最低级别的幸福感分配一个数值为 $E[z \mid z < q]$，其中 z 服从标准正态分布。该方法已经逐步得到国外相关研究的应用，尤为代表性的是 Perez－Truglia（2020）在经济学国际顶级期刊《美国经济评论》（*American Economic Review*）发表了一篇题为《收入透明度对幸福感的影响：基于一项自然实验的证据》（*The Effects of Income Transparency on Well－Being：Evidence from a Natural Experiment*）的论文，文中实证研究部分使用 Probit 调整的普通最小二乘法对居民幸福感和生活满意度问题进行了编码，并且作者将其和传统的有序 Probit 模型等估计结果进行了比较，得出了一致的回归结果。

为此，本章在对居民主观幸福感从 1（非常不幸福）至 5（非常幸福）进行连续整数赋值的基础上，采用 Probit 调整的普通最小二乘法对居民主观幸福感进行重新编码，并最终得到了一组均值为 0、方差为 1 的新的赋值结果（Perez－Truglia，2020）。从表 5.9 报告的赋值结果来看，重新赋值后各个层级居民主观幸福感对应的值分别为 －2.800（非常不幸福）、－1.930（不幸福）、－0.884（一般）、0.277（幸福）、1.578（非常幸福）。

表 5.9　运用 Probit-adapted OLS 方法对居民主观幸福感重新赋值的结果

主观幸福感	基准回归中的 连续整数赋值	Probit-adapted OLS 方法重新生成的赋值	频数
非常不幸福	1	−2.800	1295
不幸福	2	−1.930	6048
一般	3	−0.884	33489
幸福	4	0.277	51008
非常幸福	5	1.578	19491
总样本均值	3.731	0	—
总样本标准差	0.852	1	—

注：关于 Probit-adapted OLS 的详细原理介绍和应用过程，可进一步参考相关文献（van Praag & Ferrer-i-carbonell，2008；Perez – Truglia，2020）。

　　基于 Probit-adapted OLS 方法重新生成的居民主观幸福感赋值，本节运用 OLS 方法对本章基准回归模型进行重新估计。同样地，也采取逐步放入相关类别控制变量的做法，表 5.10 报告了基于 Probit-adapted OLS 方法的估计结果。显然，在对被解释变量进行重新编码赋值的情况下，本章关键解释变量住房产权的回归系数依然为正且都保持在 1% 的显著性水平上显著。这又再一次证明了本章基准回归结果的稳健性，即拥有住房产权能够显著提升居民的主观幸福感。与此同时，第（4）列中在控制了基准回归模型中所有控制变量以及年份和城市固定效应后，解释变量住房产权的估计系数为 0.101，相比较不拥有住房产权的居民而言，拥有住房产权的居民大约比他们高出 0.101 个标准差的主观幸福感。

表 5.10　稳健性检验：基于 Probit-adapted OLS 方法的估计结果

	（1）	（2）	（3）	（4）
	被解释变量：主观幸福感			
解释变量				
住房产权	0.167 *** （0.012）	0.135 *** （0.012）	0.103 *** （0.012）	0.101 *** （0.012）

续表

	（1）	（2）	（3）	（4）
	被解释变量：主观幸福感			
控制变量				
人口统计学特征	否	是	是	是
社会经济特征	否	否	是	是
宏观经济变量	否	否	否	是
年份固定效应	是	是	是	是
城市固定效应	是	是	是	是
调整 R^2	0.029	0.097	0.111	0.112
观测值	111331	111331	111331	111331

注：（1）括号内为稳健聚类标准误；（2）***代表在1%显著性水平上显著。

二、替换关键指标

除了上述调整估计方法进行的稳健性检验外，本节继续通过替换关键指标的方式进行稳健性检验，尤其是对被解释变量进行调整，以检测拥有住房产权对居民主观福祉影响的必然性、连续性和稳定性。在本章的基准回归中，采用的是混合截面数据回归分析，也相当于将单个居民的主观幸福感水平与全样本的平均幸福感水平进行了比较。但是，不同城市之间的居民幸福感也可能存在一定程度的差异，而且假若某个城市经历了相关事件冲击之后，可能引发居民主观幸福感普遍降低或者普遍升高。因而，本节进一步将个体主观幸福感与当年所在城市的同样性别、同样年龄、同样户口、同样城乡区域、同样受教育水平的所有受访者平均幸福感值进行比较，以二者之间的差异来衡量每个居民的相对幸福感。继而验证拥有住房产权是否能够正向影响居民的相对幸福感，如果结果成立，那么就再一次证明了本章基准回归结果具有稳健性。

表5.11报告了拥有住房产权和不拥有住房产权居民的相对幸福感

均值差异 T 检验结果。从总样本的分析结果来看，相比较不拥有住房产权的居民，拥有住房产权的居民相对幸福感显著越高。而且，即便按调查年份分组查看这两类人群的相对幸福感，也可以得出同样的结论。因此，T 检验结果初步显示出即便从单个城市这一小范围的幸福感比较中，拥有住房产权往往也会比不拥有住房产权的人更加幸福。

表 5.11　　拥有住房产权和不拥有住房产权居民相对幸福感均值差异 T 检验

样本	组别	观测值	相对主观幸福感			P 值	显著性
			平均值	标准差	组间差异		
总样本	拥有住房产权	100531	0.004	0.001	0.045	0.000	***
	不拥有住房产权	10800	−0.041	0.004			
2011 年	拥有住房产权	7580	0.003	0.004	0.035	0.011	**
	不拥有住房产权	759	−0.032	0.013			
2013 年	拥有住房产权	23387	0.005	0.003	0.039	0.000	***
	不拥有住房产权	3155	−0.034	0.008			
2015 年	拥有住房产权	33825	0.005	0.002	0.064	0.000	***
	不拥有住房产权	3119	−0.058	0.008			
2017 年	拥有住房产权	35739	0.004	0.002	0.038	0.000	***
	不拥有住房产权	3767	−0.034	0.007			

注：** 、*** 分别代表在5% 、1%显著性水平上显著。

　　为了验证表 5.11 中的初步结果是否真实成立，本节以计算出的居民相对主观幸福感作为被解释变量，并据此展开实证研究。表 5.12 报告了拥有住房产权对居民相对主观幸福感影响的回归结果，同样采取逐步加入控制变量的方式进行分步回归，结果表明关键解释变量住房产权的回归系数为正，且显著性水平均为 1% ，说明拥有住房产权的居民相对幸福感确实也更高。这一结果也证实了本章基准回归结果的稳健性。

表 5. 12　稳健性检验：拥有住房产权对居民相对主观幸福感影响的回归结果

	（1）	（2）	（3）	（4）
	被解释变量：主观幸福感			
解释变量				
住房产权	0. 047 *** （0. 007）	0. 038 *** （0. 007）	0. 033 *** （0. 007）	0. 034 *** （0. 007）
控制变量				
人口统计学特征	否	是	是	是
社会经济特征	否	否	是	是
宏观经济变量	否	否	否	是
年份固定效应	是	是	是	是
城市固定效应	是	是	是	是
观测值	111331	111331	111331	111331

注：（1）括号内为稳健聚类标准误；（2）*** 代表在 1% 显著性水平上显著。

　　进一步地，通过梳理历年 CHFS 数据库中其他能够反映居民主观幸福感的变量，最终发现 2013 年第二轮 CHFS 调查问卷中设计了一项关于家庭生活和谐度的问题，即对于已婚家庭，问卷询问了"您与您爱人在生活中吵架的频率是多少？"这一问题，且对应的选项设置为"一个月 1 次及以上、两到三个月 1 次、一年 1 到 3 次、没有"。从直觉而言，家庭吵架频率能够很好地反映出家庭生活的和谐程度，也同样能较好地反映出居民的生活幸福程度。因此，本节继续以家庭夫妻吵架的频率作为居民主观幸福感的代理变量。并且，根据本项问题的各个选项，我们将受访家庭的吵架频率换算成每年的吵架次数，即把对应的统计周期统一为年份，具体换算过程为：一个月 1 次及以上设为 12 次/年，2 到 3 个月 1 次设为 5 次/年，一年 1 到 3 次设为 2 次/年，没有则设为 0 次/年。

　　表 5. 13 展示了拥有住房产权和不拥有住房产权家庭吵架频率均值差异 T 检验结果。显然，拥有住房产权的家庭总体上比不拥有住房产权的家庭吵架频率更低，且对应的组间差异在 1% 的显著性水平上显

著，初步说明了拥有住房产权的家庭和谐度相对更高。同样地，我们继续通过实证研究验证这一结论的存在性。在此需要说明的是，由于该情形下的被解释变量为单位年份内受访者家庭吵架的频率，而且根据表5.13中的统计结果，家庭每年吵架的频率平均值不超过4次，所以总体而言我们可以认为家庭吵架属于较小概率事件，并且取值范围是非负整数。相比较传统的OLS回归和有序Probit回归等模型，该情形更适合使用泊松回归（Poisson regression）模型进行估计。泊松回归模型主要用于描述单位时间、单位面积或者单位体积内的某时间发生的频数分布情况，这些事件通常属于小概率事件。因此，本节选择泊松回归模型研究住房产权对家庭吵架频率的影响。表5.14报告了拥有住房产权对家庭吵架频率影响的回归结果。当控制了相关控制变量以及城市固定效应之后，关键解释变量住房产权的回归系数为负值，且在1%的显著性水平上显著。这表明了拥有住房产权与家庭吵架频率呈现出显著的负相关关系，这一发现也从侧面证实了住房产权对于提升居民主观福祉的积极内涵。

表5.13 拥有住房产权和不拥有住房产权家庭吵架频率均值差异 T 检验

样本	组别	观测值	家庭吵架的频率			P 值	显著性
			平均值	标准差	组间差异		
2013 年样本	拥有住房产权	19096	3.477	0.033	-0.349	0.002	***
	不拥有住房产权	2042	3.826	0.105			

注：（1）*** 代表在1%显著性水平上显著；（2）由于吵架频率这一变量仅在2013年的CHFS问卷中提及，因而本表数据来源于2013年CHFS。

表5.14 稳健性检验：拥有住房产权对家庭吵架频率影响的回归结果

	(1)	(2)	(3)	(4)
	被解释变量：与爱人在生活中吵架的频率			
解释变量				
住房产权	-0.075 *** (0.012)	-0.031 ** (0.012)	-0.033 *** (0.013)	-0.033 *** (0.013)

续表

	(1)	(2)	(3)	(4)
	被解释变量：与爱人在生活中吵架的频率			
控制变量				
人口统计学特征	否	是	是	是
社会经济特征	否	否	是	是
宏观经济变量	否	否	否	是
年份固定效应	否	否	否	否
城市固定效应	是	是	是	是
观测值	21138	21138	21138	21138

注：（1）括号内为稳健聚类标准误；（2）**、***分别代表在 5%、1%显著性水平上显著；（3）数据来源于 2013 年 CHFS；（4）本表由泊松回归方法估计所得。

三、改变实证样本

当前，我国住房市场存在明显的分化现象，其中最为突出的特征之一是东部经济相对发达地区的商品住宅价格往往比其他地区更高，尤其是北京、上海、广州、深圳等一线城市。因而这些城市的住房产权也通常具有更强的特殊性。为了避免上述城市的居民样本对本章基准回归结果可能产生的干扰，同时考虑到无法从 CHFS 数据中识别非直辖市的广州和深圳调查样本，所以本节将 CHFS 中北京、上海、广东的样本予以剔除，最后得到了 92058 个样本观测值，并据此进一步开展稳健性检验。表 5.15 报告了不含北京、上海、广东受访样本的稳健性检验结果，可以看出解释变量住房产权的回归系数依旧为正且都在 1%的显著性水平上显著，这也强化说明了拥有住房产权对居民主观幸福感的正向促进作用是稳定存在的。

表 5.15　　　　稳健性检验：剔除了北京、上海、广东的样本

	（1）	（2）	（3）	（4）
	被解释变量：主观幸福感			
解释变量				
住房产权	0.166 ***	0.139 ***	0.107 ***	0.106 ***
	（0.012）	（0.013）	（0.013）	（0.013）
控制变量				
人口统计学特征	否	是	是	是
社会经济特征	否	否	是	是
宏观经济变量	否	否	否	是
年份固定效应	是	是	是	是
城市固定效应	是	是	是	是
观测值	92058	92058	92058	92058

注：（1）括号内为稳健聚类标准误；（2）*** 代表在 1% 显著性水平上显著。

同时，为了尽量克服各年份 CHFS 调查数据在样本随机性方面可能存在的抽样问题，本节对参与基准实证的样本进行进一步筛选。一般而言，从统计学的方法论上看，抽样规模越大，通常越能够反映出总体的真实情况。为此，我们统计了 CHFS 最终样本各个调查年份中各个城市的有效观测数量，并逐步将观测值相对偏少的城市进行剔除。具体而言，本节逐步剔除了各年份有效观测值少于 50 个、100 个、200个、300 个和 500 个的城市，并基于剩余样本进行分别回归，实证结果如表 5.16 所示。显然，即便我们不断调整参与回归的样本规模，每一列中关键解释变量住房产权的回归系数都保持为正值，且均在 1% 的显著性水平上显著。即便剔除了每年观测值小于 500 个的城市样本，回归结果依然表现出很强的稳健性。

表 5.16　　稳健性检验：依次剔除各年有效观测值少于 50 个、
100 个、200 个、300 个和 500 个的城市

	(1)	(2)	(3)	(4)	(5)
	被解释变量：主观幸福感				
	剔除每年观测值小于 50 个的城市样本	剔除每年观测值小于 100 个的城市样本	剔除每年观测值小于 200 个的城市样本	剔除每年观测值小于 300 个的城市样本	剔除每年观测值小于 500 个的城市样本
解释变量					
住房产权	0.116*** (0.012)	0.119*** (0.012)	0.129*** (0.014)	0.130*** (0.016)	0.115*** (0.018)
控制变量					
人口统计学特征	是	是	是	是	是
社会经济特征	是	是	是	是	是
宏观经济变量	是	是	是	是	是
年份固定效应	是	是	是	是	是
城市固定效应	是	是	是	是	是
观测值	111204	88899	63942	46811	35062

注：（1）括号内为稳健聚类标准误；（2）***代表在 1%显著性水平上显著。

除此之外，本节进一步在基准回归使用的总样本数据库中进行有放回和不放回两种随机抽样，而且分别抽样 30000 次、50000 次、80000 次，并基于随机抽样后的各组样本进行依次回归，以此检验本章基准实证结果的稳健性。表 5.17 报告了基于随机抽样样本的实证结果，研究结果表明，不论在不放回随机抽样组别还是有放回随机抽样组别中，关键解释变量住房产权的回归系数均在 1%的显著性水平上显著为正，与本章基准实证结果保持一致，强化证明了基准实证结果具有很强的可靠性。

表 5.17 稳健性检验：基于随机抽样样本进行回归

	(1)	(2)	(3)	(4)	(5)	(6)
	被解释变量：主观幸福感					
	不放回随机抽样			放回随机抽样		
	30000 次	50000 次	80000 次	30000 次	50000 次	80000 次
解释变量						
住房产权	0.095 ***	0.124 ***	0.104 ***	0.069 ***	0.111 ***	0.113 ***
	(0.025)	(0.020)	(0.016)	(0.024)	(0.025)	(0.021)
控制变量						
人口统计学特征	是	是	是	是	是	是
社会经济特征	是	是	是	是	是	是
宏观经济变量	是	是	是	是	是	是
年份固定效应	是	是	是	是	是	是
城市固定效应	是	是	是	是	是	是
观测值	30000	50000	80000	30000	50000	80000

注：(1) 括号内为稳健聚类标准误；(2) *** 代表在 1% 显著性水平上显著。

四、借用其他数据

除了上述各种稳健性检验方法，本节进一步尝试通过不同数据库对本章基准结果进行验证，目的是排除数据的特殊性造成了偶然性结果。为此，基于数据权威性、指标可得性以及本书后续章节实证研究等方面的考虑，我们选择了目前国内较为权威且使用较为广泛的另外两套数据进行再次实证，即中国综合社会调查数据（Chinese General Social Survey，CGSS）和中国社会状况综合调查数据（Chinese Social Survey，CSS）。在此，考虑到上述这两套数据资源也是本书后续研究的重要数据来源，因而我们有必要先对它们分别进行简要介绍。根据

CGSS 官方网站上的介绍[①]，CGSS 微观调查由中国人民大学中国调查与数据中心负责执行，最早始于 2003 年，是中国最早的全国性、综合性、连续性学术调查项目，每年对全国各地一万多户家庭进行抽样调查，旨在系统且全面地收集社会、社区、家庭、个人等多个层次的数据，重点关注社会变迁、社会治理、社会阶层、民生福祉等多个方面的信息。CGSS 的数据质量已经得到了很多研究者的认可，并且在国内外的相关研究中，CGSS 数据已经得到了非常广泛的应用（Hu，2013；Hu & Ye，2020；张彤进和万广华，2020；李芳芝和张焕明，2021）。与此同时，根据 CSS 的官方网站介绍[②]，CSS 微观调查是中国社会科学院社会学研究所于 2005 年发起的一项全国范围内的大型连续性抽样调查项目，通过双年度的纵贯调查和入户访问，单次抽样规模大约是 7000 至 10000 余个家庭，旨在收集全国 31 个省（区、市）18 ~ 69 周岁的住户人口的劳动就业、家庭及社会生活、社会态度等方面的信息。同样地，CSS 数据也已在国内外相关学术研究中得到了广泛的应用（陈云松和范晓光，2016）。

　　基于数据的可得性和相关指标的统一性等方面的综合考量，本书搜集整理了 2012 年、2013 年、2015 年、2017 年 CGSS 的微观数据，与 CHFS 数据的处理过程类似，同时参考本章基准回归中使用到的相关指标，本书对各年 CGSS 数据进行了指标筛查，并对样本中出现的异常值、缺失值、无效值进行了剔除，并且通过省份信息将地区宏观经济变量与 CGSS 微观调查样本进行了匹配，对家庭收入、家庭支出、地区的房价水平、经济发展水平、年末常住总人口等绝对指标进行了对数化处理，并最终得到了 41087 个有效观测。关于居民主观幸福感的询问，CGSS 问卷中设计了一题"总的来说，您觉得您的生活是否幸福?"，且对应的选项也设置成了 5 个等级，具体包括"非常不幸福、比较不幸福、说不上幸福不幸福、比较幸福、非常幸福"，

[①]　CGSS 官方网站：http：//cgss. ruc. edu. cn。

[②]　CSS 官方网站：http：//css. cssn. cn。

同样地，本书也按照前文 CHFS 变量的赋值方式，对 CGSS 数据中的居民主观幸福感也分别从 1 至 5 进行赋值，即 1 表示"非常不幸福"，2 表示"比较不幸福"，3 表示"说不上幸福不幸福"，4 表示"比较幸福"，5 表示"非常幸福"。在此需要说明的是，与 CHFS 数据集不同的是，从正式渠道申请下载的 CGSS 数据集中并不包含各个样本对应的城市名称或城市编码，因此在回归中无法对城市虚拟变量进行控制，只能控制省份虚拟变量。而且，CGSS 问卷中没有针对居民家庭负债情况的设问，因而在使用 CGSS 数据集进行回归的时候，也无法像本章基准回归模型一样控制家庭负债。但即便如此，我们仍沿用本章基准回归的范式，通过渐次引入控制变量的方式进行逐步回归，以此查验回归结果的稳定性。并且，为了尽量消除控制变量细微差异引起的对于回归结果的担忧，我们又进一步基于历年 CHFS 数据进行回归，且控制变量的选取与用 CGSS 数据回归中的控制变量保持一致。

表 5.18 中第（1）列至第（4）列报告了基于 2012~2017 年 CGSS 数据库的回归结果，实证结果表明，关键解释变量住房产权的回归系数为正且都在 1% 的显著性水平上显著，表明即便通过 CGSS 数据库进行检验，住房产权与居民主观幸福感之间的关系依然稳健存在。作为对比，第（5）列报告了采取同样控制变量的实证策略，基于 CHFS 数据重新进行回归的结果，显然住房产权的回归系数显著为正。因而，这也再次证明了拥有住房产权能够显著提高居民主观幸福感这一基准结论具有很强的稳健性，并非数据库选择的偶然性导致的。再者，第（5）列基于 CHFS 数据的回归系数量级低于第（4）列中基于 CGSS 数据的回归系数量级，这意味着本书基准回归结果可能会低估住房产权对于提高居民主观幸福感的作用。所以，我们不仅可以认为本章实证结果具有很强的稳健性，同时还是作出的相对保守的估计。

表 5.18　　稳健性检验：基于 2012～2017 年 CGSS 数据库的回归结果

解释变量	(1)	(2)	(3)	(4)	(5)
	被解释变量：主观幸福感				
	CGSS 数据				CHFS 数据
住房产权	0.239 ***	0.221 ***	0.161 ***	0.172 ***	0.096 ***
	(0.027)	(0.027)	(0.027)	(0.026)	(0.015)
控制变量					
人口统计学特征	否	是	是	是	是
社会经济特征	否	否	是	是	是
宏观经济变量	否	否	否	是	是
年份固定效应	是	是	是	是	是
省份固定效应	是	是	是	是	是
观测值	41087	41087	41087	41087	111331

注：（1）括号内为稳健聚类标准误；（2）*** 代表在 1% 显著性水平上显著；（3）数据来源：2012 年、2013 年、2015 年、2017 年 CGSS；（4）需要说明的是，由于 CGSS 数据没有搜集受访家庭债务信息，且可获取的数据集尚未公开每个样本对应的城市名称和城市代码，因此在使用 CGSS 进行回归时，控制变量中不含家庭债务，且控制的是省份固定效应而非城市固定效应，本表中的第（5）列回归模型中的控制变量与前四列相同。其他控制变量和本章基准实证保持一致。

　　同样地，基于数据的可得性和相关指标的统一性等方面的综合考量，本书也从官方网站搜集整理了历年 CSS 的微观调查数据。但遗憾的是，通过查验，早期的 CSS 公开数据集并没有包含受访者所在城市、省份等名称或代码，只有 2019 年 CSS 数据集中公开了受访者所在省份的名称。因而，考虑到需要控制地区宏观经济变量以及其他随区域变化的不可观测因素，本节最终选择 2019 年与本章 CHFS 数据的处理过程类似，同时参考基准回归中使用到的相关指标，本书对各年 CSS 数据进行了指标筛查，并对样本中出现的异常值、缺失值、无效值进行了剔除，同时通过省份信息将地区宏观经济变量与 CSS 微观调查样本进行了匹配，对家庭收入、家庭支出、地区的房价水平、经济发展水平、年末常住总人口等绝对指标进行了对数化处理。与 CHFS 和 CGSS 问卷有所不同的是，关于居民主观幸福感的数据提取，CSS 问卷中询问了受访居民是否同意"总的来说，我是一个幸福的人"这一说法，且对应的选项也设置成了 4 个等级，具体包括"很不同意、不太同意、比较同意、很同意"，本书据此对 CSS 数据中的居民主观幸福感分别从 1 至 4 进行赋值，即 1 表示"很不同意"，2 表示"不太同意"，3 表示"比较同意"，4 表示"很同意"。而且，2019 年 CSS 问卷中包括居民主观幸福感在内的若干问题为随机提问，即并非所有受访者都需要回答这一问题，这也就导致了一部分受访样本主观幸福感这一信息的缺失，因而本节最终得到 5025 个有效观测。在此还需要说明的是，从正式渠道申请下载的 CGSS 数据集中也不包含各个样本对应的城市名称或城市编码，因此在回归中无法对城市虚拟变量进行控制，只能控制省份虚拟变量。同时 CSS 问卷中没有针对受访者住所使用面积、拥有汽车、少儿人口占比、老年人口占比等信息的设问，因而在使用 CSS 数据集进行回归的时候，也无法像本章基准回归模型一样控制上述几个变量。但即便如此，我们仍沿用本章基准回归的范式，通过渐次引入控制变量的方式进行逐步回归，以此查验回归结果的稳定性。并且，为了尽量消除控制变量细微差异引起的对于回归结果的担忧，我们又进一步基于历年 CHFS 数据进行回归，且控制变量的选取与用 CSS 数据回归中的控制变量保持一致。

　　表5.19 中第（1）列至第（4）列报告了基于2019 年 CSS 数据库的回归结果，实证结果表明，关键解释变量住房产权的回归系数为正且都在1%的显著性水平上显著，表明即便通过 CSS 数据库进行检验，住房产权与居民主观幸福感之间的关系依然稳健存在。作为对比，第（5）列报告了采取同样控制变量的实证策略，基于 CHFS 数据重新进行回归的结果，显然住房产权的回归系数显著为正。因而，这也再次强化验证了拥有住房产权能够显著提高居民主观幸福感这一基准结论具有很强的稳健性，并非 CHFS 数据库选择的偶然性导致的。再者，和前文通过 CGSS 回归结果相类似，第（5）列中基于 CHFS 数据的回归系数量

级低于第（4）列中基于 CGSS 数据的回归系数量级，这再次意味着本书基准回归结果可能会低估住房产权对于提高居民主观幸福感的作用。所以，我们不仅可以认为本章基准实证结果具有很强的稳健性，同时还可以认为本章基准结果是基于 CHFS 数据集作出的相对保守的估计。

表 5.19　　　　稳健性检验：基于 2019 年 CSS 数据的回归结果

	（1）	（2）	（3）	（4）	（5）
	被解释变量：主观幸福感				
	CSS 数据				CHFS 数据
解释变量					
住房产权	0.252 *** (0.065)	0.201 *** (0.066)	0.201 *** (0.066)	0.233 *** (0.065)	0.125 *** (0.016)
控制变量					
人口统计学特征	否	是	是	是	是
社会经济特征	否	否	是	是	是
宏观经济变量	否	否	否	是	是
年份固定效应	否	否	否	否	是
省份固定效应	是	是	是	是	是
观测值	5025	5025	5025	5025	111321

注：（1）括号内为稳健聚类标准误；（2）*** 代表在 1% 显著性水平上显著；（3）数据来源于 2019 年中国社会科学院中国社会状况综合调查（CSS）数据；（4）2019 年 CSS 数据没有公开城市名称或者代码，只公开了省份名称，因而控制了省份固定效应。而本章基准回归中的住所使用面积、拥有汽车、少儿人口占比、老年人口占比信息 CSS 数据也没有提供，因而在本表中暂未对其进行控制，本表中的第（5）列回归模型中的控制变量与前四列相同。其他控制变量和本章基准实证保持一致。

五、内生性检验

除了上述各类稳健性检验方法之外，关于样本的选择性偏误问题以及可能由此引发的内生性问题，非常常用的解决办法是使用倾向得分匹配方法（Propensity Score Matching，PSM）加以处理，它是使用非实验数据或观测数据进行干预效应分析的一类统计方法，其理论框架是"反事实推断模型"。显然，家庭做出是否获取住房产权这一决策往往是基于个体特征所决定一种自选择过程，为此，本书进一步采取倾向得分匹配方法，矫正可能存在的样本选择偏误问题（Rosenbaum & Rubin，1983）。具体而言，本书将居民是否拥有住房产权当作一个准自然实验，把拥有住房产权的家庭作为处理组（treated = 1），同时把不拥有住房产权的家庭作为控制组（treated = 0），使用倾向得分匹配中的一对一、一对二、一对三、一对四、一对五近邻匹配方法和核匹配（kernel matching）方法，逐步构建出六个新的子样本，并据此对本章基准回归模型再次进行检验。

需要验证倾向得分匹配结果的可靠性。以一对一近邻匹配为例，本书检验了得分匹配的平衡性假设，匹配后（matched）各个变量的标准化偏差均小于 10%，说明本书所选取的匹配变量和方式较为合理，即通过了 PSM 的平衡性假设。并且 t 检验结果均不拒绝处理组与对照组无系统差异的原假设，表明样本处理存在一定的随机性。而且，图 5.1 直观展示了 PSM 匹配前后各协变量标准化偏差的变化情况，可以看出绝大多数协变量标准化偏差在匹配后都有所缩小。总而言之，通过一系列的统计学检验，发现 PSM 方法可以很好地应用到本章的稳健性检验过程。

表 5.20 报告了基于上述多种 PSM 匹配方法的回归结果。第（1）列为 PSM 一对一近邻匹配构建的子样本回归结果，当控制了本章基准回归模型中的相关控制变量、年份固定效应和城市固定效应之后，解释变量住房产权的回归系数为正且在 1% 的显著性水平上显著，这与本章基准回归结果保持一致。与此同时，第（2）列至第（5）列分别报告了一对二、一对三、一对四、一对五近邻匹配构建的子样本回归结果，可以看出解释变量的回归系数都显著为正。此外，第（6）列展示了通过核匹配方式得到的子样本回归结果，住房产权的回归系数依然为正，且在 1% 的显著性水平上显著。因而，经过 PSM 匹配之后的子样本回归结果再次检验了本章实证结果的稳健性。

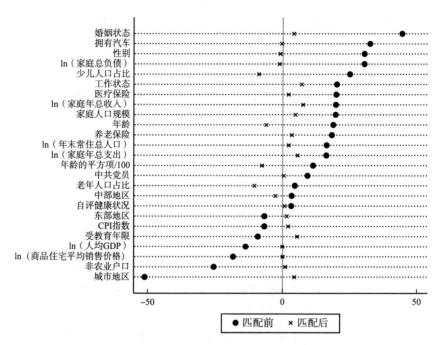

图 5.1　PSM 协变量的标准化偏差图

表 5.20　　　　内生性检验：PSM 倾向得分匹配后的回归结果

	（1）	（2）	（3）	（4）	（5）	（6）
	被解释变量：主观幸福感					
	1 对 1 匹配	1 对 2 匹配	1 对 3 匹配	1 对 4 匹配	1 对 5 匹配	核匹配
解释变量						
住房产权	0.132***	0.130***	0.133***	0.131***	0.128***	0.124***
	（0.016）	（0.014）	（0.013）	（0.012）	（0.012）	（0.011）
控制变量						
人口统计学特征	是	是	是	是	是	是
社会经济特征	是	是	是	是	是	是
宏观经济变量	是	是	是	是	是	是
年份固定效应	是	是	是	是	是	是
城市固定效应	是	是	是	是	是	是
观测值	18388	26662	33087	38445	43064	111198

注：（1）括号内为稳健聚类标准误；（2） *** 代表在 1% 显著性水平上显著。

另外，针对本章基准实证中可能存在的样本选择偏差产生的内生性问题，本节运用 Heckman 两阶段模型进行克服。具体而言，首先构建居民是否拥有住房产权的概率方程，并基于 Probit 模型预测每个居民拥有住房产权的概率，利用估计结果计算逆米尔斯比率（Inverse Mills Ratio，IMR）。然后，构建拥有住房产权影响居民主观幸福感的回归方程，并将第一阶段计算所得的 IMR 作为误差调整项代入回归方程，以此可以得到更为精确的估计结果。据此，本节构建的 Heckman 两阶段模型的选择方程和结果方程分别如下：

选择方程：

$$Pr(homeownership_{ijt} = 1) = G(\beta_{3,1} + \beta_{3,2} \times X'_{ijt} + \theta_t + \delta_j + \nu_{ijt}) \quad (5.4)$$

结果方程：

$$\begin{aligned} happiness_{ijt} = \beta_{4,1} + \beta_{4,2} \\ \times homeownership_{ijt} + \beta_{4,3} \times X_{ijt} + \beta_{4,4} \\ \times IMR_{ijt} + \theta_t + \delta_j + \mu_{ijt}) \end{aligned} \quad (5.5)$$

在选择方程中，$homeownership_{ijt}$ 表示受访居民拥有住房产权的概率，X'_{ijt} 是受访居民是否获得住房产权的各种可观测的解释变量集。为了增加选择方程与结果方程两者之间的辨识度，选择方程中的解释变量集 X'_{ijt} 中不含有受访者是否为中共党员这一变量，其余解释变量则与本章基准实证模型中的控制变量一致。此外，ν_{ijt} 是影响受访居民是否获得住房产权的不可观测因素。在结果方程中，$happiness_{ijt}$ 表示受访居民的自评主观幸福感，$homeownership_{ijt}$ 和 X_{ijt} 分别表示住房产权和影响居民主观幸福感的其他控制变量集，这与本章基准实证模型中的控制变量一致。IMR_{ijt} 表示根据选择方程估计结果计算得到的逆米尔斯比率，其计算公式如下：

$$IMR_{ijt} = \frac{\varphi(X'_{ijt}\beta_{3,2}/\sigma)}{\Phi(X'_{ijt}\beta_{3,2}/\sigma)} \quad (5.6)$$

其中，$\varphi(*)$ 是标准正态分布的密度函数，$\Phi(*)$ 是标准正态分布的累积分布函数，$\beta_{3,2}$ 是选择方程中解释变量集的估计系数，σ 是选择方程中误差项 ν_{ijt} 的标准差。

表5.21 报告了基于 Heckman 两步法的第二阶段回归结果。而且对于第二阶段的结果方程，第（1）列和第（2）列分别采用了有序 Probit 模型和 Probit-adapted OLS 模型进行对照估计。实证结果表明，逆米尔斯比率的估计系数分别在 5% 和 10% 的置信水平上显著，说明了本章基准回归中使用的样本确实存在一定程度上的选择性偏差，因而利用 Heckman 两步法进行内生性检验具有科学性。但即便如此，关键解释变量住房产权的回归系数均为正数且都在 1% 的显著性水平上显著，而且估计系数值的量级与本章基准实证结果较为接近。由此可见，拥有住房产权能够显著提升居民主观幸福感，这也证实了本章基准实证结果具有很强的稳健性。

表 5.21　　内生性检验：Heckman 两步法第二阶段回归结果

	（1）	（2）
	被解释变量：主观幸福感	
	Ordered Probit model	Probit-adapted OLS
解释变量		
住房产权	0.116 *** (0.014)	0.102 *** (0.012)
控制变量		
人口统计学特征	是	是
社会经济特征	是	是
宏观经济变量	是	是
年份固定效应	是	是
城市固定效应	是	是
逆米尔斯比率	0.129 ** (0.061)	0.106 * (0.054)
调整 R^2	—	0.114
观测值	111331	111331

注：（1）括号内为稳健标准误；（2）* 、** 、*** 分别代表在 10%、5% 和 1% 显著性水平上显著。

与此同时，本章基准回归方程的设定可能存在遗漏变量和测量误差，甚至还存在轻微的反向因果可能性。由此可能造成模型的内生性问题，从而导致估计结果有偏。为了进一步缓解可能存在的内生性问题对估计结果的干扰，本章继续尝试使用工具变量法（instrumental variable method）进行内生性检验。然而，似乎较难找到一个关于住房产权的合适工具变量，因而本章采用 Lewbel 异方差工具变量法对本章基准回归中的内生性问题进行纠正。借鉴 Lewbel（2012）的思路，本节构造出如下一般形式的回归方程：

$$homeownership_{ijt} = \beta_{5,1} \times X_{ijt} + \nu_1, \quad \nu_1 = \eta_1 \times Un + \mu_1 \quad (5.7)$$

$$happiness_{ijt} = \beta_{6,1} \times X_{ijt} + \beta_{6,2} \times homeownership_{ijt} + \nu_2, \quad \nu_2 = \eta_2 \times Un + \mu_2$$

$$(5.8)$$

其中，$homeownership_{ijt}$同样表示受访家庭是否拥有住房产权，$happiness_{ijt}$表示受访户主居民的自评主观幸福感。X_{ijt}表示相应的控制变量集合，包括城市虚拟变量和年份虚拟变量等。Un 表示所有的不可观测变量，模型中其余变量代表误差项。

简要而言，在难以找到合适的工具变量或者存在弱工具变量时，Lewbel（2012）提出可以基于一组可观测的外生变量向量 Z，运用两阶段最小二乘 TSLS 方法进行工具变量回归，构造出 $[Z - E(Z_i)]\hat{\nu}_1$ 作为第二步估计时的工具变量，其中 $E(Z_i)$ 为外生变量向量的均值，$\hat{\nu}_1$ 为第一阶段内生变量对外生变量 Z 回归之后的残差。该方法满足工具变量的所有标准假设条件，但唯一要求是假设 $\hat{\nu}_1$ 中存在异方差（heteroscedasticity），即 $Cov(Z_i, \hat{\nu}_1^2) \neq 0$，而这一条件在横截面数据中更容易成立（周利和冯大威，2020）。这一方法近年来也得到了国内外学者的较多应用（李红阳和邵敏，2018；温兴祥，2019；周利和冯大威，2020；Emran & Hou，2013；Hoang et al.，2014）。表 5.22 报告了基于 Lewbel 工具变量方法的回归结果，实证结果表明，不论是否控制相关控制变量，关键解释变量住房产权的回归系数总是在 1% 的显著性水平上显著为正，进一步强化验证了本章基准回归结果具有很强的稳健性。

表 5. 22   内生性检验：Lewbel 工具变量回归结果

	（1）	（2）	（3）	（4）
	被解释变量：主观幸福感			
解释变量				
住房产权	0. 184 *** （0. 017）	0. 109 *** （0. 015）	0. 088 *** （0. 013）	0. 082 *** （0. 013）
控制变量				
人口统计学特征	否	是	是	是
社会经济特征	否	否	是	是
宏观经济变量	否	否	否	是
年份固定效应	是	是	是	是
城市固定效应	是	是	是	是
识别不足检验： Kleibergen – Paap rk LM statistic	3395. 507	6077. 380	9188. 960	1. 0e + 04
弱识别检验： Cragg – Donald Wald F statistic	212. 933	292. 553	478. 480	527. 557
弱识别检验： Kleibergen – Paap rk Wald F statistic	27. 308	66. 721	119. 784	154. 933
过度识别检验： Hansen J statistic	236. 022	259. 544	244. 843	247. 556
观测值	111331	111331	111331	111331

注：（1）括号内为稳健标准误；（2）*** 代表在 1% 显著性水平上显著。

除此之外，本章基准回归模型中虽然考虑了受访居民的人口统计学特征、社会经济特征、地区宏观经济变量、调查年份和城市固定效应等各种控制变量，尽可能地避免了由于遗漏变量而导致的潜在估计偏误问题。但客观而言，本章使用的数据为混合截面数据，无法彻底排除因遗漏相关变量而导致的内生性估计偏误的可能性。为此，本章参照相关文献的研究方法（Altonji et al. ，2005；Bellows & Miguel，2009；王伟同等，2019；王春凯和石智雷，2021），利用可观测变量来度量不可观测变量产生估计偏误的可能性，以此消除或减轻我们对于模型中遗漏变量可能引发内生性问题的担忧。具体而言，本章考虑两个控制变量集合不同的回归模型，第一个回归模型中仅控制有限的控制变量集，设此时核心解释变量的估计系数记为$\hat{\beta}^R$；第二个回归模型中控制所有可能的控制变量集，设此时核心解释变量的估计系数记为$\hat{\beta}^F$。在此基础上，构造如下指数：

$$Ratio_{R,F} = \left| \frac{\hat{\beta}^F}{\hat{\beta}^R - \hat{\beta}^F} \right| \tag{5.9}$$

显然，式（5.9）表明了指数$Ratio_{R,F}$取值与$(\hat{\beta}^R - \hat{\beta}^F)$大小成反比，即如果$\hat{\beta}^R$与$\hat{\beta}^F$之间的差距越小，则表明模型中可观测变量的解释能力越强，模型中可能存在的估计偏误问题就越小，此时不可观测变量需要更强的解释能力才能对整体结果产生影响。同样地，分子$\hat{\beta}^F$如果越大，意味着$Ratio_{R,F}$取值越大，则表明模型中已经控制的变量集已经具有很强的解释力。总而言之，$Ratio_{R,F}$取值如果越大，那么需要不可观测变量更大的解释能力才能改变估计结果的一致性，即模型中未被控制的不可观测变量对回归结果造成偏误的可能性就越小（王伟同等，2019）。

据此，根据本章基准回归结果表5.4和基于Probit-adapted OLS回归结果表5.10，本章选取三种有限控制变量集和一种控制变量全集来构造$Ratio_{R,F}$指数，表5.23报告了不同情形下$Ratio_{R,F}$指数的计算结果。结果显示，六个$Ratio_{R,F}$指数取值范围大约在1.530至50.500区间，且基于两种估计方法所得的$Ratio_{R,F}$指数均值分别为10.808和18.334。这意味着如果未观测变量能够对本章基准回归结果产生偏误，那么其解释能力至少要达到已选择控制变量的1.53倍，且平均需要超过10倍甚至18倍。而在本书的基准实证模型中，已经尽可能全面地控制了个体维度和区域维度变量，因而有理由相信未观测变量对本章基准回归结果造成估计偏误的可能性很小，可以基本排除遗漏变量对本章估计结果干扰的可能，进一步说明了本章基准回归结果具有可靠性。

表 5. 23 内生性检验：遗漏变量产生的偏误程度估计

有限集控制变量	全集控制变量	$Ratio_{R,F}$ 指标计算结果	
		基于 Ordered Probit 估计结果	基于 Probit-adapted OLS 估计结果
仅控制年份和城市固定效应	所有控制变量	1. 623	1. 530
仅控制人口统计学特征、年份和城市固定效应	所有控制变量	2. 800	2. 971
仅控制人口统计学特征、社会经济特征、年份和城市固定效应	所有控制变量	28. 000	50. 500
$Ratio_{R,F}$ 指标平均值		10. 808	18. 334

　　而且，当模型中存在可能的遗漏变量问题且数据不可得时，相关研究指出可以使用敏感性分析进行稳健性检验，即检验遗漏变量需要达到多大强度才能使得之前的研究结果发生改变（Cinelli et al.，2020）。该研究同时也提出了在 Stata 软件和 R 软件中的敏感性分析方法，其中，在 Stata 软件中对应的命令是 sensemakr。而且，参考上述研究，本节将对比变量设置为性别（gender），尝试论证当遗漏变量强度只要小于对比变量时，本章之前的基准回归结果是有效的。基于此，本节分别绘制了关键解释变量住房产权回归系数（见图 5.2）、t 统计量等值线图（见图 5.3）。

　　对于回归系数等值线图而言（见图 5.2），红线表示回归系数为 0 的情形，四个数值点分别表示不加入遗漏变量、加入与对比变量（gender）相同强度的遗漏变量、加入对比变量 2 倍强度的遗漏变量、加入对比变量 3 倍强度的遗漏变量的情形。各个数值点的小括号里报告了其对应的计量模型估计系数 β 值，且均大于 0，即四个数值点全部位于红线左侧，这意味着即便加入对比变量 3 倍强度的遗漏变量，也不会改变本章基准回归结果中关键解释变量的估计系数符号。对于 t 统计量等值线图而言（见图 5.3），红线表示 t 值为 1. 96（即 95% 置信区间的临界值），四个数值点表示的含义与图 5.2 中一致，各个数值点均位于红线左侧且均大于临界值 1. 96，这表明了几遍加入对比变量 3 倍强度的遗漏变量，也不会改变本章基准回归结果中关键解释变量的显著性水平。此外，

图5.4报告了遗漏变量极端情形下的敏感性分析结果，三条数值线分别表示当遗漏变量能够解释剩余方差的100%、75%和50%的情形，横轴附近的点分别是指对比变量1～3倍强度的情况，可见即便在最坏情形下（即遗漏变量能够解释100%剩余方差，对应图中的实线），遗漏变量即使达到对比变量3倍强度，也无法推翻本章基准回归结果。由此可见，有充足的理由认为潜在遗漏变量问题不会改变本章的基本结果。

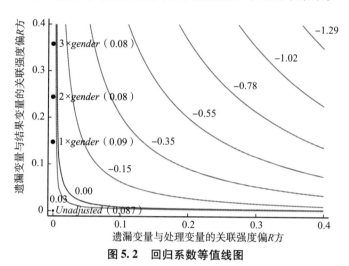

图5.2　回归系数等值线图

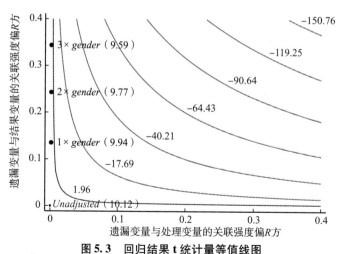

图5.3　回归结果 t 统计量等值线图

注：Stata 软件 sensemakr 命令框架下不支持计算稳健聚类标准误，因而图5.2～图5.4为普通标准误下的估计结果。

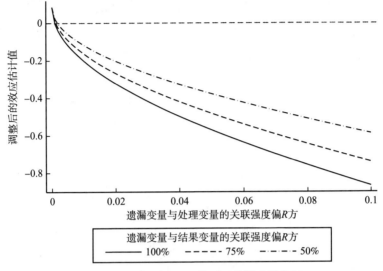

图 5.4　遗漏变量极端情形下的敏感性分析

第五节　异质性讨论与分析

拥有住房产权对居民主观幸福感的影响可能存在个体特征维度、调查时间维度、地区特征维度等方面的差异。因此，本节在基准回归和稳健性检验的基础上，基于 2011 年、2013 年、2015 年、2017 年 CHFS 数据进一步开展异质性分析，旨在揭示住房产权对不同人群、在不同年份和不同区域的主观福祉影响存在的细微差异。之所以要进行不同维度的异质性讨论，是因为住房产权对于不同性别、不同生命周期、不同收入水平、不同婚配状况等个体的价值内涵可能存在差异，而且在不同的时间点以及不同的区域中，住房产权之于人们的含义也可能发生了改变，因此本节通过不同维度的细致分解，旨在从居民主观幸福感的视角考察住房产权对于人们可能产生的不同影响。考虑到异质性讨论的维度较多且涉及不同维度的交叉，为了直观起见，本节在进行异质性分析的过程中采取的是分组回归方式。并且，针对分组回归中部分组别关键解释变量均表现出统计意义上显著的情形，为了检验分组回归中的系数可比性，根据连玉君等（2010）的做法，本节还运用了似无相关模型（seemingly unrelated regression，SUR）、费歇尔组合检验（Fisher's Permutation test）等方法进行组间系数差异检验，且自体抽样（Bootstrap）1000次。通过上述方法得到相关组别之间的"经验P值"，以此检验组间调整系数差异的显著性。

一、基于个体特征维度

由于不同的个体对住房产权的需求程度存在一定的差异，因而住房产权对不同个体的幸福效应也可能存在差异。因此，本节首先基于户主相关特征和家庭特征开展异质性分析，主要包括户主的性别、年龄、婚配状况、收入、户口、受教育水平等方面，同时也将上述维度进行适当交叉，从而更加细致地比较拥有住房产权对不同群体主观幸福感的差异化影响。在此需要说明的是，本节的异质性分析采用的是分组回归方式，为了尽可能让解释变量的回归系数含义更加直接，从而方便比较不同组别之间的回归结果差异性，本节在进行异质性分析的实证过程中，均运用了 Probit-adapted OLS 方法进行估计（van Praag & Ferrer-i-carbonell，2008），本章已经在稳健性检验部分详细介绍过该方法的具体来源和应用方法，因而在此不再赘述。

表5.24报告了基于户主性别、年龄、婚配状况维度的分组回归结果。具体而言，第（1）列和第（2）列分别报告了住房产权对男性和女性人群主观幸福感的实证结果，结果表明在两组子样本中，关键解释变量住房产权的回归系数都为正数且都在1%的显著性水平上显著，表明拥有住房产权对男性和女性户主都具有显著的积极价值。但由于分组之后两个组别的样本不同，并且回归系数都表现出了统计意义上的显著性，此时并不能通过简单对比两组回归系数的大小来判断关键解释变量的作用差异。因而，为了验证男性和女性两组回归系数之间是否存在显著差异，本节重点运用似无相关模型（seemingly unrelated regression，SUR）进行组间系数差异检验，同时运用 Bootstrap 法（自

体抽样 1000 次）进行费歇尔组合检验（Fisher's Permutation test）进行补充验证。通过上述方法得到相关组别之间的"经验 P 值"，以此检验组间调整系数差异的显著性。本书仅报告了基于似无相关模型 SUR 的组间系数差异检验结果。SUR 检验结果表明，男性和女性的组间系数差异经验 P 值为 0.658，即男性和女性两组之间的回归系数并没有表现出显著的差异。由此可见，男性户主和女性户主都很重视获取住房产权，且住房产权对两类户主产生的幸福效应并没有显著的差异。

第（3）列至第（5）列报告了住房产权对不同年龄段户主的主观幸福感的影响结果。本书将户主年龄分成三个年龄段，即年龄在 45 岁以下的青年群体，45 岁（含）至 65 岁的中年群体，以及 65 岁及以上的老年群体。实证结果表明，拥有住房产权对青年群体和中年群体的主观幸福感具有十分显著的正向影响，但对老年群体的主观幸福感影响效果较弱，且显著性水平仅为 10%。SUR 组间系数差异检验结果发现，45 岁以下、45 岁（含）至 65 岁两个组别之间经验 P 值为 0.839，说明住房产权对中年人群和青年人群的主观幸福感的提升作用并不表现出明显的差异性。但是，SUR 检验结果表明，45 岁（含）至 65 岁、65 岁及以上两组之间的系数差异经验 P 值为 0.004，即两组回归系数在 1% 的显著性水平上具有显著差异性。且由于住房产权在 45 岁（含）至 65 岁组别中的回归系数大于住房产权在 65 岁及以上组别中的回归系数，这说明相比较老年群体而言，拥有住房产权更能显著提升中年群体的主观幸福感。而且，45 岁以下、65 岁及以上两组之间的系数差异经验 P 值为 0.002，说明了两组回归系数在 1% 的显著性水平上具有显著差异性。且由于住房产权在 45 岁以下组别中的回归系数大于住房产权在 65 岁及以上组别中的回归系数，这说明相比较老年群体而言，拥有住房产权更能显著提升青年群体的主观幸福感。因而，总的来说，拥有住房产权对青年群体和中年群体的幸福效应最强，对提升老年群体的主观幸福感程度较弱，这也说明了中青年群体能从住房产权上获取更多的主观福祉。

与此同时，第（6）列与第（7）列报告了拥有住房产权对不同婚配状况的居民主观幸福感的影响结果。实证结果表明，关键解释变量住房产权在两组中的回归系数均在 1% 的显著性水平上显著为正，且基于 SUR 模型估计的经验 P 值为 0.082，表明住房产权在这两组中的回归系数在 10% 的显著性水平上存在差异，且由于解释变量在已婚/有伴侣组别中的回归系数相对更大，说明了相比较丧偶/离婚/分居/未婚的人群而言，拥有住房产权对已婚/有伴侣家庭的幸福生活具相对更加重要的积极作用。

表 5.24　　异质性分析：基于户主性别、年龄、婚配状况维度

	（1）	（2）	（3）	（4）	（5）	（6）	（7）
	被解释变量：主观幸福感						
	性别		年龄			婚配状况	
	男性	女性	45 岁以下	45 岁（含）至 65 岁	65 岁及以上	已婚/有伴侣	丧偶/离婚/分居/未婚
解释变量							
住房产权	0.105 *** (0.015)	0.095 *** (0.019)	0.127 *** (0.019)	0.122 *** (0.019)	0.041 * (0.022)	0.109 *** (0.013)	0.069 *** (0.021)
控制变量							
人口统计学特征	是	是	是	是	是	是	是
社会经济特征	是	是	是	是	是	是	是
宏观经济变量	是	是	是	是	是	是	是
年份固定效应	是	是	是	是	是	是	是
城市固定效应	是	是	是	是	是	是	是
调整 R^2	0.112	0.116	0.115	0.108	0.109	0.104	0.135
观测值	85325	26006	31377	54503	25451	95729	15602

注：（1）括号内为稳健聚类标准误；（2）*、*** 分别代表在 10%、1% 显著性水平上显著；（3）根据似无相关模型 SUR 组间系数差异检验，相关组对应的经验 P 值分别为：P(1, 2) =0.658，P(3, 4) =0.839，P(4, 5) =0.004 ***，P(3, 5) =0.002 ***，P(6, 7) =0.082 *。且 P(m, n) 表示表格中的第（m）列和第（n）列对应的组间系数差异经验 P 值，本章下同。

本节继续从户主的收入、户口和受教育水平等维度展开异质性探讨，实证结果如表 5.25 所示。首先，本节根据每个年份受访家庭的年总收入的 1/3 和 2/3 位点，将收入分成高收入、中等收入、低收入三组。从第（1）列至第（3）列展示的回归结果来看，关键解释变量住房产权的回归系数在不同收入组别中均为正数且都在 1% 的显著性水平上显著，这也验证了拥有住房产权对提升居民主观幸福感的普遍意义。并且，基于 SUR 模型的组间系数差异检验结果显示，第（1）列和第（2）列的经验 P 值为 0.007，表明了住房产权在高收入组和中等收入组的作用程度存在显著差异，且通过比较回归系数可以发现，住房产权对高收入群体主观幸福感的提升作用最大，对中等收入群体的作用相对较弱。进一步地，对低收入群体的作用最弱。这说明从主观幸福感的视角来看，收入越高的居民越有动力获取住房产权。然而，第（2）列和第（3）列的回归系数经验 P 值并不显著，说明了住房产权对于中等收入群体和低收入群体产生的幸福效应并不存在显著的差异。第（1）列和第（3）列的回归系数经验 P 值为 0.001，说明了相比较低收入群体而言，住房产权对于高收入群体的幸福效应显著更高。所以，综合来看，相比较中低收入群体而言，拥有住房产权能在更大程度上显著提升高收入人群的主观幸福感。

其次，第（4）列和第（5）列将受访者户口分为非农业户口和农业户口，显然，拥有住房产权对两类人群的主观幸福感都具有显著的正向提升作用，虽然关键解释变量住房产权在两个组别中的回归系数并不相同，但 SUR 组间系数差异检验结果并不显著，表明了拥有住房产权对农业户口和非农业户口群体的主观福祉提升作用并没有表现出显著的差异。

最后，本节依据受访户主的受教育水平进行分类，具体分为大专以下和大专及以上两类人群，分组回归结果如第（6）列和第（7）列所示。同样地，分组回归中的关键解释变量住房产权回归系数均显著为正，但 SUR 组间系数差异检验的经验 P 值并不显著，意味着对于受过高等教育的人群和没有受过高等教育的人群而言，拥有住房产权都能提高他们的主观幸福感，但影响程度并没有表现出显著的差异性。

表 5. 25　　　异质性分析：基于收入、户口、受教育水平维度

	(1)	(2)	(3)	(4)	(5)	(6)	(7)
	被解释变量：主观幸福感						
	收入水平			户口		受教育水平	
	高收入	中等收入	低收入	非农业户口	农业户口	大专以下	大专及以上
解释变量							
住房产权	0. 158 *** (0. 019)	0. 093 *** (0. 019)	0. 067 *** (0. 019)	0. 112 *** (0. 016)	0. 085 *** (0. 018)	0. 098 *** (0. 012)	0. 106 *** (0. 031)
控制变量							
人口统计学特征	是	是	是	是	是	是	是
社会经济特征	是	是	是	是	是	是	是
宏观经济变量	是	是	是	是	是	是	是
年份固定效应	是	是	是	是	是	是	是
城市固定效应	是	是	是	是	是	是	是
调整 R^2	0. 086	0. 104	0. 122	0. 111	0. 114	0. 116	0. 101
观测值	37113	37186	37032	52559	58772	93407	17924

注：（1）括号内为稳健聚类标准误；（2）*** 代表在1%显著性水平上显著；（3）根据似无相关模型 SUR 组间系数差异检验，相关组别对应的经验 P 值分别为：P（1，2）= 0. 007 ***，P（2，3）= 0. 316，P（1，3）= 0. 001 ***，P（4，5）= 0. 232，P（6，7）= 0. 793。

除了上述从单一特征的视角进行异质性分组回归之外，本书又进一步对个体的相关进行整合，从个体不同特征的交叉维度进行再次分组讨论，旨在进一步细化研究住房产权对不同群体主观幸福感的影响效果。首先，本节基于年龄和性别的交叉维度展开异质性分析，目的是对比住房产权对各年龄段中男性和女性主观幸福感的不同影响，回

归结果如表 5.26 所示。第（1）列和第（2）列对比了住房产权在 45 岁以下年轻男性和女性子样本中的不同作用，实证结果表明住房产权对男性和女性的主观福祉都有着显著的提升作用，而由于第（1）列和第（2）列之间的 SUR 检验得出的经验 P 值并不显著，因而拥有住房产权对男性和女性主观幸福感的影响程度并没有表现出明显的异质性。

第（3）列和第（4）列对比了住房产权在 45 岁至 65 岁中年男性和女性子样本中的作用，结果发现住房产权对该年龄段男性和女性的主观幸福感都产生了显著的影响，但组间系数差异的经验 P 值并不显著，因而表明拥有住房产权对中年男性和女性并没有表现出显著的作用差异。第（5）列至第（6）列对比住房产权在 65 岁及以上老年男性和女性子样本中的不同作用，回归结果显示解释变量在男性组别中为正但仅在 10% 的显著性水平上显著，且在女性组别中没有表现出统计意义上的显著性，这表明住房产权对老年群体的主观幸福感相对不明显，仅仅对老年男性主观幸福感有较为轻微的正向影响，对老年女性的主观幸福感则没有显著的影响。这可能是由于老年群体已经不再关注自己是否拥有住房产权，在进入生命周期的后半段之后，人们的主观幸福感和住房产权之间并没有明显的关系，住房产权给老年群体带来的愉悦感和满足感也已经不再那么明显，对于物质层面的追求也不再向中青年群体那么迫切。

由于第（1）列和第（5）列、第（3）列和第（5）列经由 SUR 检验得出的经验 P 值在 10% 的显著性水平上显著，表明了住房产权对中青年男性与老年男性的作用程度存在显著差异，且通过比较住房产权的回归系数可以看出，拥有住房产权更能提升中青年男性的主观幸福感。但第（2）列与第（4）列的经验 P 值并不显著，说明了拥有住房产权对于中年和青年女性的幸福效应程度类似，且对老年女性并没有产生明显的幸福效应。

表 5.26　　　　异质性分析：基于性别与年龄的交叉维度

	(1)	(2)	(3)	(4)	(5)	(6)
	被解释变量：主观幸福感					
	45 岁以下		45 岁至 65 岁		65 岁及以上	
	男性	女性	男性	女性	男性	女性
解释变量						
住房产权	0.130 ***	0.137 ***	0.119 ***	0.116 ***	0.055 *	0.003
	(0.022)	(0.034)	(0.023)	(0.028)	(0.032)	(0.037)
控制变量						
人口统计学特征	是	是	是	是	是	是
社会经济特征	是	是	是	是	是	是
宏观经济变量	是	是	是	是	是	是
年份固定效应	是	是	是	是	是	是
城市固定效应	是	是	是	是	是	是
调整 R^2	0.116	0.127	0.108	0.110	0.110	0.112
观测值	23554	7823	43089	11414	18682	6769

注：（1）括号内为稳健聚类标准误；（2）*、***分别代表在10%、1%显著性水平上显著；（3）根据似无相关模型 SUR 组间系数差异检验，相关组别对应的经验 P 值分别为：$P(1, 2) = 0.847$，$P(3, 4) = 0.929$，$P(1, 3) = 0.727$，$P(1, 5) = 0.050^*$，$P(3, 5) = 0.088^*$，$P(2, 4) = 0.631$。

其次，本节又基于受访户主性别和婚配状况的交叉维度展开异质性分析，分组回归结果如表 5.27 所示。第（1）列与第（2）列对比了住房产权在已婚/有伴侣的男性和女性子样本中的各自作用，回归结果显示解释变量住房产权在两个组别中均显著为正，且基于似无相关模型 SUR 组间系数差异检验发现两组间的经验 P 值并不显著，说明了拥有住房产权能够显著提升已婚/有伴侣的男性和女性主观幸福感，且作用程度并不存在显著差异。第（3）列与第（4）列对比了住房产权在丧偶/离婚/分居/未婚的男性和女性子样本中的不同作用，回归结果表明，第（3）列中住房产权回归系数为正但不具有统计意义上的显著性，但第（4）列中住房产权回归系数为正且在 1% 的显著性水平上显

著。这说明了对于丧偶/离婚/分居/未婚的男性而言，住房产权已经不
存在明显的幸福效应了，但住房产权对于提高丧偶/离婚/分居/未婚的
女性主观幸福感还有积极作用，但作用程度显然也比不上住房产权对
已婚/有伴侣的女性的影响。但是，从中国的基本实际来看，未婚男性
通常需要通过获取住房产权来提高自身在婚姻市场的竞争力（钱江洪
等，1987；易成栋等，2018；Huang et al.，2020），这也意味着拥有住
房产权的未婚男性幸福水平很可能也越高。为此，针对住房产权对丧
偶/离婚/分居/未婚的男性不具有幸福效应，本书又进一步回溯了
CHFS 数据，经过统计发现样本中近约86%的受访户主处于已婚/有伴
侣状态，剩余样本中仅有不足4%的受访户主处于未婚状态，而剩下
10%左右的样本婚配状态为丧偶、离婚或分居，说明了对于已经丧偶、
离异或者分居等男性而言，拥有住房产权对于提升他们生活幸福感已
经失去了原有的正向价值。

此外，本节也基于 SUR 模型检验了第（2）列和第（4）列的组间
回归系数差异，检验结果表明该两组中的经验 P 值并不显著，说明了
拥有住房产权能够显著提升已婚/有伴侣女性以及丧偶/离婚/分居/未
婚女性的主观幸福感，且作用程度并不存在显著的差异。

表 5.27　　　　　异质性分析：基于性别与婚配状况的交叉维度

	(1)	(2)	(3)	(4)
	被解释变量：主观幸福感			
	已婚/有伴侣		丧偶/离婚/分居/未婚	
	男性	女性	男性	女性
解释变量				
住房产权	0.108 *** (0.016)	0.101 *** (0.026)	0.057 (0.035)	0.083 *** (0.029)
控制变量				
人口统计学特征	是	是	是	是
社会经济特征	是	是	是	是

	(1)	(2)	(3)	(4)
	被解释变量：主观幸福感			
	已婚/有伴侣		丧偶/离婚/分居/未婚	
	男性	女性	男性	女性
宏观经济变量	是	是	是	是
年份固定效应	是	是	是	是
城市固定效应	是	是	是	是
调整 R^2	0.106	0.102	0.126	0.140
观测值	78177	17552	7148	8454

注：（1）括号内为稳健聚类标准误；（2）∗∗∗ 代表在 1% 显著性水平上显著；（3）根据似无相关模型 SUR 组间系数差异检验，相关组别对应的经验 P 值分别为：P（1，2）= 0.832，P（2，4）= 0.645。

二、基于调查年份维度

住房产权在不同时期对人们主观幸福感的影响可能也存在差异，这是因为不同时期人们的家庭境况、所处的市场环境和社会环境等各方面都不尽相同，人们对待住房产权的态度也可能随之发生变化。并且，随着中国居民家庭住房拥有率的不断提高，住房产权在人们心目中或许已经逐渐成为了理所当然的物质基础，这也可能逐步削弱了获取住房产权对人们主观幸福感产生的刺激作用，即随着时间的推移，人们获取住房产权的边际效应可能在减弱。同时，随着近年来住房市场一系列调控政策的密集出台，尤其在"房住不炒""租购并举""租赁赋权"等政策导向下，房地产市场平稳健康发展长效机制建设不断推进，商品住房价格总体上逐步趋于平稳，公共服务获取权与住房产权的松绑甚至脱钩迹象越来越明显，这一系列政策调整和市场动向都在不断淡化住房产权的财富价值和社会价值等，进而导致拥有住房产权对人们的幸福效应也可能会逐步降低。

但数据呈现出的事实究竟是否如此呢？为此，本书进一步从 CHFS 调查年份的维度展开异质性分组讨论，比较拥有住房产权在 2011 年、

2013 年、2015 年和 2017 年对人们主观幸福感的不同影响，实证结果如表 5.28 所示。从总体上看，关键解释变量住房产权的在四个组别中的回归系数均为正数且都在 1% 的显著性水平上显著，这一结果实际上可以作为本章基准实证结果的稳健性检验，表明在各个调查期中，拥有住房产权的居民往往比不拥有住房产权的居民更加幸福。而且，通过进一步比较解释变量在不同组别中的回归系数，可以发现关键解释变量在各个调查年份组别中的大小并不一致，然而基于 SUR 模型估计出的各个组别中的经验 P 值并不显著，这说明了在跨越七年的调查期内，拥有住房产权对居民主观幸福感的提升程度并没有表现出显著的差异。换句话说，从 2011 年至 2017 年期间，拥有住房产权对人们产生的幸福效应始终存在，虽然住房市场和社会经济发展迅速，但是似乎并没有显著改变获取住房产权对提升人们主观福祉的价值内涵。

表 5.28　　　　　　　　异质性分析：基于调查年份的维度

	（1）	（2）	（3）	（4）
	被解释变量：主观幸福感			
	2011 年	2013 年	2015 年	2017 年
解释变量				
住房产权	0.136 *** (0.039)	0.096 *** (0.021)	0.118 *** (0.021)	0.074 *** (0.020)
控制变量				
人口统计学特征	是	是	是	是
社会经济特征	是	是	是	是
宏观经济变量	是	是	是	是
年份固定效应	否	否	否	否
城市固定效应	是	是	是	是
调整 R^2	0.109	0.125	0.124	0.091
观测值	8339	26542	36944	39506

注：（1）括号内为稳健聚类标准误；（2）*** 代表在 1% 显著性水平上显著；（3）根据似无相关模型 SUR 组间系数差异检验，相关组别对应的经验 P 值分别为：P（1，2）= 0.341，P（2，3）= 0.470，P（3，4）= 0.101，P（1，3）= 0.675，P（1，4）= 0.159，P（2，4）= 0.435。

三、基于区域特征维度

中国的住房市场存在一个很显著的特征，即不同区域的住房市场存在明显的分化现象，最能反映出住房市场分化的指标通常是商品住房价格，不同地区的住宅商品房价格呈现出显著的差异。这也意味着，不同地区的住房产权对居民的主观福祉影响程度也自然存在差异。基于 CHFS 调查数据中的指标可获得性，本书根据国家统计局的最新划分办法，按照地理区位对不同省份的样本进行划分。需要说明的是，考虑到 CHFS 中东北三省地区的样本观测量相对有限，因而暂未将东北三省的样本单独形成一组，而是将辽宁省样本归于东部地区样本，将吉林省和黑龙江省的调查样本归于中部地区样本。所以，最终将本章基准回归中使用的四期 CHFS 总样本划分为东中西部三个子组，且由于 CHFS 调查范围未涵盖我国西部地区的新疆和西藏，因而东部地区样本来自北京、天津、河北、辽宁、上海、江苏、浙江、福建、山东、广东、海南 11 个省（市），中部地区样本来自吉林、黑龙江、山西、安徽、江西、河南、湖北、湖南 8 个省；西部地区样本来自内蒙古、广西、重庆、四川、贵州、云南、陕西、甘肃、青海、宁夏 10 个省（区、市）。

表 5.29 报告了基于城乡和区域维度的住房产权对居民主观幸福感影响的分组回归结果。具体而言，从第（1）列和第（2）列的实证结果来看，关键解释变量住房产权在两组中的回归系数均显著为正，表明了拥有住房产权对城市地区和农村地区居民主观幸福感都表现出正向提升作用。基于 SUR 模型的组间系数差异检验显示，第（1）列和第（2）列的经验 P 值并不显著，表明了拥有住房产权对城市地区和农村地区居民的主观福祉提升作用程度并不存在明显的差异，即农村和城市居民都很渴盼获取自己的住房产权。第（3）列至第（5）列展示了住房产权在东、中、西部对于居民主观幸福感提升的不同作用。总体上看，住房产权在各个组别中的回归系数均显著为正，表明了各个

区域中拥有住房产权的居民主观幸福感普遍高于不拥有住房产权的居民。但是 SUR 检验结果表明，第（3）列和第（5）列之间的经验 P 值在 5% 的显著性水平上显著，表明了拥有住房产权能够在更大程度是提升东部地区居民的主观幸福感。第（4）列和第（5）列之间的经验 P 值不显著，表明了拥有住房产权对中部地区和西部地区居民的主观福祉提升程度并没有显著的差异。第（4）列和第（5）列之间的经验 P 值在 1% 的显著性水平上显著，表明了相比较西部地区居民，住房产权对东部地区居民的主观幸福感提升作用更为强烈。总而言之，相比较中西部地区居民而言，拥有住房产权能在更大程度上提升东部地区居民主观福祉，这可能是因为东部地区的住房价格相对更高，获取住房产权的成本也往往更高，住房资源的相对稀缺性也更强，因而拥有住房产权一方面具有更显著的财富效应，同时拥有住房产权也更能提高出居民的社会经济地位认知和自我成就感等。

表 5. 29　　　　　　　　异质性分析：基于城乡和区域维度

	(1)	(2)	(3)	(4)	(5)
	被解释变量：主观幸福感				
	城乡区域		东中西部		
	城市地区	农村地区	东部地区	中部地区	西部地区
解释变量					
住房产权	0. 110 ***	0. 059 **	0. 134 ***	0. 076 ***	0. 044 *
	(0. 013)	(0. 029)	(0. 016)	(0. 018)	(0. 024)
控制变量					
人口统计学特征	是	是	是	是	是
社会经济特征	是	是	是	是	是
宏观经济变量	是	是	是	是	是
年份固定效应	是	是	是	是	是
城市固定效应	是	是	是	是	是

续表

	(1)	(2)	(3)	(4)	(5)
	被解释变量：主观幸福感				
	城乡区域		东中西部		
	城市地区	农村地区	东部地区	中部地区	西部地区
调整 R^2	0.110	0.124	0.113	0.109	0.119
观测值	75677	35654	54545	31335	25451

注：（1）括号内为稳健聚类标准误；（2）*、**、*** 分别代表在10%、5% 和1% 显著性水平上显著；（3）根据似无相关模型 SUR 组间系数差异检验，相关组别对应的经验 P 值分别为：P（1，2）= 0.102，P（3，4）= 0.028**，P（4，5）= 0.375，P（3，5）= 0.001*** 。

本书进一步将城乡与区域维度进行交叉分析，从而更加细致地对比不同地区城乡居民对待住房产权的不同主观心态。表5.30 报告了基于城乡和区域交叉维度的分组实证结果。第（1）列至第（2）列结果显示住房产权回归系数均显著为正，表明了住房产权能够显著提高东部地区城市和农村居民的主观幸福感。由于 SUR 模型的检验结果表明两组间的经验 P 值并不显著，表明了拥有住房产权对于提升东部地区城市居民和农村居民的主观福祉程度并没有显著的差异性。但是，根据第（3）列和第（4）列的结果，可以看出对于中部地区居民而言，住房产权仅能显著提升城市居民的主观幸福感，拥有住房产权对于中部农村地区居民主观幸福感没有显著影响。与此同时，第（5）列至第（6）列报告了住房产权对西部地区居民主观幸福感的影响，实证结果表明住房产权仅能在较低程度上改善西部地区城市居民的主观幸福感，而对于西部农村地区并没有显著的影响。除此之外，第（1）列与第（3）列、第（3）列与第（5）列之间的经验 P 值并不显著，而第（1）列与第（5）列的经验 P 值在5% 的显著性水平上显著，表明了相比较西部地区城市居民而言，拥有住房产权能在更大程度上显著提升东部地区城市居民的主观幸福感。综上所述，住房产权对居民主观幸福感的提升作用主要表现在东部地区和中部地区，尤其能够在更高程度上显著提升东部地区城市居民的主观幸福感，但住房产权并不会显著提升中、西部地区农村居民的主观幸福感。因而，从住房产权对居民主观福祉影响的角度，也可以从侧面窥见我国住房市场存在的明显分化现象。且越靠近东部地区，拥有住房产权对居民产生的幸福效应越强。

表 5.30　　　　　异质性分析：基于城乡与区域的交叉维度

	（1）	（2）	（3）	（4）	（5）	（6）
	被解释变量：主观幸福感					
	东部地区		中部地区		西部地区	
	城市地区	农村地区	城市地区	农村地区	城市地区	农村地区
解释变量						
住房产权	0.134 ***	0.141 ***	0.098 ***	0.011	0.055 *	0.019
	（0.017）	（0.050）	（0.019）	（0.050）	（0.030）	（0.049）
控制变量						
人口统计学特征	是	是	是	是	是	是
社会经济特征	是	是	是	是	是	是
宏观经济变量	是	是	是	是	是	是
年份固定效应	是	是	是	是	是	是
城市固定效应	是	是	是	是	是	是
调整 R^2	0.107	0.138	0.111	0.116	0.118	0.127
观测值	41696	12849	18714	12621	15267	10184

注：（1）括号内为稳健聚类标准误；（2）＊、＊＊＊分别代表在10%、1%显著性水平上显著；（3）根据似无相关模型SUR组间系数差异检验，相关组别对应的经验P值分别为：P(1, 2) =0.891，P(1, 3) =0.158，P(1, 5) =0.018 ＊＊ ，P(3, 5) =0.214。

第六节　进一步讨论

　　本章前面的基准回归结果、稳健性检验和异质性分析等内容，系统性揭示了拥有住房产权对居民主观幸福感的具体影响，同时通过多种手段确保了实证结论的稳健性和可靠性，也细致对比分析了住房产权对不同个体、在不同时间和区域的差异化作用结果。但是，考虑到本章基准回归中量化的居民主观幸福感为排序数据，即将其依次划分为了五个等级，那么，拥有住房产权究竟对居民主观幸福感的各个等级产生什么样的边际影响？拥有住房产权在居民主观幸福感变化中究竟发挥着什么样的作用？拥有多套住房产权对居民主观幸福感又有着怎样的影响？"有房—不幸福"与"无房—幸福"群体的分布特征如何？科学回答好诸如此类问题仍然至关重要，才能更加彻底地厘清获取住房产权对提升居民主观福祉的深刻内涵。为此，本章进一步围绕这些问题展开进一步讨论，旨在从更为丰富的视角和更加全面的维度全景式剖析住房产权在影响居民主观福祉方面发挥的作用。

一、边际效应分析

如前所述，本章基准实证模型采取的是有序 Probit 模型进行估计，但该模型的估计系数含义并不直观，只能从显著性水平以及系数符号方面给出有限的信息。为此，为了探讨拥有住房产权对居民主观幸福感各个层级的具体影响，因而有必要进行边际效应分析。参考（连玉君等，2014）的做法，本节计算了关键解释变量住房产权的连续边际效应，即在所有解释变量处于均值时，关键解释变量的单位变动如何影响被解释变量取各个值的概率。有序 Probit 模型边际效应求解的一般形式是：

$$\left.\frac{\partial Prob(y=i\,|\,x)}{\partial x}\right|_{x=\overline{x}} \quad (i=1,\ 2,\ 3,\ 4,\ 5) \tag{5.10}$$

其中，x 表示解释变量，y 表示被解释变量，i 表示被解释变量的取值范围。所以，式（5.4）的含义是：当解释变量发生 1 个单位的变动时，被解释变量在各个取值点上的概率如何变化。

表 5.31 报告了拥有住房产权对居民主观幸福感影响的边际效应，同时也报告了对应的标准误、Z 统计量和 P 值。实证结果表明，当所有解释变量处于均值时，拥有住房产权的居民主观幸福感为"非常不幸福"的概率下降 0.0035，为"不幸福"的概率下降 0.0113，为"一

般"的概率下降 0.0289，为"幸福"的概率上升 0.0139，为"非常幸福"的概率上升 0.0298。由此可见，拥有住房产权的居民主观幸福感相对更高，拥有住房产权能显著降低"非常不幸福""不幸福""一般"的概率，反之能够显著提高"幸福""非常幸福"的概率，且对"非常幸福"概率的正向提升作用最大，对主观幸福感"一般"概率的负向抑制作用最大。这也意味着，获取住房产权有助于居民跨越"中等幸福陷阱"。

表 5.31　　　拥有住房产权对居民主观幸福感影响的边际效应

主观幸福感	边际效应（拥有住房产权）	标准误	Z 统计量	P 值
非常不幸福	− 0.0035 ***	0.000	− 10.42	0.000
不幸福	− 0.0113 ***	0.001	− 10.70	0.000
一般	− 0.0289 ***	0.003	− 10.76	0.000
幸福	0.0139 ***	0.001	10.72	0.000
非常幸福	0.0298 ***	0.003	10.76	0.000

注：*** 代表在 1% 显著性水平上显著。

二、主观幸福感跃迁

本章基准实证回归结果虽然表明拥有住房产权对居民主观幸福感具有显著的提升作用，但却无法分离出拥有住房产权对主观幸福感处在不同层次的居民主观福祉变动究竟产生什么样的影响以及存在怎样的差异。为此，本节进一步探讨拥有住房产权对居民主观幸福感跃迁的影响。即依据居民主观幸福感的各个等级对实证样本进行重新归类分组，进而探讨拥有住房产权在每个组别中发挥的具体作用。图 5.5 和图 5.6 分别通过气泡图和密度图的方式，直观展示了 2011～2017 年 CHFS 数据中居民主观幸福感的分布概况。总的来说，感到"幸福"的样本比例相对最高，其次是感到"一般"的样本，排在第三位的是感到"非常幸福"的样本，感到"不幸福"或者"非常不幸福"的人群比重相对偏低。

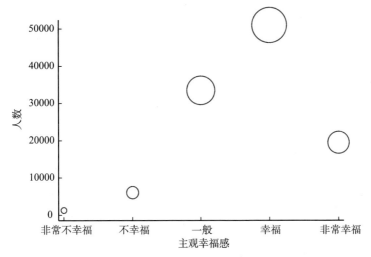

图 5.5　主观幸福感的分布气泡图

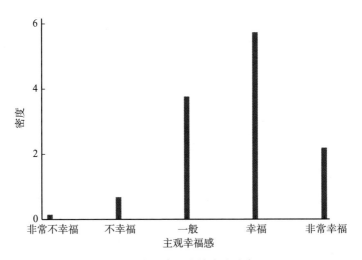

图 5.6　主观幸福感的密度分布图

　　我们不妨假设居民主观幸福感是逐级跃迁的，即遵循着"非常不幸福"→"不幸福"→"一般"→"幸福"→"非常幸福"的向上提高过程，或者遵循着方向逐级降低的过程。为此，本节依据上述主观幸福感两两相邻的等级，对总样本进行划分，即一共得到了 4 组子样本，包含了"非常不幸福→不幸福""不幸福→一般""一般→幸福"

"幸福→非常幸福"组别。在此基础上，本节对每组中的主观幸福感进行重新赋值，由于每组中只包含了主观幸福感水平相近的两类样本，因而将主观幸福感相对较低的赋值为 0，反之将主观幸福感相对较高的赋值为 1。

比如，在"非常不幸福→不幸福"组别中，主观幸福感为"非常不幸福"则赋值为 0，主观幸福感为"不幸福"则赋值为 1；依次类推，在"幸福→非常幸福"组别中，主观幸福感为"幸福"则赋值为 0，主观幸福感为"非常幸福"则赋值为 1。因此，在各个组别中，关键被解释变量主观幸福感跃迁为取值 0 和 1 的二值虚拟变量，所以本节将采取二值选择 Probit 模型进行实证研究，构建的回归方程形式如下所示：

$$Pr(happiness\_transition_{ijt} = 1) =$$
$$G(\beta_{7,1} + \beta_{7,2} \times homeownership_{ijt} + \beta_{7,3} \times controls_{ijt} + \theta_t + \delta_j + \varepsilon_{ijt})$$

$$(5.11)$$

其中，$happiness\_transition_{ijt}$ 为核心被解释变量，表示居民主观幸福感逐级跃迁的虚拟变量。$homeownership_{ijt}$ 仍然为核心解释变量，表示居民是否拥有住房产权的虚拟变量。$controls_{ijt}$ 表示人口统计学特征、社会经济特征和宏观经济变量这些控制变量，与本章基准实证模型中的控制变量完全一致。θ_t 和 δ_j 分别表示年份固定效应和城市固定效应。ε_{ijt} 为白噪声，服从标准正态分布。本节仍然使用 2011 年、2013 年、2015 年、2017 年 CHFS 数据进行实证，也与本章基准实证使用的数据一致。

表 5.32 报告了拥有住房产权对居民主观幸福感逐级跃迁影响的回归结果，不仅给出了关键解释变量的回归系数和标准误等信息，同时还显示了关键解释变量的边际效应。第（1）列报告了"非常不幸福→不幸福"组别中的回归结果，结果表明住房产权的回归系数为正且在 1% 的显著性水平上显著，表明拥有住房产权能够显著提升"非常不幸福"者的主观福祉水平，且使得生活"非常不幸福"者转变为生活"不幸福"者的概率增加 0.048。第（2）列报告了"不幸福→一般"组别中的回归结果，同样地，关键解释变量住房产权的回归结果也是

显著为正，表明了拥有住房产权能够显著提升生活"不幸福"者的主观福祉水平，且使得生活"不幸福"者转变为生活"一般"者的概率增加 0.021。第（3）列报告了"一般→幸福"组别中的回归结果，关键解释变量住房产权的回归结果同样也是显著为正，表明了拥有住房产权能够显著提升生活"一般"者的主观福祉水平，且使得生活"一般"者转变为生活"幸福"者的概率增加 0.040。但是，从第（4）列报告的"幸福→非常幸福"组别中的回归结果中，可以看出关键解释变量住房产权的回归系数并不显著，这表明了拥有住房产权难以显著改变幸福人群的主观幸福感。综合上述实证结果，可以发现拥有住房产权仅能够显著正向提高幸福水平相对较低的群体的主观幸福感，对于本身就已经感到幸福或者非常幸福的人群而言，拥有住房产权已经失去了明显的幸福效应。所以，从提升居民主观幸福感的视角来看，获取住房产权往往只能对那些幸福度较低的人群起到"雪中送炭"的作用，而难以对幸福度较高的人群起到"锦上添花"的作用。

更进一步地，我们不妨放松"居民主观幸福感是逐级跃迁的"这一假设，假定居民主观幸福感的变化存在跳跃性，即可能一共存在六种不同的跳跃情形，包括"非常不幸福→一般""非常不幸福→幸福""非常不幸福→非常幸福""不幸福→幸福""不幸福→非常幸福""一般→非常幸福"这些情形的跳跃。据此，本书按照居民主观幸福感可能存在跨级跃迁的所有六种情形展开实证研究。类似地，将 2011 ~ 2017 年 CHFS 样本按照上述六种情形划分成六个子样本组，并且将每个组别中相对偏低的幸福感等级赋值为 0，另外一个相对偏高的幸福感等级赋值为 1。因此，在上述六个组别中，关键被解释变量主观幸福感跃迁为取值 0 和 1 的二值虚拟变量，所以本节继续采取二值选择 Probit 模型进行实证研究，构建的回归方程形式如下所示：

$$Pr(happiness\_skip_{ijt} = 1) =$$
$$G(\beta_{8,1} + \beta_{8,2} \times homeownership_{ijt} + \beta_{8,3} \times controls_{ijt} + \theta_T + \delta_j + \varepsilon_{ijt})$$

$$(5.12)$$

其中，$happiness\_skip_{ijt}$ 为核心被解释变量，表示居民主观幸福感跨级跃迁的虚拟变量。$homeownership_{ijt}$仍然为核心解释变量，表示居民是否拥有住房产权的虚拟变量。$controls_{ijt}$表示人口统计学特征、社会经济特征和宏观经济变量这些控制变量，与本章基准实证模型中的控制变量完全一致。θ_t 和 δ_j 分别表示年份固定效应和城市固定效应。ε_{ijt} 为白噪声，服从标准正态分布。

表5.33报告了拥有住房产权对居民主观幸福感跨级跃迁影响的回归结果，同步报告了关键解释变量的回归系数、标准误以及边际效应等信息。第（1）列报告了"非常不幸福→一般"组别中的回归结果，结果表明住房产权的回归系数为正且在1%的显著性水平上显著，表明拥有住房产权能够显著提升"非常不幸福"者的主观福祉水平，且使得生活"非常不幸福"者转变为生活"一般"者的概率增加0.017。第（2）列报告了"非常不幸福→幸福"组别中的回归结果，同样地，关键解释变量住房产权的回归结果也是显著为正，表明了拥有住房产权能够使得生活"非常不幸福"者转变为生活"幸福"者的概率增加0.015。第（3）列报告了"非常不幸福→非常幸福"组别中的回归结果，关键解释变量住房产权的回归结果同样也是显著为正，表明了拥有住房产权能够使得生活"非常不幸福"者转变为生活"非常幸福"者的概率增加0.036。第（4）列报告了"不幸福→幸福"组别中的回归结果，关键解释变量住房产权的回归结果显著为正，表明了拥有住房产权能够使得生活"不幸福"者转变为生活"幸福"者的概率增加0.031。第（5）列报告了"不幸福→非常幸福"组别中的回归结果，关键解释变量住房产权的回归结果显著为正，表明了拥有住房产权能够使得生活"不幸福"者转变为生活"非常幸福"者的概率增加0.059。第（6）列报告了"一般→非常幸福"组别中的回归结果，关键解释变量住房产权的回归结果仍然显著为正，表明了拥有住房产权能够使得生活"一般"者转变为生活"非常幸福"者的概率增加0.045。综上所述，拥有住房产权能够显著助推居民主观幸福感发生由低到高的跨级跃迁，有助于改善幸福水平相对偏低的群体的主观幸福感。

表5.32　拥有住房产权与居民主观幸福逐级跃迁的回归结果

变量	(1) 非常不幸福→不幸福		(2) 不幸福→一般		(3) 一般→幸福		(4) 幸福→非常幸福	
	回归系数	边际效应	回归系数	边际效应	回归系数	边际效应	回归系数	边际效应
	被解释变量：主观幸福感跃迁							
解释变量								
住房产权	0.199*** (0.054)	0.048***	0.096*** (0.026)	0.021***	0.110*** (0.016)	0.040***	0.029 (0.019)	0.009
控制变量								
人口统计学特征	是		是		是		是	
社会经济特征	是		是		是		是	
宏观经济变量	是		是		是		是	
年份固定效应	是		是		是		是	
城市固定效应	是		是		是		是	
观测值	7317		39537		84497		70499	

注：(1) 括号内为稳健聚类标准误；(2) *** 代表在 1% 显著性水平上显著。

表 5.33　拥有住房产权与居民主观幸福感跨级跃迁的回归结果

<table>
<thead>
<tr><th rowspan="3"></th><th colspan="2">(1)</th><th colspan="2">(2)</th><th colspan="2">(3)</th><th colspan="2">(4)</th><th colspan="2">(5)</th><th colspan="2">(6)</th></tr>
<tr><th colspan="12">被解释变量：主观幸福感跳跃</th></tr>
<tr><th colspan="2">非常不幸福→一般</th><th colspan="2">非常不幸福→幸福</th><th colspan="2">非常不幸福→非常幸福</th><th colspan="2">不幸福→幸福</th><th colspan="2">不幸福→非常幸福</th><th colspan="2">一般→非常幸福</th></tr>
<tr><th></th><th>回归系数</th><th>边际效应</th><th>回归系数</th><th>边际效应</th><th>回归系数</th><th>边际效应</th><th>回归系数</th><th>边际效应</th><th>回归系数</th><th>边际效应</th><th>回归系数</th><th>边际效应</th></tr>
</thead>
<tbody>
<tr><td>解释变量</td><td></td><td></td><td></td><td></td><td></td><td></td><td></td><td></td><td></td><td></td><td></td><td></td></tr>
<tr><td>住房产权</td><td>0.233***
(0.041)</td><td>0.017***</td><td>0.308***
(0.040)</td><td>0.015***</td><td>0.378***
(0.051)</td><td>0.036***</td><td>0.193***
(0.025)</td><td>0.031***</td><td>0.246***
(0.033)</td><td>0.059***</td><td>0.134***
(0.021)</td><td>0.045***</td></tr>
<tr><td>控制变量</td><td></td><td></td><td></td><td></td><td></td><td></td><td></td><td></td><td></td><td></td><td></td><td></td></tr>
<tr><td>人口统计学特征</td><td>是</td><td></td><td>是</td><td></td><td>是</td><td></td><td>是</td><td></td><td>是</td><td></td><td>是</td><td></td></tr>
<tr><td>社会经济特征</td><td>是</td><td></td><td>是</td><td></td><td>是</td><td></td><td>是</td><td></td><td>是</td><td></td><td>是</td><td></td></tr>
<tr><td>宏观经济变量</td><td>是</td><td></td><td>是</td><td></td><td>是</td><td></td><td>是</td><td></td><td>是</td><td></td><td>是</td><td></td></tr>
<tr><td>年份固定效应</td><td>是</td><td></td><td>是</td><td></td><td>是</td><td></td><td>是</td><td></td><td>是</td><td></td><td>是</td><td></td></tr>
<tr><td>城市固定效应</td><td>是</td><td></td><td>是</td><td></td><td>是</td><td></td><td>是</td><td></td><td>是</td><td></td><td>是</td><td></td></tr>
<tr><td>观测值</td><td colspan="2">34663</td><td colspan="2">52063</td><td colspan="2">20670</td><td colspan="2">57056</td><td colspan="2">25539</td><td colspan="2">52980</td></tr>
</tbody>
</table>

注：（1）括号内为稳健聚类标准误；（2）***代表在 1% 显著性水平上显著。

三、多套住房产权

本书在第四章中的论述已经表明，根据中国人民银行调查统计司城镇居民家庭资产负债调查课题组于 2019 年 10 月中下旬在全国 30 个省（自治区、直辖市）对 3 万余户城镇居民家庭开展了资产负债情况调查结果，58.4% 的中国城镇居民家庭拥有一套住房，31.0% 的家庭拥有两套住房，10.5% 的家庭拥有三套及以上住房。然而，本章的基准回归模型仅将拥有住房产权的家庭与不拥有住房产权的家庭进行了对比，没有对拥有住房产权的家庭住房套数进行细分，没有比较不同套数住房产权对居民主观幸福感的差异化影响。当然，这也是现阶段此类文献存在的普遍局限性之一。为此，本节进一步基于 2011～2017 年 CHFS 数据展开讨论，研究多套住房产权对居民主观幸福感的影响，探寻住房产权对居民主观福祉影响的深层次规律。

本部分通过实证研究重点尝试回答以下四个问题：第一，拥有多套住房产权如何影响人们的主观幸福感？第二，住房产权数量与居民主观幸福感之间究竟存在什么样的关联？二者直接是否存在非线性关系？第三，拥有不同套数住房产权的居民相比较没有住房产权的居民，他们直接的主观幸福感存在怎样的差异？每一套住房产权对人们的主观幸福感到底产生了怎样的边际影响？第四，相比较仅有一套住房产权的人而言，拥有多套住房产权的居民主观幸福感是否也会更高？本部分将围绕这四个问题逐一开展实证研究。首先，本部分探讨拥有多套住房产权对居民主观幸福感的影响。且构建了如下计量模型：

$$happiness_{ijt} = \beta_{9,1} + \beta_{9,2} \times dum\_multihomeownership_{ijt} + \beta_{9,3}$$
$$\times controls_{ijt} + \theta_T + \delta_j + \varepsilon_{ijt} \tag{5.13}$$

其中，$dum\_multihomeownership_{ijt}$ 为关键解释变量，表示受访居民是否拥有多套住房产权的虚拟变量。被解释变量 $happiness_{ijt}$ 和所有控制变量 $controls_{ijt}$ 与本章基准模型中的完全一致。同时也控制了城市固定效应 δ_j 和年份固定效应 θ_T。此外，ε_{ijt} 为随机扰动项。与本章基准回归过程一致，采用有序 Probit 模型对该方程进行估计。

同时，根据 1974 年美国南加州大学（University of Southern California）经济学教授理查德·伊斯特林（Richard A. Easterlin）在其著作《经济增长可以在多大程度上提高人们的快乐》中提出著名的"伊斯特林悖论"（Easterlin Paradox），即经济增长和居民幸福感之间并非一致线性正相关，而是存在着一种倒"U"形关系。由此，我们似乎可以大胆地进行联想，作为家庭财富的主要储存形式，住房产权数量是否和居民主观幸福感之间也存在某种非线性关系？为了验证二者之间是否存在非线性关系，本书进一步构建了住房产权数量与居民主观幸福感之间的二次非线性回归方程，具体形式如下：

$$happiness_{ijt} = \beta_{10,1} + \beta_{10,2} \times multihomeownership_{ijt} + \beta_{10,3}$$
$$\times multihomeownership_{ijt}\text{^}2 + \beta_{10,4} \times controls_{ijt} + \theta_T + \delta_j + \varepsilon_{ijt}$$

$$(5.14)$$

其中，$multihomeownership_{ijt}$ 表示受访居民所拥有的住房产权数量，需要说明的是，由于拥有 5 套及以上住房产权数量的相对占比较少，因而本书将超过 5 套住房产权的统一赋值为 5，因而住房产权数量的取值范围为闭区间 $[0，5]$。$multihomeownership_{ijt}\text{^}2$ 表示受访居民拥有住房产权数量的平方项。被解释变量和其他控制变量等与方程（5.7）中一致，在此不作赘述。同样地，本节采取有序 Probit 模型对其进行估计。

表 5.34 报告了住房产权的总数量对居民主观幸福感影响的回归结果。第（1）列回归方程中对应的关键解释变量是拥有多套住房产权的虚拟变量，回归结果为正且在 1% 的显著性水平上显著，表明相比较不拥有住房产权者和仅拥有一套住房产权者而言，拥有多套住房产权能够显著提升居民的主观幸福感。第（2）列中的关键解释变量是受访者所拥有的住房产权数量，此时它的回归系数也是显著为正，再次说明拥有住房产权的套数越多，居民的主观幸福感也会越高。在此基础上，第（3）列进一步引入了住房产权数量的平方项，验证住房产权数量与居民主观幸福感之间可能存在的非线性关系。实证结果发现住房产权数量的回归系数依然显著为正，但其平方项的回归系数为负且在 1% 的

显著性水平上显著，这表明了住房产权数量与居民主观幸福感之间存在着倒"U"形关系，即拥有少量几套住房产权确实能够显著增强居民的主观幸福感，但拥有过多数量的住房产权却不能一直线性提高居民主观幸福感。即从居民主观幸福感的视角来看，居民拥有住房产权的套数理论上存在最优值。

表5.34　　　　住房产权数量对居民主观幸福感影响的回归结果

	(1)	(2)	(3)
	被解释变量：主观幸福感		
解释变量			
拥有多套住房产权 （对照组：无房者和仅有一套房者）	0.111 *** (0.010)		
住房产权数量		0.091 *** (0.006)	0.126 *** (0.013)
住房产权数量的平方项			−0.012 *** (0.004)
控制变量			
人口统计学特征	是	是	是
社会经济特征	是	是	是
宏观经济变量	是	是	是
年份固定效应	是	是	是
城市固定效应	是	是	是
观测值	111331	111331	111331

注：（1）括号内为稳健聚类标准误；（2）*** 代表在1%显著性水平上显著。

那么，拥有住房产权的具体套数究竟对居民主观幸福感产生怎样的不同影响？即探讨拥有不同套数住房产权的居民主观幸福感存在的差异。本书据此构建了如下回归方程：

$$happiness_{ijt} = \beta_{11,1} + \sum \left[\beta_{11,2} \times homeownership(k)_{ijt}\right] + \beta_{11,3}$$
$$\times controls_{ijt} + \theta_T + \delta_j + \varepsilon_{ijt} \tag{5.15}$$

其中，$homeownership(k)_{ijt}$ 为关键解释变量，其中的 k 表示受访居民 i 所拥有的住房产权实际套数虚拟变量，且 k 的取值范围是闭区间 $[0，5]$，若 $k=5$，则表示该受访居民拥有 5 套及以上住房产权。被解释变量、控制变量等均和本章基准回归中的一致。同时，也采用有序 Probit 模型对该方程进行估计。

表5.35 报告了住房产权具体套数对居民主观幸福感影响的回归结果。从第（1）列至第（5）列，回归模型中依次单独引入居民拥有住房产权的套数虚拟变量。实证结果表明，拥有 1 套住房产权的回归系数为负且在 5% 的显著性水平上显著，表明了仅拥有一套住房产权的居民并没有感到更幸福，反而在和其他社会群体对比中显得更加不幸福，这是因为仅有不足 10% 的受访居民不拥有住房产权，且仍有不少比重的居民拥有 2 套及以上住房产权。同时，第（2）列至第（5）列回归结果表明，拥有超过 1 套住房产权的居民主观幸福感通常更高，但拥有 5 套及以上住房产权对于提高居民主观幸福感的显著性相对较弱，统计意义上的显著性水平仅为 10%。第（6）列回归方程中将住房产权具体套数的五个虚拟变量都加以控制，此时的对照组实际上变成了不拥有住房产权的居民。回归结果表明，相比较不拥有住房产权的居民而言，拥有住房产权的居民主观幸福感普遍显著更高，但拥有 3 套住房产权和拥有 5 套及以上住房产权的回归系数值一致，且拥有 4 套住房产权的回归系数值相对最大，这暗示着可能拥有 4 套住房产权对居民主观幸福感的提升作用最强。为此进一步强化回归系数的直观含义与可比性，根据本章在稳健性检验部分介绍的 Probit-adapted OLS 估计方法，本书又通过该方法对第（6）列结果进行了重新估计，具体回归结果如第（7）列所示。显然，总体上拥有住房产权的居民主观幸福感相对无房者更高，且拥有 1 套住房产权、拥有 2 套住房产权、拥有 3 套住房产权、拥有 4 套住房产权、拥有 5 套及以上住房产权的回归系数分别为 0.095、0.175、0.245、0.270、0.248，说明了当居民拥有住

房产权不超过 4 套时，住房产权数量越多，那么其主观幸福感也往往越高，即住房产权对他们的主观福祉提升作用不断增强，且拥有 4 套住房产权对居民主观幸福感的提升程度最明显。但是，当居民拥有 5 套及以上住房产权时，此时住房产权对他主观幸福感的提升作用反而有所减弱，且此时住房产权对居民主观幸福感的提升程度近似等同于 3 套住房产权产生的幸福效应。

表 5.35　　住房产权具体套数对居民主观幸福感影响的回归结果

	(1)	(2)	(3)	(4)	(5)	(6)	(7)
	被解释变量：主观幸福感						
	Ordered Probit model						Probit-adapted OLS
解释变量							
拥有 1 套住房产权	−0.015 ** (0.008)					0.112 *** (0.012)	0.095 *** (0.012)
拥有 2 套住房产权		0.092 *** (0.010)				0.203 *** (0.015)	0.175 *** (0.015)
拥有 3 套住房产权			0.156 *** (0.027)			0.285 *** (0.029)	0.245 *** (0.027)
拥有 4 套住房产权				0.179 *** (0.060)		0.315 *** (0.061)	0.270 *** (0.054)
拥有 5 套及以上住房产权					0.149 * (0.087)	0.285 *** (0.087)	0.248 *** (0.071)
控制变量							
人口统计学特征	是	是	是	是	是	是	是
社会经济特征	是	是	是	是	是	是	是
宏观经济变量	是	是	是	是	是	是	是
年份固定效应	是	是	是	是	是	是	是
城市固定效应	是	是	是	是	是	是	是
调整 R^2	—	—	—	—	—	—	0.102
观测值	111331	111331	111331	111331	111331	111331	111331

注：（1）括号内为稳健聚类标准误；（2）*、**、*** 分别代表在 10%、5% 和 1% 显著性水平上显著。

根据表 5.35 中的第（6）列回归结果，本书又据此计算了拥有不同套数住房产权对居民主观幸福感影响的边际效应，具体结果如表 5.36 所示，并且图 5.7 更为直观地展示了不同住房产权套数影响居民主观幸福感的边际效应对比结果。显然，拥有不同套数的住房产权对居民主观幸福感为"非常不幸福""不幸福""一般"的概率都有着显著的负向作用，而对居民主观幸福感为"幸福""非常幸福"的概率产生了显著的正向作用。

表 5.36　　　住房产权套数对居民主观幸福感影响的边际效应

主观幸福感	拥有 1 套住房产权	拥有 2 套住房产权	拥有 3 套住房产权	拥有 4 套住房产权	拥有 5 套及以上住房产权
非常不幸福	− 0.0031 ***	− 0.0057 ***	− 0.0080 ***	− 0.0089 ***	− 0.0080 ***
不幸福	− 0.0102 ***	− 0.0185 ***	− 0.0261 ***	− 0.0289 ***	− 0.0261 ***
一般	− 0.0261 ***	− 0.0474 ***	− 0.0667 ***	− 0.0737 ***	− 0.0667 ***
幸福	0.0125 ***	0.0227 ***	0.0320 ***	0.0354 ***	0.0320 ***
非常幸福	0.0270 ***	0.0489 ***	0.0688 ***	0.0761 ***	0.0689 ***

注：*** 代表在 1% 显著性水平上显著。

尤为关键的是，当拥有住房产权的数量不超过 4 套时，住房产权对居民实现"幸福"或者"非常幸福"生活的边际效应逐步递增，而当拥有的住房产权数量达到 5 套及以上时，此时住房产权对居民实现"幸福"或者"非常幸福"生活的边际效应有所降低。并且，值得注意的是，通过对比拥有 3 套住房产权和拥有 5 套及以上住房产权时的边际效应，可以看出二者基本一致，即拥有 3 套住房产权给人们产生的幸福效应基本等价于拥有 5 套住房产权所产生的幸福效应，即拥有 4 套住房产权对居民产生的幸福效应最为突出。

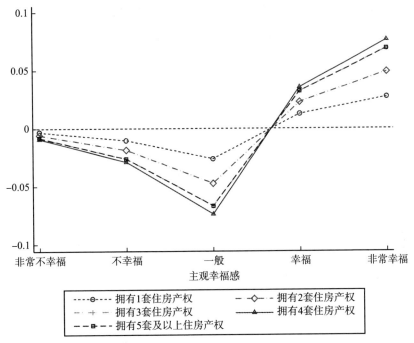

图 5.7　不同住房产权套数影响居民主观幸福感的边际效应对比

最后，本节进一步将实证样本限定为拥有住房产权的受访居民，比较拥有多套住房产权和仅拥有一套住房产权居民的主观幸福感差异，实证结果如表 5.37 所示。第（1）列中的关键解释变量为拥有多套住房产权的虚拟变量，其回归系数为正且在 1% 的显著性水平上显著，表明拥有多套住房产权的居民比仅拥有一套住房产权的居民主观幸福感更高。第（2）列报告了住房产权数量与有房居民主观幸福感之间的关系，总体上住房产权拥有量越多，居民的幸福感也越高。第（3）列进一步引入了拥有住房产权套数的虚拟变量，也可以看出拥有多套房的居民比仅拥有一套的居民更具幸福感，但拥有 3 套住房产权和拥有 5 套及以上住房产权对居民主观幸福感的影响程度十分接近。第（4）列再次以 Probit-adapted OLS 进行回归后也得到了基本一致的发现，再次说明拥有 3 套住房产权和拥有 5 套及以上住房产权对居民产生的幸福效应大致趋同，且拥有 4 套住房产权对居民主观幸福感的提升作用最强。

表 5.37　　　拥有多套住房产权与仅拥有一套住房产权的居民主观幸福感比较

	（1）	（2）	（3）	（4）
	被解释变量：主观幸福感			
	Ordered Probit model			Probit-adapted OLS
解释变量				
拥有多套住房产权 （对照组：仅有一套房者）	0.099 *** （0.010）			
住房产权数量		0.080 *** （0.008）		
拥有 2 套住房产权			0.089 *** （0.011）	0.078 *** （0.009）
拥有 3 套住房产权			0.170 *** （0.028）	0.146 *** （0.024）
拥有 4 套住房产权			0.199 *** （0.061）	0.170 *** （0.052）
拥有 5 套及以上住房产权			0.171 ** （0.086）	0.145 ** （0.073）
控制变量				
人口统计学特征	是	是	是	是
社会经济特征	是	是	是	是
宏观经济变量	是	是	是	是
年份固定效应	是	是	是	是
城市固定效应	是	是	是	是
调整 R^2	—	—	—	0.099
观测值	100531	100531	100531	100531

注：（1）括号内为稳健聚类标准误；（2）**、***分别代表在5%、1%显著性水平上显著。

四、"有房—不幸福" vs. "无房—幸福"

本章通过大量的实证研究，证明了拥有住房产权能够显著提升居民的主观幸福感，但从根本上说，回归分析只能研究变量之间的总体变化趋势，而对于一些离群值而言，回归结果对它们的解释能力较弱。这也意味着，在大样本情况下，虽然拥有住房产权在总体上能够有效提升居民主观幸福感，但不可否认的是，仍然存在一部分有房居民，它们的主观幸福感较低；也存在一部分无居民，它们的主观幸福感较高，即可能存在"房产—幸福"倒挂的现象。对于这些离群样本的筛选和关注，是被绝大多数实证研究所忽略的。显然，刻画出这些"有房—不幸福"与"无房—幸福"群体的基本特征是具有价值的，能够更为清晰地厘清它们的分布规律。表5.38报告了拥有住房产权与不拥有住房产权的居民主观幸福感统计结果。可以看出，对于拥有住房产权的样本而言，仍有1083个受访者感到非常不幸福，有5255个受访者感到不幸福，即累计有6338个有房样本对其当前生活感到不幸福。同理，对于不拥有住房产权的样本而言，仍有1604个受访者感到非常幸福，有4493个样本感到幸福，即累计有6097个无房样本对其当前生活感到幸福。

表5.38　拥有住房产权与不拥有住房产权的居民主观幸福感统计结果

主观幸福感	拥有住房产权的样本		不拥有住房产权的样本	
	人数（人）	占比（%）	人数（人）	占比（%）
非常不幸福	1083	1.08	212	1.96
不幸福	5255	5.23	793	7.34
一般	29791	29.63	3698	34.24
幸福	46515	46.27	4493	41.60
非常幸福	17887	17.79	1604	14.85
合计	100531	100	10800	100

资料来源：2011~2017年CHFS数据。

表5.39报告了"有房—不幸福"与"无房—幸福"样本的特征比较结果。第一，对于"有房—不幸福"的群体而言，从人口统计学特征来看，往往表现为身体状况欠佳，婚姻状况不理想；从社会经济特

征来看，主要居住在农村地区，户口为农业户口，受教育年限较短，较少拥有家庭汽车，收入和支出水平相对不高，社保参与率偏低；从宏观经济变量来看，主要居住在住房拥有率较高的地区，房价水平和地区经济发展水平相对偏低，物价水平相对偏高。第二，对于"无房—幸福"的群体而言，从人口统计学特征来看，女性表现得相对明显，健康程度较高；从社会经济特征来看，主要居住在城市地区和拥有城市户口，受教育年限较长，家庭收入和支出表现一般但是负债水平很低；从宏观经济变量来看，主要居住在住房拥有率较低的地区，地区人口规模相对偏小，房价水平和地区经济发展水平相对偏高。

表 5.39　"有房—不幸福"与"无房—幸福"样本的特征比较

相关变量	（1）总样本	（2）"有房—不幸福"样本相关均值特征	（3）"无房—幸福"样本相关均值特征
人口统计学特征			
性别	0.766	0.767	0.640
年龄（岁）	53.292	54.005	52.252
婚姻状态	0.860	0.780	0.728
家庭人口规模	3.300	3.478	3.003
少儿人口占比	0.195	0.189	0.127
老年人口占比	0.272	0.246	0.322
自评健康状况	3.202	2.595	3.329
社会经济特征			
城市地区	0.680	0.519	0.866
受教育年限（年）	9.278	7.548	9.557
工作状态	0.647	0.638	0.536
城市户口	0.472	0.328	0.586
中共党员	0.131	0.069	0.120
住所使用面积（平方米）	72.096	73.970	69.120
拥有汽车	0.226	0.106	0.132

续表

相关变量	（1） 总样本	（2） "有房—不幸福" 样本相关均值特征	（3） "无房—幸福" 样本相关均值特征
家庭年总收入（元）	76864	48080	62463
家庭年总支出（元）	50375	39144	44190
家庭总负债（元）	47710	44766	15302
医疗保险	0.924	0.895	0.888
养老保险	0.789	0.712	0.750
宏观经济变量			
城市住房拥有率	0.903	0.912	0.867
省份住房拥有率	0.903	0.905	0.888
年末常住总人口（万人）	5325	5219	4907
商品住宅平均销售价格 （元/平方米）	7782	6905	8870
人均GDP（元）	58486	52606	63076
CPI指数	102.081	102.126	102.102
样本合计	111331	6338	6097

资料来源：2011～2017年CHFS数据。

第七节　本章小结

　　本章利用2011年、2013年、2015年、2017年中国家庭金融调查（CHFS）数据，从微观视角研究拥有住房产权对居民主观福祉的影响。通过充分细致的实证研究，旨在从居民主观福祉的视角探讨住房产权的价值和意义，验证前面理论分析推论的合理性。并且通过多种计量手段和实证方法确保基准回归结果的稳健性与可靠性，尤其是创新性地应用了Probit-adapted OLS方法进行估计，且基于PSM倾向得分匹配法、Heckman两步法、Lewbel工具变量法进行内生性检验。在此基础上，本章从个体特征、调查年份、区域特征等维度分析拥有住房产权对不同群体的异质性影响，且运用了似无相关模型、费歇尔组合检验等方法进行组间系数差异检验。在此之后，本章展开进一步讨论，研究了拥有住房产权对居民主观幸福感影响的边际效应，也研究了拥有住房产权对居民主观幸福感逐步跃迁和跨级跃迁的影响，同时还研究了拥有多套住房产权对于居民主观幸福感的影响、"有房—不幸福"与"无房—幸福"群体的分布特征等。本章的主要研究结论如下：

（1）拥有住房产权能够显著提升居民的主观幸福感。第一，从个体维度看，男性户主和女性户主都很重视获取住房产权，且住房产权对两类户主产生的幸福效应并没有显著的差异；拥有住房产权对青年群体和中年群体的幸福效应最强，对提升老年群体的主观幸福感程度较弱；对于受过高等教育的人群和没有受过高等教育的人群而言，拥有住房产权都能提高他们的主观幸福感，但影响程度并没有表现出显著的差异性；拥有住房产权对于中年和青年女性的幸福效应程度类似，且对老年女性并没有产生明显的幸福效应；相比较中低收入群体而言，拥有住房产权能在更大程度上显著提升高收入人群的主观幸福感；拥有住房产权对农业户口和非农业户口群体的主观福祉提升作用并没有表现出显著的差异；对已婚/有伴侣的居民主观幸福感影响程度明显高于丧偶/离婚/分居/未婚的居民，且对于丧偶/离婚/分居/未婚的男性已经不存在明显的幸福效应了，而拥有住房产权对于已婚/有伴侣女性以及丧偶/离婚/分居/未婚女性并不存在显著的幸福效应差异。第二，从年份维度看，从 2011 年至 2017 年，拥有住房产权对人们产生的幸福效应始终存在，虽然住房市场和社会经济发展迅速，但是似乎并没有显著改变获取住房产权对提升人们主观福祉的价值内涵。第三，从区域维度看，拥有住房产权对城市地区和农村地区居民主观幸福感都表现出正向提升作用，但其对城市地区居民的主观福祉提升作用更强。住房产权对居民主观幸福感的提升作用主要表现在东部地区和中部地区，尤其能够在更高程度上显著提升东部地区城市居民的主观幸福感，且并不会显著提升中部、西部地区农村居民的主观幸福感。

（2）拥有住房产权能显著降低居民感到"非常不幸福""不幸福"

"一般"的概率，反之能够显著提高"幸福""非常幸福"的概率，且对居民感到"非常幸福"概率的正向提升作用最大，对主观幸福感"一般"概率的负向抑制作用最大。这也意味着，获取住房产权有助于居民跨越"中等幸福陷阱"。

（3）拥有住房产权仅能够显著正向提高幸福水平相对较低的群体的主观幸福感，对于本身就已经感到幸福或者非常幸福的人群而言，拥有住房产权已经失去了明显的幸福效应。所以，从提升居民主观幸福感的视角来看，获取住房产权往往只能对那些幸福度较低的人群起到"雪中送炭"的作用，而难以对幸福度较高的人群起到"锦上添花"的作用。拥有住房产权能够显著助推居民主观幸福感发生由低到高的跨级跃迁，有助于改善幸福水平相对偏低的群体的主观幸福感。

（4）住房产权数量对居民产生的边际幸福效应呈现出倒"U"形特征。拥有 3 套住房产权和拥有 5 套及以上住房产权对居民产生的幸福效应大致趋同，拥有 4 套住房产权对居民主观幸福感的提升作用最强。说明了当居民拥有住房产权不超过 4 套时，住房产权数量越多，那么其主观幸福感也往往越高，即住房产权对他们的主观福祉提升作用不断增强，且拥有 4 套住房产权对居民主观幸福感的提升程度最明显。但是，当居民拥有 5 套及以上住房产权时，此时住房产权对他主观幸福感的提升作用反而有所减弱，且此时住房产权对居民主观幸福感的提升程度近似等同于 3 套住房产权产生的幸福效应。

（5）对于"有房—不幸福"的群体而言，从人口统计学特征来看，往往表现为身体状况欠佳，婚姻状况不理想；从社会经济特征来看，主要居住在农村地区，户口为农业户口，受教育年限较短，较少拥有家庭汽车，收入和支出水平相对不高，社保参与率偏低；从宏观经济变量来看，主要居住在住房拥有率较高的地区，房价水平和地区经济发展水平相对偏低，物价水平相对偏高。对于"无房—幸福"的群体而言，从人口统计学特征来看，女性表现得相对明显，健康程度较高；从社会经济特征来看，主要居住在城市地区和拥有城市户口，受教育年限较长，家庭收入和支出表现一般但是负债水平很低；从宏观经济变量来看，主要居住在住房拥有率较低的地区，地区人口规模相对偏小，房价水平和地区经济发展水平相对偏高。

　　总之，本章实证结果实际上构成了本书的基准内容，全景式展示了拥有住房产权对于居民主观幸福感的影响。显然，增进民生福祉是发展的根本目的，增强人民群众获得感、幸福感、安全感更是彰显了以人民为中心的价值导向。然而，住房是民生之要，关乎每一个家庭的生存与发展，因而厘清住房产权与居民主观福祉之间的内在关联显得十分关键。本章从多个维度深入探讨了住房产权对居民主观幸福感的影响结果和细微差异，既达到了本章预设的研究目的，又为本书的后续研究奠定了坚实的基础。

第六章

住房产权影响居民主观福祉的机制分析

　　基于本书第五章关于拥有住房产权对居民主观福祉的影响研究结果，本章重点实证研究拥有住房产权对居民主观福祉影响的相关机制。综合运用中国综合社会调查数据（CGSS）、中国社会状况综合调查数据（CSS）、中国家庭金融调查数据（CHFS）等多套微观调查数据资源，充分挖掘各数据库中的相关指标，围绕经济地位、社会评价、家庭生活、邻里关系、心理感受等多个维度，基于需求层次理论、可行能力理论、阶层流动理论、社会流动理论、社会比较理论、政治参与理论、社会网络和社会资本理论、正向隧道效应等多种理论，创新性地围绕住房产权资产效应、社会门票效应、家庭和谐效应、睦邻效应、政治参与门票效应、自我肯定效应等，深度挖掘蕴藏在住房产权与居民主观福祉之间更为丰富的中国故事。

第一节　问题提出

　　本书第五章的实证研究已经证实，中国住房产权能够显著提升居民的主观幸福感。事实上，不少国外已有相关研究证明其他国家或地区的住房产权也可能对居民主观幸福感或者其他福祉产生显著促进作用。但是，不论是现有关于中国住房产权还是其他地区住房产权与居民主观福祉关系的研究中，机制分析往往相对简单且较为单一。那么，为什么拥有住房产权能够提升居民主观幸福感呢？

　　事实上，住房产权对居民主观幸福感的影响机制非常复杂，单从某个方面难以充分全面地解释住房产权与居民主观幸福感之间的内在关联。特别是在中国情境下，住房产权与政治、经济、文化、社会、心理等相互交织关联，其背后的历史因素、文化因素、市场因素和政策因素等并非单独某个理论或者某个学科所能讲透。所以，论证住房产权对居民主观福祉的影响，其关键之处在于多维度厘清二者之间的关联机制，因而必须也要借助经济学、社会学、心理学等多学科经典理论。而且，探讨住房产权对居民主观福祉影响的机制过程，实际上就是理解住房产权所承载的丰富的中国故事的过程。

　　国内越来越多的微观调查数据资源为厘清住房产权对居民主观福祉的影响机制提供了数据支撑。比如，中国家庭金融调查（CHFS）、中国综合社会调查（CGSS）、中国社会状况综合调查（CSS）等一系列数据库都采集了全国范围内各地居民的相关信息，其中包含了大量有关居民家庭住房产权、民生主观福祉等相关内容，从经济、社会、心理等多个维度搜集了宝贵的一手调查资料，这无疑为探讨住房产权对居民主观福祉的影响机制提供了可能。因此，本章基于上述相关数据资源，结合本书前文所述的多学科相关经典理论，围绕住房产权资产效应、社会门票效应、家庭和谐效应、睦邻效应、政治参与门票效应、自我肯定效应等，从微观视角全面论证住房产权影响居民主观福祉的内在机制。

　　本章接下来的主要研究内容具体安排如下：（1）介绍本章的实证研究设计，包括数据来源与处理过程、模型形式与变量设定、变量的描述性统计等；（2）对本章涉及的相关理论进行概括性梳理和归纳；（3）综合利用多种数据资源，对拥有住房产权影响居民主观幸福感的机制进行详细实证检验；（4）开展进一步讨论，拓展性研究住房不平等对于居民主观福祉的影响及其可能机理。

第二节　研究设计

一、数据来源与筛选说明

（一）数据来源

本章实证研究所选取的数据主要来自中国人民大学中国调查与数据中心发布的中国综合社会调查数据（CGSS），且可公开获取的调查年份为 2012 年、2013 年、2015 年、2017 年。同时，根据研究的需要以及相关调查研究的互补性和交叉性，本章还综合使用了西南财经大学家庭金融调查与研究中心发布的中国家庭金融调查（CHFS）、中国社会科学院社会学研究所发布的中国社会状况综合调查数据（CSS）。其中，本章使用到的 CHFS 数据即本书第五章实证所使用的数据库，年份跨度涵盖了 2011 年、2013 年、2015 年和 2017 年。对于 CSS 数据，考虑到指标的可得性以及抽样地区信息的可得性，本书挑选了 2011 年和 2019 年 CSS 数据进行补充验证。由于本书第五章已经对上述 3 套数据资源进行过较为详细的介绍，并且对数据的清洗过程和最终结果也作了相应说明，因而，本章在此不再赘述。

之所以选取不同的微观调查数据，探索住房产权对居民主观幸福感的影响机制研究，是因为不同的调查数据各有侧重。概括地说，CHFS 数据偏重对家庭金融进行调研，问卷中含有十分丰富的有关居民住房产权的信息，对于本书的研究至关重要，但 CHFS 问卷中较少涉及有关居民主观福祉和社会认知等方面的信息，因而难以为本章的机制研究单独提供充足的数据支撑。CGSS 和 CSS 数据则更加侧重于搜集关于社会变迁、主观认知、社会态度等方面的信息，但对居民住房产权等相关信息却涵盖较少，因而也难以独自支撑起本章的机制研究。考虑到本章需要从多个维度综合分析住房产权对居民主观福祉的影响机制，其中较为重要的机制维度是社会层面、心理层面等，因而本章综合使用 CGSS、CHFS、CSS 这 3 套微观数据库进行实证研究。

除此之外，和本书第五章基准实证模型一致，本章再次根据所使用的 CGSS、CHFS、CSS 年份信息和省份信息，从中国国家统计局进一步搜集整理了相关年份地区层面的宏观经济数据，主要包括住宅商品房平均销售价格、年末常住总人口、物价水平、人均地区生产总值等，以此反映地区的房价、物价、人口和经济发展水平等。

（二）数据筛选说明

为了确保本章关键解释变量以及控制变量等与本书第五章基准实证保持一致，本章使用的 2011 年、2013 年、2015 年和 2017 年 CHFS 数据库和本书第五章保持一致。对于 CGSS 数据，本章对照第五章中关于 CHFS 数据的处理办法，从 2012 年、2013 年、2015 年和 2017 年 CGSS 数据库中提取同样的解释变量和控制变量，且各个变量的赋值方式与 CHFS 中的赋值方式保持一致，对样本中出现的异常值、缺失值、无效值进行了剔除，并且通过省份信息将地区宏观经济变量与 CGSS 微观调查样本进行了匹配，对家庭收入、家庭支出、地区的房价水平、经济发展水平、年末常住总人口等绝对指标进行了对数化处理，并最终得到了 41087 个有效观测。类似地，本书对 CSS 数据库也进行了同样的处理，通过剔除缺失值、异常值、无效值等，通过省份信息匹配了宏观经济变量，且对家庭收入、家庭支出、地区的房价水平、经济发展水平、年末常住总人口等绝对指标进行了对数化处理。经过上述一系列数据整理和清洗之后，本书最终得到了 2011 年 CSS 一共 7036 个有效观测、2019 年 CSS 一共 10281 个有效观测。但在此需要说明的是，由于历年 CGSS 数据和 CSS 数据仅公布了受访者所在省份的名称，并没有提供所在城市的名称或代码，因而本章在使用 CGSS 数据和 CSS 数据进行回归估计时，只能控制住省份固定效应而非城市固定效应。

二、模型形式与变量设定

(一)模型形式

参考国内外已有相关文献(Chen et al.，2021)，同时结合本章实证研究的微观数据具体情况，本章采用多年度 CGSS 混合截面数据、多年度 CHFS 混合截面数据、CSS 数据论证拥有住房产权对居民主观幸福感的影响机制。在本章中，由于机制研究中所使用的绝大多数指标基本都来自微观家庭问卷调查数据，且问卷中的相关选项设置大多为排序数据(ordered data)，或者诸如"是/否"等二值选择数据。因此，与本书第五章基准实证模型类似，本章也首先通过有序 Probit 模型处理被解释变量为排序数据的情形，且构建的计量模型一般形式如下所示：

$$mechanisms_{ijt} = F(\beta_{1,1} + \beta_{1,2} \times homeownership_{ijt} + \beta_{1,3} \times controls_{ijt} + \theta_t + \delta_j + \varepsilon_{ijt})$$

$$(6.1)$$

其中，$mechanisms_{ijt}$ 是本章实证研究中的关键被解释变量集合，表示住房产权对居民主观幸福感影响的相关机制对应的变量集合，包括心理层面、社会层面等多个方面的变量，本章在进行逐一讨论机制时会再具体给出相关被解释变量的定义。$homeownership_{ijt}$ 同样也是本章最关心的解释变量，它是受访家庭是否拥有住房产权的虚拟变量，事实上，由于本书探讨的是住房产权对居民主观福祉的影响及相关机制，因而该解释变量始终贯穿全文。方程中的 $controls_{ijt}$ 为控制变量集合，和本书第五章控制变量一致，本章实证模型中的控制变量主要分为三大类：第一类控制变量是受访家庭的人口统计学特征，包括户主性别、年龄、年龄的平方项、婚姻状态、家庭人口规模、少儿人口占比、老年人口占比、自评健康状况等；第二类控制变量是受访家庭的社会经济特征，包括城乡虚拟变量、受教育年限、工作状态、户口状态、政治面貌、住所使用面积、是否拥有汽车、家庭年总收入、家庭年总支出、医疗保险参与、养老保险参与等；第三类控制变量是地区宏观经济变量，包括区域住房拥有率、年末常住总人口、商品住宅平均销售价格、人均地区生产总值、消费价格指数等。在上述控制变量集合中，为了尽可能减弱模型中绝对数值可能产生的异方差性，在本书的实证研究中，对家庭年总收入、家庭年总支出、年末常住总人口、商品住宅平均销售价格、人均地区生产总值等进了取自然对数处理。与此同时，由于本书已获取的 CHFS 数据包含了 2011 年、2013 年、2015 年和 2017 年四年调查样本，CGSS 数据包含了 2012 年、2013 年、2015 年和 2017 年四年调查样本，因而模型中还控制了随时间变化的不可观测因素 θ_T。而且，在使用 CHFS 数据进行实证研究时，由于 CHFS 数据库公布了受访者所在城市的编码，因此可以控制城市固定效应 δ_j。但是，对于 CGSS 和 2019 年 CSS 数据库而言，如前所述，它们都只公开了受访家庭所在省份名称，因而模型中只能控制随省份变化的不可观测因素 δ_j。模型中的 ε_{ijt} 为随机扰动项，服从均值为 0、方差为 1 的标准正态分布。此外，$F(\cdot)$ 为某非线性函数，具体形式为：

$$F\left(mechanisms_{ijt}^{*}\right) = \begin{cases} 1 & mechanisms^{*} < \mu_1 \\ 2 & \mu_1 < mechanisms^{*} < \mu_2 \\ \vdots & \vdots \\ J & mechanisms^{*} > \mu_{J-1} \end{cases} \qquad (6.2)$$

其中，$mechanisms_{ijt}^{*}$ 为 $mechanisms_{ijt}$ 背后的不可观测的连续变量，一般被称为潜变量（latent variable），满足：

$$mechanisms_{ijt}^{*} = \beta_{2,1} + \beta_{2,2} \times homeownership_{ijt} + \beta_{2,3} \\ \times controls_{ijt} + \theta_t + \delta_j + \varepsilon_{ijt} \qquad (6.3)$$

$\mu_1 < \mu_2 < \mu_3 < \cdots < \mu_{J-1}$ 称为切点（cutoff points），均为待估计参数。

与此同时，本章中的机制探讨中还将涉及被解释变量为二值虚拟变量的情形，比如是否参与社区治理、是否参与投票选举等，因而适用于 Probit 模型进行估计。且设定的计量模型一般形式为：

$$Pr(dummy\_mechanisms_{ijt} = 1) = \\ G(\beta_{3,1} + \beta_{3,2} \times homeownership_{ijt} + \beta_{3,3} \times controls_{ijt} + \theta_t + \delta_j + \varepsilon_{ijt})$$

$$(6.4)$$

其中，$dummy\_mechanisms_{ijt}$为核心被解释变量，表示机制检验中涉及的相关虚拟变量（如：是否参与社区治理、是否参与投票选举等）。$homeownership_{ijt}$为核心解释变量，仍然表示居民是否拥有住房产权的虚拟变量。$controls_{ijt}$表示人口统计学特征、社会经济特征和宏观经济变量这些控制变量，与本章方程（6.1）中的控制变量完全一致。θ_T和δ_j分别表示年份固定效应和城市固定效应。ε_{ijt}为白噪声，服从标准正态分布。

（二）变量设定

由于本章的机制研究中主要使用到的数据是 2012 年、2013 年、2015 年和 2017 年 CGSS 数据，因而，不妨以四个年份 CGSS 混合截面数据为例，根据 CGSS 问卷中的相关信息，对本章实证研究过程中主要涉及的相关变量进行定义。表 6.1 汇报了本章主要被解释变量设定及其定义，考虑到本章实证过程中的控制变量均与本书第五章基准实证中的保持一致，因而此处不再对相关控制变量进行赘述。而且，由于本章在后续的实证过程中还将结合具体问题对相关被解释变量进行详细介绍，因而在此暂且先不展开说明。

表 6.1   **本章主要变量设定与定义**

变量名	变量定义
住房产权	受访时家庭拥有住房产权的状况，拥有住房产权为 1，否则为 0
社会公平感评价	完全不公平 =1，比较不公平 =2，说不上公平但也不能说不公平 =3，比较公平 =4，完全公平 =5
社会阶层感知	取值范围为 1 分至 10 分，且 1 分表示社会的最底层，10 分表示社会的最顶层
社会信任度评价	完全不信任 =1，比较不信任 =2，说不上信任但也不能说不信任 =3，比较信任 =4，完全信任 =5
心情抑郁/沮丧月度频率	从不 =1，很少 =2，有时 =3，经常 =4，总是 =5

变量名	变量定义
与邻居/街坊/同村其他居民的熟悉程度	非常不熟悉 =1，不太熟悉 =2，一般 =3，比较熟悉 =4，非常熟悉 =5
与邻居进行社交娱乐活动频率	从来不 =1，一年 1 次或更少 =2，一年几次 =3，大约一个月 1 次 =4，一个月几次 =5，一周 1 到 2 次 =6，几乎每天 =7
与其他朋友进行社交娱乐活动频率	从来不 =1，一年 1 次或更少 =2，一年几次 =3，大约一个月 1 次 =4，一个月几次 =5，一周 1 到 2 次 =6，几乎每天 =7
上次居委会选举/村委会选举中有无投票资格	有 =1，无 =0
上次居委会选举/村委会选举中是否参加了投票	是 =1，否 =0
家庭经济状况在所在地所述档次	远低于平均水平 =1，低于平均水平 =2，平均水平 =3，高于平均水平 =4，远高于平均水平 =5
与同龄人相比的社会经济地位	较低 =1，差不多 =2，较高 =3
和亲人/朋友接触和联系密切程度	非常不密切 =1，不密切 =2，一般 =3，密切 =4，非常密切 =5
收入合理度评价	非常不合理 =1，不合理 =2，合理 =3，非常合理 =4
过去四周是否经常感觉充满活力	从不 =1，很少 =2，有时 =3，经常 =4，总是 =5
本人的社会经济地位	下 =1，中下 =2，中 =3，中上 =4，上 =5
整体生活状况满意程度	完全不满意 =1，非常不满意 =2，比较不满意 =3，无所谓满意不满意 =4，比较满意 =5，非常满意 =6，完全满意 =7
对未来是否持乐观态度	非常不乐观 =1，不乐观 =2，无所谓乐观不乐观 =3，乐观 =4，非常乐观 =5
是否认为自己现在相当成功	完全不同意 =1，相当不同意 =2，比较不同意 =3，有点不同意 =4，有点同意 =5，比较同意 =6，相当同意 =7，完全同意 =8

变量名	变量定义
是否能想到很多方法来实现自己近期目标	是 = 1，否 = 0
如果发现自己身陷困境，是否能想出很多办法摆脱困境	是 = 1，否 = 0
对婚姻生活是否感到满意	满意/非常满意 = 1，其他 = 0
与周围的人相比是否感到知足	是 = 1，否 = 0
预计10年后阶层等级	取值范围为1分至10分，且1分表示社会的最底层，10分表示社会的最顶层
现在阶层等级－10年前阶层等级	当前的社会阶层等级感知减去对10年前的社会阶层等级感知
现在阶层等级－14岁的阶层等级	当前的社会阶层等级感知减去对14岁时的社会阶层等级感知
10年后阶层等级－10年前阶层等级	对10年后的社会阶层等级感知减去对10年前的社会阶层等级感知
10年后阶层等级－14岁的阶层等级	对10年后的社会阶层等级感知减去对14岁时的社会阶层等级感知

资料来源：2012~2017年CGSS调查数据。

三、变量的描述性统计

基于2012年、2013年、2015年和2017年CGSS混合截面数据，表6.2具体展示了本章实证研究相关变量的描述性统计结果。与本章表6.1类似，考虑到本章实证过程中的控制变量均与本书第五章基准实证中的保持一致，因而此处不再对相关控制变量进行重复描述。从表6.2中可以看出，在四期的CGSS全样本中，解释变量住房产权的均值为0.924，说明了约有92.4%的受访家庭在接受问卷调查时已经获得了家庭自有住房，即住房拥有率约为92.4%，该比值略高于本书第五章依据CHFS数据测算的结果。除此以外，从控制变量的描述性统计结

构可以看出，大约有一半的受访者为男性，且受访者的平均年龄为 50
岁左右，80.1% 的受访户主处于在婚或同居状态。来自城市地区的样
本家庭大约占总样本的 47%，61.2% 的受访户主受访时拥有工作，
45.4% 的受访户主拥有城市户口，且总样本中中共党员（含预备党员）
占比近 11.2%。总体而言，CGSS 数据具有较为良好的代表性，能够为
本章后续实证研究提供良好的数据支撑。

表 6.2　　　　　　　本章相关变量的描述性统计结果

变量名	观测值	平均值	标准差	最小值	最大值
住房产权	41087	0.924	0.265	0	1
社会公平感评价	41087	3.093	1.050	1	5
社会阶层感知	41087	4.237	1.680	1	10
社会信任度评价	41087	3.435	1.006	1	5
心情抑郁/沮丧月度频率	41087	2.145	0.967	1	5
与邻居/街坊/同村其他居民的熟悉程度	9695	3.771	1.058	1	5
与邻居进行社交娱乐活动频率	41087	4.259	2.157	1	7
与其他朋友进行社交娱乐活动频率	41087	4.113	1.844	1	7
上次居委会选举/村委会选举中有无投票资格	41087	0.961	0.194	0	1
上次居委会选举/村委会选举中是否参加了投票	41087	0.589	0.690	0	1
家庭经济状况在所在地所述档次	41087	2.627	0.723	1	5
与同龄人相比的社会经济地位	19104	1.707	0.551	1	3
和亲人/朋友接触和联系密切程度	9837	3.457	0.841	1	5
收入合理度评价	8580	2.664	0.556	1	4
在过去四周是否经常感觉充满活力	1527	3.307	0.922	1	5
本人的社会经济地位	11218	2.216	0.871	1	5
对自己现在整体生活状况的满意程度	3785	4.858	1.061	1	7
是否对未来持乐观态度	3659	3.886	0.768	1	5
是否认为自己现在相当成功	3588	3.958	1.552	1	8
是否能想到很多方法来实现自己近期目标	3540	0.528	0.499	0	1

续表

变量名	观测值	平均值	标准差	最小值	最大值
如果发现自己身陷困境，是否能想出很多办法摆脱困境	3602	0.744	0.436	0	1
对婚姻生活是否感到满意	2829	0.882	0.323	0	1
与周围的人相比是否感到知足	3628	0.842	0.365	0	1
预计 10 年后阶层等级	39909	5.179	2.037	1	10
现在阶层等级 – 10 年前阶层等级	41001	0.724	1.498	– 9	9
现在阶层等级 – 14 岁的阶层等级	40877	1.133	1.860	– 9	9
10 年后阶层等级 – 10 年前阶层等级	39858	1.667	2.080	– 9	9
10 年后阶层等级 – 14 岁的阶层等级	39761	2.071	2.193	– 9	9

资料来源：2012 ~ 2017 年 CGSS 调查数据。

为了对初步查验拥有住房产权对居民主观幸福感影响的可能机制，基于 2012 ~ 2017 年 CGSS 调查数据，表 6.3 报告了拥有住房产权和不拥有住房产权居民的相关指标均值差异 T 检验结果。检验结果表明，拥有住房产权的居民和不拥有住房产权的居民在本章选取的各个方面都存在显著差异。而且从总体上看，拥有住房产权的居民在自我经济地位认知、社会评价、家庭生活、邻里关系、基层政治参与、主观心理感受等方面都表现出相对更优的结果，这意味着拥有住房产权可能会通过上述若干方面对居民主观幸福感产生积极影响。

表 6.3　　　拥有住房产权和不拥有住房产权居民的相关
指标均值差异 T 检验 （CGSS）

指标	组别	观测值	平均值	标准差	组间差异	P 值	显著性
社会公平感评价	拥有住房产权	37971	3.108	1.044	0.199	0.000	***
	不拥有住房产权	3116	2.909	1.105			

指标	组别	观测值	平均值	标准差	组间差异	P值	显著性
社会阶层感知	拥有住房产权	37971	4.264	1.672	0.351	0.000	***
	不拥有住房产权	3116	3.913	1.748			
社会信任度评价	拥有住房产权	37971	3.448	1.000	0.165	0.000	***
	不拥有住房产权	3116	3.283	1.071			
心情抑郁/沮丧月度频率	拥有住房产权	37971	2.139	0.961	-0.072	0.000	***
	不拥有住房产权	3116	2.211	1.032			
与邻居/街坊/同村其他居民的熟悉程度	拥有住房产权	8959	3.821	1.039	0.652	0.000	***
	不拥有住房产权	736	3.168	1.105			
与邻居进行社交娱乐活动频率	拥有住房产权	37971	4.313	2.143	0.713	0.000	***
	不拥有住房产权	3116	3.600	2.222			
与其他朋友进行社交娱乐活动频率	拥有住房产权	37971	4.125	1.845	0.160	0.000	***
	不拥有住房产权	3116	3.965	1.831			
上次居委会选举/村委会选举中有无投票资格	拥有住房产权	37971	0.963	0.189	0.025	0.000	***
	不拥有住房产权	3116	0.938	0.241			
上次居委会选举/村委会选举中是否参加了投票	拥有住房产权	37971	0.597	0.681	0.096	0.000	***
	不拥有住房产权	3116	0.501	0.789			
家庭经济状况在所在地所述档次	拥有住房产权	37971	2.647	0.717	0.267	0.000	***
	不拥有住房产权	3116	2.380	0.750			
与同龄人相比的社会经济地位	拥有住房产权	17791	1.717	0.549	0.139	0.000	***
	不拥有住房产权	1313	1.577	0.565			
和亲人/朋友接触和联系密切程度	拥有住房产权	9230	3.470	0.835	0.206	0.000	***
	不拥有住房产权	607	3.264	0.897			
收入合理度评价	拥有住房产权	7929	2.671	0.553	0.091	0.000	***
	不拥有住房产权	651	2.581	0.593			
在过去四周是否经常感觉充满活力	拥有住房产权	1420	3.323	0.917	0.220	0.025	**
	不拥有住房产权	107	3.103	0.971			

指标	组别	观测值	平均值	标准差	组间差异	P值	显著性
本人的社会经济地位	拥有住房产权	10172	2.237	0.872	0.229	0.000	***
	不拥有住房产权	1046	2.009	0.831			
对自己现在整体生活状况的满意程度	拥有住房产权	3437	4.887	1.048	0.312	0.000	***
	不拥有住房产权	348	4.575	1.145			
是否对未来持乐观态度	拥有住房产权	3340	3.900	0.761	0.163	0.001	***
	不拥有住房产权	319	3.737	0.832			
是否认为自己现在相当成功	拥有住房产权	3274	3.989	1.548	0.356	0.000	***
	不拥有住房产权	314	3.634	1.565			
是否能想到很多方法来实现自己近期目标	拥有住房产权	3235	0.534	0.499	0.072	0.017	**
	不拥有住房产权	305	0.462	0.499			
如果发现自己身陷困境，是否能想出很多办法摆脱困境	拥有住房产权	3288	0.751	0.433	0.075	0.006	***
	不拥有住房产权	314	0.675	0.469			
对婚姻生活是否感到满意	拥有住房产权	2611	0.886	0.318	0.061	0.023	**
	不拥有住房产权	218	0.826	0.380			
与周围的人相比是否感到知足	拥有住房产权	3308	0.849	0.358	0.087	0.001	***
	不拥有住房产权	320	0.763	0.426			
预计10年后阶层等级	拥有住房产权	36901	5.193	2.026	0.191	0.000	***
	不拥有住房产权	3008	5.002	2.158			
现在阶层等级 - 10年前阶层等级	拥有住房产权	37897	0.745	1.479	0.283	0.000	***
	不拥有住房产权	3104	0.462	1.681			
现在阶层等级 - 14岁的阶层等级	拥有住房产权	37782	1.172	1.841	0.515	0.000	***
	不拥有住房产权	3095	0.657	2.024			
10年后阶层等级 - 10年前阶层等级	拥有住房产权	36859	1.676	2.066	0.114	0.007	***
	不拥有住房产权	2999	1.562	2.244			
10年后阶层等级 - 14岁的阶层等级	拥有住房产权	36771	2.096	2.178	0.337	0.000	***
	不拥有住房产权	2990	1.759	2.356			

注：**、*** 分别代表在5%、1%显著性水平上显著。

资料来源：2012~2017年CGSS调查数据。

本章除了主要使用到 2012 ~ 2017 年 CGSS 调查数据之外，还在较大程度上使用了 CHFS 调查数据。而且，通过全面梳理 2011 ~ 2017 年 CHFS 调查问卷，发现 2015 年 CHFS 调查问卷中涉及本章实证研究所需要的相关重要变量。为此，作为对 CGSS 调查数据的补充和对比，本节基于 2015 年 CHFS 调查数据，进一步开展了拥有住房产权和不拥有住房产权居民的相关指标均值差异 T 检验，检验结果如表 6.4 所示。显然，同样可以看出拥有住房产权的居民和不拥有住房产权的居民在相关方面均存在显著差异，而且拥有住房产权的居民在个人主观安全感、社区治理参与、义务教育满意度等方面都具有相对更好的表现，这也意味着拥有住房产权可能通过上述几个渠道影响居民主观幸福感。

表 6.4 拥有住房产权和不拥有住房产权居民的相关
指标均值差异 T 检验（CHFS）

组别	观测值	主观安全感			P 值	显著性
		平均值	标准差	组间差异		
拥有住房产权	18432	3.557	0.935	0.195	0.000	***
不拥有住房产权	1596	3.362	1.001			

组别	观测值	参与社区治理的意愿			P 值	显著性
		平均值	标准差	组间差异		
拥有住房产权	14244	0.346	0.476	0.068	0.000	***
不拥有住房产权	2588	0.278	0.448			

组别	观测值	是否对社区提过建议			P 值	显著性
		平均值	标准差	组间差异		
拥有住房产权	17179	0.241	0.428	0.061	0.000	***
不拥有住房产权	2843	0.180	0.385			

组别	观测值	对社区的建议是否受到了重视			P 值	显著性
		平均值	标准差	组间差异		
拥有住房产权	14288	0.157	0.364	0.054	0.000	***
不拥有住房产权	2604	0.103	0.304			

组别	观测值	对社区的建议是否受到社区或上级政府采纳			P 值	显著性
		平均值	标准差	组间差异		
拥有住房产权	4135	0.491	0.500	0.099	0.000	***
不拥有住房产权	513	0.392	0.489			

组别	观测值	社区居委会/村委会的帮助大小			P 值	显著性
		平均值	标准差	组间差异		
拥有住房产权	14261	2.750	1.252	0.165	0.000	***
不拥有住房产权	2589	2.585	1.272			

组别	观测值	对本区/县的义务教育满意程度			P 值	显著性
		平均值	标准差	组间差异		
拥有住房产权	15725	3.681	0.929	0.160	0.000	***
不拥有住房产权	2378	3.521	0.924			

注：*** 代表在1%显著性水平上显著。
资料来源：2015 年 CHFS 调查数据。

第三节　实证结果分析

本节既是本章的核心内容，也是对本书第五章实证研究结果的机制分析。本节综合借鉴房地产经济学、社会学、心理学、福祉经济学及幸福经济学等多重学科理论观点，从经济、社会、家庭、邻里、心理等多个维度，充分挖掘现有微观调查数据中的相关信息，实证研究住房产权对居民主观福祉的影响机制，揭示出拥有住房产权对中国居民的深层次含义和价值，从而厘清住房产权之所以能够产生幸福效应的原理，进而不断丰富本书研究的内涵，凸显本书的研究价值和学术创新，进一步挖掘凝结在住房产权上的中国故事。

一、资产效应

自 1998 年我国城镇住房全面市场化改革以来，我国房地产市场经历了较长一段时间的火热现象。尤其进入 21 世纪之后，中国城镇地区商品住宅价格快速上涨，尤其是我国的东部沿海经济相对发达城市以及很多大中城市，商品房价格曾一度飙升，这也就导致了拥有住房产权者的住房财富迅速增值。所以，"买到就是赚到"似乎导致了人们对于之所以要获取自有住房产权最普遍最通俗的解释。并且，根据图 6.1 反映的 21 世纪以来中国住宅商品房平均销售价格及增速来看，在过去的 20 年中，我国房价上涨的趋势非常明显，即便在 2008 年前后，美国次贷危机引发了全球性金融危机，中国的平均房价也仅轻微有所下跌，但随即在 2009 年就显示出快速反弹的趋势。虽然各级政府在这个过程中对住房市场不断调控，试图抑制住房价的非理性过快上涨的势头，但调控效果似乎总不尽如人意，房价似乎陷入了"越调越涨"的怪圈（王先柱和杨义武，2015；杨柳等，2016）。即便在近 5 年，我国的商品住房平均销售价格依然表现出上涨的态势。而且，从商品住房的价格增速来看，2010年之前我国的房价增速总体趋高且起伏较大，不少年份的住房价格增速超过了 10%，个别年份住房价格增速接近甚至超过了 20%。购买住房产权似乎成为了人们"稳赚不赔"的最好投资商品，这也进一步滋生了人们"买涨不买跌"的心理，住房产权俨然成为了人们争相投资投机的资本品，其满足人们居住的初始属性受到了严重的挤压。近 10 年来，住房价格增速相对逐步趋稳，除少数年份外，房价增速水平往往低于 10%，但总体上房价年均增幅仍然超过了 5%。并且，一线城市和重点二线城市的房价近年来也经常出现局部性快速上涨迹象。

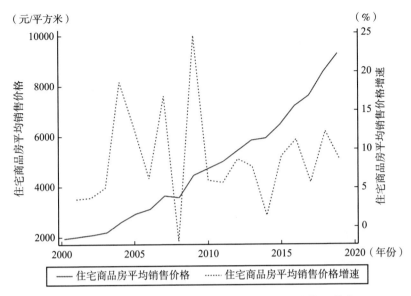

图 6.1　21 世纪以来中国住宅商品房平均销售价格及增速

资料来源：中国国家统计局。

　　显然，房价的过快上涨显然不利于无房者实现住有所居，并且容易引发很多的社会负面情绪和社会问题（韩永辉等，2014；董纪昌等，2020），甚至扭曲了人们的价值观（宋弘和罗长远，2021）。党的十九大报告明确指出"坚持房子是用来住的，不是用来炒的定位"，一方面显示出国家治理住房市场的决心和态度，另一方面也表明住房的基本属性是满足人们的居住需求，但在过去的一段时间内，住房也往往成为了社会资本青睐的投资对象，即"炒房"现象比较突出。住房之所以能够成为被"炒"的对象，并不是由于住房自身的物理属性所致，更重要的是住房产权的收益能力很突出，特别是在住房价格普遍快速上涨的背景下，投资住房产权的获益程度甚至高过了很多普通投资品的投资套利空间。

　　然而，对于拥有住房产权的居民家庭而言，单纯从家庭资产增值的视角来看，住房价格上涨最直接的影响结果是他们的家庭财富可以实现保值升值。并且根据中国人民银行调查统计司城镇居民家庭资产负债调查课题组于 2019 年 10 月中下旬在全国 30 个省（自治区、直辖市）对 3 万余户城镇居民家庭开展了资产负债情况调查结果，住房已经成为中国城镇居民家庭的重要实物资产，实物资产 74.2% 的比重为住房资产，居民住房资产占家庭总资产的比重为 59.1%，高于美国居民家庭 28.5 个百分点。由此可见，住房价格上涨对于有房家庭的财富增值具有很显著的推动作用。本书根据 2011～2017 年 CHFS 数据作了估算，对于拥有住房产权的居民而言，他们的住房产权平均增值超过了 54 万元，且东部地区居民住房市场价值平均增值额度超过了 87 万元。很多研究已经表明住房财富的增值能够提高居民的主观幸福感（刘宏等，2013；Zhang & Zhang，2019；易成栋等，2020），因而这为住房产权对居民产生的幸福效应提供了一个解释。

除了住房价格上涨产生的家庭住房资产增值之外，住房财富增值也将产生显著的财富效应（housing wealth effect）（Khalifa et al.，2013）。由于住房资产是居民家庭的重要财富形式，当住房价格波动引发的家庭财富存量变化时，社会的财富分配、人们的消费水平等也将受到影响，甚至还能进一步影响社会总需求和经济增长。所以，当住房价格上涨的时候，有房家庭的财富水平将同步提高，并且由于住房资产存在不可分割、不可移动、不易灭失、易于管理等多重优势，住房产权往往还是一个非常优越的抵押品，拥有住房产权的家庭往往可以通过抵押等方式，更加容易地获取外部融资，提高家庭的金融可得性（张雅淋等，2019；张雅淋和姚玲珍，2020）。

综上所述，由于住房价格快速上涨，拥有住房产权的家庭在过去 20 余年间获取了大量的住房财富增值，并且住房资产的财富效应和抵押效应等进一步放大了有房家庭的财富优势。所以，从这个意义上说，拥有住房产权的居民往往具有相对更高的主观福祉水平。但是，上述机制分析更多的是基于经验直觉和相关文献研究结论。那么，从理论上说，对于拥有住房产权的微观居民家庭而言，他们只有感知或者认同到家庭财富、经济状况的相对优越性，才有可能会变得更加幸福。为此，本节基于相关微观调查数据，从经济维度进一步探讨拥有住房产权提升居民主观福祉的内在机制。为了增强本部分论证的层次性和深入性，经过对数据资源的细致梳理和汇总，本节综合使用 CGSS 和 CSS 两套数据资源展开分析，并且对分析维度进一步细分，从与同龄人相比较、与当地人相比较、与全社会相比较、与自己期望相比较等多个方面展开实证研究，旨在证明拥有住房产权的居民往往对个人经济地位和收入状况具有相对更高的认可度。

（一）与同龄人相比较

2013 年和 2015 年 CGSS 数据库中含有"与同龄人相比，您本人的社会经济地位"这一提问，并且对应的选项设置为"较低、差不多、较高"。为此，本节依次从 1~3 对其进行赋值，即 1 表示"较低"、2 表示"差不多"、3 表示"较高"。表 6.5 报告了住房产权与基于同龄人比较下的居民社会经济地位认知的回归结果。与本书第五章基准实证分析过程类似，也采取逐步添加控制变量的方式查验关键解释变量回归结果的稳定性。显然，由表 6.4 中的实证结果可知，关键解释变量住房产权的回归系数为正且均在 1% 的显著性水平上显著，表明住房产权能够显著提升居民对其社会经济地位的认知。换句话说，与同龄人相比，拥有住房产权的居民比不拥有住房产权的居民往往具有更高的社会经济地位感知。因而，拥有住房产权的居民主观福祉也可能相对更高。

表 6.5　住房产权与居民社会经济地位认知的回归结果（与同龄人相比）

	(1)	(2)	(3)	(4)
	被解释变量：与同龄人相比，您本人的社会经济地位如何			
解释变量				
住房产权	0.322*** (0.035)	0.312*** (0.035)	0.219*** (0.036)	0.216*** (0.036)
控制变量				
人口统计学特征	否	是	是	是

续表

	（1）	（2）	（3）	（4）
	被解释变量：与同龄人相比，您本人的社会经济地位如何			
社会经济特征	否	否	是	是
宏观经济变量	否	否	否	是
年份固定效应	是	是	是	是
省份固定效应	是	是	是	是
观测值	19104	19104	19104	19104

注：（1）括号内为稳健聚类标准误；（2）＊＊＊代表在1%显著性水平上显著；（3）本表为有序 Probit 模型的估计结果。

资料来源：2013 年、2015 年 CGSS 数据。

（二）与当地人相比较

居民的社会经济地位认知不仅仅表现在于同龄人的社会比较中，还很有可能与所在地居民进行横向比较，从而形成自身经济状况的定位认知。2012～2017 年 CGSS 调查问卷中，设置了"您家的家庭经济状况在所在地属于哪一档？"这一提问，并且对应的选项设置为"远低于平均水平、低于平均水平、平均水平、高于平均水平、远高于平均水平"。类似地，本书也对上述五个选项按照由低到高等级按照 1～5 进行赋值，即 1 表示"远低于平均水平"、2 表示"低于平均水平"、3 表示"平均水平"、4 表示"高于平均水平"、5 表示"远高于平均水平"。表 6.6 报告了住房产权与居民家庭经济状况认知的回归结果。实证结果表明，不论是否控制其他变量，关键解释变量的回归系数均在 1%的显著性水平上显著为正，表明了拥有住房产权能够显著提升人们对其家庭经济状况在所在地的所属档次认知。即相比较不拥有住房产权的居民而言，拥有住房产权的居民往往具有更高的家庭经济状况评价，因而他们的主观福祉水平也相应越高。

表 6.6　住房产权与居民家庭经济状况认知的回归结果（与当地人相比）

	（1）	（2）	（3）	（4）
	被解释变量：家庭经济状况在所在地属于哪一档			
解释变量				
住房产权	0.413 ***	0.416 ***	0.308 ***	0.307 ***
	（0.021）	（0.021）	（0.021）	（0.021）
控制变量				
人口统计学特征	否	是	是	是
社会经济特征	否	否	是	是
宏观经济变量	否	否	否	是
年份固定效应	是	是	是	是
省份固定效应	是	是	是	是
观测值	41087	41087	41087	41087

注：（1）括号内为稳健聚类标准误；（2）***代表在 1% 显著性水平上显著；（3）本表为有序 Probit 模型的估计结果。

资料来源：2012～2017 年 CGSS 数据。

　　不仅如此，2019 年中国社会状况综合调查（CSS）问卷中也设置了类似的提问，询问了受访者"您认为目前您本人的社会经济地位在本地大体属于哪个层次？"，并且选项设置为了"上、中上、中、中下、下"。不仅如此，该问卷中还进一步提问了受访者"您认为未来 5 年，您本人的社会经济地位在本地大体会属于哪个层次？"，对应的选项也与同样是上述 5 个层次。这不仅为本节验证前文实证结果的稳健性提供了差异化微观调查数据支撑，还能据此进一步对比拥有住房产权和不拥有住房产权的居民对未来自身经济地位预期的差异。为此，本节对 5 个选项按照从低到高的顺序依次赋值为 1 至 5。表 6.7 报告了住房产权与当前个人经济地位认知及个人经济地位未来 5 年预期的关系。其中，第（1）列实证结果表明，对于受访者对其本人目前的社会经济地位层次认知，解释变量住房产权的回归系数显著为正，这也验证了前文表 6.5 实证结果的稳健性，即拥有住房产权的居民通常会认为自己在本地的社会经济地位更高。第（2）列实证结果表明，对于受访者未来 5 年在本地的社会经济地位认知，关键解释变量住房产权的回归系数同样也在 1% 的显著性水平上显著，说明拥有住房的居民不仅对其当前的社会经济地位更加自信，同时对未来 5 年其在本地的社会经济地位也持有乐观预期。所以，拥有住房产权会使得人们拥有较为持续的更高的社会经济地位认知，这可能也是住房产权提升居民主观幸福感的一个重要机制。

表 6.7　　　　住房产权与个人经济地位认知及未来 5 年预期的回归结果（与当地人相比）

	(1)	(2)
	被解释变量：个人在本地的社会经济地位属于哪个层次	
	目前本人的社会经济地位在本地大体属于哪个层次	未来 5 年，本人社会经济地位在本地大体会属于哪个层次
解释变量		
住房产权	0.360 *** （0.046）	0.158 *** （0.047）
控制变量		
人口统计学特征	是	是
社会经济特征	是	是
宏观经济变量	是	是
年份固定效应	否	否
省份固定效应	是	是
观测值	10132	9249

注：（1）括号内为稳健标准误；（2）　*** 代表在 1% 显著性水平上显著；（3）本表为有序 Probit 模型的估计结果。

资料来源：2019 年 CSS 数据。

（三）与全社会相比较

我们不妨将居民社会比较的范围不再限定为同龄人群和当地居民，

而将社会比较范围进一步扩大到全社会。2017 年 CGSS 数据为实证检验这一思路提供了可能。具体而言，2017 年 CGSS 问卷中询问了受访者"综合看来，在目前这个社会上，您本人的社会经济地位属于哪个层次?"，且对应的选项设置为"上层、中上层、中层、中下层、下层"5 个等级。我们剔除了回答"不知道"以及"拒绝回答"这两类样本，并且对上述 5 个等级按照从低到高顺序依次赋值为 1 至 5，即 1 表示"下层"、2 表示"中下层"、3 表示"中层"、4 表示"中上层"、5 表示"上层"。表6.8 报告了住房产权与基于全社会视角的个人社会经济地位认知回归结果。同样地，采取分批加入控制变量的方式进行逐步回归，回归结果表明，关键解释变量住房产权的回归系数在1% 的显著性水平上显著为正，表明了即便将社会比较的群体范围扩大到全社会，相比较不拥有住房产权的居民而言，拥有住房产权的居民也依然对自己的社会经济地位有着更高的评价。

表 6.8　住房产权与个人社会经济地位认知的回归结果（与全社会比较）

	（1）	（2）	（3）	（4）
	被解释变量：在目前这个社会上，您本人的社会经济地位如何			
解释变量				
住房产权	0.308 *** （0.036）	0.301 *** （0.036）	0.181 *** （0.037）	0.180 *** （0.037）
控制变量				
人口统计学特征	否	是	是	是
社会经济特征	否	否	是	是
宏观经济变量	否	否	否	是
年份固定效应	否	否	否	否
省份固定效应	是	是	是	是
观测值	11218	11218	11218	11218

注：（1）括号内为稳健聚类标准误；（2）*** 代表在1% 显著性水平上显著；（3）本表为有序 Probit 模型的估计结果。

资料来源：2017 年 CGSS 数据。

（四）与自身期望相比较

上述比较维度均为横向比较，即受访居民把自己的经济地位与同龄人、当地人、全社会人进行的社会比较。但仅从横向对比的视角评估居民的经济地位认知还不够全面，居民对自己"应得"的经济收入是否满意，也同样是影响居民主观福祉的重要机制。这是由于，"给每个人以其应得"是基于历史唯物主义的重要理论思想，是实现社会正义的重要基础条件。因此，不仅要考虑每个个体在社会比较中所处的相对优势或相对劣势，所形成的相对优越感或相对剥夺感，也还需要从自身条件出发，审视其是否"有所得"和"得其所应得"。为此，本书进一步从个体期望值的视角出发，研究拥有住房产权对居民"得其所应得"的影响。具体而言，2015 年 CGSS 问卷中询问受访者"考虑到您的能力和工作状况，您认为您目前的收入是否合理呢？"这一问题，且对应的选项是"非常不合理、不合理、合理、非常合理"。我们也对以上四个选项进行依次赋值，即 1 表示"非常不合理"、2 表示"不合理"、3 表示"合理"、4 表示"非常合理"。表 6.9 报告了住房产权与居民个人收入合理性的回归结果。实证结果表明，在第（1）列中，当不控制人口统计学特征、社会经济特征和宏观经济变量时，关键解释变量住房产权的回归系数为正且在 1% 的显著性水平上显著，意味着住房产权与居民自我评估的收入合理性之间存在正相关关系。逐步增加控制变量之后，住房产权的回归系数始终为正，而显著性水平有所降低。即便如此，当将控制变量都加以控制之后，住房产权仍然表现在 10% 的显著性水平上显著。说明了相比较不拥有住房产权的居民而言，拥有住房产权的居民更倾向于认为自己的劳动收入合理性更高，即对于个人经济收入的满足感有所提升。从这个意义上说，拥有住房产权更能提升人们的获得感，所以对居民主观幸福感也会有正向促进作用。

表 6.9　　住房产权与个人收入合理性的回归结果（与自身期望相比较）

	(1)	(2)	(3)	(4)
	被解释变量：考虑到您的能力和工作状况，目前的收入是否合理			
解释变量				
住房产权	0.154 *** （0.049）	0.136 *** （0.050）	0.091 * （0.050）	0.091 * （0.050）
控制变量				
人口统计学特征	否	是	是	是
社会经济特征	否	否	是	是
宏观经济变量	否	否	否	是
年份固定效应	否	否	否	否
省份固定效应	是	是	是	是
观测值	8580	8580	8580	8580

注：（1）括号内为稳健聚类标准误；（2）＊、＊＊＊分别代表在 10%、1% 显著性水平上显著；（3）本表为有序 Probit 模型的估计结果。
资料来源：2015 年 CGSS 数据。

二、社会门票效应

本书前述研究已经证实，拥有住房产权的居民往往对自身的经济社会地位产生更高的评价和更显著的获得感，那么，拥有住房产权和不拥有住房产权的居民是否也会对社会产生不同的评价结果呢？本节将从社会公平感、社会信任感、社会阶层感知和社会阶层流动、社会资源获取、社会网络与社会资本、社会融合等诸多方面展开实证研究，探讨住房产权对居民社会态度和社会认知的影响，进而从社会门票效应这一角度论证住房产权影响居民主观幸福感的机制路径。

（一）社会公平感

促进社会公平正义是千百年来哲学界孜孜以求的目标，更是中国特色社会主义的内在要求。在社会主义核心价值观中，社会层面尤为突出地强调了"平等""公正",足见公平正义对于建设和谐社会、幸福社会的重要内涵。为此,本节首先从社会公平感的视角出发,论证获得住房产权对于居民社会公平感的影响。具体而言,历年 CGSS 问卷中均设置了"总的来说,您认为当今的社会公不公平?"这一提问,并且对应的选项是"完全不公平、比较不公平、说不上公平但也不能说不公平、比较公平、完全公平"。据此,本书依次从 1 到 5 对各个选项进行排序赋值,即 1 表示"完全不公平"、2 表示"比较不公平"、3 表示"说不上公平但也不能说不公平"、4 表示"比较公平"、5 表示"完全公平"。表 6.10 报告了住房产权与居民对社会的公平感认知回归结果,依然采取分批放入控制变量的方式进行逐步回归。回归结果表明,在控制变量不断增加的过程中,关键解释变量住房产权的回归系数保持为正且都在 1% 的显著性水平上显著,表明了拥有住房产权能显著提升人们对于社会公平的认可程度。显然,这将有利于提升人们的主观幸福感。

表 6.10　　　　　　住房产权与居民的社会公平感回归结果

	（1）	（2）	（3）	（4）
	被解释变量：社会公平感			
解释变量				
住房产权	0.172 *** (0.020)	0.154 *** (0.020)	0.131 *** (0.020)	0.130 *** (0.020)
控制变量				
人口统计学特征	否	是	是	是
社会经济特征	否	否	是	是
宏观经济变量	否	否	否	是
年份固定效应	是	是	是	是
省份固定效应	是	是	是	是
观测值	41087	41087	41087	41087

注:(1) 括号内为稳健聚类标准误;(2) *** 代表在 1% 显著性水平上显著;(3) 本表为有序 Probit 模型的估计结果。

资料来源:2012~2017 年 CGSS 数据。

（二）社会信任感

对于社会信任，这也是当前社会学领域一个非常重要的话题，强调的是对陌生人或社会上大多数人的信任。社会信任感是反映出人与社会关系的一项非常重要的指标，也是反映社会和谐程度的一项重要指标，通常能够显著改善社会人际关系和交易成本。从传统意义上说，中国通常是以亲缘、地缘、职缘等为基础的"熟人社会"，"熟人社会"的最大优势是个体与社会关系的结构简单、社交活动范围有限、社交双方的信息相对较为对称，因而容易建立和维持一段较为友好的信任关系。但是，随着市场经济的快速发展，中国的社会发展形态也在发生转变，人们的社会交往空间在现实世界和虚拟世界中被迅速放大，个体也逐步走出单一封闭的基于情感的熟人交际圈，不断建立新的基于"契约精神"的人际关系和社会网络，甚至原初的基于情感的熟人交际圈被不断挤压和淡化（张学敏等，2017）。住房产权通常是个人社会经济地位的表征，甚至能够反映出个人的稳定性和信用水平。并且中国的古语中"跑得了和尚跑不了庙"，非常形象地反映出拥有住房产权的人通常具有更强的风险承担能力。那么，拥有住房产权是否也会对人们的社会信任感产生影响呢？本书继续对此展开实证研究。

2012～2017 年 CGSS 问卷中持续调查了受访居民的社会信任感，在每一期调查问卷中都设置了"总的来说，您同不同意在这个社会上，绝大多数人都是可以信任的？"这一提问，且对应的选项为有序的五个等级，从低到高依次是"非常不同意、比较不同意、说不上同意不同意、比较同意、非常同意"。据此，本书对上述五个等级的选项按照从低到高的顺序依次赋值为 1 至 5，即 1 表示"非常不同意"，依次类推，5 表示"非常同意"。表 6.11 报告了住房产权与居民的社会信任感回归结果。实证研究结果表明，解释变量的回归系数始终为正且均在 1% 的显著性水平上显著，标志着拥有住房产权能够显著提升人们的社会信任感。这是因为，正如前文所述，拥有住房产权的通常能够表征其具有更好的社会信用和更高的社会稳定性等，别人对拥有房产居民通常会表现出更高的信任度，而在"契约精神"的相互影响下，即长期信任通常要以相互性为基本前提，因而拥有住房产权的居民也会对对方产生更好的信任感。所以，从社会信任感的视角，也能为住房产权提升居民主观幸福感提供可能的机制解释。

表 6.11　　　　　　住房产权与居民的社会信任感回归结果

	(1)	(2)	(3)	(4)
	被解释变量：社会信任感			
解释变量				
住房产权	0.148 *** (0.020)	0.117 *** (0.021)	0.101 *** (0.021)	0.102 *** (0.021)
控制变量				
人口统计学特征	否	是	是	是
社会经济特征	否	否	是	是
宏观经济变量	否	否	否	是
年份固定效应	是	是	是	是
省份固定效应	是	是	是	是
观测值	41087	41087	41087	41087

注：（1）括号内为稳健聚类标准误；（2）　*** 代表在 1% 显著性水平上显著；（3）本表为有序 Probit 模型的估计结果。

资料来源：2012~2017 年 CGSS 数据。

（三）社会阶层认知与阶层流动

社会阶层（Social Stratum）是社会学领域的有一个非常重要的概念，也是当前社会大众普遍关注的焦点之一。社会阶层非常清晰地反映出社会关系。从古至今，不论是在奴隶制社会还是在封建社会，社会阶层的界限非常清晰。即通过人们的种族、肤色、文化、行业等将社会人群划分成若干等级，处于高等级的人往往具有更大的权力，也能占据更多的社会资源。相反，处于低等级的人通常受到严酷的剥削，甚至沦为奴隶。通过清晰的阶层划分，维持社会关系，维持统治地位和社会稳定。

然而，现代社会早已摒弃了传统社会的三、六、九等这一阶层划分办法，而是坚持人人平等的基本原则。虽是如此，由于尊卑传统观念的深刻影响，人们往往通过原始禀赋、收入水平、私有财富、职业类别、文化程度等维度，形成了无形的阶层划分。中国古语中的"人上人""寒门贵子""鲤鱼跳龙门"等可能就是对社会阶层的一种形象表达。总的来说，处于较高社会阶层的人们，意味着他们在社会比较中的相对优势更加明显，因而也更能赢得自尊、尊重和社会资源，这进而也会对居民的主观幸福感产生显著的影响（刘欣，2007；艾洪山和袁艳梅，2015；陈云松和范晓光，2016；王敏和王峰，2019；Hu & Ye，2019；Yu & Blader，2020；许海平，2020；李涛等，2021）。作为中国城镇家庭的最主要财富形式，同时根据前文分析可知，拥有住房产权也是居民社会经济地位的重要表征，那么，获取住房产权是否也会对居民的社会阶层认知产生影响？为此，本节进一步从社会阶层的视角，探讨拥有住房产权对居民主观幸福感影响的机制。

2012～2017 年 CGSS 调查问卷中持续关注了受访居民的阶层认同情况，这为本书开展相关实证研究提供了宝贵的数据支撑。CGSS 问卷将社会阶层从 1 分至 10 分依次划分为 10 个等级，且 1 分表示社会的最底层，10 分表示社会的最顶层。表 6.12 报告了住房产权与居民的社会阶层感知回归结果。显然，关键解释变量的回归系数在 1% 的显著性水平上显著为正，表明了拥有住房产权能够显著提升人们的社会阶层感知，即拥有住房产权的居民更加认为自身处在相对较高的社会阶层。

表 6.12　　　　住房产权与居民社会阶层感知回归结果

	(1)	(2)	(3)	(4)
	被解释变量：自身当前的社会阶层感知			
解释变量				
住房产权	0.245 *** (0.021)	0.241 *** (0.020)	0.166 *** (0.018)	0.167 *** (0.017)

	（1）	（2）	（3）	（4）
	被解释变量：自身当前的社会阶层感知			
控制变量				
人口统计学特征	否	是	是	是
社会经济特征	否	否	是	是
宏观经济变量	否	否	否	是
年份固定效应	是	是	是	是
省份固定效应	是	是	是	是
观测值	41087	41087	41087	41087

注：（1）括号内为稳健聚类标准误；（2）***代表在1%显著性水平上显著；（3）本表为有序 Probit 模型的估计结果。

资料来源：2012 年、2013 年、2015 年、2017 年 CGSS 数据。

既然拥有住房产权的居民通常具有更高的社会阶层认知，那么，住房产权是否也会对他们未来的社会阶层预期产生影响？为此，本书继续从社会阶层预期的视角展开深入分析。历年 CGSS 问卷中都追问了受访者"您认为您 10 年后将会在哪个等级上？"，且受访者的回答方式仍然是选择 1 分至 10 分中的任一整数数值。表 6.13 报告了住房产权与居民社会阶层预期回归结果。同样地，实证结果表明，解释变量住房产权的回归系数显著为正，表明了拥有住房产权不仅会对居民当前的社会阶层认知产生显著的积极作用，也还会对居民未来 10 年社会阶层的预期产生正向提升作用。

表 6.13　　　　住房产权与居民社会阶层预期回归结果

	（1）	（2）	（3）	（4）
	被解释变量：10 年后自身的社会阶层预期			
解释变量				
住房产权	0.115 *** （0.019）	0.166 *** （0.020）	0.104 *** （0.020）	0.105 *** （0.020）

续表

	(1)	(2)	(3)	(4)
	被解释变量：10 年后自身的社会阶层预期			
控制变量				
人口统计学特征	否	是	是	是
社会经济特征	否	否	是	是
宏观经济变量	否	否	否	是
年份固定效应	是	是	是	是
省份固定效应	是	是	是	是
观测值	39909	39909	39909	39909

注：（1）括号内为稳健聚类标准误；（2）***代表在 1% 显著性水平上显著；（3）本表为有序 Probit 模型的估计结果。
资料来源：2012 年、2013 年、2015 年、2017 年 CGSS。

　　除了居民对于当前或者 10 年以后这些时点上的社会阶层认知，尤为重要的是居民的社会阶层认知发生了怎样的流动。换句话说，获取住房产权是否能够影响居民的社会阶层流动？社会阶层流动在本书中是指个人社会阶层的变化，即从某一个特定的社会阶层过渡到另一个社会阶层，更加侧重的是社会阶层的上下垂直流动，同时也兼顾了社会阶层的代际流动和代内流动。为此，本书继续整合了四期 CGSS 数据对此进行实证研究。具体而言，CGSS 问卷中不仅提问了受访个体对其当前的社会阶层认知和 10 年以后的社会阶层预判，还进一步询问了"您认为您 10 年前在哪个等级上？""您认为在您 14 岁时，您的家庭处在哪个等级上？"这些问题。据此，本书先后计算了受访者当前自身社会阶层与 10 年前自身社会阶层的流动情况（当前自身社会阶层得分 – 10 年前自身社会阶层得分）、当前自身社会阶层与 14 岁时家庭阶层的流动情况（当前自身社会阶层得分 – 14 岁时家庭阶层得分）、10 年后自身社会阶层与 10 年前自身社会阶层流动情况（10 年后自身社会阶层得分 – 10 年前自身社会阶层得分）、10 年后自身社会阶层与 14 岁时家庭社会阶层的流动情况（10 年后自身社会阶层得分 – 14 岁时家庭社会阶层得分）。需要注意的是，问卷中询问的是受访者 14 岁时家庭所处的社会阶层，显然，当时的家庭社会阶层主要取决于其父辈，所以将受访者当前社会阶层以及受访者 10 年后社会阶层与其 14 岁时家庭所处的社会阶层的进行比较，实际上在很大程度上代表着代际的阶层流动。所以，本书不仅考虑到了受访者代内的社会阶层垂直流动情况，也考虑到了受访者代际的社会阶层垂直流动情况。

表 6.14 报告了住房产权与居民阶层流动的回归结果，且第（1）列和第（3）列实证模型中的被解释变量为受访者代内社会阶层流动状况，第（2）列和第（4）列实证模型中的被解释变量为受访者代际社会阶层流动状况。实证结果表明，对于受访者代内社会阶层流动状况而言，关键解释变量住房产权的回归系数均在 1% 的显著性水平上显著为正，表明了拥有住房产权能够显著提升居民的代内社会阶层向上流动。同理，对于受访者代际社会阶层流动状况而言，关键解释变量住房产权的回归系数也均在 1% 的显著性水平上显著为正，这就表明了拥有住房产权也能够显著提升居民的代际社会阶层向上流动。

并且，根据本章的描述性统计结果可知，2012 ~ 2017 年 CGSS 混合截面数据中的受访者平均年龄约为 50 岁，因此，我们可以大致推断出在受访居民 14 岁的时候，他们基本上是处于无房状态，且当时的住房市场化改革甚至还没有正式启动。所以，从受访者 14 岁至 CGSS 开展问卷调查的时间跨度内，绝大多数有房群体实际上经历了住房产权的获取过程。因而，拥有住房产权对居民代际社会阶层流动的显著正向影响，也从侧面表明了获取住房产权对于提升人们社会阶层认知具有很强的积极意义。综上所述，从居民社会阶层认知与预期、代内社会阶层和代际社会阶层流动的视角分析，也为拥有住房产权提升居民主观福祉提供了一条可能的机制解释。

表 6.14　　　　　　　　**住房产权与居民阶层流动的回归结果**

	(1)	(2)	(3)	(4)
	被解释变量：阶层流动			
	代内阶层流动	代际阶层流动	代内阶层流动	代际阶层流动
	现在相比 10 年前阶层流动	现在相比 14 岁时家庭阶层流动	预计 10 年后相比 10 年前阶层流动	预计 10 年后相比 14 岁时家庭阶层流动
解释变量				
住房产权	0.139 *** (0.020)	0.146 *** (0.020)	0.074 *** (0.020)	0.091 *** (0.020)
控制变量				
人口统计学特征	是	是	是	是
社会经济特征	是	是	是	是
宏观经济变量	是	是	是	是
年份固定效应	是	是	是	是
省份固定效应	是	是	是	是
观测值	41001	40877	39858	39761

注：（1）括号内为稳健聚类标准误；（2）　*** 代在在 1% 显著性水平上显著；（3）本表为有序 Probit 模型的估计结果。

资料来源：2012 年、2013 年、2015 年、2017 年 CGSS 数据。

（四）社会资源和公共服务获得感

与此同时，中国住房市场一个非常明显的特征是"租购不同权"，并且这里面的"权"重点则是相关的公共服务获取权，尤其是那些具有空间属性的公共服务获取权，包括基础教育、公共医疗等相关社会保障资源（陈杰和吴义东，2019）。因而，获得公共服务获取权是居民购买住房产权的重要动机之一。据此推断，拥有住房产权是否会真正提升居民对社会保障以及社会公共服务资源的获得感、公平感、满意度，进而提升居民的生活主观幸福感？本节继而对这一问题展开实证研究。

2019 年 CSS 调查问卷中设置了相关提问，其中对上述问题分析有所帮助的是以下六点：一是 CSS 问卷中问及 "总体来说，您对政府向老百姓提供的社会保障状况满意度如何？1 分表示非常不满意，10 分表示非常满意"；二是 "政府在提供优质教育资源，保障教育公平方面做得好不好？且选项设置是很不好（赋值为 1）、不太好（赋值为 2）、比较好（赋值为 3）、很好（赋值为 4）"；三是 "您觉得当前公共医疗的公平程度如何？选项设置为非常不公平（赋值为 1）、不太公平（赋值为 2）、比较公平（赋值为 3）、非常公平（赋值为 4）"；四是 "您觉得当前社会财富及收入分配的公平程度如何？选项设置为非常不公平（赋值为 1）、不太公平（赋值为 2）、比较公平（赋值为 3）、非常公平（赋值为 4）"；五是 "请用 1 ~ 10 分，来表达您对现在社会总体公平公正情况的评价，且 1 分表示非常不公平，10 分表示非常公平"；六是 "请用 1 ~ 10 分，来表达您对现在社会的总体情况的评价，1 分表示非常不好，10 分表示非常好"。据此，本节重点从社会保障、教育资源、公共医疗、社会财富及收入分配等方面，探讨拥有住房产权对社会资源及财富的获得感，并且从更加综合的维度，从社会公平公正和社会总体评价方面进一步厘清住房产权的价值内涵，分析结果还可以对前文实证结果进行补充验证。

表 6.15 报告了住房产权与居民对社会资源分配评价的回归结果。第（1）列实证结果表明，住房产权的回归系数显著为正，表明了拥有住房产权能够显著提升人们对于社会保障的满意程度。第（2）列实证结果中，解释变量住房产权的回归系数在 10% 的显著性水平上显著为正，表明了拥有住房产权也能够在一定程度上提升人们对政府提供优质教育资源、保障教育公平的认可程度。第（3）列实证结果表明，住房产权能够显著提升居民对公共医疗公平性的评价。第（4）列实证结果表明拥有住房产权的居民对于社会财富及收入分配公平性有着更高的积极评价。综合来看，从居民对社会保障、教育资源、公共医疗、社会财富及收入分配等方面的评价结果来看，拥有住房产权通常能够显著提升人们对于社会资源的获得感、满意度、公平感。除此之外，第（5）列和第（6）列分别实证探讨了住房产权与居民对社会总体公

平公正的评价、对当前社会的总体评价之间的关系。显然，关键解释变量住房产权的回归系数都为正数且在1%的显著性水平上显著，这意味着拥有住房产权能够显著提升人们对于社会公平公正和社会总体情况的积极评价程度。所以，从社会资源和公共服务获取的视角，也为住房产权提升居民主观幸福感提供了一个可能的机制解释。

表 6. 15　　　住房产权与居民对社会资源分配评价的回归结果

解释变量	(1)	(2)	(3)	(4)	(5)	(6)
	被解释变量：对社会资源分配的评价					
	社会保障状况满意度	政府在提供优质教育资源和保障教育公平方面的评价	公共医疗公平性	社会财富及收入分配公平性	社会总体公平公正情况的评价	对现在社会的评价
住房产权	0. 146 *** (0. 044)	0. 094 * (0. 049)	0. 163 *** (0. 047)	0. 101 ** (0. 047)	0. 168 *** (0. 043)	0. 149 *** (0. 043)
控制变量						
人口统计学特征	是	是	是	是	是	是
社会经济特征	是	是	是	是	是	是
宏观经济变量	是	是	是	是	是	是
年份固定效应	否	否	否	否	否	否
省份固定效应	是	是	是	是	是	是
观测值	9635	9387	9708	9326	10281	10281

注：（1）括号内为稳健标准误；（2）＊、＊＊、＊＊＊分别代表在10%、5%和1%显著性水平上显著；（3）本表为有序Probit模型的估计结果。
资料来源：2019年CSS数据。

更进一步地，正如前文所述，当前我国住房市场"租购不同权"的最主要表征是体现在基础教育层面（陈杰和吴义东，2019），即中国的学区房制度使得拥有住房产权才能享受就近入学的权利。这也是当前社会各界广泛讨论的热点问题，各级政府也在积极推动学区制度改革，但捆绑在住房产权上的基础教育资源获取权这一现象仍然显著存在，学区房制度引致的房价畸高以及教育公平性问题目前仍未得以根本性解决（陈杰，2021）。所以，从义务教育的视角来看，拥有住房产权的居民是否会对当地的义务教育更加满意？

虽然本节表 6.15 中实证研究涉及了受访者对于"政府在提供优质教育资源和保障教育公平方面的评价"，但是 CSS 问卷中并没有非常清晰地限定特指基础教育，而 2015 年 CHFS 问卷询问了受访者"您对本区/县的义务教育满意度如何？"，且对应的选项设置是"非常不满意（赋值为 1）、不太满意（赋值为 2）、一遍（赋值为 3）、比较满意（赋值为 4）、非常满意（赋值为 5）"，这为本节进一步研究住房产权与居民对义务教育满意度提供了可能，且关键解释变量定义为居住的房屋产权为受访者家庭所有。实证结果如表 6.16 所示，逐步回归结果表明，住房产权的回归系数为正且均在 1% 的显著性水平上显著，表明了拥有住房产权能够显著提升人们对于当地义务教育的满意程度，这也从侧面反映出住房产权更能够让家庭获取更好的义务教育资源，提供他们对于义务教育的认可程度。所以，这也进一步证实了住房产权对于获取社会公共服务的积极作用。

表 6.16　住房产权与居民对本区/县的义务教育满意度回归结果

	（1）	（2）	（3）	（4）
	被解释变量：对本区/县的义务教育满意度			
解释变量				
住房产权	0.120 *** (0.024)	0.071 *** (0.025)	0.076 *** (0.026)	0.076 *** (0.026)
控制变量				
人口统计学特征	否	是	是	是
社会经济特征	否	否	是	是
宏观经济变量	否	否	否	是
年份固定效应	否	否	否	否

	(1)	(2)	(3)	(4)
	被解释变量：对本区/县的义务教育满意度			
城市固定效应	是	是	是	是
观测值	18103	18103	18103	18103

注：(1) 括号内为稳健聚类标准误；(2) ＊＊＊代表在 1% 显著性水平上显著；(3) 本表为有序 Probit 模型的估计结果。

资料来源：2015 年 CHFS 数据。

（五）社会网络与社会资本

通常来说，拥有住房产权居民的居住形态更加具有稳定性和长期性，并且由此形成了更加浓厚的"家"的氛围。因而，有房者与其他亲人、朋友之间的接触和联系也可能随之增多。从社会网络（social network）与社会资本（social capital）的视角来看，前者指社会个体成员之间因为互动而形成的相对稳定的关系体系，关注的是人们之间的互动和联系（马丹，2015；李树和于文超，2020），而社会资本则更进一步强调人们在社会结构中所处的位置给他们带来的资源（李平和朱国军，2014；李涛等，2021）。所以，拥有住房产权是否会促进居民与其他亲人、朋友之间的接触和联系，进而建立社会联结、构建出更复杂的社会网络、积累更多的社会资本，从而提升居民的主观福祉水平？为此，本书以受访者与亲人、朋友之间的接触和联系的密切程度作为代理变量，继续从社会网络与社会资本的视角探讨住房产权对居民主观福祉影响的机制。

具体而言，2013 年 CGSS 问卷中询问了受访者"您和亲人、朋友之间的接触和联系的情况怎么样？"，且对应的选项设置为"非常不密切（赋值为 1）、不密切（赋值为 2）、一般（赋值为 3）、密切（赋值为 4）、非常密切（赋值为 5）"。表 6.17 报告了住房产权与居民和亲人朋友接触联系密切程度回归结果。显然，逐步回归结果表明关键解释变量住房产权的回归系数在各种情形下均显著为正，表明拥有住房产权能够显著促进居民和亲人、朋友之间的联系密切程度，即拥有住房产权有助于增强人们与亲朋好友之间的社会网络，进而也有助于其积累更多社会资本。从这个意义上说，这也证明了住房产权对于增进居民主观福祉具有显著的积极作用。

表 6.17　　住房产权与居民和亲人朋友接触联系密切程度回归结果

	（1）	（2）	（3）	（4）
	被解释变量：和亲人、朋友之间的接触和联系的密切程度			
解释变量				
住房产权	0.202 *** (0.035)	0.175 *** (0.035)	0.131 *** (0.035)	0.131 *** (0.035)
控制变量				
人口统计学特征	否	是	是	是
社会经济特征	否	否	是	是
宏观经济变量	否	否	否	是
年份固定效应	否	否	否	否
省份固定效应	是	是	是	是
观测值	9837	9837	9837	9837

注：（1）括号内为稳健聚类标准误；（2）*** 代表在 1% 显著性水平上显著；（3）本表为有序 Probit 模型的估计结果。

资料来源：2013 年 CGSS 数据。

（六）社会融合与身份认同

当前，中国的城市化进程迈入新的发展阶段，根据国家统计局的统计资料显示，2020 年末我国常住人口城镇化率已经超过了 60%。事实上，改革开放之初，我国常住人口城镇化水平不足 20%，而到"十三五"末该指标已经超过 60%，这显示出我国城镇化进程的步伐很快，常住人口城镇化率也大幅提高。而且，根据 2021 年 3 月十三届全国人大四次会议通过的《中华人民共和国国民经济和社会发展第十四个五年规划和 2035 年远景目标纲要》，"十四五"时期我国"常住人口城镇化率将提高到 65%，现代化经济体系建设取得重大进展"。所以可以预见，在未来 5 年，我国常住人口城镇化率仍将处于快速增长区间，城镇化建设也将转向高质量发展阶段。那么，在高质量推动人口城镇化的进程中，一项尤为关键的问题就是如何解决他们的社会融合和身份认同问题，这既是让全体人民共享城市发展成果、获得平等发展机会的过程，也是增强城市包容性、提高社会治理和公共服务能力的过程。但是，客观而言，当前我国城镇化进程中依然面临着较为突出的居民社会融合与身份认同障碍，很多流动人口离开户籍地但却难以真正融入居住的城市。所以，促进外来流动人口的社会融合已经成为我国城镇化进程和人口发展中的重要问题，事关流动人口生存发展权利，事关经济社会能否实现更高质量、更有效率、更加公平、更可持续的发展，事关"两个一百年"奋斗目标的顺利实现①。

那么，作为人们"住有所居""安居乐业"的重要物质基础，同时也是人们社会经济地位的重要表征、社会阶层的重要影响因素以及获取公共服务资源等的重要媒介，获取住房产权是否能够有助于促进人们实现社会融合、提高人们的身份认同感？为此，本节继续从社会融合与身份认同的视角探寻住房产权提高居民主观福祉的可能机制。

2011 年 CSS 调查问卷中询问了受访者"就您目前的生活状况来说，您认为自己是本地人，还是外地人？"，且对应的选项设置为"是本地人（赋值为 1）、是外地人（赋值为 0）"。为此，本节采用二值选择 Probit 模型展开实证研究，回归结果如表 6.18 所示。显然，估计结果表明，不论是否控制人口统计学特征和社会经济特征，关键解释变量住房产权的回归系数均显著为正，说明拥有住房产权能显著提升居民的身份认同感。而且，第（2）列中的边际效应为 0.056，意味着拥有住房产权居民比不拥有住房产权居民认为自己是本地人的概率要高 5.6 个百分点。由此可见，住房产权能在较大程度上促进人们的社会融合和身份认同，这同样

---

①　资料来源于人民政协网刊载的全国政协人口资源环境委员会副主任王培安撰写的《推动新时代社会融合之构建》（网址：http://www.rmzxb.com.cn/c/2019 – 04 – 15/2328801.shtml）。

为住房产权对居民产生的幸福效应提供了新的解释视角。

表 6.18 住房产权与居民社会融合及身份认同回归结果

	(1)		(2)	
	被解释变量：您认为自己是本地人还是外地人			
	回归系数	边际效应	回归系数	边际效应
解释变量				
住房产权	0.502 *** (0.065)	0.087 ***	0.364 *** (0.070)	0.056 ***
控制变量				
人口统计学特征	否		是	
社会经济特征	否		是	
宏观经济变量	否		是	
年份固定效应	是		是	
省份固定效应	是		是	
观测值	7036		7036	

注：（1）括号内为稳健标准误；（2） *** 代表在 1% 显著性水平上显著；（3）本表为 Probit 模型的估计结果；（4）由于 2011 年 CSS 数据并没有提供受访者所在省份或城市信息，因而本表实证过程中无法控制宏观经济变量和地区固定效应等。

资料来源：2011 年 CSS 数据。

再者，2011 年 CSS 调查问卷中还询问了受访者"一般来说，您认为一个农村人要想成为城里人，下列哪些条件是重要的？（可多选）"，且对应的选项设置为"获得城镇户口、在城镇购买住房、在城镇工作、与城里人结婚、在城市有很多熟人朋友、其他、都不重要"。据此，本节进一步统计了受访者对于农村人要想成为城里人的重要条件调查结果（见图 6.2）。由图 6.2 反映的统计结果可以看出，64.56% 的受访者都表示"在城镇购买住房"是成为城里人的重要条件，这一比例相对最高，说明获取城镇住房产权已经引起社会公众的共鸣，即要想成为城里人，大家普遍认为需要在城镇购买住房。其次才是"在城镇工作"和"获得城镇户口"。因而，这一调查结果补充验证了拥有住房产权对于居民社会融合和身份认同的重要价值。

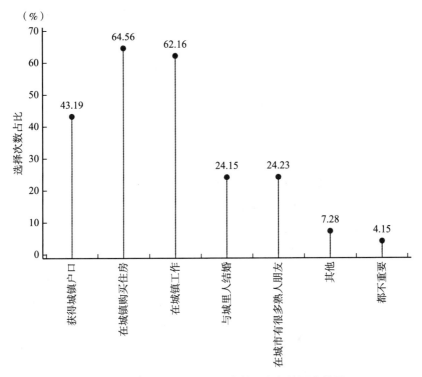

图6.2 农村人要想成为城里人的重要条件调查结果

资料来源：2011 年 CSS 数据。

三、家庭和谐效应

本节继续从家庭生活的视角分析住房产权提升居民主观幸福感的可能机制。之所以选择家庭生活维度，是因为在中国居民往往受"有房才有家""人因宅而立""有土斯有财"的传统观念影响，且"筑巢引凤"等传统认知仍然深刻地影响着中国居民的择偶观和买房观（吴义东和王先柱，2018），购买婚房再结婚成家甚至成为不少年轻群体心目中理所当然的物质基础，这也逐步形成了一种住房市场的"丈母娘经济"现象（李斌等，2018）。那么，拥有住房产权是否能显著影响居

民的家庭生活品质，继而影响居民的主观幸福感？本节将对住房产权
是否具有家庭和谐效应这一问题进行实证研究。

2017 年 CGSS 调查问卷中提问了受访者"总的来说，您对您的婚
姻生活感到满意吗？"这一问题，并且基于各个选项的样本分布情况，
本书将"满意"和"非常满意"赋值为 1，其余选项赋值为 0。而且，
2017 年 CGSS 问卷还询问了受访者对于"与周围的人相比，我很知足"
这句话的同意程度，同样地，本书将"有点同意""同意"和"非常
同意"赋值为 1，其余选项赋值为 0。表 6.19 报告了住房产权与居民
婚姻生活满意度及生活知足度的 Probit 模型估计结果。第（1）列回归
模型中的被解释变量为居民对婚姻生活是否感到满意，解释变量住房
产权的回归系数为正且在 5% 的显著性水平上显著，表明了拥有住房产
权的居民通常会对婚姻生活感到满意，且比不拥有住房产权居民对生
活感到满意的概率要高 4.1 个百分点。与此同时，第（2）列回归模型
中的被解释变量是居民相比较周围人的生活知足度，解释变量住房产
权的回归系数依然为正且在 1% 的显著性水平上显著，表明了拥有住房
产权的居民通常对生活感到更加知足，且比不拥有住房产权居民对生
活感到知足的概率要高 5.2 个百分点。由此看来，拥有住房产权的居
民婚姻生活满意度更高、比周围人也生活得更加知足，而由于知足才
能常乐，所以从这个意义上说，住房产权能够提升居民主观福祉在机
理上是合乎逻辑的。

表 6.19　　　住房产权与居民婚姻生活满意度及生活知足度的回归结果

	(1)		(2)	
	被解释变量：婚姻生活满意度和生活知足度			
	对婚姻生活是否感到满意		与周围的人相比，是否很知足	
	回归系数	边际效应	回归系数	边际效应
解释变量				
住房产权	0.222 ** (0.113)	0.041 **	0.233 *** (0.087)	0.052 ***

	(1)		(2)	
	被解释变量：婚姻生活满意度和生活知足度			
	对婚姻生活是否感到满意		与周围的人相比，是否很知足	
	回归系数	边际效应	回归系数	边际效应
控制变量				
人口统计学特征	是	是		
社会经济特征	是	是		
宏观经济变量	是	是		
年份固定效应	否	否		
省份固定效应	是	是		
观测值	2811	3628		

注：（1）括号内为稳健聚类标准误；（2）**、***分别代表在5%、1%显著性水平上显著；（3）本表为 Probit 模型的估计结果。
资料来源：2017 年 CGSS 数据。

同时，本书又进一步验证了住房产权与居民对当前整体生活状况的满意程度。2017 年 CGSS 问卷询问了受访者"总的来说，您对自己现在整体生活状况的满意程度如何？"，且对应的选项设置为"完全不满意（赋值为 1）、非常不满意（赋值为 2）、比较不满意（赋值为 3）、无所谓满意不满意（赋值为 4）、比较满意（赋值为 5）、非常满意（赋值为 6）、完全满意（赋值为 7）"。表 6.20 报告了住房产权与居民对整体生活状况满意程度回归结果，实证结果表明，关键解释变量住房产权的回归系数为正且在 1% 的显著性水平上显著，表明拥有住房产权的居民对现阶段的整体生活状态满意度更高。

表 6.20　　　住房产权与居民对整体生活状况满意程度回归结果

	(1)	(2)	(3)	(4)
	被解释变量：当前整体生活状况的满意程度			
解释变量				
住房产权	0.325 *** (0.059)	0.286 *** (0.057)	0.213 *** (0.057)	0.213 *** (0.057)

续表

	(1)	(2)	(3)	(4)
	被解释变量：当前整体生活状况的满意程度			
控制变量				
人口统计学特征	否	是	是	是
社会经济特征	否	否	是	是
宏观经济变量	否	否	否	是
年份固定效应	否	否	否	否
省份固定效应	是	是	是	是
观测值	3785	3785	3785	3785

注：（1）括号内为稳健聚类标准误；（2）*** 代表在 1% 显著性水平上显著；（3）本表为有序 Probit 模型的估计结果。

资料来源：2017 年 CGSS 数据。

除此之外，为了进一步增强住房产权能够显著提升居民生活满意度这一结论的说服力，本节还细致梳理了 2019 年 CSS 调查问卷和 2013 年 CHFS 调查问卷中受访者有关家庭生活评价的信息。在此仍需要作出说明的是，虽然可以通过公开申请的方式获取多期 CSS 调查数据，且每期 CSS 问卷中基本上都含有居民对家庭生活的主观评价，但 2019 年之前的 CSS 公开数据库中并不含有受访者所在省份或城市的相关信息，因而难以匹配相关宏观经济变量，也难以控制地区虚拟变量，因而，考虑到数据可得性以及数据的时效性等，本节重点选取了 2019 年 CSS 数据集进行实证研究，旨在丰富和强化实证结论。

2019 年 CSS 问卷中询问了受访者"总体来说，您对生活的满意度如何？1 分表示非常不满意，10 分表示非常满意"。图 6.3 描绘了居民生活满意度自评分数分布情况。总体而言，绝大多数受访者的生活满意度都超过了 5 分，即中国居民的生活满意度总体相对较高，仅有少数居民对其当前的生活满意程度不高。2019 年 CSS 问卷除了搜集了居民的总体生活满意度信息，还更加细致地询问了受访者"家庭关系满意度""休闲/娱乐/文化活动满意度""社交生活满意度"等，且都是要求受访者按照 1 分至 10 分依次回答。而且，2019 年 CSS 问卷还询问了受访者在多大程度上同意"我的生活大致符合我的理想"这一表述，对应的选项设置为"很不同意（赋值为 1）、不太同意（赋值为 2）、比较同意（赋值为 3）、很同意（赋值为 4）"。据此，本节继续围绕住房产权对居民家庭生活的影响进行实证探讨。

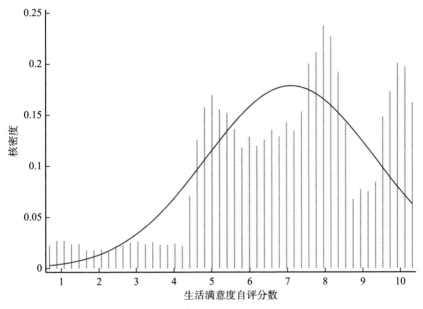

图 6.3　居民生活满意度自评分数分布情况

资料来源：2019 年 CSS 数据。

表 6.21 报告了住房产权与居民生活满意度相关评价回归结果。第（1）列回归模型中被解释变量为"家庭关系满意度"，解释变量住房产权的回归系数为正且在 5% 的显著性水平上显著为正，说明了拥有住房产权的居民对家庭关系往往更加满意，即家庭生活的和谐度更高。第（2）列实证结果来自本书第五章稳健性检验部分，基于 2013 年 CHFS 数据对住房产权与家庭吵架频率之间的关系进行的实证检验，回归结果表明拥有住房产权的家庭通常吵架频率相对更低，这也说明这类群体的家庭生活更加融洽。第（3）列回归模型中被解释变量为"休闲／

娱乐/文化活动满意度"，解释变量的回归系数显著为正，说明拥有住房产权的家庭拥有更好的休闲/娱乐/文化生活，即他们的生活压力相对比较缓，平时生活节奏更加舒适。第（4）列回归模型中被解释变量为"社交生活满意度"，解释变量的回归系数同样显著为正，表明拥有住房产权居民的社交生活更加丰富，这和前文论述的拥有住房产权有助于提升居民社会网络和社会资本结论一致。第（5）列回归模型中的被解释变量为"生活大致符合自己的理想"，解释变量的回归系数也显著为正，表明了拥有住房产权的居民更加认可自身的生活，更加认为他自己的生活符合个人理想和期望。最后，第（6）列回归结果对前文表 6.19 中基于 CGSS 数据的结论进行了再次验证，同样发现拥有住房产权能够显著提升人们的生活满意度。总而言之，本部分的实证研究发现，拥有住房产权的家庭通常具有更高的生活品质、更小的生活压力、更和谐融洽的家庭关系和氛围、更理想的社交生活、更高的生活满意度，所以，这为解释拥有住房产权能够显著提升居民主观福祉提供了家庭生活维度的机制解释。

表 6.21 住房产权与居民生活满意度相关评价回归结果

	(1)	(2)	(3)	(4)	(5)	(6)
	被解释变量：生活满意度相关评价					
	家庭关系满意度	与爱人在生活中吵架的频率	休闲/娱乐/文化活动满意度	社交生活满意度	生活大致符合自己的理想	生活满意度
解释变量						
住房产权	0.178 ** (0.076)	−0.033 *** (0.013)	0.257 *** (0.043)	0.298 *** (0.043)	0.233 *** (0.065)	0.262 *** (0.043)
控制变量						
人口统计学特征	是	是	是	是	是	是
社会经济特征	是	是	是	是	是	是
宏观经济变量	是	是	是	是	是	是

	(1)	(2)	(3)	(4)	(5)	(6)
	被解释变量：生活满意度相关评价					
	家庭关系满意度	与爱人在生活中吵架的频率	休闲/娱乐/文化活动满意度	社交生活满意度	生活大致符合自己的理想	生活满意度
年份固定效应	否	否	否	否	否	否
省份固定效应	是	是	是	是	是	是
观测值	10280	21138	10280	10280	5025	10280

注：（1）括号内为稳健标准误；（2）**、***分别代表在5%、1%显著性水平上显著；（3）第（2）列结果由Poisson回归方法估计所得，本表其他列结果由有序Probit模型估计所得；（4）2019年CSS数据部分设问是随机提问，因此搜集到的部分指标数据量显著少于其他数据，比如本表格中第（4）列的"我的生活大致符合我的理想"即为随机抽问。

资料来源：第（2）列数据来源于2013年CHFS数据，其他列数据来源于2019年CSS数据。

四、睦邻效应

本章前文讲到的社会网络和社会资本，很大一部分也包含了地缘的社会关系和社会联结。而且，在传统意义上，中国具有很明显的"熟人社会"特征，即人们通常是以亲缘、地缘、职缘等为基础的"熟人社会"，其最大优势是个体与社会关系的结构简单、社交活动范围有限、社交双方的信息相对较为对称，因而容易建立和维持一段较为友好的信任关系。那么，对于具有天然地缘优势的邻居、街坊或者同村居民而言，拥有住房产权的个体是否和他们的邻里关系更加和谐融洽、日常互动更加频繁呢？本节继续就该问题进行实证检验，旨在从邻里关系维度进一步解释住房产权能够对居民产生幸福效应的原因。

2015年CGSS调查问卷询问了受访者"您和邻居、街坊/同村其他居民互相之间的熟悉程度是怎样的？"，且对应的选项设置为"非常不熟悉（赋值为1）、不太熟悉（赋值为2）、一般（赋值为3）、比较熟悉（赋值为4）、非常熟悉（赋值为5）"。表6.22报告了住房产权与邻居/街坊/同村其他居民互相之间的熟悉程度回归结果。从逐步回归的结果来看，关键解释变量住房产权的回归系数为正且都在 1% 的显著性水平上显著，说明了拥有住房产权的居民与邻居/街坊/同村其他居民互相之间的熟悉程度往往更高。这可能是因为拥有住房产权的居民具有相对更强的居住稳定性，与邻里之间的平日互动也可能更为频繁，而且中国古语中"远亲不如近邻"，根深蒂固的传统文化强调了邻里关系的重要性。再如前文所述，住房产权提升了人们的归属感、融合度和身份认同感，这些因素的叠加使得拥有住房产权的居民更有动机且更有条件与周围邻居建立起良好的互动关系。这也肯定了获取住房产权的对于个体的重要意义。

表 6.22　　　　　　住房产权与邻居/街坊/同村其他居民互相之间的熟悉程度回归结果

	（1）	（2）	（3）	（4）
	被解释变量：与邻居/街坊/同村其他居民互相之间的熟悉程度			
解释变量				
住房产权	0.483 *** （0.041）	0.393 *** （0.042）	0.357 *** （0.042）	0.357 *** （0.042）
控制变量				
人口统计学特征	否	是	是	是
社会经济特征	否	否	是	是
宏观经济变量	否	否	否	是
年份固定效应	否	否	否	否
省份固定效应	是	是	是	是
观测值	9695	9695	9695	9695

注：（1）括号内为稳健聚类标准误；（2）*** 代表在 1% 显著性水平上显著；（3）本表为有序 Probit 模型的估计结果。

资料来源：2015 年 CGSS 数据。

　　那么，拥有住房产权的居民是否确实和邻居朋友产生了更为频繁的互动关系呢？因为人们在社会关系和社会网络构建通常要基于平时的社交活动，以此增进彼此熟悉度和信任感，增强邻里关系融洽度与和谐度。所以，有必要验证住房产权对邻里互动是否产生了影响。2012～2017年CGSS调查问卷为回答这一问题提供了数据支撑。各期问卷中都询问了受访者"请问您与邻居进行社交娱乐活动（如互相串门、一起看电视、吃饭、打牌等）的频繁程度是多少？"，且对应的选项设置为"从来不（赋值为1）、一年1次或更少（赋值为2）、一年几次（赋值为3）、大约一个月1次（赋值为4）、一个月几次（赋值为5）、一周1次到2次（赋值为6）、几乎每天（赋值为7）"。问卷中除了询问居民与邻居的社交活动频繁度，还询问了居民与其他朋友的社交活动频繁度，选项设置和赋值情况也如上述一致。

　　表6.23报告了住房产权与邻居/其他朋友进行社交娱乐活动频繁程度回归结果。第（1）列回归模型中被解释变量为居民与邻居开展社交娱乐活动频繁程度，关键解释变量住房产权的回归系数为正且在1%的显著性水平上显著为正，表明了拥有住房产权的居民通常与邻居更频繁地开展相关社交娱乐活动。类似地，第（2）列回归模型中被解释变量为居民与其他朋友开展社交娱乐活动频繁程度，解释变量住房产权的回归结果同样显著为正，也表明了拥有住房产权的居民与其他朋友的社会娱乐活动频率更高。而且，通过对比两组中的回归系数值可以发现，第（1）列中的解释变量回归系数明显大于第（2）列中的回归系数，这暗示了拥有住房产权能在更大程度上提升居民与邻居的社交娱乐活动频率。由此可见，拥有住房产权的居民能够更加积极地与邻居或朋友进行社交互动，这显然有助于居民建立起和谐融洽的邻里关系，甚至可以推断住房产权在更大程度上强化了"近邻"关系的重要性。因而，这也为拥有住房产权能够提升居民主观福祉提供了可行的机制解释。

表 6.23　住房产权与邻居/其他朋友进行社交娱乐活动频繁程度回归结果

	（1）	（2）
	被解释变量：与邻居/其他朋友社交娱乐活动的频繁程度	
	与邻居社交活动	与其他朋友社交活动
解释变量		
住房产权	0.196 *** （0.020）	0.094 *** （0.020）
控制变量		
人口统计学特征	是	是
社会经济特征	是	是
宏观经济变量	是	是
年份固定效应	是	是
省份固定效应	是	是
观测值	41087	41087

注：（1）括号内为稳健聚类标准误；（2）*** 代表在 1% 显著性水平上显著；（3）本表为有序 Probit 模型的估计结果。

资料来源：2012～2017 年 CGSS 数据。

　　除了邻里之间人与人的社会关系之外，本节还将邻里关系进一步拓展到居住地的环境状况，即进一步论证住房产权是否也会对居民和邻里环境状况之间的关系产生影响。之所以要进行拓展，是因为邻里环境通常也可能会影响到居民的主观福祉水平（Bradshaw et al.，2011；Liu et al.，2018），只有当邻里之间形成了融洽的人际关系，同时人对邻里环境之间也产生了明显的满足感，才能在更大程度上让居民的身心更加愉悦和幸福，进而产生更强的社区依恋（community attachment）。之所以住房产权与邻里环境的满意度可能会产生关联，是因为一方面居民获取住房产权时通常可以在可支付范围内选择邻里环境更加友好的社区，另一方面则是由于拥有住房产权的人更有动机去创造和维护邻里环境，他们往往可以通过积极参与社区治理等方式改善邻里环境。对于后者，本章将在后续研究中给出证明，在此暂不作赘述。为此，本节继续实证探讨住房产权与居民对邻里环境状况满意度之间的关系。

2019 年 CSS 调查问卷中随机询问了受访者 "请用 1~10 分来表达您对目前居住地的环境状况的满意程度。1 分表示非常不满意,10 分表示非常满意"。表 6.24 报告了住房产权与居民对居住地的环境状况满意度回归结果。逐步回归结果显示,关键解释变量住房产权的回归系数保持为正且均在 1% 的显著性水平上显著,这表明了拥有住房产权的居民往往对邻里环境状况表现出更高的满意程度,也意味着有房群体的居住条件和居住环境相对更优,这同样为住房产权对居民产生幸福效应提供了可能的解释。

表 6.24　　住房产权与居民对居住地的环境状况满意度回归结果

	(1)	(2)	(3)	(4)
	被解释变量:对邻里环境状况满意度			
解释变量				
住房产权	0.184 *** (0.060)	0.177 *** (0.061)	0.164 *** (0.061)	0.164 *** (0.061)
控制变量				
人口统计学特征	否	是	是	是
社会经济特征	否	否	是	是
宏观经济变量	否	否	否	是
年份固定效应	否	否	否	否
省份固定效应	是	是	是	是
观测值	5110	5110	5110	5110

注:(1)括号内为稳健标准误;(2) *** 代表在 1% 显著性水平上显著;(3)本表为有序 Probit 模型的估计结果;(4)2019 年 CSS 问卷中居民对邻里环境状况满意度题项为随机抽问。
资料来源:2019 年 CSS 数据。

五、政治参与门票效应

前面的研究结果表明,拥有住房产权的居民往往更加具有身份认同感和社会融入感,并且社会网络和社会资本也更加优越,邻里关系也通常更加和谐融洽，那么，拥有住房产权是否能从思维上和行动上真正提升居民的主人翁意识，积极参与社区治理和基层组织活动，为社区和地方发展建言献策？社区治理（community governance）和政治参与（political participation）等活动能够在很大程度上充分了解民意，充分彰显民主，保障居民话语权，体现出相关决策过程的科学合理性。居民也能够充分行使自己的政治权利，维护、增进自身以及社区等的合法发展利益，提升决策的透明度，提高公共政策和公共生活的质量。而且，在政治参与的过程中，居民可以充分体会到社区治理和投票选举等产生的参与感、获得感、公平感，把自己满意不满意、高兴不高兴、答应不答应等态度或意见表达出来，进而增进个人的主观福祉。显然，对于住房产权拥有者而言，他们在社区或者村庄的居住形态具有更加明显的稳定性、长期性和利益相关性，社区发展和基层治理直接关乎到他们的相关权益和主观福祉。因而，本节进一步比较拥有住房产权和不拥有住房产权的居民对于政治参与的态度和行为差异，从而厘清住房产权对居民政治参与的影响，围绕政治参与门票效应探索住房产权影响居民主观福祉的可能机制。

2012~2017年CGSS问卷中询问了受访者"上次居委会选举/村委会选举，您是否参加了投票？"，且对应的有效选项是"是、否、没有投票资格"。据此，本书生成了居民参与居委会选举/村委会选举的两项虚拟变量：一是居民是否具有投票资格的虚拟变量（1表示有资格，0表示没有资格）；二是对于有投票资格的居民而言，他们是否实际参与了投票的虚拟变量（1表示参与了，0表示没有参与）。在此基础上，本节通过二值选择Probit模型对上述两种情形分别进行实证检验，探讨住房产权对居民参与基层政治活动的影响。

表6.25报告了住房产权与居民参与居委会选举/村委会选举回归结果。第（1）列回归模型中的被解释变量为居民有无投票资格，回归结果显示，关键解释变量住房产权的回归系数为正且在10%的显著性水平上显著，表明了拥有住房产权的居民具有居委会选举/村委会选举资格的概率相对更大，且边际效应表明了拥有住房产权的居民比不拥

有住房产权的居民具有投票资格的概率大约高出 0.6 个百分点。第
（2）列回归模型中的被解释变量为居民是否参与了投票，回归结果显
示，关键解释变量住房产权的回归系数为正且在 1% 的显著性水平上显
著，表明了拥有住房产权的居民通常更积极地参与了居委会选举/村委
会选举投票，且参与投票的概率比不拥有住房产权的居民高出 10.4 个
百分点。由此可见，拥有住房产权虽然能在较小程度上影响居民是否
具有基层政治参与的资格，但是，却能在很大程度上影响居民参与基
层政治活动的积极性。换句话说，拥有住房产权的居民具有更为强烈
的政治参与行动力。

表 6.25　　住房产权与居民参与居委会选举/村委会选举回归结果

	(1)		(2)	
	被解释变量：上次居委会选举/村委会选举，是否参加了投票			
	有无投票资格		是否参加了投票	
	回归系数	边际效应	回归系数	边际效应
解释变量				
住房产权	0.072 * (0.040)	0.006 *	0.297 *** (0.027)	0.104 ***
控制变量				
人口统计学特征	是		是	
社会经济特征	是		是	
宏观经济变量	是		是	
年份固定效应	是		是	
城市固定效应	是		是	
观测值	41087		39483	

注：（1）括号内为稳健聚类标准误；（2）＊、＊＊＊分别代表在 10%、1% 显著性水平上
显著；（3）本表为二值选择 Probit 模型的估计结果。
资料来源：2012～2017 年 CGSS 数据。

2019 年 CSS 调查问卷中也设计了类似的题项，并且 CSS 问卷中搜集的信息对于本节机制分析具有对照性和补充性，因而本节继续使用 2019 年 CSS 数据进行验证。具体而言，2019 年 CSS 问卷中询问了受访者"最近 2 年，您是否参加过村（居）委会选举?"，且对应的选项设置为"参加过（赋值为 1）、没有参加过（赋值为 0）"；"最近 2 年，您是否参加过所在村居/单位的重大决策讨论"，对应的选项和赋值与前一题一致；"最近 5 年，您是否参加过选举区县人大代表的投票"，对应的选项和赋值也与前述问题一致。据此，本节同样采用二值选择 Probit 模型进行估计，实证检验住房产权对居民政治参与的影响。

表 6.26 报告了住房产权与居民政治参与的回归结果。第（1）列中的被解释变量为"最近 2 年，受访者是否参加村（居）委会选举"，关键解释变量住房产权的回归系数为正且在 1% 的显著性水平上显著，进一步验证了拥有住房产权的居民往往更有机会和更加积极地参与村（居）委会选举活动，这与前文基于 CGSS 数据得出的结论一致，且拥有住房产权的居民参与村（居）委会选举的概率比不拥有住房产权的居民高出 6.3 个百分点。第（2）列中的被解释变量为"最近 2 年，受访者是否参加所在村居/单位的重大决策讨论"，关键解释变量住房产权的回归系数为正且在 1% 的显著性水平上显著，再次说明了拥有住房产权的居民更加积极地参与了村居/单位的重大决策讨论，且参与概率比不拥有住房产权的居民高出 4.8 个百分点。第（2）列中的被解释变量为"最近 5 年，受访者是否参加过选举区县人大代表的投票"，关键解释变量住房产权的回归系数为正且在 5% 的显著性水平上显著，这也表明了拥有住房产权的居民更加积极地参与了当地的相关政治活动，且在区县层面政治参与的概率相比不拥有住房产权的居民高出 3.6 个百分点。

表 6.26　　　　　　住房产权与居民政治参与的回归结果

	(1)		(2)		(3)	
	被解释变量：政治参与					
	最近 2 年，是否参加村（居）委会选举		最近 2 年，是否参加所在村居/单位的重大决策讨论		最近 5 年，是否参加过"选举区县人大代表的投票	
	回归系数	边际效应	回归系数	边际效应	回归系数	边际效应
解释变量						
住房产权	0.198 *** (0.061)	0.063 ***	0.320 *** (0.099)	0.048 ***	0.162 ** (0.072)	0.036 **
控制变量						
人口统计学特征	是		是		是	
社会经济特征	是		是		是	
宏观经济变量	是		是		是	
年份固定效应	否		否		否	
省份固定效应	是		是		是	
观测值	10281		10281		10281	

注：(1) 括号内为稳健标准误；(2) ** 、*** 分别代表在 5%、1% 显著性水平上显著；(3) 本表为二值选择 Probit 模型的估计结果。
资料来源：2019 年 CSS 数据。

　　除此之外，2015 年 CHFS 问卷也对居民的政治参与和社区治理参与等进行了提问，对于本节机制研究具有很好的补充作用，尤为重要的是 CHFS 问卷不仅从参与的意愿、参与的过程进行了信息搜集，还从参与的结果进行调查。具体而言，2015 年 CHFS 问卷询问了受访者"您对社区治理是否有参与的意愿？"，对应的选项设置为"是（赋值为 1）、否（赋值为 0）"；"您觉得您对社区的建议是否受到了重视？"，对应的选项设置为"是、否、没有提过建议"，本书据此将其拆分成两项虚拟变量：一是是否提过建议（1 表示提过，0 表示没

有提过）；二是对于提过建议的人而言，所提的建议是否受到了重视
（1 表示受到了重视，0 表示没有受到重视）；"您对社区的建议受到
社区或上级政府采纳了吗？"，对应的选项设置为"是（赋值为 1）、
否（赋值为 0）"。本节据此继续展开实证分析。表 6.27 报告了住房
产权对居民参与社区治理的回归结果。第（1）列中的被解释变量表
示对于居住在自有房屋的居民而言，他们对社区治理是否有参与的意
愿，关键解释变量住房产权的回归系数为正且在 1% 的显著性水平上
显著，表明了住在自有住房的居民更加有意愿参与社区治理，且参与
的概率比不住在自有住房的居民高出约 4.2 个百分点。第（2）列中
的被解释变量表示对于居住在自有房屋的居民而言，他们对是否对社
区提过建议，关键解释变量住房产权的回归系数为正且也在 1% 的显
著性水平上显著，表明了住在自有住房的居民更加积极地对社区提过
建议，即他们参与社区治理的积极性和行动力更强，且对社区提建议
的概率比不住在自有住房的居民高出约 3.8 个百分点。第（3）列中
的被解释变量表示对于居住在自有房屋且对社区提过建议的居民而
言，他们对社区提出的建议是否受到了重视，关键解释变量住房产权
的回归系数在 1% 的显著性水平上显著为正，意味着住在自有住房的
居民对社区的建议更能引起管理部门的重视，即社区对他们的诉求也
更为关注，且重视程度相比较不住在自有房屋的居民要高出 2.7 个百
分点。第（4）列中的被解释变量表示对于居住在自有房屋且对社区
提过建议的居民而言，他们对社区提出的建议是否受到了社区或上级
政府采纳，关键解释变量住房产权的回归系数在 5% 的显著性水平上
显著为正，表明住在自有住房的居民对社区的建议更容易被社区或上
级政府采纳，这再次意味着社区或上级政府通常更加重视拥有住房产
权的居民相关建议，且采纳他们建议的概率比不住在自有住房的居民
高出约 5.3 个百分点。

表 6. 27　　　　　住房产权对居民参与社区治理的回归结果

	(1)		(2)		(3)		(4)	
	被解释变量：社区治理和政治参与							
	对社区治理是否有参与的意愿		是否对社区提过建议		对社区的建议是否受到了重视		对社区的建议是否受到社区或上级政府采纳	
	回归系数	边际效应	回归系数	边际效应	回归系数	边际效应	回归系数	边际效应
解释变量								
住房产权	0. 123 *** (0. 032)	0. 042 ***	0. 131 *** (0. 033)	0. 038 ***	0. 128 *** (0. 040)	0. 027 ***	0. 145 ** (0. 066)	0. 053 **
控制变量								
人口统计学特征	是		是		是		是	
社会经济特征	是		是		是		是	
宏观经济变量	是		是		是		是	
年份固定效应	否		否		否		否	
城市固定效应	是		是		是		是	
观测值	16832		20022		16887		4622	

注：（1）括号内为稳健聚类标准误；（2）** 、*** 分别代表在 5% 、1% 显著性水平上显著；（3）本表为二值选择 Probit 模型的估计结果。
资料来源：2015 年 CHFS 数据。

从另一个视角来看，如果居民对社区的建议通常受到社区或者上级部门的重视，并且更容易被社区或上级部门采纳，那么社区居委会/村委会也自然他们的帮助也会越大，进而更能够提升居民的主观福祉。为此，2015 年 CHFS 问卷询问了受访者"您觉得社区居委会/村委会对您的帮助有多大？"，且对应的选项设置为"没有帮助（赋值为 1）、不太大（赋值为 2）、一般（赋值为 3）、比较大（赋值为 4）、非常大（赋值为 5）"。本书据此展开进一步实证研究。

表 6.28 报告了住房产权与社区居委会/村委会作用评估的回归结果。逐步回归结果表明，关键解释变量住房产权的回归系数都为正数且均在 1% 的显著性水平上显著。这表明了对于居住在自有房屋的居民

而言，他们感知到的社区居委会/村委会对其帮助程度更大，即对社区居委会/村委会的作用评价更高。因而，这一结果再次表明了社会管理部门对拥有住所产权的居民帮助作用更明显，从而从政治参与门票效应角度为住房产权提升居民主观福祉提供了新的机制解释。

表 6.28　　住房产权与社区居委会/村委会作用评估的回归结果

	(1)	(2)	(3)	(4)
	被解释变量：对社区居委会/村委会的帮助大小评估			
解释变量				
住房产权	0.125 *** (0.024)	0.097 *** (0.024)	0.069 *** (0.025)	0.069 *** (0.025)
控制变量				
人口统计学特征	否	是	是	是
社会经济特征	否	否	是	是
宏观经济变量	否	否	否	是
年份固定效应	否	否	否	否
城市固定效应	是	是	是	是
观测值	16850	16850	16850	16850

注：（1）括号内为稳健聚类标准误；（2）*** 代表在 1% 显著性水平上显著；（3）本表为有序 Probit 模型的估计结果。

资料来源：2015 年 CHFS 数据。

六、自我肯定效应

基于本章前面的研究结果，拥有住房产权通常能够提升人们的社会经济地位认知、改善人们对于社会公平正义的评价、提升人们的家庭生活关系和生活满意度、提高邻里关系的和谐度融洽度、促进人们积极参与社区治理和基层政治活动等，那么，从居民的心理层面来看，拥有住房产权是否能够影响到居民的心理健康、身心愉悦？是否能够让人们生活得更加自信、更加乐观？显然，人们的日常心情和心理健康等也能够在很大程度上显著影响其主观福祉水平（Diener，1984；Dolan et al.，2008；Asadullah et al.，2018）。为此，本书继续从居民心理感受的维度，为解释住房产权提升居民主观福祉寻找新的可能机制。

2012～2017 年 CGSS 调查问卷中询问了受访者"在过去的四周中，您感到心情抑郁或沮丧的频繁程度是多少"，且对应的选项设置为"从不（赋值为 1）、很少（赋值为 2）、有时（赋值为 3）、经常（赋值为 4）、总是（赋值为 5）"。据此，表 6.29 报告了住房产权与居民心情抑郁或沮丧频率的回归结果。逐步回归结果表明，关键解释变量住房产权的回归系数为负且在 1% 的显著性水平上显著，表明了拥有住房产权的居民日常心情通常更好，心情抑郁或者感到沮丧的频率相对更低。这意味着住房产权能够显著影响居民的快乐，由于快乐会影响幸福（黄有光，2005），所以这也为住房产权提升居民主观幸福感提供了解释。

表 6.29　　　　住房产权与居民心情抑郁或沮丧频率的回归结果

	（1）	（2）	（3）	（4）
	被解释变量：心情抑郁或沮丧月度频率			
解释变量				
住房产权	− 0.116 *** （0.020）	− 0.105 *** （0.021）	− 0.086 *** （0.021）	− 0.085 *** （0.021）
控制变量				
人口统计学特征	否	是	是	是
社会经济特征	否	否	是	是
宏观经济变量	否	否	否	是
年份固定效应	是	是	是	是
省份固定效应	是	是	是	是
观测值	41087	41087	41087	41087

注：（1）括号内为稳健聚类标准误；（2）*** 代表在 1% 显著性水平上显著；（3）本表为有序 Probit 模型的估计结果。

资料来源：2012～2017 年 CGSS 数据。

　　相反，既然拥有住房产权的居民心情抑郁或沮丧的频率更低，他们在日常生活中感到精力充沛和充满活力的是否会相对更明显呢？2015 年 CGSS 调查问卷中询问了受访者"在过去四周中，你是否经常感到充满活力？"，且对应的选项也同样设置为"从不（赋值为 1）、很少（赋值为 2）、有时（赋值为 3）、经常（赋值为 4）、总是（赋值为 5）"。表 6.30 报告了住房产权与居民内心充满活力的频率回归结果。逐步回归结果显示，关键解释变量住房产权的回归系数在 5% 的显著性水平上显著为正，表明了拥有住房产权的居民通常比不拥有住房产权的居民在平日里更加感到充满活力。所以，综合来看，拥有住房产权的居民心理健康程度往往更高，心情更加愉悦。

表 6.30　　　　住房产权与居民内心充满活力的频率回归结果

	（1）	（2）	（3）	（4）
	被解释变量：在过去四周中，您是否经常感觉充满活力			
解释变量				
住房产权	0.246 ** (0.109)	0.305 *** (0.112)	0.286 ** (0.113)	0.286 ** (0.113)
控制变量				
人口统计学特征	否	是	是	是
社会经济特征	否	否	是	是
宏观经济变量	否	否	否	是
年份固定效应	否	否	否	否
省份固定效应	是	是	是	是
观测值	1527	1527	1527	1527

　　注：（1）括号内为稳健聚类标准误；（2）**、***分别代表在 5%、1% 显著性水平上显著；（3）本表为有序 Probit 模型的估计结果。
　　资料来源：2015 年 CGSS 数据。

　　除了上述关于受访者对当前生活的心理感受，2017 年 CGSS 问卷中还追问了受访者关于对未来生活的乐观程度。具体题项是"是否同意我对我的未来持乐观态度这一表述？"，对应的选项是"非常不同意（赋值为1）、不同意（赋值为2）、无所谓同意不同意（赋值为3）、同意（赋值为4）、非常同意（赋值为5）"。据此，表6.31报告了住房产权与居民对未来持乐观态度的回归结果。逐步回归结果显示，关键解释变量住房产权的回归系数为正且在1%的显著性水平上显著，表明了拥有住房产权的居民通常对未来持有更加乐观的态度。

表6.31　　住房产权与居民对未来持乐观态度的回归结果

	(1)	(2)	(3)	(4)
	被解释变量：对自己的未来持乐观态度			
解释变量				
住房产权	0.173 *** (0.045)	0.164 *** (0.044)	0.126 *** (0.044)	0.126 *** (0.044)
控制变量				
人口统计学特征	否	是	是	是
社会经济特征	否	否	是	是
宏观经济变量	否	否	否	是
年份固定效应	否	否	否	否
省份固定效应	是	是	是	是
观测值	3659	3659	3659	3659

注：（1）括号内为稳健聚类标准误；（2）*** 代表在1%显著性水平上显著；（3）本表为有序Probit模型的估计结果。
资料来源：2017年CGSS数据。

与此同时，居民的心理安全感、自我成就感和价值实现感同样可能对居民的主观福祉产生明显的影响。这是因为，根据美国心理学家、第三代心理学的开创者马斯洛（Abraham H. Maslow）于1943年在其著作《人类动机的理论》（*A Theory of Human Motivation Psychological Re-*

view）一书中提出的需求层次理论（hierarchical theory of needs），人类的需求按照从低到高依次大致可以分成五个等级，即生理的需求（physiological needs）、安全的需求（security needs）、归属与爱的需要（love and belonging needs）、尊重的需求（respect & esteem needs）、自我实现的需求（self-actualization needs）。从这个意义上说，住房产权是否提升了人们的安全感和自我成就感，进而对居民产生了幸福效应呢？为此，本书基于微观调查数据继续展开实证研究，旨在从更深层次探讨住房产权提升居民主观幸福感的机制。

安全感作为一个重要的心理学概念，是指"一种从恐惧和焦虑中脱离出来的信心、安全和自由的感觉，特别是满足一个人现在和将来各种需要的感觉"（阿瑟·S. 雷伯，1996）。总体而言，可以将居民的安全感分为主观安全感和客观安全感（郑新夷和杨艳群，2020）。其中，主观安全感强调个体主观感知，在社区范围内，指的是由居民所具有的生产、生活的客观条件以及需求感知等因素共同作用而产生的个体对自身生命、健康存在与发展状况的中性心理体验（高星，2011），而客观安全感则是指影响社会治安（犯罪率）（丁传标，2015）、道路交通事故（车速、路况、事故地段）等发生的真实存在的风险因素（郑新夷和杨艳群，2020）。而且，作为一种主观的心理感受，主观安全感的提高与个体需要的满足有很高的相关性（赵玉芳等，2019；Milberg et al.，2014；曹羽鹤，2016）。2015 年 CHFS 调查问卷询问了受访者"生活在当今的时代，您是否有安全感？"，且对应的选项设置为"非常不安全（赋值为 1）、不太安全（赋值为 2）、一般（赋值为 3）、比较安全（赋值为 4）、非常安全（赋值为 5）"。据此，表 6.32 报告了住房产权与居民主观安全感的回归结果。逐步回归结果显示，关键解释变量住房产权的回归系数为正且在 1% 的显著性水平上显著，表明了拥有住房产权能够显著提升人们的主观安全感。所以，这为解释住房产权提升居民主观福祉提供了新的解释视角。

表 6.32 住房产权与居民主观安全感的回归结果

	（1）	（2）	（3）	（4）
	被解释变量：主观安全感			
解释变量				
住房产权	0.147 *** （0.028）	0.097 *** （0.029）	0.084 *** （0.029）	0.084 *** （0.029）
控制变量				
人口统计学特征	否	是	是	是
社会经济特征	否	否	是	是
宏观经济变量	否	否	否	是
年份固定效应	否	否	否	否
城市固定效应	是	是	是	是
观测值	20028	20028	20028	20028

注：（1）括号内为稳健聚类标准误；（2）*** 代表在 1% 显著性水平上显著；（3）本表为有序 Probit 模型的估计结果。

资料来源：2015 年 CHFS 数据。

而且，根据马斯洛的需求层次理论，人类最高层次的需求是自我实现的需求，并且，只有当人的生理的需求、安全的需求、社交的需求、尊重的需求被满足的前提下，人的自我实现需求才会出现。所谓自我实现需要，是指个体向上发展和充分运用自身才能、品质、能力倾向的需要。并且，马斯洛还指出，在人自我实现的创造性过程中，产生出一种所谓的"高峰体验"的情感，这个时候是人处于最激荡人心的时刻，是人的存在的最高、最完美、最和谐的状态。由此可见，人的自我实现感和成就感能够从根本上影响人的主观福祉。并且，即便从全社会的视角来看，只有越来越多的居民能够感受到自己的生活价值和实现自我成就，那么社会才能实现真正进步，人们对未来也将持有更乐观的预期。那么，既然获取住房产权能够满足人们基本居住、安全、社会交往、社会资源获取、身份认同等生存和发展的多重需求，它是否也能够在更高维度上影响人们的自我价值实现感和成就感呢？本节对此继续展开实证验证，尝试从人们自我实现感和价值成就感的视角，为解释住房产权显著提升居民主观福祉寻找新的可能解释。

2017 年 CGSS 调查问卷中询问了受访者"我认为我自己现在相当成功，这一表述是否符合您的实际情况"，且对应的选项设置为"完全不符合（赋值为 1）、相当不符合（赋值为 2）、比较不符合（赋值为 3）、有点不符合（赋值为 4）、有点符合（赋值为 5）、比较符合（赋值为 6）、相当符合（赋值为 7）、完全符合（赋值为 8）"。据此，表6.33 报告了住房产权与居民成就感的回归结果。逐步回归结果显示，关键解释变量住房产权的回归系数显著为正，表明了拥有住房产权的居民比不拥有住房产权的居民更有成就感和自我实现感。由此可见，获取住房产权对人们具有很强的价值内涵。

表 6.33　　　　　　　　　　**住房产权与居民成就感的回归结果**

	(1)	(2)	(3)	(4)
	被解释变量：我认为我自己现在相当成功			
解释变量				
住房产权	0.389 *** (0.092)	0.348 *** (0.089)	0.195 ** (0.089)	0.195 ** (0.089)
控制变量				
人口统计学特征	否	是	是	是
社会经济特征	否	否	是	是
宏观经济变量	否	否	否	是
年份固定效应	否	否	否	否
省份固定效应	是	是	是	是
观测值	3588	3588	3588	3588

注：（1）括号内为稳健聚类标准误；（2） ** 、*** 分别代表在 5% 、1% 显著性水平上显著；（3）本表为有序 Probit 模型的估计结果。
资料来源：2017 年 CGSS 数据。

更进一步地，根据阿玛蒂亚·森（Amartya Sen）提出的可行能力理论（capacity theory），我们不仅考虑人们的实际最终选择，同时重点关注人们选择不同结果的自由程度，即更加突出自由选择的重要性。换句话说，森不仅关心人们的各项权利，更关心人们实现各项权利的能力。显然，森的可行能力理论突破性拓展了福祉的内涵，即福祉不仅仅只是人们生活中的最终选择和幸福状态，也包括人们作为自主个体的相关可选择性集合及作出各项选择的自由能力。那么，根据前文的研究结论，住房产权能够在经济物质层面、社会融合与身份认同、社会网络和社会资本、社会资源获取、政治参与、心理健康和精神状态等多个方面发挥积极作用，住房产权是否也能够影响居民的实现自我目标的可行能力呢？为此，本节更进一步对这一问题开展实证检验。

2017年CGSS调查问卷中询问了受访者"我能想到很多方法来实现自己近期的目标"。而且，问卷中还询问了受访者"如果我发现自己身陷困境，我能想出很多办法摆脱困境"。据此，本节将上述两项问题进行0或1赋值，即0表示赞同相关表述，1表示赞同相关表述。基于二值选择Probit模型，表6.34报告了住房产权与居民可行能力的回归结果。第（1）列回归模型中的被解释变量为居民对于"我能想到很多方法来实现自己近期的目标"这一表述的适用程度，关键解释变量住房产权的回归系数为正且在5%的显著性水平上显著，表明了拥有住房产权的居民通常具有更多的方法实现个人近期目标，且比不拥有住房产权的居民高出近5.7个百分点。第（2）列回归模型中的被解释变量为居民对于"如果我发现自己身陷困境，我能想出很多办法摆脱困境"这一表述的适用程度，关键解释变量住房产权的回归系数为正且在1%的显著性水平上显著，表明拥有住房产权的居民通常也更有能力摆脱可能的困境，且比不拥有住房产权的居民高出约6.8个百分点。综合来看，住房产权的确增强了人们实现目标和解决困难的可行能力，这也为解释拥有住房产权能够显著提升居民主观福祉提供了新的视角。

表 6.34　　　　　　　　**住房产权与居民可行能力的回归结果**

	（1）		（2）	
	被解释变量：可行能力			
	我能想到很多方法来实现 自己近期的目标		如果我发现自己身陷困境， 我能想出很多办法摆脱困境	
	回归系数	边际效应	回归系数	边际效应
解释变量				
住房产权	0.156 ** （0.079）	0.057 **	0.224 *** （0.081）	0.068 ***
控制变量				
人口统计学特征	是		是	
社会经济特征	是		是	
宏观经济变量	是		是	
年份固定效应	否		否	
省份固定效应	是		是	
观测值	3540		3602	

注：（1）括号内为稳健聚类标准误；（2）**、***分别代表在5%、1%显著性水平上显著；（3）本表为二值选择 Probit 模型的估计结果。

资料来源：2017 年 CGSS 数据。

七、机 制 总 结

根据以上分析，住房产权对居民主观福祉的影响机制并不唯一，存在不同的影响途径。图 6.4 直观展示了不同视角下住房产权影响居民主观福祉的对应机制。其一，从经济视角来看，住房产权具有明显的资产效应，在房价持续上涨的情形下，住房产权能够为居民产生稳定的资产增值收益，从而提升人们的主观福祉；其二，从社会视角来看，住房产权具有明显的社会门票效应，即在租购不同权等客观制度背景下，住房产权是人们获取优质基础教育资源等公共服务的"门票"，提升人们对于社会资源分配的获得感、公平感等，增强人们的社会融合程度和身份认同感，进而强化人们的主观福祉；其三，从家庭视角来看，住房产权具有显著的家庭和谐效应，拥有住房产权的家庭通常具有更高的生活品质和生活满意度，从而提升了居民的主观福祉；其四，从邻里视角来看，住房产权具有很强的睦邻效应，获取住房产权有助于塑造更为和谐稳定融洽的邻里关系，提高邻里的友好互动频率和相互信任感，从而有助于提升人们的主观福祉；其五，从治理参与视角来看，住房产权具有较强的政治参与门票效应，即住房产权拥有者在社区治理和基层政治参与中通常会获得更多的机会，有助于表达自身诉求和维护自身权益，从而有利于增进主观福祉；其六，从心理视角来看，住房产权具有很强的自我肯定效应，拥有住房产权者往往能够产生更强的自我实现感和满足感，对生活也更加持有乐观心态和良好预期，因而也能增强他们的主观福祉。

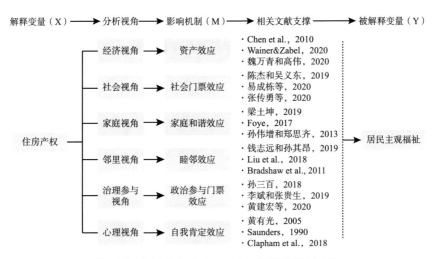

图 6.4　住房产权影响居民主观福祉的机制总结

第四节　进一步讨论

正如前面所分析的那样，中国的住房市场存在很明显的分化现象，最为直观的表征是商品住宅价格呈现出明显的区域差异。而且，即便对于同一省份甚至是同一城市内部，住房价格也存在较为明显的起伏。

这也就意味着，不同住房的升值能力存在显著的差异。那么，根据本书第五章中基于 2011～2017 年的微观家庭调查数据统计结果，超过 90% 的家庭都已经拥有了自有住房产权，对于这些家庭而言，由于住房产权的增值水平不同，即住房增值存在显著的不平等，这种不平等是否会削弱居民的主观幸福感呢？为了对这一问题进行解答，本书基于 2011～2017 年 CHFS 数据进一步展开实证探讨。

依据 2011～2017 年 CHFS 数据集中的拥有住房产权家庭样本，本书通过洛伦兹曲线，直观描绘了城市内部的住房产权增值不平等程度。同时，本书也依据 2011～2017 年 CHFS 数据集绘制了城市内部居民家庭总收入洛伦兹曲线。由图 6.5 可知，城市内部的住房产权增值不平等程度明显高于居民家庭总收入不平等程度。虽然已有相关文献指出中国家庭的收入不平等程度较高，并且需要引起高度注意（鲁元平和王韬，2011；种聪和岳希明，2020），但事实上，现有文献可能忽略了一项重要的事实，即中国的住房增值不平等程度相对更加严重。

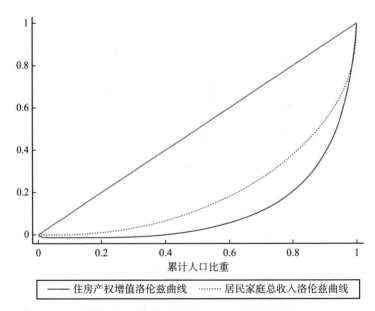

图 6.5　住房产权增值与收入不平等对比

资料来源：2011～2017 年 CHFS。

依据2011～2017年CHFS数据集中的拥有住房产权家庭样本，本节测算了各个城市住房增值的基尼系数和城市家庭年总收入的基尼系数，以此分别度量城市内部的住房产权增值不平等程度和家庭收入水平的不平等程度。就住房产权增值基尼系数而言，从2011～2017年呈现出总体上升趋势，各年度的基尼系数均已经超过0.5，且7年期间住房产权增值基尼系数总体上呈现出增长趋势，但增长势头逐步放缓（见图6.6）。据此，本节实证探讨住房产权增值的不平等程度与居民主观幸福感之间的关系。表6.35报告了住房产权增值不平等与有房居民主观幸福感的回归结果。其中，第（1）列回归结果由有序Probit模型估计所得，第（2）列回归结果由Probit-adapted OLS方法估计所得。回归结果显示，对于总量指标而言，居民家庭年总收入和住房产权增值的回归系数均显著为正，说明了收入水平和住房增值都能显著提升有房居民的主观幸福感。且通过比较各解释变量回归系数大小可知，家庭收入水平对居民主观幸福感的影响程度相对更高。但是，对于不平等指标而言，城市层面家庭年总收入基尼系数的回归系数为正但并

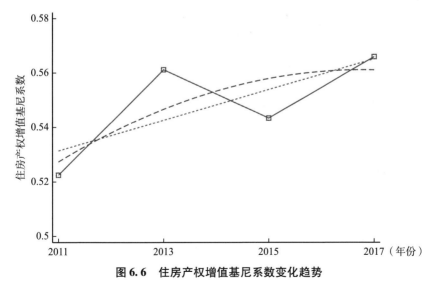

图6.6 住房产权增值基尼系数变化趋势

资料来源：2011～2017年CHFS。

没有表现出统计意义上的显著性，这说明在控制住房产权增值不平等的情况下，收入不平等并没有显著影响有房居民的主观福祉，而城市层面住房产权增值基尼系数的回归系数为正且在1%的显著性水平上显著，表明了住房产权增值不平等不但没有抑制居民的主观幸福感，反而与居民的主观幸福感呈现出显著的正向关联。

表 6.35　　　住房产权增值不平等与居民主观幸福感的回归结果

	（1）	（2）
	被解释变量：主观幸福感	
	Ordered Probit model	Probit-adapted OLS
解释变量		
ln（家庭年总收入）	0.019 *** (0.002)	0.017 *** (0.002)
ln（住房产权增值）	0.004 *** (0.001)	0.004 *** (0.001)
城市家庭年总收入基尼系数	0.125 (0.090)	0.109 (0.078)
城市住房产权增值基尼系数	0.224 *** (0.078)	0.192 *** (0.067)
控制变量		
人口统计学特征	是	是
社会经济特征	是	是
宏观经济变量	是	是
年份固定效应	是	是
城市固定效应	是	是
观测值	71983	71983
调整 R^2	—	0.107

注：（1）括号内为稳健聚类标准误；（2）　*** 代表在1%显著性水平上显著；（3）本表中控制了初始购房成本，但初始购房成本数据存在一定的缺失值。
资料来源：2011～2017 年 CHFS 数据。

之所以收入不平等和住房产权增值不平等对人们的主观福祉产生了较为不同的影响，一个可能的解释是人们对于城市内其他人的收入情况了解程度并不高，所以收入的不平等程度并没有显著对居民的主观幸福感产生影响。当然，这一解释是有据可循的，Perez - Truglia（2020）在 *American Economic Review* 期刊发表了一篇关于收入透明度和居民主观福祉的论文，文中以 2001 年挪威居民可通过查阅他人的税务记录从而能够观察到其他人的收入作为一个准自然实验，研究结果发现提高收入透明度可以显著影响人们的主观幸福感，尤其是拉大了贫富群体之间的幸福差距和生活满意度差距。这说明收入的不透明性可以有效缓解收入不平等对居民主观福祉的负面影响。相比较现阶段中国城市内居民收入的相对不透明度，住房产权增值的透明程度则显著更高，这是因为统计部门发布的数据、开发商制定价格、房地产中介公开报价以及个体之间的经常交流等，使得人们对城市内部不同区位甚至不同小区的住房价格知晓程度相对较高，因而住房产权的增值不平等程度也能够显著影响人们的主观幸福感。之所以二者之间表现出显著的正向关联，一个可能的解释是"正向隧道效应"（tunnel effect），即在房价普遍快速上涨的背景下，拥有住房产权的人们可能会对他们的住房增值产权乐观预期，即他们也倾向于认为将来自己的住房产权也同样会有较大的增值幅度，即便可能他们的住房产权目前增值有限，但城市内其他增值幅度较大的住房给他们提供了一种示范效应（demonstration effect），因而住房产权增值的不平等反而会提高有房群体的主观幸福感（Knight et al.，2009）。"正向隧道效应"也已经被学者用来解释不平等与居民主观福祉的关系（Jiang et al.，2012）。当然，我们需要意识到，"正向隧道效应"的成立需要满足一个非常重要的前提条件，即机会均等（何立新和潘春阳，2011）。显然，城市内的住房市场价格具有很强的传导性或溢出效应（spillover effect），城市内部的局部区域住房价格上涨通常会形成连锁反应或波纹效应（ripple effect），导致城市内部的房价普涨。由此可见，即便有房居民的增值水平不平等，但似乎并没有削弱拥有住房产权居民的主观幸福感，反而在一定程度上提升了居民的主观福祉，这也为解释住房产权的幸福效应提供了新的视角。

第五节　本章小结

本章对拥有住房产权影响居民主观福祉的机制进行了多维度深入剖析，结合中国情境，综合运用中国综合社会调查数据（CGSS）、中国社会状况综合调查数据（CSS）、中国家庭金融调查数据（CHFS）等多套微观调查数据资源，充分挖掘各数据库中的相关指标，围绕经济地位、社会评价、家庭生活、邻里关系、心理感受等多个维度，基于需求层次理论、可行能力理论、阶层流动理论、社会流动理论、社会比较理论、政治参与理论、社会网络和社会资本理论等多学科相关理论，使用二值选择 Probit 模型、有序 Probit 模型、Probit-adapted OLS 等实证方法，创新性地围绕住房产权资产效应、社会门票效应、家庭和谐效应、睦邻效应、政治参与门票效应、自我肯定效应等，对中国住房产权影响居民主观福祉的可能机制进行了全面检验和分析。在此之后，本章进一步对比分析了城市层面家庭收入不平等、住房产权增值不平等对拥有住房产权居民的主观福祉产生的差异化影响，并从财富透明度、正向隧道效应、机会均等性等方面对结果进行了细致分析，为解释住房产权的幸福效应寻找新的视角。本章的主要研究结论如下：

（1）住房产权能够产生资产效应。由于 21 世纪前 20 年中国城镇住房价格快速上涨，拥有住房产权的家庭获取了大量的住房财富增值，并且住房资产的财富效应和抵押效应等进一步放大了有房家庭的财富优势。与同龄人相比，拥有住房产权的居民比不拥有住房产权的居民往往具有更高的社会经济地位感知。与当地人相比，拥有住房产权能够显著提升人们对其家庭经济状况在所在地的所属档次认知，同时对未来 5 年其在本地的社会经济地位也持有乐观预期。即便将社会比较的群体范围扩大到全社会，拥有住房产权的居民也依然对自己的社会经济地位有着更高的评价。而且，与自身期望相比，拥有住房产权的居民更倾向于认为自己的劳动收入合理性更高，即对于个人经济收入的满足感有所提升。

（2）住房产权能够产生社会门票效应。第一，拥有住房产权能显著提升人们的社会公平感；第二，拥有住房产权能够显著提升人们的社会信任感；第三，拥有住房产权能够显著提升人们的社会阶层感知，即拥有住房产权的居民更加认为自身处在相对较高的社会阶层，而且，拥有住房产权还会对居民未来 10 年社会阶层的预期产生正向提升作用，显著提升居民的代内社会阶层向上流动和代际社会阶层向上流动；第四，从居民对社会保障、教育资源、公共医疗、社会财富及收入分配等方面的评价结果来看，拥有住房产权通常能够显著提升人们对于社会资源的获得感、满意度、公平感；第五，拥有住房产权有助于增强人们与亲朋好友之间的社会网络，进而也有助于其积累更多社会资本；第六，拥有住房产权能够显著提升人们的社会融合度与身份认同感，并且"在城镇购买住房"是成为城里人的重要条件已经引起社会公众的共鸣。

（3）住房产权能够产生家庭和谐效应。第一，拥有住房产权的居民婚姻生活满意度更高、比周围人也生活得更加知足；第二，拥有住房产权的居民对现阶段的整体生活状态满意度更高；第三，拥有住房产权的居民对家庭关系往往更加满意，家庭生活的和谐度和融洽度更高；第四，拥有住房产权的家庭拥有更好的休闲/娱乐/文化生活，即他们的生活压力相对比较缓，平时生活节奏更加舒适；第五，拥有住房产权居民的社交生活更加丰富；第六，拥有住房产权的居民更加认可自身的生活，更加认为他自己的生活符合个人理想和期望。总而言之，拥有住房产权的家庭通常具有更高的生活品质、更小的生活压力、更和谐融洽的家庭关系和氛围、更理想的社交生活、更高的生活满意度。

（4）住房产权能够产生睦邻效应。第一，拥有住房产权的居民与邻居/街坊/同村其他居民互相之间的熟悉程度往往更高，更有动机且更有条件与周围邻居建立和维持良好的互动关系；第二，拥有住房产权能在更大程度上提升居民与邻居的社交娱乐活动频率，更加积极地与邻居或朋友进行社交互动，有助于居民建立起和谐融洽的邻里关系；第三，拥有住房产权的居民往往对邻里环境状况表现出更高的满意程度，也意味着有房群体的居住条件和居住环境相对更优。

（5）住房产权能够产生政治参与门票效应。第一，拥有住房产权虽然能在较小程度上影响居民是否具有基层政治参与的资格，但是，却能在很大程度上影响居民参与基层政治活动的积极性，即拥有住房产权的居民具有更为强烈的政治参与行动力；第二，拥有住房产权的居民更加积极地参与了村居/单位的重大决策讨论；第三，拥有住房产权的居民更加积极地参与了当地的相关政治活动；第四，住在自有住房的居民更加有意愿参与社区治理；第五，住在自有住房的居民参与社区治理的积极性和行动力更强；第六，住在自有住房的居民对社区的建议更能引起管理部门的重视，更容易被社区或上级政府采纳；第七，住在自有住房的居民感知到的社区居委会/村委会对其帮助程度更大。

（6）住房产权能够产生自我肯定效应。第一，拥有住房产权的居民日常心情通常更好，心情抑郁或者感到沮丧的频率相对更低；第二，拥有住房产权的居民通常比不拥有住房产权的居民在平日里更加感到充满活力，心理健康程度往往更高；第三，拥有住房产权的居民通常对未来持有更加乐观的态度；第四，拥有住房产权能够显著提升人们的主观安全感；第五，拥有住房产权的居民比不拥有住房产权的居民更有成就感和自我实现感；第六，拥有住房产权增强了人们实现目标和解决困难的可行能力。

除此之外，本章进一步讨论还发现中国的住房增值不平等程度相对收入不平等程度更加严重。城市层面收入不平等并没有显著影响居民的主观福祉，而城市层面住房产权增值不平等与居民的主观幸福感呈现出显著的正向关联，一个可能的解释是城市内住房增值对居民心理预期产生了"正向隧道效应"。

　　综合而言，本章综合借鉴房地产经济学、社会学、心理学、福祉经济学及幸福经济学等多重学科理论观点，从经济、社会、家庭、邻里、心理等多个维度，充分挖掘现有微观调查数据中的相关信息，实证研究住房产权对居民主观福祉的影响机制，揭示出拥有住房产权对中国居民的深层次含义和价值，从而厘清住房产权之所以能够产生幸福效应的原理，进而丰富了本书研究的内涵，凸显本书的研究价值和学术创新，进一步挖掘了凝结在住房产权上的中国故事。

第七章

不同类型住房产权对居民主观
福祉的影响研究

在厘清了拥有住房产权与居民主观福祉之间的关系以及相关影响机制的基础上，本章重点研究拥有不同类型住房产权对居民主观福祉的差异化影响。基于 2011～2017 年中国家庭金融调查（CHFS）数据和 2012～2017 年中国综合社会调查（CGSS）数据，本章结合中国语境，从住房产权的产权属性、经济属性、区位属性、资源属性等多个维度展开讨论，对比不同类型的住房产权究竟对居民主观福祉产生了怎样的影响，并且结合中国的住房市场发展状况、传统文化观念以及社会比较理论、社会适应理论等对实证结果进行分析，旨在通过对住房产权类型进行细致划分，递进式地论证不同类型住房产权对居民产生的幸福效应细微差异，研究中国居民的住房产权类型偏好。

第一节　问题提出

在本书前文的研究中，将住房产权作为一个同质性整体，重点分析了拥有住房产权对于居民主观福祉的影响效应和影响机制。但事实上，住房产权从不同维度可以划分为不同类型。比如，可以按照居民家庭持有的住房产权份额，将住房产权划分为完全产权和部分产权；可以按照市场价值的高低，将住房产权划分为高价值住房产权和低价值住房产权；可以按照住房产权的公共服务获取能力（如适龄子女就近入学的权利），将住房产权划分为学区住房和非学区住房。那么，持有不同类型的住房产权是否会对居民的主观幸福感产生不同的影响效应？

总的来说，现有国内外相关文献并没有对上述问题作出合理解答和深度剖析，这也是现有文献的研究局限之处。如果仅仅将住房产权视为同质化无差异的价值符号，难免会使得研究显得较为粗糙，无法深究不同类型住房产权对于居民家庭的差异化价值内涵，也将会忽略中国住房市场和住房制度中很多有趣的故事。比如，中国的住房价格存在显著的区域分化现象，东部城市以及重点城市的住房价格往往显著高于其他城市，由于在市场机制下供求关系决定商品价格，人们愿意购买昂贵的住房产权一定会有其逻辑上的必然性，那么持有不同地区住房产权和不同价位的住房产权究竟会对居民主观幸福感产生怎样的影响？同样地，在各个城市中，学区房的市场价格往往显著高于其他商品住房，这显然是优质学区资源的资本化结果（陈杰和吴义东，2019），那么持有学区房产权和非学区房产权又将会对居民主观幸福感产生怎样的不同影响？诸如此类问题还非常多，而且分析好此类问题，有助于从居民主观福祉的视角，揭开中国居民热衷于购买住房产权以及购买特定类型住房产权的动机，也能够为住房政策和相关调整提供理论参考。为此，本章在前文研究的基础上，进一步对住房产权进行多维度划分，旨在通过对居民持有的住房产权类型进行不断剥离分解，从而深入验证不同类型住房产权对居民主观福祉的影响，并且对比其中的差异和解释背后的原因。

本章接下来的主要研究内容具体安排如下：（1）介绍本章的实证研究设计，包括数据来源与处理过程、模型形式与变量设定、变量的描述性统计等；（2）从住房的产权属性（产权性质、获取方式、获取时间、产权用途、产权归属）、经济属性（初始价值、首付来源、贷款方式、市场价值、产权增值、产权债务）、区位属性（本地与外地、城乡区域、地理区域/价格区域）、资源属性（学区住房、公共资源可达性、通勤成本）等多个维度，实证研究不同类型住房产权对居民主观幸福感的差异化影响结果；（3）开展进一步讨论，论证住房产权对代际主观福祉的影响，尤其是男性子嗣和女性子嗣拥有住房产权对父代主观福祉的影响，并且进一步从居民家庭偿还住房欠款的经济能力视角，探讨不同债务压力的住房产权对居民主观福祉的差异化影响。

第二节　研究设计

一、数据来源与筛选说明

（一）数据来源

总体而言，本章实证研究所使用的微观数据主要来自西南财经大学家庭金融调查与研究中心发布的中国家庭金融调查（CHFS），且可获取的调查年份跨度为 2011 年、2013 年、2015 年和 2017 年。本书已经在第五章中对本套数据进行过较为详细的介绍，因而在此不再赘述。除此之外，考虑到本章实证过程中的实际需要，本章还使用到中国人民大学中国调查与数据中心发布的中国综合社会调查（CGSS）数据，且可获取的调查年份跨度为 2012 年、2013 年、2015 年、2017 年。本书也已经在第五章中对该套数据进行过较为详细的描述，在此也不作赘述。

之所以本章选取 CHFS 和 CGSS 这两套微观调查数据进行实证研究，是因为历年 CHFS 调查问卷中含有丰富的受访者住房产权详细信息，包括住房产权的数量、区位、获取方式、获取成本、获取年份、当前用途、产权价值、产权性质、产权归属、公共服务可达性等各方面信息。历年 CGSS 调查问卷中含有住房产权的信息量相对不多，但也包括了住房产权的拥有情况、产权归属等方面的信息，因而能对本章实证研究起到很好的数据补充的作用。

除此之外，和本书第五章基准实证模型一致，本章再次根据所使用的 CHFS、CGSS 年份信息和省份信息，从中国国家统计局进一步搜集整理了相关年份地区层面的宏观经济数据，主要包括住宅商品房平均销售价格、年末常住总人口、物价水平、人均地区生产总值等，以此反映地区的房价、物价、人口和经济发展水平等。

（二）数据筛选说明

本章实证研究过程中使用到的 CHFS 混合截面数据和 CGSS 混合截面数据和本书第五章及第六章中的处理过程一致，因而不再赘述。需要说明的是，由于本章旨在探讨不同类型住房产权对居民主观福祉的影响，而有一小部分受访居民拥有多套住房产权，且每一套住房产权的类型可能存在差异。虽然 CHFS 调查问卷中询问了受访者每一套自有住房的相关信息，但是 CHFS 数据集中搜集到的多套房信息缺失值非常严重，难以在实证过程中起到有效的数据支撑作用。经过综合考虑，本章筛选出占比最多的拥有一套住房产权的调查样本以及不拥有住房产权的调查样本，对于数据库中占比较少的拥有多套住房产权的样本调查而言，本章仅挑选出他们的首套房或者最主要的那套房产信息。据此，本章实证检验拥有不同类型住房产权对居民主观福祉的影响。

二、模型形式与变量设定

（一）模型形式

由于本书的研究问题是住房产权对居民主观福祉的影响研究，即住房产权虚拟变量是贯穿全文的核心解释变量，即比较的两组对象是拥有住房产权的居民和不拥有住房产权居民。而由于本章的研究重点是拥有不同类型住房产权对居民主观福祉的影响，所以，本章的关键解释变量应该设定为拥有相关类型住房产权的虚拟变量，即对照组始终是不拥有住房产权的居民。与此同时，还需要作出说明的是，由于本章实证过程主要是分组检验，为了确保分组回归所得系数的可比性和较为直观地获取其经济学含义，本章主要运用伯纳德·M. S. 范普拉格教授和阿达·费雷尔—卡博内尔（2008）提出的 Probit-adapted OLS 回归模型进行分组估计，本书已经在第五章的稳健性检验部分对该方法作了较为详细的说明，在此不予赘述。本章构建的回归模型一般形式如下所示：

$$happiness_{ijt} = \beta_{1,1} + \beta_{1,2} \times homeownership_{ijt} + \beta_{1,3} \times controls_{ijt} + \theta_t + \delta_j + \varepsilon_{ijt}$$

$$(7.1)$$

其中，$happiness_{ijt}$ 是本章实证研究的关键被解释变量，表示在 t 时期 j 地区的第 i 个受访个体的主观幸福感。$homeownership_{ijt}$ 是本章最关心的解释变量，它是受访家庭是否拥有相关类型住房产权的虚拟变量。$controls_{ijt}$ 为控制变量集合，与本书第五章基准回归模型类似，本章中的控制变量主要分为三大类：第一类控制变量是受访家庭的人口统计学特征，包括户主性别、年龄、年龄的平方项、婚姻状态、家庭人口规模、少儿人口占比、老年人口占比、自评健康状况等；第二类控制变量是受访家庭的社会经济特征，包括城市地区虚拟变量、受教育年限、工作状态、户口状态、政治面貌、住所使用面积、是否拥有汽车、家庭年总收入、家庭年总支出、家庭总负债、医疗保险参与、养老保险参与等；第三类控制变量是地区宏观经济变量，包括城市住房拥有率、省份住房拥有率、年末常住总人口、商品住宅平均销售价格、人均地区生产总值、消费价格指数等。同样地，在上述控制变量集合中，为了尽可能减弱模型中绝对数值可能产生的异方差性，本章也对受访者家庭年总收入、家庭年总支出、家庭总负债、年末常住总人口、商品住宅平均销售价格、人均地区生产总值等进了取自然对数处理。与此同时，由于本章使用的 CHFS 数据和 CGSS 数据均属于多年度的混合截面数据，因而模型中还控制了随时间变化的不可观测因素 θ_T，也同时控制了随城市变化的不可观测因素 δ_j。模型中的 ε_{ijt} 为随机扰动项，服从均值为 0、方差为 1 的标准正态分布。

（二）变量设定

本章基于历年 CHFS 和 CGSS 调查问卷中的相关题项，基于数据可得性等方面的考虑，将住房产权依次按照产权性质、获取方式、获取时间、初始价值、首付资金来源、贷款方式、所在区位、产权用途、产权归属、市场价值、产权增值、产权债务、住房产权与学龄儿童、公共资源可达性等维度进行类型划分（见表 7.1）。本章将据此进行分别构建各种类型住房产权的虚拟变量，比如，对于住房产权属性而言，将分别构建完全产权商品住房虚拟变量（1 表示拥有完全产权商品住房，0 表示不拥有住房产权）、部分产权住房虚拟变量（1 表示拥有部分产权住房，0 表示不拥有住房产权）、集体土地上宅基地住房虚拟变量（1 表示拥有集体土地上宅基地住房，0 表示不拥有住房产权）。其他划分维度的处理办法类似，并据此开展分组实证检验。考虑到本章在进行实证研究的过程中，还将对具体的类型划分办法进行详细说明，因而在此暂不作赘述。

表 7.1　　　　　　　　　　　**住房产权类型的划分办法**

住房产权类型划分维度	住房产权具体类型
住房产权性质	①完全产权商品住房；②部分产权；③集体土地上宅基地住房
住房产权获取方式	①商品房；②政策性住房；③继承或赠与；④自建/扩建；⑤拆迁安置房
住房产权获取方式（如果是商品房）	①新建商品房；②二手商品房
住房产权获取时间	①1998 年之前；②1998 年（含）至 2003 年；③2003 年（含）至 2008 年；④2008 年（含）至 2013 年；⑤2013 年（含）至 2018 年
住房产权初始价值	①初始价值相对较高；②初始价值相对居中；③初始价值相对较低

住房产权类型划分维度	住房产权具体类型
住房产权首付资金来源	①主要是受访者和配偶；②主要是赠予（父母/子女等）；③主要是向他人借款
住房产权贷款方式	①仅住房公积金贷款；②仅住房商业贷款；③组合贷款
住房产权区位（按本地外地划分）	①房子在本市/县；②房子不在本市/县
住房产权区位（按城乡划分）	①城市；②城镇/乡镇；③农村
住房产权区位（按房价高低划分）	①住房价格相对较高；②住房价格相对居中；③住房价格相对较低
职住分离程度（按地理区域划分）	①东部地区；②中部地区；③西部地区
职住分离程度（按单程上班通勤时间划分）	①低于30分钟；②30分钟至60分钟；③超过60分钟
住房产权区位（按单程上班通勤距离划分）	①2公里以下；②2公里至5公里；③5公里至10公里；④10公里以上
住房产权用途	①自家成员居住；②出租；③免费给亲友居住
住房产权归属	①包含自己本人；②仅仅自己+配偶/伴侣；③含有自己和其他家庭成员；④不包括自己和配偶/伴侣的其他家庭成员；⑤仅仅父母、仅仅子女
住房产权归属（如果产权属于子女）	①产权属于儿子；②产权属于女儿
住房产权市场价值	①市场价值相对较高；②市场价值相对居中；③市场价值相对较低
住房产权增值	①增值相对较高；②增值相对居中；③增值相对较低
住房产权债务	①有待偿还的银行债务；②没有待偿还的银行债务
学区住房	①有15岁以下孩子且有房子 vs. 有孩子没有房子；②没有15岁以下孩子但有房子 vs. 无孩子也无房子
住房产权公共资源可达性	①公交；②地铁；③幼儿园；④小学；⑤中学；⑥大学；⑦公园；⑧医院；⑨银行；⑩都没有

资料来源：本表根据2011~2017年CHFS调查问卷、2012~2017年CGSS调查问卷中的相关题项筛选整理而成。

三、变量的描述性统计

由于本章主要基于 2011～2017 年 CHFS 微观调查数据和 2012～2017 年 CGSS 微观调查数据开展实证研究，相关变量的定义以及描述性统计结果已经在本书的第五章和第六章进行了报告。因此，本章在此不再重复报告描述性统计结果，具体可参阅本书第五章和第六章描述性统计内容。

第三节　实证结果分析

本节基于将住房产权依次按照产权属性（产权性质、获取方式、获取时间、产权用途、产权归属）、经济属性（初始价值、首付来源、贷款方式、市场价值、产权增值、产权债务）、区位属性（本地与外地、城乡区域、地理区域/价格区域）、资源属性（学区住房、公共资源可达性、通勤成本）等维度进行类型划分的结果，实证研究拥有不同类型的住房产权对于居民主观幸福感的影响，并对比和分析不同类型住房产权对居民主观福祉影响的细微差异。在此仍需要强调的是，本章中进行划分组别回归的过程中，对照组始终是完全一致的不拥有住房产权的居民，换句话说，分别逐一单独将拥有不同类型住房产权居民的主观幸福感与不拥有住房产权居民的主观幸福感进行比较。

一、基于产权属性维度

（一）住房产权性质

通常来说，我国的房屋产权由房屋所有权和土地使用权两个部分构成。其中，房屋所有权属于个人产权，是私有财产权的一种，因此受到《中华人民共和国民法典》的保护。中国的住房产权性质并不是单一的，且最为常见的住房产权性质为完全产权商品住房、部分产权、农村集体土地上的宅基地住房等。完全产权住房即大产权房，是当前最普遍的商品住房产权形式。而部分产权住房则通常是指职工按标准价购买的公有住宅，职工只拥有房屋的部分产权，可以继承和有条件出售，但出售时原产权单位有优先购买权且需要与原售房单位进行收益分割。而在中国农村地区，家庭户通常在宅基地上建房，且《中华人民共和国民法典》第十三章第三百六十二条明确规定：宅基地使用权人依法对集体所有的土地享有占有和使用的权利，有权依法利用该土地建造住宅及其附属设施。据此，本节分别比较拥有完全产权商品住房、部分产权住房、集体土地上宅基地住房对于居民主观幸福感的影响结果。

表7.2报告了不同性质的住房产权与居民主观幸福感回归结果。第（1）列实证模型中的解释变量为拥有完全产权商品住房虚拟变量，回归结果显示，解释变量的回归系数为正且在1%的显著性水平上显著，表明了拥有完全产权商品住房的居民主观幸福感水平显著高于不拥有住房产权的居民，且参考现有相关研究对于回归系数的解释，即拥有完全产权商品住房的居民大约比无房者高出0.104个标准差的主观幸福感（Perez–Truglia，2020；陈媛媛等，2021）。第（2）列实证模型中的解释变量为拥有部分产权住房虚拟变量，回归结果显示，解释变量的回归系数为正且也在1%的显著性水平上显著，表明了拥有部分产权住房的居民主观幸福感水平显著高于不拥有住房产权的居民，且高出程度大约为0.059个标准差。第（3）列实证模型中的解释变量为拥有集体土地上宅基地住房虚拟变量，回归结果显示，解释变量的回归系数为正且也在1%的显著性水平上显著，表明了拥有集体土地上宅基地住房的居民主观幸福感水平显著高于不拥有住房产权的居民，且高出程度大约为0.107个标准差。由此可见，拥有上述三种类型的住房产权的居民均显著比不拥有住房产权的居民更加幸福，而且产权

性质为部分产权的住房对居民产生的幸福效应相对最弱。

表 7.2　　　不同性质的住房产权与居民主观幸福感回归结果

	（1）	（2）	（3）
	被解释变量：主观幸福感		
	完全产权商品住房	部分产权住房	集体土地上宅基地住房
解释变量			
住房产权	0.104 *** （0.014）	0.059 *** （0.020）	0.107 *** （0.019）
控制变量			
人口统计学特征	是	是	是
社会经济特征	是	是	是
宏观经济变量	是	是	是
年份固定效应	是	是	是
城市固定效应	是	是	是
观测值	44122	17086	32032
调整 R^2	0.118	0.141	0.122

注：（1）括号内为稳健聚类标准误；（2）***代表在1%显著性水平上显著。
资料来源：2011～2017 年 CHFS 数据。如无单独说明，本章实证数据均来自 2011～2017 年 CHFS 数据，且基于 Probit-adapted OLS 方法进行估计。

（二）住房产权获取方式

住房产权在获取方式上也存在诸多不同。通常来说，住房产权最常见的获取方式为购买商品住房、购买政策性住房、继承或赠与、自建/扩建以及拆迁安置房等。而且，对于购买商品住房的情形而言，又可以进一步细分为购买新建商品住房和购买二手住房两种类型。为了从获取方式维度实证对比住房产权对居民主观幸福感的影响，本节从 2011～2017 年 CHFS 调查问卷中提取和整合相关题项信息，将通过不同方式获取住房产权的居民主观幸福感与不拥有住房产权的居民的主观幸福感进行逐一对比。

表7.3报告了不同获取方式的住房产权与居民主观幸福感回归结果。第（1）列中关键解释变量住房产权的回归系数为正且在1%的显著性水平上显著，表明了通过购买商品住房的方式获取住房产权的居民比不拥有住房产权的居民更加幸福，且高出程度大约为0.154个标准差。更进一步地，第（2）列和第（3）列中分别比较了拥有新建商品房住房产权和拥有二手房住房产权的居民主观幸福感与不拥有住房产权的居民主观幸福感之间的差异，解释变量住房产权的回归系数分别为0.166和0.127且均在1%的显著性水平上显著，再次表明了拥有商品房住房产权的居民比不拥有住房产权的居民更加幸福，且相比较拥有二手房住房产权的居民而言，拥有新建商品房住房产权对于居民产生的幸福效应更加强烈。第（4）列和第（5）列分别比较了拥有政策性住房产权、拥有继承或赠与的住房产权对于居民主观幸福感的影响，回归结果表明关键解释变量的回归系数均未表现出统计意义上的显著性，由此可见，拥有政策性住房产权、拥有继承或赠与的住房产权并没有显著提升居民的主观幸福感。第（6）列对比了拥有自建/扩建住房产权的居民与不拥有住房产权的居民主观幸福感差异，实证结果表明解释变量的回归系数在1%的显著性水平上显著为正，表明了拥有自建/扩建住房产权的居民显著比不拥有住房产权居民更加幸福，且主观幸福感水平高出0.117个标准差。第（7）列对比了拥有拆迁安置房住房产权的居民与不拥有住房产权的居民主观幸福感差异，实证结果表明解释变量的回归系数为0.135，且在1%的显著性水平上显著，说明了拆迁安置居民的主观幸福感比不拥有住房产权的居民显著高出0.135个标准差。综合来看，住房产权的获取方式能够显著影响居民的主观幸福感，且总体上拥有新建商品房住房产权的居民幸福感水平相对最高，而拥有政策性住房、继承或赠与性质的住房产权并不能显著提升居民的主观幸福感。

表 7.3　　　不同获取方式的住房产权与居民主观幸福感回归结果

	（1）	（2）	（3）	（4）	（5）	（6）	（7）
	\multicolumn{7}{c}{被解释变量：主观幸福感}						
	商品房	商品房类型		政策性住房	继承或赠与	自建/扩建	拆迁安置房
		新建商品房	二手商品房				
解释变量							
住房产权	0.154 ***	0.166 ***	0.127 ***	0.038	0.025	0.117 ***	0.135 ***
	（0.018）	（0.021）	（0.020）	（0.026）	（0.021）	（0.017）	（0.025）
控制变量							
人口统计学特征	是	是	是	是	是	是	是
社会经济特征	是	是	是	是	是	是	是
宏观经济变量	是	是	是	是	是	是	是
年份固定效应	是	是	是	是	是	是	是
城市固定效应	是	是	是	是	是	是	是
观测值	25761	20337	15818	13410	14999	38807	14356
调整 R^2	0.123	0.134	0.124	0.127	0.124	0.116	0.130

注：（1）括号内为稳健聚类标准误；（2）　***代表在 1% 显著性水平上显著；（3）基于相关被解释变量的数据可得性，第（1）列实证研究的数据来源于 2013～2017 年 CHFS 数据，第（2）列至第（3）列实证研究的数据来源于 2015～2017 年 CHFS 数据，第（4）列至第（7）列实证研究的数据来源于 2011～2017 年 CHFS 数据。

（三）住房产权获取时间

社会适应理论认为，个体对于社会转型和社会发展所导致的新的生活事件，最初往往会有比较强烈的反应，但是随着时间的推移，他们会逐渐适应这种新的生活事件，从而使其情绪或心态又回到了原来的状态（唐靓瑜，2015）。换句话说，人们的情绪系统对于新事物的反应通常是比较强烈的，但是随着时间的推移，这种反应则会逐步减弱，人们也逐渐适应了自己生活的该项事件。那么，住房产权的持有时间对人们主观幸福感的影响是否也存在这样的过程呢？为此，本节实证研究不同获取年份的住房产权对人们主观幸福感的影响。

考虑到中国城镇住房全面市场化改革起步于 1998 年，本节将受访居民的住房产权获取时间按照每 5 个年份为一组进行划分，依次划分为 1998 之前、1998 年（含）至 2003 年、2003 年（含）至 2008 年、2008 年（含）至 2013 年、2013 年（含）至 2018 年。表 7.4 报告了不同获取时间的住房产权与居民主观幸福感回归结果。首先，从总体上看，第（1）列至第（5）列中关键解释变量住房产权的回归系数都为正数且均在 1% 的显著性水平上显著，进一步验证了相比较不拥有住房产权的居民而言，拥有住房产权的居民主观幸福感显著更高。但通过比较各列的回归系数可以看出，不同持有年份的住房产权对居民主观幸福感的影响程度显然也存在差异。具体而言，第（1）列中的解释变量回归系数为 0.055，表明了在 1998 年之前获取住房产权的居民比不拥有住房产权的居民主观幸福感高出 0.055 个标准差，且解释变量的回归系数随着居民住房产权持有年份缩小而逐步增加。第（5）列中的回归系数为 0.138，意味着在 2013 年（含）至 2018 年获取住房产权居民比不拥有住房产权的居民主观幸福感高于约 0.138 个标准差。所以，住房产权的持有期限越长，其对于居民主观幸福感的提升作用也就越弱，这可以根据社会适应理论进行解释，即对于近期才拥有住房产权的居民，住房产权对他们产生的"新鲜感"更能提升他们的主观幸福感，但是随着持有年份的逐步拉长，人们也已经渐渐适应了拥有住房产权的生活，住房产权带来的心理性主观福祉效应也会逐步衰减。

表 7.4　　不同获取时间的住房产权与居民主观幸福感回归结果

	（1）	（2）	（3）	（4）	（5）
	被解释变量：主观幸福感				
	1998 之前	1998 年（含）至 2003 年	2003 年（含）至 2008 年	2008 年（含）至 2013 年	2013 年（含）至 2018 年
解释变量					
住房产权	0.055 *** (0.015)	0.099 *** (0.016)	0.100 *** (0.018)	0.134 *** (0.019)	0.138 *** (0.023)

续表

	（1）	（2）	（3）	（4）	（5）
	被解释变量：主观幸福感				
	1998 之前	1998 年（含）至 2003 年	2003 年（含）至 2008 年	2008 年（含）至 2013 年	2013 年（含）至 2018 年
控制变量					
人口统计学特征	是	是	是	是	是
社会经济特征	是	是	是	是	是
宏观经济变量	是	是	是	是	是
年份固定效应	是	是	是	是	是
城市固定效应	是	是	是	是	是
观测值	30864	20092	20037	20639	14397
调整 R^2	0.125	0.127	0.130	0.125	0.129

注：（1）括号内为稳健聚类标准误；（2）***代表在 1% 显著性水平上显著。

（四）产权用途

对于拥有住房产权的居民而言，他们的住房产权用途也存在明显的不同。2015~2017 年 CHFS 调查问卷询问了受访者的住房产权具体用途，根据选项设置和统计结果，主要可以分为自家成员居住、出租、免费给亲友居住这三种情形。据此，表 7.5 报告了不同用途的住房产权与居民主观幸福感的回归结果。第（1）列中关键解释变量住房产权的回归系数为正且在 1% 的显著性水平上显著，表明了相比较不拥有住房产权的居民而言，拥有用于自家成员居住的住房产权能够显著提升居民的主观幸福感大约 0.102 个标准差。第（2）列中关键解释变量住房产权的回归系数为正且在 1% 的显著性水平上显著，表明了相比较不拥有住房产权的居民而言，拥有用于出租的住房产权能够显著提升居民的主观幸福感大约 0.129 个标准差。然后，第（3）列中关键解释变量住房产权的回归系数为正但却并没有表现出统计意义上的显著性，表明了拥有免费给亲友居住的住房产权并不能够显著影响居民的主观幸福感。综合来看，拥有用于出租的住房产权对于居民的主观福祉提升作用最强，拥有用于自家成员居住的住房产权对于居民的主观福祉提升作用略微减弱，但拥有免费给亲友居住的住房产权并未对居民产生明显的幸福效应。对此可能的解释是，出租住房产权能够获取额外的租金回报，这也是住房产权产生经济收益的主要渠道，因而能够显著提升居民的主观福祉水平。而对于自家成员居住的住房产权，它们满足人们的居住需求，这也是发挥了住房产权的最基本属性，因而也能够显著提升居民的主观幸福感。而对于免费给亲友居住的住房产权而言，它们既没有给产权拥有者带来租金回报，产权拥有者也没有亲自体验住房产权发挥的居住功能，因而对产权拥有者的主观幸福感并未产生显著的积极影响。

表 7.5　　　不同用途的住房产权与居民主观幸福感回归结果

	（1）	（2）	（3）
	被解释变量：主观幸福感		
	自家成员居住	出租	免费给亲友居住
解释变量			
住房产权	0.102 *** （0.030）	0.129 *** （0.040）	0.078 （0.057）
控制变量			
人口统计学特征	是	是	是
社会经济特征	是	是	是
宏观经济变量	是	是	是
年份固定效应	是	是	是
城市固定效应	是	是	是
观测值	13527	11165	11134
调整 R^2	0.122	0.144	0.130

注：（1）括号内为稳健聚类标准误；（2）*** 代表在 1% 显著性水平上显著。
资料来源：2015 ~ 2017 年 CHFS 数据。

（五）产权归属

本书基准回归中的分析单元是微观居民家庭，即解释变量为家庭是否拥有自有住房产权。但是，结合实际情况，房屋产权证上面的家庭成员才是该套住房产权的实际拥有者。不同家庭成员拥有的住房产权，他们在房屋的使用、处置、收益分配以及个人效用等方面可能存在明显的差异。因而，不同家庭成员拥有的住房产权可能也会对居民主观幸福感产生不同的影响。为此，本节提取和整理和 2017 年 CHFS 调查问卷中的有关房屋产权证上面的姓名信息，并且根据统计结果，将住房产权归属划分为六种情形，分别是包含自己本人、仅仅自己与配偶/伴侣、含有自己和其他家庭成员、自己和配偶/伴侣之外的其他家庭成员、仅仅父母、仅仅子女。需要说明的是，上述六种情形之间并非绝对的互斥关系，旨在重点探究受访者本人在房屋产权证上面的署名情况对于其主观幸福感的影响，并且尝试从"父代—本代—子代"的代际视角，分析不同代际所拥有的住房产权对"本代"主观福祉的影响及其可能差异。

表 7.6 报告了不同产权归属的住房产权与居民住房幸福感回归结果。第（1）列中关键解释变量住房产权的回归系数为正且在 1% 的显著性水平上显著为正，表明了对于家庭房屋产权证上含有自己本人的居民而言，他们的主观幸福感显著高出不拥有住房产权的居民大约 0.079 个标准差。第（2）列中关键解释变量住房产权的回归系数为正且也在 1% 的显著性水平上显著为正，表明了对于家庭住房产权仅仅属于受访者自己与配偶/伴侣的居民而言，他们的主观幸福感显著高出不拥有住房产权的居民大约 0.138 个标准差。第（3）列中关键解释变量住房产权的回归系数为正且在 5% 的显著性水平上显著为正，表明了对于家庭住房产权证上含有自己和其他家庭成员的居民而言，他们的主观幸福感大约高出不拥有住房产权的居民 0.089 个标准差。第（4）列中关键解释变量住房产权的回归系数为正但仅在 10% 的显著性水平上显著为正，表明了对于家庭住房产权证上不含有自己和配偶/伴侣的居民而言，他们的主观幸福感略微高出不拥有住房产权的居民 0.043 个标准差。由此可见，从居民主观幸福感的视角来看，家庭住房产权的不同归属也影响着住房产权对居民的幸福效应，当住房产权属于居民

本人及其配偶/伴侣时，此时拥有住房产权对居民主观幸福感的提升程度最高，但如果家庭的自有住房产权不归属于该居民本人及其配偶/伴侣，此时家庭的住房产权对居民主观幸福感的提升作用较弱。

而且，从代际视角来看，表7.6中第（5）列的关键解释变量住房产权的回归系数并没有表现出统计意义上的显著性，表明了对于家庭住房产权证上仅仅含有父母姓名的居民而言，他们的主观幸福感并不会显著受到家庭住房产权的影响。但是，第（6）列中的关键解释变量住房产权的回归系数为正且在1%的显著性水平上显著，表明了对于家庭住房产权证上仅仅含有自己子女的居民而言，他们的主观幸福感显著高出不拥有住房产权的居民0.103个标准差，这一数值甚至高于第（1）列中的回归系数。由此可见，从主观幸福感的视角来看，居民并不在乎其父母是否拥有住房产权，而特别在乎其子女是否拥有住房产权，子女拥有住房产权甚至比其自己拥有住房产权显得更加重要。意味着住房产权对居民主观福祉的影响存在着明显的向下代际传递特征。同时也意味着，子代的住房会直接影响父辈的幸福感。这也就解释了当前中国家庭普遍存在的一个现象，即很多父辈倾向于为子代购买住房，这不仅能够有效提升子代的相关主观福祉，比如提升其初始资源禀赋、缓解其经济压力、提升其在婚姻市场的竞争力等，还能够有效提升父代的主观福祉。

表 7.6　　　不同产权归属的住房产权与居民住房幸福感回归结果

	(1)	(2)	(3)	(4)	(5)	(6)
	被解释变量：主观幸福感					
	包含自己本人	仅仅自己与配偶/伴侣	含有自己和其他家庭成员	自己和配偶/伴侣以外的其他家庭成员	仅仅父母	仅仅子女
解释变量						
住房产权	0.079*** (0.021)	0.138*** (0.028)	0.089** (0.038)	0.043* (0.024)	−0.028 (0.035)	0.103*** (0.037)

续表

	（1）	（2）	（3）	（4）	（5）	（6）
	被解释变量：主观幸福感					
	包含自己本人	仅仅自己与配偶/伴侣	含有自己和其他家庭成员	自己和配偶/伴侣以外的其他家庭成员	仅仅父母	仅仅子女
控制变量						
人口统计学特征	是	是	是	是	是	是
社会经济特征	是	是	是	是	是	是
宏观经济变量	是	是	是	是	是	是
年份固定效应	否	否	否	否	否	否
城市固定效应	是	是	是	是	是	是
观测值	19718	6458	4943	13287	6308	5306
调整 R^2	0.102	0.125	0.124	0.094	0.097	0.134

注：（1）括号内为稳健聚类标准误；（2）＊、＊＊、＊＊＊分别代表在10%、5%和1%显著性水平上显著。

资料来源：2017 年 CHFS 数据。

二、基于经济属性维度

（一）住房产权初始价值

住房产权初始价值通常更能显化居民的经济能力和金融可得性等，因而也更能彰显出居民的社会经济地位，并由此产生更高的社会阶层感知。因而，对于初始价值较高的住房产权而言，有可能会在更大程度上提升居民的主观幸福感。但是，住房产权的初始价值代表的是获取住房产权的成本和代价，过高的获取成本显然也将使得居民的主观幸福感降低。那么，相比较不拥有住房产权的居民而言，住房产权的初始价值与居民主观幸福感之间究竟存在怎样的关联？为此，本书基于 2011～2017 年 CHFS 数据对此展开分析。

本节根据各个调查年份中的各个城市受访居民住房产权初始价值

三分位点，将住房产权初始价值依次分为较高、居中、较低三个组别。表 7.7 报告了不同初始价值的住房产权与居民主观幸福感回归结果。显然，关键解释变量在各个组别中的回归系数为正且均在 1% 的显著性水平上显著，验证了拥有住房产权对提升居民主观幸福感的积极作用。由于本节的实证模型基本上均通过 Probit-adapted OLS 进行估计，因而回归系数的经济含义较为直观。在第（1）列中，住房产权回归系数为 0.125，即相比较不拥有住房产权的居民而言，初始价值相对较高的住房产权对居民主观幸福感的提升幅度约为 0.125 个标准差。第（2）列中的实证结果表明，拥有初始价值相对居中的住房产权的居民比不拥有住房产权的居民主观幸福感大约高出 0.062 个标准差。第（3）列回归结果则表明，拥有初始价值相对较低的住房产权的居民比不拥有住房产权的居民主观幸福感大约高出 0.08 个标准差。由此可见，初始价值相对较高的住房产权能够在较高程度上提升居民主观福祉，这可能是由于该类型住房产权更能彰显出居民的较高的社会经济地位和社会阶层等，因而更能提升人们的实现感、满足感。但初始价值相对居中的住房产权对于居民的主观福祉提升作用反而不及初始价值相对较低的住房产权，这可能是由于初始价值较低的住房产权意味着居民可以花费更低的经济成本，从而减轻了人们获取住房产权的经济压力。因此，综合而言，不同初始价值的住房产权与居民的主观幸福之间呈现出非对称性"U"形关系，且拥有初始价值相对较高的住房产权能在最大程度上提升居民的主观幸福感。

表 7.7　　不同初始价值的住房产权与居民主观幸福感回归结果

解释变量	(1)	(2)	(3)
	被解释变量：主观幸福感		
	初始价值相对较高	初始价值相对居中	初始价值相对较低
住房产权	0.125 *** (0.015)	0.062 *** (0.013)	0.080 *** (0.019)

	(1)	(2)	(3)
	被解释变量：主观幸福感		
	初始价值相对较高	初始价值相对居中	初始价值相对较低
控制变量			
人口统计学特征	是	是	是
社会经济特征	是	是	是
宏观经济变量	是	是	是
年份固定效应	是	是	是
城市固定效应	是	是	是
观测值	36269	58488	21590
调整 R^2	0.118	0.118	0.129

注：（1）括号内为稳健聚类标准误；（2）*** 代表在 1% 显著性水平上显著。

（二）住房产权首付来源

首付资金充足程度通常是影响人们获取住房产权的重要门槛（吴义东和王先柱，2018）。通常而言，居民购买住房的首付资金主要来自自己和配偶的储蓄、接受父辈或其他家庭成员的赠与、向亲人或朋友等借款等。显然，购房首付资金的不同来源意味着获取资金的成本不同，同时也往往体现出个人的初始资源禀赋（initial endowment）、原始资本积累（primitive accumulation of capital），甚至还可以显化个体的社会网络（social network）以及社会资本（social capital）等。由此可以推测，不同首付资金来源渠道的住房产权很可能也会对居民的主观幸福感产生差别化影响。为了对这一推论进行真伪验证，本节从 2017 年 CHFS 调查问卷中筛选和提取了受访者获取住房产权的首付资金来源这一信息，并且根据题项中的相关选项设置和统计结果，本节将住房产权首付款来源大致划分成三类，包括主要是受访者和配偶、主要是赠予（父母/子女等）、主要是向他人借款，并据此从首付资金来源维度对比拥有住房产权居民主观幸福感与不拥有住房产权的居民主观幸福感差别。

表 7.8 报告了不同首付款来源的住房产权与居民主观幸福感回归结果。总体来看，关键解释变量住房产权的回归系数均显著为正，验证了拥有住房产权能够显著提升居民主观幸福感这一基本结论。但是，通过比较解释变量在不同组别中的回归系数以及显著性程度，可以发现拥有不同首付款来源的住房产权对居民主观幸福感的作用程度也有所不同。具体而言，第（1）列中解释变量住房产权的回归系数为0.209，且在 1% 的显著性水平上显著，表明了对于购房首付款主要来源于自己和配偶的住房产权拥有者而言，他们的主观幸福感比不拥有住房产权的居民高出约 0.209 个标准差。第（2）列中解释变量住房产权的回归系数为 0.176，且在 5% 的显著性水平上显著，表明了对于购房首付款主要来源于父母/子女等赠予的住房产权拥有者而言，他们的主观幸福感比不拥有住房产权的居民高出约 0.176 个标准差。第（3）列中解释变量住房产权的回归系数为 0.167，但仅在 10% 的显著性水平上显著，表明了对于购房首付款主要来源于向他人借款的住房产权拥有者而言，他们的主观幸福感比不拥有住房产权的居民高出约 0.167 个标准差。由此可见，不同首付款来源的住房产权对居民主观幸福感的作用程度和作用显著性方面都存在一定的差异，且首付资金主要来源于受访者和配偶的这类住房产权，对于居民主观幸福感的正向提升作用最为明显。这可能是因为依靠自身或配偶的共同努力，由此获取到的住房产权更能体现出个人的社会经济地位、自我实现感、成就感等，进而能在更高程度上提升居民的主观幸福感。而对于购房首付资金不足、且需要通过向他人借款的方式获取住房产权的居民，住房产权对他们的主观幸福感提升程度和提升显著度相对稍低，这可能是由于他们获取住房产权的资金压力更大，向他们借款实际上也是一种"消费人情"的行为，并且也承受着相对更大的债务压力，因而拥有住房产权对他们的主观幸福感提升程度也会受到削弱。

表7.8　　不同首付款来源的住房产权与居民主观幸福感回归结果

	（1）	（2）	（3）
	被解释变量：主观幸福感		
	主要是受访者和配偶	主要是赠予（父母/子女等）	主要是向他人借款
解释变量			
住房产权	0.209 ***	0.176 **	0.167 *
	（0.060）	（0.075）	（0.087）
控制变量			
人口统计学特征	是	是	是
社会经济特征	是	是	是
宏观经济变量	是	是	是
年份固定效应	否	否	否
城市固定效应	是	是	是
观测值	5002	4097	3802
调整 R^2	0.115	0.124	0.133

注：（1）括号内为稳健聚类标准误；（2）＊、＊＊、＊＊＊分别代表在10%、5%和1%显著性水平上显著。

资料来源：2017年CHFS数据。

（三）住房产权贷款方式

一般来说，居民购买住房产权通常需要借助杠杆获取外部资金支持，并且居民家庭最主要的购房资金来源是商业性住房按揭贷款和住房公积金贷款两种渠道。并且，当住房公积金贷款不足以满足居民的购房资金需求时，人们通常通过"住房公积金贷款＋性住房按揭贷款"的组合贷款形式，以此获取足额的购房按揭贷款资金。但是，不同来源的贷款资金的获取成本存在显著差异，住房公积金贷款存在着显著的低息特征，且通常比同期住房商业贷款利率低1.5~2个百分点，因而可以为贷款居民节省可观的利息支出（王先柱等，2020；Chen et al.，2020）。这也意味着，不同的购房贷款方式对应着不同的资金成本，因而依靠不同贷款方式获取的住房产权可能对居民主观幸福感产生不同程度的影响。2017 年 CHFS 调查问卷询问了受访者获取住房产权的贷款方式，因而本节继续从贷款方式的维度实证检验不同类型住房产权对居民主观幸福感的差别化影响，且将居民购房贷款的方式分为"仅住房公积金贷款""仅住房商业贷款""组合贷款"三类。

表 7.9 报告了不同贷款方式的住房产权与居民主观幸福感回归结果。显然，关键解释变量住房产权在三个组别中的回归结果均显著为正，进一步证实了拥有住房产权的居民比不拥有住房产权的居民感到更加幸福。但是，不同类型的住房产权在各组中的作用程度存在不同。具体而言，第（1）列中解释变量住房产权的回归系数为 0.290，且在 1% 的显著性水平上显著，表明了对于仅通过住房公积金贷款方式获取住房产权的居民，他们的主观幸福感水平显著高出不拥有住房产权的居民大约 0.29 个标准差。同理，第（2）列中解释变量住房产权的回归系数为 0.177，且在 1% 的显著性水平上显著，表明了对于仅通过住房商业贷款方式获取住房产权的居民，他们的主观幸福感水平显著高出不拥有住房产权的居民大约 0.177 个标准差。第（3）列中解释变量住房产权的回归系数为 0.270，且在 5% 的显著性水平上显著，表明了对于通过"住房公积金贷款 + 性住房按揭贷款"的组合贷款方式获取住房产权的居民，他们的主观幸福感水平显著高出不拥有住房产权的居民大约 0.27 个标准差。由此可见，通过住房公积金贷款获取的住房产权能在更大程度上显著提升居民的主观幸福感，这主要可能是由于住房公积金贷款利息成本相对更低，即有效缓解了居民获取住房产权的资金成本，从而对居民主观福祉的提升作用也更加明显。

表 7.9　　不同贷款方式的住房产权与居民主观幸福感回归结果

	(1)	(2)	(3)
	被解释变量：主观幸福感		
	仅住房公积金贷款	仅住房商业贷款	组合贷款
解释变量			
住房产权	0.290 *** (0.083)	0.177 *** (0.063)	0.270 ** (0.125)

	(1)	(2)	(3)
	被解释变量：主观幸福感		
	仅住房公积金贷款	仅住房商业贷款	组合贷款
控制变量			
人口统计学特征	是	是	是
社会经济特征	是	是	是
宏观经济变量	是	是	是
年份固定效应	否	否	否
城市固定效应	是	是	是
观测值	4034	4658	3852
调整 R^2	0.131	0.117	0.131

注：（1）括号内为稳健聚类标准误；（2）＊＊、＊＊＊分别代表在5％、1％显著性水平上显著。

资料来源：2017年CHFS数据。

（四）市场价值

如本书前文所述，根据中国人民银行调查统计司城镇居民家庭资产负债调查课题组于2019年10月中下旬在全国30个省（自治区、直辖市）对3万余户城镇居民家庭开展了资产负债情况调查结果，住房已经成为中国城镇居民家庭的重要实物资产，实物资产74.2％的比重为住房资产，居民住房资产占家庭总资产的比重为59.1％。由此可见，住房产权的市场价格对居民家庭的财富总值产生着决定性的影响。与此同时，我国住房市场的存在着显著的分化特征，且不同城市内部的住房市场价格也存在着明显的不同。所以，各个家庭的住房产权价值也存在着显著的差异。从经济直觉上看，不同市场价格的住房产权对居民主观幸福感可能会产生不同程度的影响，而且对于市场价值较高的住房产权，它们意味着居民家庭拥有更多的资产总值，因而也更能显化居民的社会经济地位和社会阶层认知水平，进而对居民主观幸福感的影响程度可能更高。为此，本节基于历年CHFS数据对上述假设进行实证检验。根据受访居民自我评估的住房产权总市场价值，本节按照各个年份受访居民家庭的住房市场价值分位点将其分为三个组别，依次是市场价值相对较高、市场价值相对居中、市场价值相对较低三组，从而分别验证不同市场价值的住房产权对居民主观幸福感的影响程度。

表 7.10 报告了不同市场现价的住房产权与居民主观幸福感回归结果。第（1）列中关键解释变量住房产权的回归系数为正且在 1% 的显著性水平上显著，表明了对于拥有市场价值相对较高的住房产权而言，他们的主观幸福感显著高于不拥有住房产权居民的主观幸福感 0.149 个标准差。第（2）列中关键解释变量住房产权的回归系数为正且在 1% 的显著性水平上显著，表明了对于拥有市场价值相对居中的住房产权而言，他们的主观幸福感显著高于不拥有住房产权居民的主观幸福感 0.093 个标准差。然而，第（3）列中关键解释变量住房产权的回归系数为正但并没有表现出统计意义上的显著性，表明了对于拥有市场价值相对较低的住房产权而言，他们的主观幸福感并没有显著高于不拥有住房产权居民的主观幸福感。由此可见，只有市场价值相对较高或者相对居中的住房产权才能显著提升居民的主观幸福感，而市场价值相对偏低的住房产权并不能显著提升居民的主观幸福感。

表 7.10　　不同市场现价的住房产权与居民主观幸福感回归结果

	(1)	(2)	(3)
	被解释变量：主观幸福感		
	市场价值相对较高	市场价值相对居中	市场价值相对较低
解释变量			
住房产权	0.149 *** (0.014)	0.093 *** (0.014)	0.017 (0.014)
控制变量			
人口统计学特征	是	是	是
社会经济特征	是	是	是

	（1）	（2）	（3）
	被解释变量：主观幸福感		
	市场价值相对较高	市场价值相对居中	市场价值相对较低
宏观经济变量	是	是	是
年份固定效应	是	是	是
城市固定效应	是	是	是
观测值	34938	44583	36826
调整 R^2	0.116	0.115	0.125

注：（1）括号内为稳健聚类标准误；（2）*** 代表在 1% 显著性水平上显著。

（五）产权增值

显然，住房产权市场价值中的很大一部分来自住房的增值（housing appreciation）。获取住房增值也是居民购买住房产权的重要动因之一，尤其在住房价格普遍快速上涨的情况下，居民拥有更强的购房动机，甚至刺激了一部分居民进行投机性购房，通过"低买高卖"住房的方式进行投资套利。那么，不同增值程度的住房产权是否对居民主观幸福感产生了异质性影响？为此，本节基于产权增值的维度，继续分析不同类型住房产权对居民主观福祉的影响。根据受访者住房产权总增值额度的分位数将住房产权划分为三组，包括增值水平相对较高的住房产权、增值水平相对居中的住房产权、增值水平相对较低的住房产权。

表 7.11 报告了不同增值水平的住房产权与居民主观幸福感回归结果。总体来看，各组中的关键解释变量回归系数均在 1% 的显著性水平上显著为正，表明了不同增值程度的住房产权均能显著提升居民的主观幸福感。具体而言，第（1）列中住房产权的回归系数为 0.122，说明了对于拥有增值水平相对较高的住房产权居民而言，他们的主观幸福感显著高出不拥有住房产权的居民 0.122 个标准差。第（2）列中住房产权的回归系数为 0.102，说明了对于拥有增值水平相对居中的住房产权居民而言，他们的主观幸福感显著高出不拥有住房产权的居民 0.102 个标准差。第（3）列中住房产权的回归系数为 0.042，说明了

对于拥有增值水平相对较低的住房产权居民而言，他们的主观幸福感显著高出不拥有住房产权的居民 0.042 个标准差。所以，增值水平越高的住房产权能够在更大程度上提升居民的主观幸福感。

表 7.11 　　不同增值水平的住房产权与居民主观幸福感回归结果

	(1)	(2)	(3)
	被解释变量：主观幸福感		
	增值水平相对较高	增值水平相对居中	增值水平相对较低
解释变量			
住房产权	0.122 *** (0.014)	0.102 *** (0.014)	0.042 *** (0.014)
控制变量			
人口统计学特征	是	是	是
社会经济特征	是	是	是
宏观经济变量	是	是	是
年份固定效应	是	是	是
城市固定效应	是	是	是
观测值	36861	42268	37218
调整 R^2	0.118	0.115	0.119

注：（1）括号内为稳健聚类标准误；（2）　*** 代表在 1% 显著性水平上显著。

（六）产权债务

通常而言，居民在购买住房时交付一定比例的首付款之后，还需要向银行申请一定的住房抵押贷款。因而，在很多拥有住房产权的居民家庭需要背负不同程度的住房债务，并在未来的数年甚至数十年期间，逐期向银行偿还住房债务，直至还清所有的债务本息和。那么，从待偿还的住房债务视角来看，拥有不同类型住房产权对居民主观幸福感是否会产生不同的影响？据此，本节继续对这一问题开展实证研究。并且，本节将居民家庭待偿还的住房债务与住房产权的增值水平进行交叉分组，旨在更加全面地比较银行债务视角下的住房产权对居民主观幸福感的不同影响。2011~2017 年 CHFS 调查问卷中询问了受访者"目前，您家是否因购买/装修/维修/改建/扩建这套住房有尚未还清的银行贷款？"，且对应的选项设置为"有、没有"。据此，本节进行实证研究。

表 7.12 报告了住房债务与增值水平的交叉视角下住房产权与居民主观幸福感回归结果。其中，第（1）列至第（3）列的回归样本为有待偿还住房债务的家庭，第（4）列至第（6）列的回归样本为没有待偿还住房债务的家庭。从总体上看，关键解释变量住房产权在各个组别中的回归系数均显著为正，再次验证了拥有住房产权能够显著提升居民主观福祉这一结论。具体来看，第（1）列回归结果表明，对于拥有增值水平相对较高且仍欠有银行债务的住房产权居民而言，他们的主观幸福感显著高出不拥有住房产权的居民 0.212 个标准差；第（2）列回归结果表明，对于拥有增值水平相对居中且仍欠有银行债务的住房产权居民而言，他们的主观幸福感显著高出不拥有住房产权的居民 0.125 个标准差；第（3）列回归结果表明，对于拥有增值水平相对较低且仍欠有银行债务的住房产权居民而言，他们的主观幸福感显著高出不拥有住房产权的居民 0.122 个标准差。由此可见，对于仍然欠有银行住房债务的居民而言，住房产权对他们产生的幸福效应在较大程度上取决于住房产权的增值水平，且增值水平较高的住房产权能够在相对最大程度上显著提升居民的主观福祉。与此同时，第（4）列回归结果表明，对于拥有增值水平相对较高且没有银行债务的住房产权居民而言，他们的主观幸福感显著高出不拥有住房产权的居民 0.110 个标准差；第（5）列回归结果表明，对于拥有增值水平相对居中且没有银行债务的住房产权居民而言，他们的主观幸福感显著高出不拥有住房产权的居民 0.098 个标准差；第（6）列回归结果表明，对于拥有增值水平相对较低且没有银行债务的住房产权居民而言，他们的主观幸福感略微高出不拥有住房产权的居民 0.025 个标准差。由此可见，对于已经没有银行住房债务的居民而言，住房产权对他们产生的幸福效应也在较大程度上取决于住房产权的增值水平，并且增值水平较高的

住房产权同样能够在相对最大程度上显著提升居民的主观福祉。

较为关键的是，表 7.12 中前（3）列的解释变量回归系数普遍大于后（3）列的解释变量回归系数，这意味着存有住房债务家庭的幸福感很有可能高于没有银行住房债务的家庭，这一发现似乎体现出了住房债务的相对特殊性。对此可能的解释在于，虽然住房债务可能会增加居民的经济压力，但是不可否认的是，住房债务能够有效平滑居民在生命周期中的收入，以实现效用的最优化（张雅淋等，2019；张雅淋和姚玲珍，2020）。而且，在住房价格不断上涨的情况下，当居民向银行借出更多的住房贷款或者申请到了更长还款期限的住房贷款，很可能更能够让他们更加感到"物超所值"，他们即便背负了一定的住房债务，但银行贷款能够使得他们突破了自身可支付能力的约束，住房产权的增值反而让他们更加认可自己贷款购买这一决策的预见性和明智性。除此之外，对于住房公积金贷款者来说，通过细致测算后比较得知，由于住房公积金"低存低贷"等方面的政策设计，延长住房贷款时间和增加住房贷款额度等都会显著提升居民的经济福利，因而，在理性经济人的经典假设下，居民会选择更长时间和更高额度的住房公积金贷款，从而实现经济福利的最大化。由此可见，上述原因表明住房贷款确实存在其独特性，持有待偿还住房债务的居民反而有可能表现出更高的主观幸福感。

表 7.12   住房债务与增值水平的交叉视角下住房产权与居民主观幸福感回归结果

	（1）	（2）	（3）	（4）	（5）	（6）
	被解释变量：主观幸福感					
	有待偿还的住房债务			没有待偿还的住房债务		
	增值水平相对较高	增值水平相对居中	增值水平相对较低	增值水平相对较高	增值水平相对居中	增值水平相对较低
解释变量						
住房产权	0.212 *** (0.024)	0.125 *** (0.027)	0.122 *** (0.027)	0.110 *** (0.014)	0.098 *** (0.015)	0.025 * (0.015)

续表

	（1）	（2）	（3）	（4）	（5）	（6）
	被解释变量：主观幸福感					
	有待偿还的住房债务			没有待偿还的住房债务		
	增值水平相对较高	增值水平相对居中	增值水平相对较低	增值水平相对较高	增值水平相对居中	增值水平相对较低
控制变量						
人口统计学特征	是	是	是	是	是	是
社会经济特征	是	是	是	是	是	是
宏观经济变量	是	是	是	是	是	是
年份固定效应	是	是	是	是	是	是
城市固定效应	是	是	是	是	是	是
观测值	14900	14686	14144	32670	38330	33620
调整 R^2	0.128	0.120	0.127	0.121	0.118	0.119

注：（1）括号内为稳健聚类标准误；（2）*、***分别代表在10%、1%显著性水平上显著。

三、基于区位属性维度

（一）本地与外地

住房产权的区位也往往是居民十分关注的重要因素，这是因为住房属于典型的不动产资产，住房的区位不仅能够直接影响到居民居住在自有房屋的便捷性，同时区位还往往在很大程度上影响着住房的市场价格和增值潜力。因而，有必要从住房产权的所处区位维度，探讨不同类型住房产权对居民主观幸福感的差别化影响。并且，根据历年CHFS调查问卷中的题项设置情况，本节从不同角度，将居民拥有的住房产权区位分别划分为本地住房产权与外地住房产权、城镇住房产权与农村住房产权、东中西部住房产权、房价水平较高地区的住房产权和房价水平较低地区的住房产权。

表 7.13 报告了不同区位的住房产权与居民主观幸福感回归结果（本地 vs. 外地），且对比的视角是本地住房产权和外地住房产权。显然，关键解释变量在两个组别中的回归结果均在 1% 的显著性水平上显著为正，验证了拥有住房产权能够显著提升居民的主观幸福感。第（1）列中住房产权的回归系数为 0.101，表明了在本市/县拥有住房产权的居民主观幸福感显著高出不拥有住房产权的居民 0.101 个标准差。第（2）列中住房产权的回归系数为 0.093，表明了对于在外市/县拥有住房产权的居民而言，他们的主观幸福感显著高出不拥有住房产权的居民 0.093 个标准差。由此可见，位于本地的住房产权对于居民主观幸福感的提升程度略高于位于外地的住房产权对于居民主观幸福感的提升程度，这可能是由于本地的住房产权一方面具有更强的居住便捷性，另一方面也更能显化居民在本地的社会经济地位，强化居民在本地的社会网络，便于居民在本地积累社会资本。

表 7.13　不同区位的住房产权与居民主观幸福感回归结果（本地 vs. 外地）

	(1)	(2)
	被解释变量：主观幸福感	
	房子在本市/县	房子不在本市/县
解释变量		
住房产权	0.101 *** (0.016)	0.093 *** (0.021)
控制变量		
人口统计学特征	是	是
社会经济特征	是	是
宏观经济变量	是	是
年份固定效应	是	是
城市固定效应	是	是

续表

	（1）	（2）
	被解释变量：主观幸福感	
	房子在本市/县	房子不在本市/县
观测值	39375	15247
调整 R^2	0.118	0.120

注：（1）括号内为稳健聚类标准误；（2）　*** 代表在 1% 显著性水平上显著。

（二）城乡区域

除了从本市/县和外市/县的角度来划分住房产权的所处区位，还可以从城乡的角度进行划分。本节根据 CHFS 调查问卷中提供的相关信息（城市 vs. 农村），对居民的住房产权所处区位划分为城市地区、城镇/乡镇地区、农村地区。表 7.14 报告了不同区位的住房产权与居民主观幸福感回归结果，且基于城乡视角进行对比。总体而言，关键解释变量住房产权的回归系数均在 1% 的显著性水平上显著为正，强化验证了拥有住房产权对居民产生的幸福效应这一基本结论。第（1）列中解释变量的回归系数为 0.150，表明了拥有城市地区住房产权的居民比不拥有住房产权的居民主观幸福感大约高出 0.15 个标准差。第（2）列中解释变量的回归系数为 0.122，表明了拥有城镇/乡镇地区住房产权的居民比不拥有住房产权的居民主观幸福感大约高出 0.122 个标准差。第（3）列中解释变量的回归系数为 0.090，表明了拥有农村地区住房产权的居民比不拥有住房产权的居民主观幸福感大约高出 0.09 个标准差。因此，相比较而言，拥有城市地区的住房产权能在更大程度上显著提升居民的主观福祉，拥有城镇/乡镇地区、农村地区住房产权对居民产生的幸福效应依次减弱。根据本书第六章的机制检验结果，这可能是因为城市地区的住房产权更能体现出个人的经济社会地位，同时也更能提升人们的城市身份认同感，有助于促进人们融入城市生活，并且在城市基层治理和政治参与等方面掌握更强的主动性和话语权。并且，根据本书第六章图 6.2 反映出的调查结果，在中国快速城镇化的发展时期，拥有城市住房产权往往被认为是成为城市人的最重要条件，因而，拥有城市地区住房产权更能提高人们的社会阶层感知，从而有利于提升人们的主观幸福感。

表 7.14　不同区位的住房产权与居民主观幸福感回归结果（城市 vs. 农村）

	（1）	（2）	（3）
	被解释变量：主观幸福感		
	城市地区	城镇/乡镇地区	农村地区
解释变量			
住房产权	0.150 *** (0.027)	0.122 *** (0.032)	0.090 *** (0.026)
控制变量			
人口统计学特征	是	是	是
社会经济特征	是	是	是
宏观经济变量	是	是	是
年份固定效应	是	是	是
城市固定效应	是	是	是
观测值	13978	11893	13726
调整 R^2	0.125	0.127	0.124

注：（1）括号内为稳健聚类标准误；（2） *** 代表在 1% 显著性水平上显著。

（三）地理区域/价格区域

本节继而又从地理区域维度、房价维度，探索不同区位的住房产权对居民主观幸福感提升的细微差异。之所以继续从这两个方面进行实证检验，是因为我国的住房市场存在的显著的区域分化现象，且东部城市的商品住房价格往往高于中西部地区。而对于处在不同房价地区的住房产权而言，它们的市场价值和增值潜力通常也存在较大差异，因而，从地理区域维度和房价维度来看，不同类型住房产权可能也会对居民主观幸福感产生不同的影响。

表 7.15 报告了不同区位的住房产权与居民主观幸福感回归结果（房价高 vs. 房价低），其中，第（1）列至第（3）列的分析视角为地理区域维度，第（4）列至第（6）列的分析视角为地区房价维度。显然，从总体上看，关键解释变量的回归系数都显著为正，这与本书的基准实证结果一致。与此同时，第（1）列回归结果表明，拥有东部地区住房产权的居民主观幸福感比不拥有住房产权的居民高出约 0.123 个标准差；第（2）列回归结果表明，拥有中部地区住房产权的居民主观幸福感比不拥有住房产权的居民高出约 0.097 个标准差；第（3）列回归结果表明，拥有东部地区住房产权的居民主观幸福感比不拥有住房产权的居民高出约 0.050 个标准差。由此可见，拥有东部地区住房产权能在更大程度上显著提升居民的主观幸福感，拥有中部地区住房产权次之，拥有西部地区住房产权相对最弱。这可能是由于东部地区的房价水平相对更高，因而住房产权的市场价值以及增值潜力也更加突出，进而更能积极影响有房居民的主观福祉。

那么，上述解释是否合理？本节继续从区域平均住房市场价格的视角进行补充论证。将各个年份的省级住房平均销售价格按照分位数依次划分为住房价格相对较高地区、住房价格相对居中地区、住房价格相对较低地区三组。表 7.15 的第（4）列回归结果表明，对于在住房价格相对较高地区拥有住房产权的居民，他们的主观幸福感大约比不拥有住房产权的居民高出 0.121 个标准差；第（5）列回归结果表明，对于在住房价格相对居中地区拥有住房产权的居民，他们的主观幸福感大约比不拥有住房产权的居民高出 0.077 个标准差；第（6）列回归结果表明，对于在住房价格相对较低地区拥有住房产权的居民，他们的主观幸福感大约比不拥有住房产权的居民高出 0.066 个标准差。上述结果表明，在房价水平较高地区的住房产权通常能在更大程度上提升居民的主观幸福感，这一结论实际上与表 7.10 中第（1）列至第（3）列基于地理区域维度得出的结论一致。对于这一结论的解释，这是因为在房价较高的区域，住房产权的相对稀缺性更加明显，住房产权的市场价值也越高，并且住房产权的增值能力也往往更强，购房者的相对优越感和自我社会阶层感知也会越高。

表 7. 15　　　不同区位的住房产权与居民主观幸福感回归结果
（房价高 vs. 房价低）

	（1）	（2）	（3）	（4）	（5）	（6）
	被解释变量：主观幸福感					
	地理区域维度			地区房价维度		
	东部地区	中部地区	西部地区	住房价格相对较高地区	住房价格相对居中地区	住房价格相对较低地区
解释变量						
住房产权	0. 123 ***	0. 097 ***	0. 050 **	0. 121 ***	0. 077 ***	0. 066 ***
	（0. 016）	（0. 017）	（0. 023）	（0. 019）	（0. 015）	（0. 020）
控制变量						
人口统计学特征	是	是	是	是	是	是
社会经济特征	是	是	是	是	是	是
宏观经济变量	是	是	是	是	是	是
年份固定效应	是	是	是	是	是	是
城市固定效应	是	是	是	是	是	是
观测值	50465	35343	30539	35704	43764	36879
调整 R^2	0. 121	0. 115	0. 120	0. 115	0. 129	0. 116

注：（1）括号内为稳健聚类标准误；（2）** 、*** 分别代表在5%、1%显著性水平上显著。

四、基于资源属性维度

（一）学区住房

由于优质的基础教育资源具有很明显的稀缺性，因而形成了一种独特的学区房现象，这也是中国现行教育体制下的一种独特现象。加上中国传统文化中的"孟母三迁""望子成龙、望女成凤"等的影响，使得优质基础学校周边的住房也通常更加受到人们青睐。但在优质基础教育资源相对稀缺的客观背景下，住房产权也逐渐成为了优质基础教育资源的重要分配载体。所以，对于有学龄儿童的家庭而言，很多居民通过高价竞争住房产权特别是优质学区的住房产权的方式，以此获取子女就近入读相对优质学校的资格，这一现象也引发了学术界对于学区房制度与教育公平的广泛讨论（陈杰，2021）。那么，本书姑且不论学区房制度的是非功过，对于有学龄儿童的家庭而言，拥有住房产权是否能够影响居民的主观幸福感？而且对于没有学龄儿童的家庭而言，拥有住房产权是否能够影响居民的主观幸福感？两种情形下的住房产权作用效果是否存在差异？为了对上述问题作出合理的回答，本节基于历年 CHFS 调查问卷，综合"家庭是否有 15 岁以下孩子"以及"家庭是否拥有住房产权"这两项信息，对上述问题进行实证探讨。

表 7.16 报告了家里有/无学龄儿童的住房产权与居民主观幸福感回归结果。其中，第（1）列对比了家里有 15 岁以下孩子且拥有住房产权、家里有 15 岁以下孩子但无住房产权这两种情形下的居民主观幸福感，实证结果表明，关键解释变量住房产权的回归系数为正且在 1% 的显著性水平上显著，说明了对于家里有 15 岁以下孩子的居民而言，拥有住房产权能够使得他们的主观幸福感显著高出不拥有住房产权的居民大约 0.126 个标准差。第（2）列对比了家里没有 15 岁以下孩子且拥有住房产权、家里没有 15 岁以下孩子且无住房产权这两种情形下的居民主观幸福感，实证结果表明，关键解释变量住房产权的回归系数为正且在 1% 的显著性水平上显著，说明了对于家里没有 15 岁以下孩子的居民而言，拥有住房产权能够使得他们的主观幸福感显著高出不拥有住房产权的居民大约 0.074 个标准差。由此可见，拥有住房产权能在更大程度上显著提升家里有学龄儿童的居民主观幸福感。这也在一定程度上显示出拥有学区住房产权对于居民主观福祉具有更高的提升作用。

表 7.16　　家里有/无学龄儿童的住房产权与居民主观幸福感回归结果

	（1）	（2）
	被解释变量：主观幸福感	
	有 15 岁以下孩子且有住房产权 vs. 有 15 岁以下孩子但无住房产权	无 15 岁以下孩子但有住房产权 vs. 无 15 岁以下孩子也无住房产权
解释变量		
住房产权	0.126 *** (0.020)	0.074 *** (0.016)
控制变量		
人口统计学特征	是	是
社会经济特征	是	是
宏观经济变量	是	是
年份固定效应	是	是
城市固定效应	是	是
观测值	34175	60572
调整 R^2	0.100	0.124

注：（1）括号内为稳健聚类标准误；（2）*** 代表在 1% 显著性水平上显著。

（二）公共资源可达性

公共资源可达性通常是影响住房产权居住品质甚至城市宜居性的重要考量指标，也是人们在选择住房时的重要考虑因素，直接关乎到人们的生活便捷性、舒适性。不仅如此，公共资源可达性还往往与住房产权的价值及其增值紧密联系，很多已有研究已经证实，诸如学校、公共交通（地铁、公交站台等）、公园、医院、银行等基本公共资源能够通过资本化（capitalization）的方式，使得邻近的住房产生明显的升值，人们也愿意为周边的公共资源可及性支付更高的购房价格或租金。那么，靠近公共资源的住房产权是否会对居民主观幸福感产生显著影响？并且不同类型公共资源可及性又将如何影响居民主观幸福感？为此，本节基于 2015 年 CHFS 数据展开实证探讨。之所以选择 2015 年 CHFS 数据，是因为该年度 CHFS 调查问卷中增加询问了拥有住房产权的受访居民"这套房子周围一公里范围内有下列哪些公共设施？（可多选）"，且对应的选项分别是"公交""地铁""幼儿园""小学""中学""大学""公园""医院""银行""都没有"。据此，本节逐一讨论周围一公里范围内至少有各类相关公共设施的住房产权对居民主观幸福感的影响。

表 7.17 报告了不同公共资源可及性的住房产权与居民主观幸福感回归结果。从总体上看，第（1）列至第（9）列分别报告了各类公共资源可及性的住房产权对居民主观幸福感的影响结果，且关键解释变量住房产权的回归系数都为正数且均在 1% 的显著性水平上显著，这表明了相比较不拥有住房产权的居民而言，拥有靠近公共资源的住房产权能够显著提升居民的主观福祉。然而，第（10）列报告了周围一公里范围内没有相关公共资源的住房产权对居民主观幸福感的影响结果，实证结果表明，关键解释变量住房产权的回归系数为正但却并没有表现出统计意义上的显著性，意味着拥有不靠近相关公共资源的住房产权并不会对居民主观福祉产生显著影响。由此可见，住房产权对居民主观幸福感的提升作用需要依赖于公共资源可达性，由于住房具有天然的空间属性，而公共资源可达性实际上也反映出了住房的空间区位（location），这也就解释了人们在选房时候之所以高度重视住房区位的原因。公共资源可达性不仅能够有效提升居民生活的便利性和舒适性，而且公共资源的资本化效应还能够显著推动住房增值，从而使得住房产权拥有者获得相对更高的资产收益。

（三）通勤成本

居民购买住房的主要用途为自身家庭成员居住，根据本书对 2011 ~ 2017 年 CHFS 调查数据的统计结果，大约 83.79% 的受访者居住在自有住房里，而且对于拥有自有住房的家庭而言，大约超过 92.79% 的受访者居住在自有住房里。这也意味着，大多数上班居民的通勤成本实际上是指其居住的自有房屋与工作地点之间的通勤距离或通勤时间。所以，从通勤成本的角度来看，不同类型的住房产权可能也会对居民主观幸福感产生影响。实际上，随着各地不断强化建设宜居城市的政策理念，国内科研机构近年来也逐步重视居民通勤成本的问题。例如，2021 年 7 月住房和城乡建设部城市交通基础设施监测与治理实验室、中国城市规划设计研究院联合发布的《2021 年度中国主要城市通勤监测报告》，明确指出通勤是城市生活的重要组成，关系着居民幸福感，影响着城市宜居性，而职住是城市空间的核心功能，决定了城市结构、空间绩效和运行成本。在过去的数十年间，中国的快速城镇化进程使得城市的职住空间关系发生着深刻的嬗变，通勤成本高以及交通拥堵等城市病问题尤为突出，这也成为了提升城市治理水平和塑造居民高质量生活过程中面临的重要挑战。并且，本书手动搜集了《2021 年度全国主要城市通勤监测报告》中 42 个中国主要城市的通勤相关指标数据，本书附录中表 A2 报告了 2020 年中国主要城市居民通勤相关指标统计结果，原始数据主要来自百度地图位置服务和移动通信运营商数据。总体来看，超大城市和特大城市居民的通勤距离相对较远，且北京市的通勤压力最为突出。与此同时，以距离小于 5 公里的通勤人口比重作为衡量城市职住平衡和通勤幸福的指标，可以看出绝大多数样本城市的"幸福通勤"人口比例处于 50%～60%，而北京市的这一指标仅为 38%。此外，有学者基于 Rosen–Roback 模型对中国 287 个地级市的城市居民生活品质指数进行了量化测算（Shi et al.，2021），具体结果如附录中表 A3 所示，该结果也同样为本节研究提供了丰富的启示。

基于此，本节利用 2017 年 CHFS 微观家庭调查数据，继续从通勤成本的视角，实证探讨不同类型住房产权对于居民产生的差异化幸福效应。并且，本节不仅从通勤距离的角度进行分析，还从通勤时间的角度进行补充验证。需要说明的是，首先，本节根据 2017 年 CHFS 调查问卷中的题项设置和样本分布，将居民的单程上班通勤距离划分成四组，分别为 2 公里以下、2 至 5 公里、5 至 10 公里、10 公里以上。其次，本节根据 2017 年 CHFS 调查问卷中的题项设置和样本分布，将居民的单程上班通勤时间划分成三组，分别为少于 30 分钟、30 至 60 分钟、超过 60 分钟。

表 7.17 不同公共资源可及性的住房产权与居民主观幸福感回归结果

	(1)	(2)	(3)	(4)	(5)	(6)	(7)	(8)	(9)	(10)
	公交	地铁	幼儿园	小学	中学	大学	公园	医院	银行	都没有
	被解释变量：主观幸福感									
解释变量										
住房产权	0.158***	0.149***	0.155***	0.149***	0.146***	0.178***	0.179***	0.164***	0.156***	0.076
	(0.025)	(0.028)	(0.026)	(0.026)	(0.027)	(0.049)	(0.024)	(0.023)	(0.025)	(0.049)
控制变量										
人口统计学特征	是	是	是	是	是	是	是	是	是	是
社会经济特征	是	是	是	是	是	是	是	是	是	是
宏观经济变量	是	是	是	是	是	是	是	是	是	是
年份固定效应	否	否	否	否	否	否	否	否	否	否
城市固定效应	是	是	是	是	是	是	是	是	是	是
观测值	8813	4300	8210	8452	6694	3702	5955	7688	8115	5176
调整 R^2	0.130	0.145	0.132	0.135	0.140	0.146	0.142	0.142	0.135	0.138

注：(1) 括号内为稳健聚类标准误；(2) *** 代表在 1% 显著性水平上显著。
资料来源：2015 年 CHFS 数据。

表 7.18 报告了不同通勤距离的住房产权与居民主观幸福感回归结果。显然，关键解释变量住房产权的在各个组别中的回归系数均显著为正，表明了对于居住在自有产权住房的居民而言，他们的主观幸福感显著高于不拥有住房产权的居民。但各组中的解释变量回归系数也表现出了明显差异，意味着不同通勤距离的住房产权对居民产生的幸福效应可能也不同。具体而言，第（1）列中的回归结果表明，对于居住在通勤距离 2 公里以下的自有住房的居民而言，他们的主观幸福感显著高出不拥有住房产权的居民大约 0.128 个标准差；第（2）列中的回归结果表明，对于居住在通勤距离 2 至 5 公里的自有住房的居民而言，他们的主观幸福感显著高出不拥有住房产权的居民大约 0.112 个标准差；第（3）列中的回归结果表明，对于居住在通勤距离 5 至 10 公里的自有住房的居民而言，他们的主观幸福感显著高出不拥有住房产权的居民大约 0.104 个标准差；第（4）列中的回归结果表明，对于居住在通勤距离超过 10 公里的自有住房的居民而言，他们的主观幸福感显著高出不拥有住房产权的居民大约 0.081 个标准差。由此可见，拥有通勤距离越近的住房产权，能在相对更大程度上显著提升居民的主观幸福感。

表 7.18　　不同通勤距离的住房产权与居民主观幸福感回归结果

	（1）	（2）	（3）	（4）
	被解释变量：主观幸福感			
	2 公里以下	2 至 5 公里	5 至 10 公里	10 公里以上
解释变量				
住房产权	0.128 *** (0.032)	0.112 *** (0.034)	0.104 ** (0.042)	0.081 ** (0.033)
控制变量				
人口统计学特征	是	是	是	是
社会经济特征	是	是	是	是
宏观经济变量	是	是	是	是

续表

	（1）	（2）	（3）	（4）
	被解释变量：主观幸福感			
	2 公里以下	2 至 5 公里	5 至 10 公里	10 公里以上
年份固定效应	否	否	否	否
城市固定效应	是	是	是	是
观测值	7495	5993	5254	6195
调整 R^2	0.105	0.113	0.115	0.107

注：（1）括号内为稳健聚类标准误；（2）** 、*** 分别代表在 5% 、1% 显著性水平上显著。

资料来源：2017 年 CHFS 数据。

表 7.19 报告了不同通勤时间的住房产权与居民主观幸福感回归结果。同样地，关键解释变量住房产权的在各个组别中的回归系数均显著为正，再次表明了对于居住在自有产权住房的居民而言，他们的主观幸福感显著高于不拥有住房产权的居民。并且，各组中的解释变量回归系数和显著性水平也表现出了明显差异，意味着不同通勤时间的住房产权对居民产生的幸福效应可能也不同。具体而言，第（1）列中的回归结果表明，对于居住在通勤时间少于 30 分钟的自有住房的居民而言，他们的主观幸福感显著高出不拥有住房产权的居民大约 0.130 个标准差；第（2）列中的回归结果表明，对于居住在通勤时间 30 至 60 分钟的自有住房的居民而言，他们的主观幸福感显著高出不拥有住房产权的居民大约 0.098 个标准差；第（3）列中的回归结果表明，对于居住在通勤时间超过 60 分钟的自有住房的居民而言，他们的主观幸福感仅在 1% 的显著性水平上略微高出不拥有住房产权的居民大约 0.094 个标准差。所以，拥有通勤时间越短的住房产权，能在相对更大程度上显著提升居民的主观幸福感，而若单程通勤时间超过 1 小时，住房产权对居民的主观福祉提升作用则明显减弱。

表 7. 19   不同通勤时间的住房产权与居民主观幸福感回归结果

	（1）	（2）	（3）
	被解释变量：主观幸福感		
	少于 30 分钟	30 至 60 分钟	超过 60 分钟
解释变量			
住房产权	0. 130 *** （0. 028）	0. 098 *** （0. 034）	0. 094 * （0. 048）
控制变量			
人口统计学特征	是	是	是
社会经济特征	是	是	是
宏观经济变量	是	是	是
年份固定效应	否	否	否
城市固定效应	是	是	是
观测值	11292	5877	4408
调整 R^2	0. 093	0. 109	0. 129

注：（1）括号内为稳健聚类标准误；（2） * 、 *** 分别代表在 10% 、1% 显著性水平上显著。

资料来源：2017 年 CHFS 数据。

第四节　进一步讨论

本章通过实证研究，已经证实了住房产权能够显著影响代际主观福祉，更确切地说，子代拥有住房产权能够显著提升父代的主观幸福感。但是，在中国的社会传统中，男性子嗣通常更需要通过获取住房产权，提升自身的社会经济地位和婚姻市场竞争力，从而实现"筑巢引凤"等目标。那么，家庭的儿子和女儿拥有住房产权是否会对父代主观福祉产生差异化影响？与此同时，近些年来，由于很多中国城市的住房价格相对较高，这也导致了不少家庭为了买房而背负了较重的债务，高房价甚至引发了"房奴"现象。那么，不同偿债压力等级下的住房产权是否会对居民主观福祉产生不同的影响？为了对上述两个问题作出科学回答，本节据此展开进一步实证讨论。

一、住房产权的子代归属：儿子 vs. 女儿

本章第三节中的表7.20报告了不同产权归属的住房产权与居民主观幸福感回归结果，而且尝试从"父代—本代—子代"的代际视角，分析不同代际所拥有的住房产权对"本代"主观福祉的影响及其可能差异。实证结果发现，住房产权对居民主观福祉的影响存在着明显的向下代际传递特征。同时也意味着，子代的住房会直接影响父辈的主观幸福感。但是，在中国的传统思维中，男性子嗣拥有住房产权往往更能提升他们在婚姻市场的竞争力（吴义东和王先柱，2018），男性因而也需要在更大程度上承担获取住房产权的责任。所以，倘若仅仅将研究发现止步于"子女"这个维度，显然还没有完全剥离出儿子与女儿拥有住房产权对于父辈主观幸福感的影响，而这其中蕴含了较多的中国故事，因而值得进一步挖掘和解析。但是，历年CHFS调查问卷中并没有单独区分出家庭自有住房的产权究竟属于儿子还是女儿。为此，本节提取了中国人民大学中国调查与数据中心发布的2012~2017年中国综合社会调查数据（CGSS）中的相关题项信息，尤为重要的是，CGSS问卷中询问了受访者的儿子和女儿各自的数量，因而可以识别出仅有儿子的家庭或者仅有女儿的家庭，并且根据受访者关于"您现在这座房子的产权（部分或全部产权）属于谁（多选)？"的回答，筛选出住房产权属于"子女"的样本，由此可以推断出家庭住房产权究竟是归属于受访者儿子还是归属于受访者女儿。基于此，本节进一步分别实证探讨儿子或女儿拥有住房产权对于居民主观幸福感的差别化影响。

表7.20报告了不同产权归属的住房产权与居民主观幸福感回归结果（儿子 vs. 女儿）。作为对照，第（1）列和第（2）列使用了有序Probit模型（Ordered Probit model）进行估计，第（3）列和第（4）列使用了Probit-adapted OLS方法进行估计。第（1）列中关键解释变量

回归系数为正且在 1% 的显著性水平上显著，表明了相比较有儿子但不拥有住房产权的居民而言，受访者儿子拥有住房产权能够显著提升受访者的主观幸福感，即男性子嗣拥有住房产权能够提升父辈的主观福祉。然而，第（2）列中关键解释变量回归系数为正但却没有表现出统计意义上的显著性，表明了相比较有女儿但不拥有住房产权的居民而言，受访者女儿拥有住房产权能够显著提升受访者的主观幸福感，即女性子嗣拥有住房产权未能显著提升父辈的主观福祉。与此同时，基于 Probit-adapted OLS 方法的估计结果也与上述结果完全一致。由此可见，父辈的主观幸福感仅与男性子嗣是否拥有住房产权高度相关，这可能是由于男性子嗣更需要通过获取住房产权来显化其社会经济地位，同时更能提高其在婚姻市场的竞争力。这也从主观福祉的视角，解释了为什么很多中国居民偏向于"为儿子买房"。但换个角度来看，有儿子的家庭往往具有更明显的购房压力，获取住房产权的过程使得家庭压力发生自下往上的代际转移，即父代往往需要承担子代购房的心理压力和经济压力。但当子代获得住房产权之后，父代的主观福祉也会随之提升，这可能是缘于"为儿子买房"的心理压力和经济压力得以释放，且对儿子的婚姻等生活状态具有更好的预期。然而，表 7.20 中的实证结果也表明，父代拥有住房产权却没有显著提升子代的主观幸福感。所以，代际之间的住房产权与主观幸福感关系，为我们进一步理解"可怜天下父母心"这一中国古话提供了新的视角。

表 7.20　　　　　不同产权归属的住房产权与居民主观幸福感
回归结果（儿子 vs. 女儿）

	（1）	（2）	（3）	（4）
	被解释变量：主观幸福感			
	Ordered Probit model		Probit-adapted OLS	
	产权属于儿子	产权属于女儿	产权属于儿子	产权属于女儿
解释变量				
住房产权	0.117 *** (0.038)	0.073 (0.073)	0.095 *** (0.031)	0.057 (0.060)

	(1)	(2)	(3)	(4)
	被解释变量：主观幸福感			
	Ordered Probit model		Probit-adapted OLS	
	产权属于儿子	产权属于女儿	产权属于儿子	产权属于女儿
控制变量				
人口统计学特征	是	是	是	是
社会经济特征	是	是	是	是
宏观经济变量	是	是	是	是
年份固定效应	是	是	是	是
省份固定效应	是	是	是	是
观测值	13239	8594	13239	8594
调整 R^2	—	—	0.128	0.123

注：（1）括号内为稳健聚类标准误；（2）＊＊＊代表在1%显著性水平上显著。
资料来源：2012～2017年CGSS数据。

二、偿还住房欠款的经济能力

不同家庭的收入水平和初始禀赋不同，因而在偿还住房债务方面的经济能力也各不相同。显然，不同等级的偿债压力意味着人们获取住房产权付出的努力和代价有所不同，因而可能会对居民的主观幸福感产生影响。为此，本节继续从居民家庭偿还住房欠款的经济能力这一视角，探讨不同类型的住房产权对居民主观福祉的差异化影响。2017年中国家庭金融调查（CHFS）对于已经购买自有住房且仍存在待偿还住房债务的受访者，询问"目前，您家偿还住房欠款的经济能力如何"，且对应的选项分别设置为"完全没有问题（赋值为1）""基本没有问题（赋值为2）""很难偿还（赋值为3）""完全没有能力偿还（赋值为4）"。图7.1报告了偿还住房欠款经济能力的样本分布，且对应的有效样本量为6198个，其中28.96%的受访者认为自家偿还住欠款的经济能力完全没有问题，46.21%的受访者认为基本没有问题。但分别有21.20%和3.63%的受访者认为家庭住房债务很难偿还甚至完全没有能力偿还。换句话说，大约1/4有房债家庭的偿债压力较大甚至很大。

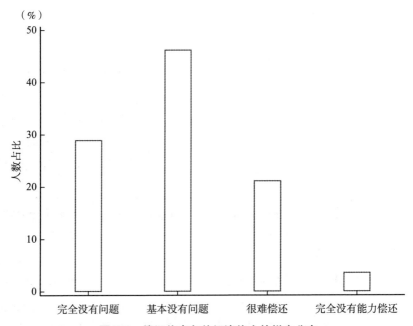

图 7.1 偿还住房欠款经济能力的样本分布

资料来源：2017 年 CHFS 数据。

表7.21报告了不同偿还房债压力的住房产权与居民主观幸福感回归结果。第（1）列回归结果显示，居民家庭偿还住房债务的经济压力能够显著削弱居民主观幸福感。进一步地，第（2）列至第（4）列对四种不同类型偿债压力的住房产权进行了逐一分析。第（2）列实证结果表明，对于完全没有偿还房债压力的家庭而言，住房产权能够显著提升他们的主观幸福感。第（3）列实证结果也表明了对于基本没有偿还房债压力的家庭而言，住房产权也能够显著提升居民的主观幸福感。而且，通过系数比较可以发现，偿还住房债务的经济压力越小，住房

产权产生的主观福祉效应也越明显。第（4）列和第（5）列实证结果则表明，关键解释变量的回归系数为负但不显著，即对于很难偿还房债以及完全没有偿还房债能力的家庭而言，拥有住房产权并没有对居民的主观幸福感产生正向提升作用，反而存在一定的抑制倾向。这也意味着，获取住房产权提升居民主观福祉的前提条件是不能造成居民家庭过大的偿债经济压力，否则住房产权的主观福祉效应将会被削弱甚至消失，这从增进民生福祉的视角为遏制房价非理性过快上涨提供了理论依据。

表 7.21　　不同偿还房债压力的住房产权与居民主观幸福感回归结果

	（1）	（2）	（3）	（4）	（5）
	被解释变量：主观幸福感				
	偿还房债压力由低到高	完全无偿还房债压力	基本没有偿还房债压力	很难偿还房债	完全无偿还房债能力
解释变量					
不同偿债压力的住房产权	-0.182 *** (0.019)				
住房产权（对照组：无房者）		0.311 *** (0.060)	0.179 *** (0.051)	-0.018 (0.058)	-0.085 (0.107)
控制变量					
人口统计学特征	是	是	是	是	是
社会经济特征	是	是	是	是	是
宏观经济变量	是	是	是	是	是
年份固定效应	否	否	否	否	否
城市固定效应	是	是	是	是	是
观测值	6198	5420	6483	4941	3861
调整 R^2	0.085	0.121	0.097	0.119	0.141

注：（1）括号内为稳健聚类标准误；（2）*** 代表在 1% 显著性水平上显著。
资料来源：2017 年 CHFS 数据。

第五节　本章小结

本章基于 2011～2017 年中国家庭金融调查（CHFS）数据、2012～2017 年中国综合社会调查（CGSS）数据等微观调查数据资源，充分挖掘各数据库中的相关指标，使用有序 Probit 模型、Probit-adapted OLS 等实证方法，从住房的产权属性（产权性质、获取方式、获取时间、产权用途、产权归属）、经济属性（初始价值、首付来源、贷款方式、市场价值、产权增值、产权债务）、区位属性（本地与外地、城乡区域、地理区域/价格区域）、资源属性（学区住房、公共资源可达性、通勤成本）等多个维度，实证研究了不同类型住房产权对居民主观幸福感的差异化影响结果，并结合中国情境分析了产生不同影响结果的可能原因。在此之后，本章进一步剖析了代际视角下的住房产权与居民主观幸福感之间的关联。本章的主要研究结论如下：

（1）从产权性质维度来看，产权性质为部分产权的住房对居民产生的幸福效应相对偏弱；从获取方式维度来看，拥有新建商品房住房产权的居民幸福感水平相对最高，而拥有政策性住房、继承或赠与性质的住房产权并不能显著提升居民的主观幸福感；从获取时间维度来看，住房产权的持有期限越长，其对于居民主观幸福感的提升作用也就越弱，这可以根据社会适应理论进行解释，即对于近期才拥有住房产权的居民，住房产权对他们产生的"新鲜感"更能提升他们的主观幸福感，但是随着持有年份的逐步拉长，人们也已经渐渐适应了拥有住房产权的生活，住房产权带来的心理性福祉效应也会逐步衰减。

（2）从初始价值维度来看，初始价值相对较高的住房产权能够在较高程度上提升居民主观福祉，这可能是由于该类型住房产权更能彰显出居民的较高的社会经济地位和社会阶层等，因而更能提升人们的实现感、满足感。但初始价值相对居中的住房产权对于居民的主观福祉提升作用反而不及初始价值相对较低的住房产权，这可能是由于初始价值较低的住房产权意味着居民可以花费更低的经济成本，从而减轻了人们获取住房产权的经济压力。因此，综合而言，不同初始价值的住房产权与居民的主观幸福之间呈现出非对称性"U"形关系，且拥有初始价值相对较高的住房产权能在最大程度上提升居民的主观幸福感；从首付来源维度来看，首付资金主要来源于受访者和配偶的这类住房产权，对于居民主观幸福感正向提升作用最为明显。这可能是因为依靠自身或配偶共同努力，由此获取到的住房产权更能体现出个人的社会经济地位、自我实现感、成就感等。而对于购房首付资金不足且需要通过向他人借款的方式获取住房产权的居民，住房产权对他们的主观幸福感提升程度和提升显著度相对稍低，这可能是由于他们获取住房产权的资金压力更大，向他们借款实际上也是一种"消费人情"的行为，并且也承受着相对更大的债务压力。从贷款方式维度来看，通过住房公积金贷款获取的住房产权能在更大程度上显著提升居民的主观幸福感，这主要可能是由于住房公积金贷款利息成本相对更低，即有效缓解了居民获取住房产权的资金成本。

（3）从所处区位维度来看，位于本地的住房产权对于居民主观幸福感的提升程度略高于位于外地的住房产权对于居民主观幸福感的提升程度，这可能是由于本地的住房产权具有更强的居住便捷性，同时也更能显化居民在本地的社会经济地位，强化居民在本地的社会网络，便于居民在本地积累社会资本。拥有城市地区的住房产权能在更大程度上显著提升居民的主观福祉，拥有城镇/乡镇地区、农村地区住房产权对居民产生的幸福效应依次减弱，这可能是因为城市地区的住房产权更能体现出个人的经济社会地位，同时也更能提升人们的城市身份认同感，有助于促进人们融入城市生活，并且在城市基层治理和政治参与等方面掌握更强的主动性和话语权。拥有东部地区住房产权能在更大程度上显著提升居民的主观幸福感，拥有中部地区住房产权次之，拥有西部地区住房产权相对最弱。这可能是由于东部地区的房价水平相对更高，因而住房产权的市场价值以及增值潜力也更加突出。在房价水平较高地区的住房产权通常能在更大程度上提升居民的主观幸福感，这是因为在房价较高的区域，住房产权的相对稀缺性更加明显，住房产权的市场价值也越高，并且住房产权的增值能力也往往更强，购房者的相对优越感和自我社会阶层感知也会越高。

（4）从产权用途维度来看，拥有用于出租的住房产权对于居民的主观福祉提升作用最强，拥有用于自家成员居住的住房产权对于居民的主观福祉提升作用略微减弱，但拥有免费给亲友居住的住房产权并未对居民产生明显的幸福效应。对此可能的解释是，出租住房产权能够获取额外的租金回报，这也是住房产权产生经济收益的主要渠道，因而能够显著提升居民的主观福祉水平。而对于自家成员居住的住房产权，它们满足人们的居住需求，这也是发挥了住房产权的最基本属性，因而也能够显著提升居民的主观幸福感。而对于免费给亲友居住的住房产权而言，它们既没有给产权拥有者带来租金回报，产权拥有者也没有亲自体验住房产权发挥的居住功能；从产权归属维度来看，当住房产权属于居民本人及其配偶/伴侣时，此时拥有住房产权对居民主观幸福感的提升程度最高，但如果家庭的自有住房产权不归属于该居民本人及其配偶/伴侣，此时家庭的住房产权对居民主观幸福感的提升作用较弱。居民并不在乎其父母是否拥有住房产权，而特别在乎其子女是否拥有住房产权。意味着住房产权对居民主观福祉的影响存在着明显的向下代际传递特征。

（5）从市场现价维度来看，只有市场价值相对较高或者相对居中的住房产权才能显著提升居民的主观幸福感，而市场价值相对偏低的住房产权并不能显著提升居民的主观幸福感；从产权增值维度来看，增值水平越高的住房产权能够在更大程度上提升居民的主观幸福感；从产权债务维度来看，对于仍然欠有银行住房债务的居民而言，住房产权对他们产生的幸福效应在较大程度上取决于住房产权的增值水平，且增值水平较高的住房产权能够在相对最大程度上显著提升居民的主观福祉。对于已经没有银行住房债务的居民而言，住房产权对他们产生的幸福效应也在较大程度上取决于住房产权的增值水平，并且增值水平较高的住房产权同样能够在相对最大程度上显著提升居民的主观福祉。较为关键的是，存有住房债务家庭的幸福感很可能高于没有银行住房债务的家庭，可能是因为虽然住房债务可能会增加居民的经济压力，但住房债务能够有效平滑居民在生命周期中的收入，以实现效用的最优化。而且，在住房价格不断上涨的情况下，当居民向银行借出更多的住房贷款或者申请到了更长还款期限的住房贷款，很可能更能够让他们更加感到"物超所值"，他们即便背负了一定的住房债务，但银行贷款能够使得他们突破了自身可支付能力的约束，住房产权的增值反而让他们更加认可自己贷款购买这一决策的预见性和明智性。除此之外，由于住房公积金"低存低贷"等方面的政策设计，延长住房贷款时间和增加住房贷款额度等都会显著提升居民的经济福利。

（6）从学区住房维度来看，拥有住房产权能在更大程度上显著提升家里有学龄儿童的居民主观幸福感；从公共资源可达性维度来看，住房产权对居民主观幸福感的提升作用需要依赖于公共资源可达性，这是因为公共资源可达性不仅能够有效提升居民生活的便利性和舒适性，而且公共资源的资本化效应还能够显著推动住房增值，从而使得住房产权拥有者获得相对更高的资产收益；从通勤成本维度来看，拥有通勤距离越近的住房产权，能在相对更大程度上显著提升居民的主观幸福感。拥有通勤时间越短的住房产权，能在相对更大程度上显著提升居民的主观幸福感，而若单程通勤时间超过 1 小时，住房产权对居民的主观福祉提升作用则明显减弱。

（7）男性子嗣拥有住房产权能够提升父辈的主观福祉，然而女性子嗣拥有住房产权未能显著提升父辈的主观福祉。这可能是由于男性子嗣更需要通过获取住房产权来显化其社会经济地位，同时更能提高其在婚姻市场的竞争力，也解释了为什么很多中国居民偏向于"为儿子买房"。同时，居民家庭为获取住房产权而产生的经济压力能够显著削弱居民主观幸福感，对于很难偿还房债以及完全没有偿还房债能力的家庭而言，拥有住房产权并没有对居民的主观幸福感产生正向提升作用，反而存在一定的抑制倾向，即获取住房产权提升居民主观福祉的前提条件是不能造成居民家庭过大的偿债经济压力，否则住房产权的主观福祉效应将会被削弱甚消失，这从增进民生福祉的视角为遏制房价非理性过快上涨提供了理论依据。

综合而言，本章结合中国社会现实，综合借鉴房地产经济学、社会学、心理学、福祉经济学及幸福经济学等多重学科理论观点，从经济、社会、区域、代际、家庭等多个维度，充分挖掘现有微观调查数据中的相关信息，实证研究了不同类型住房产权对居民主观福祉的影响结果，揭示出拥有不同类型住房产权对中国居民的不同含义和价值，从而更为细致地厘清了不同维度下各类住房产权对于居民产生幸福效应的细微差异，彰显了本书研究的边际贡献，提升了本书的研究价值和学术创新，并据此阐述了更为丰富的中国故事。

第八章

宏观视角下住房产权对居民主观福祉的影响研究

本章在前文微观层面实证研究的基础上，重点基于 2011～2017 年中国家庭金融调查（CHFS）数据，从宏观视角研究城市住房拥有率和省份住房拥有率对微观居民主观福祉的影响。通过充分细致的实证研究，旨在从居民主观福祉的视角探讨城市层面和省级层面住房拥有率的不同社会影响，通过多种计量手段和实证方法确保基准回归结果的稳健性与可靠性，并且利用相关理论对实证结果进行解释。在此基础上，本章从住房产权维度、个体特征维度、区域特征维度，分析住房产权拥有率对不同群体主观幸福感的异质性影响。在此之后，本章展开进一步讨论，研究了市级和省级住房产权拥有率对居民主观幸福感影响的边际效应，及其对居民主观幸福感逐级跃迁和跨级跃迁的影响，同时还研究了多套住房产权拥有率对于居民主观幸福感的影响等。

第一节　问题提出

本书在前述章节的实证研究中，关键解释变量均为微观层面的住房产权。然而，正如本书在理论分析中所阐述的，社会比较、羊群效应、攀比心理等在住房市场普遍存在，因而社会中其他个体的住房产权也可能会对居民自身的主观福祉产生影响。事实上，本书在第五章的基准回归结果分析中已经提到，住房拥有率与居民主观幸福感之间存在显著的关联，而且基于实证结果已经初步发现，宏观层面控制变量中的城市住房拥有率和省份住房拥有率对微观个体的主观幸福感存在截然相反的作用，前者正向提升了居民主观幸福感，而后者则负向抑制了居民主观幸福感。那么，住房拥有率对居民主观幸福感产生的影响是否稳健？城市住房拥有率和省份住房拥有率对居民主观幸福感产生的影响差异和内在原因是什么？

本书在第四章中已经明确说明了住房自有率和住房拥有率是两个不同的指标，前者度量的是有多少比例居民是住在自己持有的房子里，而后者则是指有多少比例的住宅产权性质属于私人所有而非公共所有（陈杰，2006）。所以，一般而言，住房拥有率的统计数值高于住房自有率。本章之所以选择住房拥有率进行实证研究，是因为相比较住房自有率而言，住房拥有率能够更加充分地反映出居民的住房产权私有情况。因为确实存在一定比例的居民，他们虽然拥有自己的住房产权，但他们并不一定居住在自有房屋内，他们的自有房屋有可能用于出租、其他家庭成员居住或者闲置等。但是无论如何，居民家庭自有的住房产权依然能够使得产权拥有者获取住房产权的增值收益或租金收益，并且也能够增强居民的可行能力，即他们可以选择居住在自己的房屋，也可以选择出租自己的房屋，或者在合适的时候居住在自有房屋，上述这些因素都可能会影响到居民主观福祉。据此综合考虑，本书选取住房产权拥有率作为本章的研究重点，探讨住房拥有率对于居民主观幸福感的影响。并且，城市层面的住房拥有率和省份层面的住房拥有率具有不同的统计口径，在较大程度上分别反映了本市居民、省内其他城市居民的住房拥有情况，因而它们对于居民主观幸福感的影响机制和影响结果可能存在显著的差异。为此，本章分别计算了城市层面和省份层面的住房拥有率，旨在对比这两项反映住房产权自有情况的宏观指标对于微观居民主观幸福感的影响。

本章接下来的主要研究内容具体安排如下：（1）介绍本章的实证

研究设计，包括数据来源与处理过程、模型形式与变量设定、变量的描述性统计等；（2）实证研究城市住房拥有率、省份住房拥有率对居民主观幸福感的影响；（3）通过多种实证手段进行稳健性检验；（4）基于个体维度、年份维度、区域维度等多个方面，分析城市和省份住房产权拥有率对居民主观幸福感的异质性影响；（5）从边际效应、居民主观幸福感跃迁、多套住房拥有率等视角展开进一步讨论。

第二节　研究设计

一、数据来源与筛选说明

（一）数据来源

如本书第五章基准实证研究使用的数据库一致，本章实证研究所选取的数据同样来自西南财经大学家庭金融调查与研究中心在全国范围内开展的抽样调查项目中国家庭金融调查（CHFS），且通过正式渠道能够申请获取使用的中国家庭金融调查数据集为 2011 年、2013 年、2017 年和 2019 年共计 4 轮调查数据。CHFS 调查数据的基本信息、调查执行过程以及样本覆盖范围等均已在本书第五章中进行了详细介绍，因而本章对此不再进行赘述。

本章之所以选择 CHFS 多年度混合截面数据进行实证研究，是因为相比较前文使用过的 CGSS 和 CSS 调查数据而言，CHFS 数据集中虽然没有公布受访居民所在的城市名称，但公布了受访居民所在省（区、市）名称和所在城市的代码，我们据此可以逐一计算出各个样本城市和样本省份在各个调查年度中的住房拥有率情况。而 CGSS 和 CSS 数据集中仅公开了受访居民所在省份的信息，并没有公布对应的城市名称或代码，因而我们无法据此估计出城市层面的住房拥有率等关键指标。而且，本书第五章为基准核心章节，重点研究了家庭是否拥有住房产权对于居民主观幸福感的影响，属于典型的"微观因素—微观反应"研究思路。作为对照，本章则从着眼于宏观层面的住房产权拥有情况，研究过程与本书第五章较为接近。从这个意义上说，本章的实证数据选取与本书第五章数据保持一致性是科学合理的。

与本书前几章的实证过程相似，本章还搜集整理了地区层面的相关宏观数据，主要包括住宅商品房平均销售价格、年末常住总人口、物价水平、人均地区生产总值等，数据来源于中国国家统计局，用于反映地区的房价、物价、人口和经济发展水平等，而且相关指标可以用来作为控制变量和分组变量。

（二）数据筛选说明

与本书第五章中基准实证研究的数据处理过程一致，因而本章对此不再赘述。并且，经过对数据的整合、匹配及清洗等，本章最终得到了 CHFS 四年共计 111331 个家庭样本观测值，其中，2011 年 8339 个观测值，2013 年 26542 个观测，2015 年 36944 个观测，2017 年 39506 个观测。数据具体筛选和处理过程可参考本书第五章研究设计部分。

二、模 型 形 式 与 变 量 设 定

（一）模型形式

本章采用多年度 CHFS 混合截面数据考察拥有住房产权对居民主观幸福感的影响。由于本章被解释变量居民主观幸福感的取值为典型的排序数据（ordered data），因而，与本书第五章基准实证过程一致，本章运用有序 Probit 模型（Ordered Probit model）进行回归估计，且计量模型形式设定如下：

$$happiness_{ijt} = F(\beta_{1,1} + \beta_{1,2} \times homeownershiprate\_city_{ijt} + \beta_{1,3}$$
$$\times homeownershiprate\_provin_{ijt} + \beta_{1,4} \times controls_{ijt} + \theta_T + \delta_j + \varepsilon_{ijt})$$

$$(8.1)$$

其中，$happiness_{ijt}$ 是本章实证研究的关键被解释变量，表示在 t 时期 j 地区的第 i 个受访个体的主观幸福感。$homeownershiprate\_city_{ijt}$ 和 $homeown$-$ershiprate\_provin_{ijt}$ 是本章最关心的两个解释变量，分别表示受访者所在城市的住房拥有率和所在省份的住房拥有率。$controls_{ijt}$ 为控制变量集合，与本书其他章节实证回归中的控制变量一致，本章中的控制变量也主要分为三大类：第一类控制变量是受访家庭的人口统计学特征，包括户主性别、年龄、年龄的平方项、婚姻状态、家庭人口规模、少儿人口占比、老年人口占比、自评健康状况等；第二类控制变量是受访家庭的社会经济特征，包括城市地区虚拟变量、受教育年限、工作状态、户口状态、政治面貌、住所使用面积、是否拥有汽车、家庭年总收入、家庭年总支出、家庭总负债、医疗保险参与、养老保险参与等，需要说明的是，本章由于重点关注的是宏观层面的解释变量对个体主观幸福感的影响，因而将本书前几章的关键解释变量住房产权作为本章的控制变量，所以控制变量中包括了家庭是否拥有住房产权这一虚拟变量；第三类控制变量是地区宏观经济变量，包括年末常住总人口、商品住宅平均销售价格、人均地区生产总值、消费价格指数等进行了控制。在上述控制变量集合中，为了尽可能减弱模型中绝对数值可能产生的异方差性，在本书的实证研究中，对家庭年总收入、家庭年总支出、家庭总负债、年末常住总人口、商品住宅平均销售价格、人均地区生产总值等进行了取自然对数处理。与此同时，模型中还控制了随时间变化的不可观测因素 θ_t。而且，模型中也同时控制了随城市变化的不可观测因素 δ_j。模型中的 ε_{ijt} 为随机扰动项，服从均值为 0、方差为 1 的标准正态分布。此外，$F(\cdot)$ 为某非线性函数，具体形式为：

$$F(happiness_{ijt}^*) = \begin{cases} 1 & happiness^* < \mu_1 \\ 2 & \mu_1 < happiness^* < \mu_2 \\ \vdots & \vdots \\ J & happiness^* > \mu_{J-1} \end{cases} \tag{8.2}$$

其中，$happiness_{ijt}^*$ 为 $happiness_{ijt}$ 背后的不可观测的连续变量，一般被称为潜变量（latent variable），满足：

$$happiness_{ijt}^* = \beta_{2,1} + \beta_{2,2} \times homeownershiprate\_city_{ijt} + \beta_{2,3}$$
$$\times homeownershiprate\_provin_{ijt} + \beta_{2,4} \times controls_{ijt} + \theta_t + \delta_j + \varepsilon_{ijt} \tag{8.3}$$

$\mu_1 < \mu_2 < \mu_3 < \cdots < \mu_{J-1}$ 称为切点（cutoff points），均为待估计参数。

（二）变量设定

基于回归方程（8.1）中的指定的相关变量，本章基准回归使用到的所有变量如表 8.1 所示。与本书第五章中的变量设定有所区别的是，由于本章研究目标是论证城市住房拥有率和省份住房拥有率对于居民主观幸福感的影响，因为关键解释变量是城市住房拥有率和省份住房拥有率，而前文的关键解释变量住房产权则成为了本章实证研究中的控制变量。而且，表 8.1 也已经报告了各个变量的定义、赋值方式或计算方式。

表 8.1   **本章主要变量设定与定义**

维度	变量名	变量定义
被解释变量	主观幸福感	受访家庭户主的主观幸福感水平，非常幸福 = 5，幸福 = 4，一般 = 3，不幸福 = 2，非常不幸福 = 1
解释变量	城市住房拥有率	受访者所在城市的住房拥有率
	省份住房拥有率	受访者所在省份的住房拥有率
控制变量	性别	虚拟变量，男性赋值为 1，女性赋值为 0
	年龄	在调查年度的年龄（单位：岁）

续表

维度	变量名	变量定义
控制变量	年龄的平方项/100	在调查年度年龄的平方项/100
	婚姻状态	虚拟变量，受访者在婚或同居赋值为1，否则为0
	家庭人口规模	受访家庭的家庭总人口（单位：人）
	少儿人口占比	15岁及以下人口/家庭人口规模
	老年人口占比	65岁及以上人口/家庭人口规模
	自评健康状况	受访者自评健康状态，赋值为1～5，数值越大表示越健康
	城市地区	虚拟变量，受访家庭位于城市地区为1，否则为0
	受教育年限（年）	小学以下为0年，小学为6年，初中为9年，高中、职业高中、中专、技校为12年，大专、高职为15年，大学本科为16年，硕士研究生为19年，博士研究生为22年
	工作状态	虚拟变量，当前有工作赋值为1，否则为0
	非农业户口	虚拟变量，受访者为非农业户口赋值为1，否则为0
	中共党员	虚拟变量，受访者为中共党员（含中共预备党员）为1，否则为0
	住房产权	受访时家庭拥有住房产权的状况，拥有住房产权为1，否则为0
	住所使用面积	受访者居住房屋的使用面积（单位：平方米）
	拥有汽车	虚拟变量，受访家庭拥有汽车为1，否则为0
	家庭年总收入	受访家庭上一年总收入水平（单位：元）
	家庭年总支出	包含食品、衣着、居住、生活用品、医疗保健、交通通讯、文化娱乐和其他消费八大类（单位：元）
	家庭总负债	受访家庭未偿还总债务额度（单位：元）
	医疗保险	虚拟变量，受访家庭拥有社会医疗保险或者新型农村合作医疗保险为1，否则为0
	养老保险	虚拟变量，受访家庭拥有养老保险或者养老金为1，否则为0

续表

维度	变量名	变量定义
控制变量	年末常住总人口	家庭所在省份年末常住总人口（单位：万人）
	商品住宅平均销售价格	家庭所在省份的商品房销售均价（单位：元/平方米）
	人均 GDP	家庭所在省份人均生产总值（单位：元）
	CPI 指数	家庭所在省份居民消费价格指数（单位:%）

资料来源：2011~2017 年 CHFS 数据、国家统计局。

三、变量的描述性统计

本节首先基于 2017 年 CHFS 微观调查数据，绘制了各个样本城市住房拥有率和省份住房拥有率密度分布图。与此同时，考虑到本章在稳健性检验部分也将使用到住房自有率这一指标，因而本节也将住房拥有率与住房自有率指标进行了对照。正如本书在第四章中所指出的，住房自有率和住房拥有率是两个不同的指标，前者度量的是有多少比例居民是住在自己持有的房子里，而后者则是指有多少比例的住宅产权性质属于私人所有而非公共所有（陈杰，2006）。

图 8.1 报告了城市住房拥有率与城市住房自有率核密度分布情况。从总体上看，城市住房拥有率数值高于城市住房自有率数值，这是由于两个指标的统计方法不同所导致的。并且大部分样本城市的住房拥有率已经超过 90%，而且大多数样本城市住房自有率超过了 85%。两项指标在不同调查年份中的数值呈现出波动性变化，但各个指标在不同年份的核密度分布总体趋势较为一致。与此同时，图 8.2 报告了省份住房拥有率与省份住房自有率核密度分布情况。同样地，省份住房拥有率数值也要高于省份住房自有率数值，而且大部分样本省份的住房拥有率已经超过了 90%，大多数样本省份的住房自有率已经超过了 80%。总而言之，从城市层面和省份层面住房拥有率、住房自有率的核密度分布图可以看出，我国住房私有化程度已经很高，并且居住在自有房屋的居民占比也相对较高。

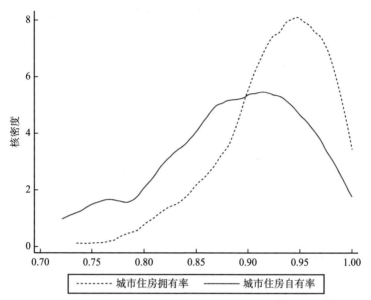

图 8.1　城市住房拥有率与城市住房自有率核密度分布

资料来源：2017 年 CHFS 数据。

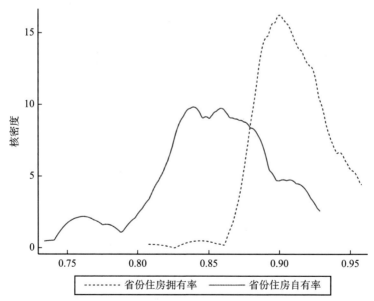

图 8.2　省份住房拥有率与省份住房自有率核密度分布

资料来源：2017 年 CHFS 数据。

表 8.2 具体展示了本章实证研究相关变量的描述性统计结果。可以看出，在 CHFS 的四年混合截面样本中，城市住房拥有率的均值为 0.903，表明了约有 90.3% 的受访家庭在接受问卷调查时已经获得了家庭自有住房，即住房拥有率约为 90.3%。而且，城市住房拥有率的最小值为 0.709，意味着在四期 CHFS 调查样本中，样本城市的受访居民住房拥有率最低为 70.9%；城市住房拥有率的最大值为 0.997，意味着在四期 CHFS 调查样本中，个别样本城市的受访居民住房拥有率已经接近 99.7%。同时，需要说明的是，城市住房拥有率和省份住房拥有率拥有同样的平均值，这是因为城市住房拥有率的均值和省份住房拥有率的均值实际上都等于全样本中的住房拥有率。而且，由于 CHFS 数据集在不同的省份涵盖了来自多个城市的调查样本，因而省份住房拥有率会受到省内多个样本城市住房拥有率的影响，因而特定城市住房拥有率与省份住房拥有率之间并不会存在明显的共线性问题。当然，本章将在实证部分进行共线性检验，并且通过样本调整以及逐步回归等方式，基于多种方法消除对于城市住房拥有率与省份住房拥有率之间共线性问题的担忧，克服两个变量之间一定程度的关联性对实证结果可能产生的影响。除此之外，关键被解释变量和其余控制变量基本上与本书第五章基准回归中保持一致，前文已经对此进行了必要的数据描述，因而此处也不作赘述。

表 8.2　　　　　　　　本章相关变量的描述性统计结果

维度	变量名	观测值	平均值	标准差	最小值	最大值
被解释变量	主观幸福感	111331	3.731	0.852	1	5
解释变量	城市住房拥有率	111331	0.903	0.060	0.709	0.997
	省份住房拥有率	111331	0.903	0.040	0.715	0.988
控制变量	性别	111331	0.766	0.423	0	1
	年龄（岁）	111331	53.292	14.365	18	100
	年龄的平方项/100	111331	30.462	15.639	3.24	100
	婚姻状态	111331	0.860	0.347	0	1

维度	变量名	观测值	平均值	标准差	最小值	最大值
控制变量	家庭人口规模	111331	3.300	1.635	1	20
	少儿人口占比	111331	0.195	0.297	0	0.8
	老年人口占比	111331	0.272	0.419	0	1
	自评健康状况	111331	3.202	1.085	1	5
	城市地区	111331	0.680	0.467	0	1
	受教育年限（年）	111331	9.278	4.195	0	22
	工作状态	111331	0.647	0.478	0	1
	城市户口	111331	0.472	0.499	0	1
	中共党员	111331	0.131	0.337	0	1
	住所使用面积（平方米）	111331	72.096	28.686	5	500
	拥有汽车	111331	0.226	0.418	0	1
	家庭年总收入（元）	111331	76864	175582	1	5000000
	家庭年总支出（元）	111331	50375	74297	1	5191600
	家庭总负债（元）	111331	47710	243011	1	10000000
	医疗保险	111331	0.924	0.265	0	1
	养老保险	111331	0.789	0.408	0	1
	住房产权	111331	0.903	0.296	0	1
	年末常住总人口（万人）	111331	5325	2868	568	11169
	商品住宅平均销售价格（元/平方米）	111331	7782	5322	3090	34117
	人均GDP（元）	111331	58486	25321	16413	128994
	CPI指数	111331	102.081	1.142	100.600	106.100

资料来源：2011~2017年CHFS数据、国家统计局。

第三节　基准回归结果分析

表8.3报告了城市层面、省份层面住房拥有率与居民主观幸福感

的基准回归结果，且估计方法是有序 Probit 模型。为了查看关键解释变量回归结果的稳健性，第（1）列在加入解释变量之后，仅仅控制了年份固定效应和城市固定效应。从第（2）列至第（4）列，回归方程中依次逐步引入受访户主人口统计学特征、社会经济特征、宏观经济变量这些控制变量。第（1）列回归结果表明，在不控制其他可观测变量的情况下，关键解释变量城市住房拥有率的回归系数为正但并未显示出统计意义上的显著性，而另一关键解释变量省份住房拥有率的回归系数为正且在 5% 的显著性水平上显著。第（2）列在回归方程中加入了人口统计学特征，在这种情况下，关键解释变量城市住房拥有率的回归系数在 1% 的显著性水平上显著为正，而省份住房拥有率的回归系数仍在 5% 的显著性水平上显著为负，初步表明了城市住房拥有率和省份住房拥有率对于居民主观幸福感可能产生了不同方向的影响。类似地，第（3）列又在回归方程中补充加入了受访者社会经济特征，结果发现城市住房拥有率的回归系数依然在 1% 的显著性水平上显著为正，而省份住房拥有率的回归系数则在 5% 的显著性水平上显著为负。在此基础上，第（4）列进一步控制了受访者所在地区的宏观经济变量，结果表明城市住房拥有率的回归系数同样为正，且在 1% 的显著性水平上显著，而省份住房拥有率的回归系数则始终为负，且在 1% 的显著性水平上显著。由此可见，当回归模型中加入相关控制变量之后，城市住房拥有率和省份住房拥有率的回归系数符号和显著性水平始终保持较好的稳定性，这意味着两个关键解释变量与居民主观幸福感之间存在截然相反的关联性，且城市住房拥有率与居民主观幸福感表现出显著的正向关联，而省份住房拥有率则与居民主观幸福感表现出显著的负向关联。

那么，为什么城市住房拥有率和省份住房拥有率与居民主观幸福感之间存在截然相反的关联呢？本书认为，首先，城市住房拥有率越高，一方面，对于生活在自有住房的居民而言，能够在很大程度上表明该城市的宜居性越高，并且对人们定居的吸引力越强，因而生活在该城市的居民主观幸福感也更为强烈；另一方面，对于生活在非自有住房但在其他城市拥有住房产权的居民而言，他们拥有更多的家庭住房资产，这显然也能够提升这一部分居民的主观幸福感。其次，关于这一结果还存在其他的可能解释。比如，对于住房拥有率越高的城市来说，也往往意味着更多的居民生活在自有住房中，根据本书第六章中的机制检验结果，他们的居住品质和生活环境更优、城市融合度和身份认同感更高、邻里关系更加和谐、社会网络更加多元，因而使得城市整体的和谐程度也越高，对于生活在如此环境中的单个个体而言，居民的生活幸福度也会随之提升。并且，在住房拥有率较高的城市，在很大程度上意味着城市私有住房产权的分布状况更加均匀，因而住房市场具有相对更高的平等性，所以居民的主观幸福感也可能会随之提升。除此之外，就城市住房拥有率与居民主观幸福感之间的正相关关系而言，导致这一结果的另一个可能的解释是"隧道效应"（tunnel effect）。如本书第六章中所述，该理论认为，当人们所在城市的住房拥有率较高，此时无房者可能会对他们获取住房产权持有乐观积极的预期，他们倾向于认为将来自己也将拥有住房产权，城市内其他居民给他们提供了一种示范效应（demonstration effect），即住房产权的可获得性更高，所以城市住房拥有率产生了"正向隧道效应"。

就省份住房拥有率与居民主观幸福感之间的负相关关系而言，导致这一结果的一个可能解释是"负向隧道效应"。这是因为，"正向隧道效应"的成立需要满足一个非常重要的前提条件，即机会均等（何立新和潘春阳，2011）。显然，在控制住受访者所在城市住房拥有率的情况下，当省内其他城市的住房拥有率提高的时候，此时该居民通过社会比较发现自身所处的环境处于相对劣势状态，并且由于不同城市之间的住房市场价格、住房政策、住房可支付性等方面存在巨大差异，因而住房产权的可获取性并不遵循机会均等原则，因而可能引发居民产生不满、嫉妒和抱怨等情绪，进而降低了居民的主观幸福感。除此之外，表8.3中其他控制变量对居民主观幸福感的影响已经在本书第五章的基准回归结果分析中具体介绍过，所以本章在此也不予赘述。

表8.3 住房拥有率与居民主观幸福感的基准回归结果

	(1)	(2)	(3)	(4)
	被解释变量：主观幸福感			
解释变量				
城市住房拥有率	0.039 (0.103)	0.290 *** (0.105)	0.461 *** (0.108)	0.487 *** (0.108)
省份住房拥有率	−0.380 ** (0.184)	−0.465 ** (0.185)	−0.427 ** (0.186)	−0.988 *** (0.212)
控制变量				
人口统计学特征				
性别		−0.077 *** (0.008)	−0.091 *** (0.008)	−0.091 *** (0.008)
年龄		−0.025 *** (0.002)	−0.028 *** (0.002)	−0.028 *** (0.002)
年龄的平方项/100		0.032 *** (0.001)	0.034 *** (0.001)	0.035 *** (0.001)
婚姻状态		0.336 *** (0.010)	0.275 *** (0.011)	0.273 *** (0.011)
家庭人口规模		0.001 (0.002)	−0.007 *** (0.002)	−0.006 ** (0.002)
少儿人口占比		−0.013 (0.012)	−0.039 *** (0.012)	−0.039 *** (0.012)
老年人口占比		0.103 *** (0.011)	0.101 *** (0.011)	0.101 *** (0.011)
自评健康状况		0.256 *** (0.003)	0.234 *** (0.003)	0.235 *** (0.003)
社会经济特征				
城市地区			0.001 (0.009)	−0.001 (0.009)
受教育年限			0.002 ** (0.001)	0.002 ** (0.001)

	（1）	（2）	（3）	（4）
		被解释变量：主观幸福感		
工作状态			0.028 *** （0.009）	0.028 *** （0.009）
城市户口			- 0.042 *** （0.009）	- 0.042 *** （0.009）
中共党员			0.114 *** （0.010）	0.113 *** （0.010）
住房产权			0.112 *** （0.012）	0.112 *** （0.012）
住所使用面积			0.001 *** （0.000）	0.001 *** （0.000）
拥有汽车			0.148 *** （0.009）	0.148 *** （0.009）
ln（家庭年总收入）			0.020 *** （0.002）	0.020 *** （0.002）
ln（家庭年总支出）			0.056 *** （0.004）	0.058 *** （0.004）
ln（家庭总负债）			- 0.014 *** （0.001）	- 0.014 *** （0.001）
医疗保险			0.087 *** （0.013）	0.090 *** （0.013）
养老保险			0.062 *** （0.009）	0.063 *** （0.009）
宏观经济变量				
ln（年末常住总人口）				0.001 （0.012）
ln（商品住宅平均销售价格）				- 0.258 *** （0.030）

	(1)	(2)	(3)	(4)
	被解释变量：主观幸福感			
ln（人均GDP）				0.178 *** (0.030)
CPI指数				−0.008 (0.012)
年份固定效应	是	是	是	是
城市固定效应	是	是	是	是
观测值	111331	111331	111331	111331

注：（1）括号内为稳健聚类标准误；（2） ** 、 *** 分别代表在5%、1%显著性水平上显著。

资料来源：2011～2017年CHFS数据。如无特殊说明，本章其他实证结果使用的数据均来自2011～2017年CHFS数据。

第四节　稳健性检验

为了确保本章上述基准实证结果的可靠性，本章将通过调整估计方法、替换关键指标、改变实证样本等方式展开一系列稳健性检验，尤其对本章两项关键解释变量之间可能存在的多重共线性问题进行了实证检验和多角度分析，旨在充分论证城市住房产权拥有率和省份住房产权拥有率对居民主观幸福感的影响结果具备很强的稳健性和可靠性。

一、克服潜在的多重共线性问题

本章实证研究中的两个关键解释变量是受访者所在城市的住房拥有率和省份住房拥有率。在计算各个省份住房拥有率的时候，受访者所在城市的住房拥有率的信息也会被包含，虽然省内其他城市的住房拥有率信息可能会对此起到稀释作用，但并不能完全忽视城市住房拥有率和省份住房拥有率之间可能存在的多重共线性问题（multicollinearity）。多重共线性虽然并不会改变估计量的最优线性无偏（best linear unbiased estimator，BLUE）的性质，但会使得系数的估计结果变得不准确。为此，本节对本章基准回归过程中可能存在的多重共线性问题进行检验。参考 Belsley et al.（1980）的做法，本节计算了参与本章基准实证过程的各个解释变量、控制变量的方差膨胀因子（variance inflation factor，VIF）。且方差膨胀因子越大，则说明自变量的共线性程度越严重。一般来说，方差膨胀因子取值不超过 10 时，即容忍度（tolerance）大于 0.1 时，则可认为变量的共线性问题可以忽略（Belsley et al.，1980）。

表 8.4 报告了本章基准回归模型中解释变量多重共线性问题的 VIF 检验结果。结果显示关键解释变量城市住房拥有率、省份住房拥有率的 VIF 值分别是 2.06 和 2.29，都明显小于 10。而且，本章基准回归模型中的其他控制变量的 VIF 值都处于 1 至 4，所有自变量的 VIF 均值仅为 1.64。由此可见，本章基准回归模型中的解释变量以及控制变量均不存在明显的多重共线性问题。

表 8.4　　　　　　　解释变量多重共线性问题 VIF 检验结果

变量	方差膨胀因子（VIF）	容忍度（1/VIF）
城市住房拥有率	2.06	0.49
省份住房拥有率	2.29	0.44
性别	1.20	0.83
年龄	2.42	0.41
婚姻状态	1.19	0.84
家庭人口规模	1.34	0.74
少儿人口占比	1.20	0.83
老年人口占比	1.65	0.61
自评健康状况	1.17	0.85
城市地区	1.70	0.59

变量	方差膨胀因子（VIF）	容忍度（1/VIF）
受教育年限	1.86	0.54
工作状态	1.63	0.62
城市户口	1.96	0.51
中共党员	1.13	0.88
住房产权	1.11	0.90
住所使用面积	1.20	0.84
拥有汽车	1.24	0.81
ln(家庭年总收入)	1.22	0.82
ln(家庭年总支出)	1.57	0.64
ln(家庭总负债)	1.12	0.89
医疗保险	1.11	0.90
养老保险	1.14	0.88
ln(年末常住总人口)	1.20	0.83
ln(商品住宅平均销售价格)	3.62	0.28
ln(人均GDP)	3.42	0.29
CPI指数	1.32	0.76
VIF均值	1.64	—

　　虽然 VIF 检验结果表明本章基准回归模型中并不存在明显的多重共线性问题，但是从根本上说，城市住房拥有率和省份住房拥有率之间必然存在一定的关联性。因此，为了尽可能消除二者之间近似共线性对实证结果可能产生的影响，本节采用逐步回归分析方法进行估计，这也是解决潜在的多重共线性问题的有效方法之一。表 8.5 报告了城市住房拥有率、省份住房拥有率与居民主观幸福感的逐步回归结果。第（1）列中在控制了其他控制变量的基础上，仅仅放入了城市住房拥有率，结果发现解释变量城市住房拥有率的回归系数为正且在 1% 的显著性水平上显著，表明了城市住房拥有率与居民主观幸福感之间存在显著的正向关联。第（2）列中也同样控制了其他控制变量，而仅仅放入了省份

住房拥有率，结果发现解释变量省份住房拥有率回归系数为负且在1%的显著性水平上显著，表明了省份住房拥有率与居民主观幸福感之间存在显著的负向关联。第（3）列中同时控制了城市住房拥有率和省份住房拥有率，结果发现二者分别在1%的显著性水平上显著为正和显著为负。由此可见，通过逐步回归分析的方式，实证结果也与本章基准回归结果一致，表明了本章基准回归结果具有较好的稳健性。

表8.5　　　稳健性检验：住房拥有率与居民主观幸福感的逐步回归结果

	（1）	（2）	（3）
	被解释变量：主观幸福感		
解释变量			
城市住房拥有率	0.293 *** （0.101）		0.487 *** （0.108）
省份住房拥有率		− 0.623 *** （0.194）	− 0.988 *** （0.212）
控制变量			
人口统计学特征	是	是	是
社会经济特征	是	是	是
宏观经济变量	是	是	是
年份固定效应	是	是	是
城市固定效应	是	是	是
观测值	111331	111331	111331

注：（1）括号内为稳健聚类标准误；（2）　*** 代表在1%显著性水平上显著。

与此同时，为了消除受访者所在城市的住房拥有率对省份住房拥有率的直接影响，本节重新测算了各个省份住房拥有率数值。具体而言，在重新各个省份住房拥有率的时候，不将受访者所在城市的微观家庭样本纳入，仅计算除了受访者所在城市之外的其他省内城市的住房拥有率，以此作为省份住房拥有率的估算值。由于极个别省份在个别年份的调查城市数目只有 1 个，以及北京、上海、天津、重庆为直辖市，所以在这个运算过程中，会舍弃掉上述省（区、市）内只有单个调研城市的样本。基于此，表8.6 报告了改变省份住房拥有率计算方式后的实证结果，并且也采取了逐步回归的方法进行估计。第（2）列中实证结果显示，省份住房拥有率（除了受访者所在城市之外的其他省内城市）回归系数仍然为负且在 1% 的显著性水平上显著。并且第（3）列实证结果显示，当控制了城市住房拥有率后，新测算的省份住房拥有率的回归系数在 5% 的显著性水平上显著为负，且城市住房拥有率的回归系数在 1% 的显著性水平上显著为正。所以，这一实证结果也与本章基准回归结果一致，即城市住房拥有率与居民主观幸福感之间呈现出正相关关系，而省份住房拥有率与居民主观幸福感之间则呈现出负相关关系。因而也再次表明了本章基准回归结果具有很强的稳健性。

表8.6　稳健性检验：改变省份住房拥有率计算方式后的回归结果

	（1）	（2）	（3）
	被解释变量：主观幸福感		
解释变量			
城市住房拥有率	0. 293 *** （0. 101）		0. 302 *** （0. 108）
省份住房拥有率（除了受访者 所在城市之外的其他省内城市）		- 0. 528 *** （0. 197）	- 0. 422 ** （0. 200）
控制变量			
人口统计学特征	是	是	是
社会经济特征	是	是	是
宏观经济变量	是	是	是
年份固定效应	是	是	是
城市固定效应	是	是	是
观测值	98068	98068	98068

注：（1）括号内为稳健聚类标准误；（2）**、*** 分别代表在 5%、1% 显著性水平上显著。

更进一步地，为了从数值层面更为根本地消除两个关键解释变量之间可能存在的近似共线性问题，本节计算了省份住房拥有率的残差，即提取出城市住房拥有率对于省份住房拥有率不可解释的信息，作为省份住房拥有率的代理变量。表8.7报告了城市住房拥有率、省份住房拥有率（残差）与居民主观幸福感的回归结果。第（2）列中实证结果显示，关键解释变量省份住房拥有率残差的回归结果为负且在1%的显著性水平上显著。与此同时，第（3）列实证结果显示，当控制了城市住房拥有率后，省份住房拥有率残差回归系数仍然在1%的显著性水平上显著为负，且城市住房拥有率的回归系数在5%的显著性水平上显著为正。所以，这一实证结果也与本章基准回归结果一致，再次表明了本章基准回归结果具有很强的稳健性与可信度。

表8.7　　　稳健性检验：代入省份住房拥有率残差的回归结果

	（1）	（2）	（3）
	被解释变量：主观幸福感		
解释变量			
城市住房拥有率	0.293 *** (0.101)		0.223 ** (0.102)
省份住房拥有率（残差）		− 1.058 *** (0.208)	− 0.988 *** (0.210)
控制变量			
人口统计学特征	是	是	是
社会经济特征	是	是	是
宏观经济变量	是	是	是
年份固定效应	是	是	是
城市固定效应	是	是	是
观测值	111331	111331	111331

注：（1）括号内为稳健聚类标准误；（2） ** 、 *** 分别代表在5%、1%显著性水平上显著。

除此之外，本节还使用岭回归（ridge regression）和 Lasso 回归（Least absolute shrinkage and selection operator）两种方法，对本章基准回归结果中可能存在的多重共线性问题进行检验。具体而言，岭回归方法是由亚瑟·E. 霍尔首次提出并与罗伯特·W. 肯纳德共同发展完善，它是一种改进普通最小二乘估计法，专门用于共线性数据分析的有偏估计，通过放弃最小二乘估计的无偏性，以损失部分信息、降低精度为代价，进而获得回归系数的更符合实际、更可靠的回归方法（Hoerl，1962；Hoerl & Kennard，1970）。

$$\hat{\beta}_{RR} = (X'X + kI_{p+1})^{-1}X'Y \tag{8.4}$$

其中，k 为岭参数（$k \geq 0$），且当 $k = 0$ 时，此时的估计系数即退化为普通最小二乘估计。I_{p+1} 为单位矩阵。

Lasso 回归分析则是由罗伯特·提布希拉尼（Tibshirani，1996）提出的，Lasso 回归方法是一种将变量选择与参数估计同时进行的正则化方法，通过在残差平方和（RSS）最小化计算过程中加入一个范数作为惩罚函数，将非重要解释变量的系数迅速压缩至 0，通过筛选保留重要解释变量，从而对解释变量起到变量选择的作用，而且该方法能够很好地避免了变量间多重共线性等问题对回归结果的影响（陶春海和王玉晓，2018）。然而，较为局限的是，在 Lasso 回归方法中，对于没有完全压缩到零的回归系数，也难以计算其标准误并判断其显著性（张沥今等，2020）。参考管勇攀（2020）的写法，Lasso 回归算法的数学表达式为：

$$\hat{\beta}_{Lasso} = arg_{\beta}min \sum_{i=1}^{n} \left(Y_i - \sum_{j=1}^{p} X_j\beta_j\right)^2 + \lambda \sum_{i=1}^{p} |\beta|^{\alpha} \tag{8.5}$$

其中，β 为模型系数，λ 为非负正则参数，$\lambda \sum_{i=1}^{p} |\beta|^{\alpha}$ 为惩罚项。

表 8.8 报告了基于岭回归和 Lasso 回归的估计结果。第（1）列中实证结果表明，城市住房拥有率和省份住房拥有率的回归系数一正一负，且均在 1% 的显著性水平上显著，这与本章的基准实证结果保持一致。第（2）列和第（3）列为 Lasso 回归方法的估计结果，且考虑到作为收缩估计量的 Lasso 存在偏差（bias），第（3）列通过使用 Lasso

方法进行变量筛选，然后对筛选出来的变量进行 OLS 回归。实证结果同样表明，城市住房拥有率估计系数为正，而省份住房拥有率估计系数为负，虽然 Lasso 回归并没有直接提供回归系数对应的显著性水平，但无疑可以作为安慰剂检验（Placebo test），进一步强化说明了本章基准实证结果的可信度。

表 8.8　　　稳健性检验：基于岭回归与 Lasso 回归的估计结果

	（1）	（2）	（3）
	被解释变量：主观幸福感		
	岭回归	Lasso 回归	
		Lasso	Post – est OLS
解释变量			
城市住房拥有率	0. 037 *** （0. 001）	0. 061	0. 120
省份住房拥有率	− 0. 023 *** （0. 001）	− 0. 439	− 0. 534
控制变量			
人口统计学特征	是	是	是
社会经济特征	是	是	是
宏观经济变量	是	是	是
年份固定效应	是	是	是
城市固定效应	是	是	是
观测值	111331	111331	111331

注：（1）括号内为标准误；（2）*** 代表在1%显著性水平上显著；（3）Lasso 回归结果是由 Stata 的 lasso2 命令进行运行，但该命令无法计算出回归系数的标准误或 t 值等，因为难以判断出显著性水平；（4）本表中的被解释变量为基于 Probit-adapted OLS 方法估计之后的主观幸福感。

二、改变实证样本

为了尽量克服各年度 CHFS 调查数据在样本随机性方面可能存在的

抽样问题，本节对参与本章基准实证的样本进行进一步筛选。一般而言，从统计学的方法论上看，抽样规模越大，通常越能够反映出总体的真实情况。为此，我们统计了 CHFS 最终样本各个调查年份中各个城市的有效观测数量，并逐步将观测值相对偏少的城市进行剔除。具体而言，本节逐步剔除了各年份有效观测值少于 50 个、100 个、200 个、300 个和 500 个的城市，并基于剩余样本进行分别回归，实证结果如表 8.9 所示。显然，即便我们不断调整参与回归的样本规模，每一列中关键解释变量城市住房拥有率的回归系数都保持为正值，且均在 1% 的显著性水平上显著；关键解释变量省份住房拥有率的回归系数都保持为负值，且均在 1% 的显著性水平上显著。即便剔除了每年观测值小于 500 个的城市样本，回归结果依然表现出很强的稳健性。

表 8.9　　稳健性检验：依次剔除各年有效观测值少于 50 个、100 个、200 个、300 个和 500 个的城市

	(1)	(2)	(3)	(4)	(5)
	被解释变量：主观幸福感				
	剔除每年观测值小于 50 个的城市样本	剔除每年观测值小于 100 个的城市样本	剔除每年观测值小于 200 个的城市样本	剔除每年观测值小于 300 个的城市样本	剔除每年观测值小于 500 个的城市样本
解释变量					
城市住房拥有率	0.521 *** (0.110)	0.562 *** (0.179)	1.289 *** (0.413)	3.557 *** (1.128)	6.282 *** (1.954)
省份住房拥有率	-1.023 *** (0.210)	-2.183 *** (0.300)	-4.213 *** (0.726)	-10.153 *** (2.043)	-14.668 *** (2.660)
控制变量					
人口统计学特征	是	是	是	是	是
社会经济特征	是	是	是	是	是
宏观经济变量	是	是	是	是	是

续表

	（1）	（2）	（3）	（4）	（5）
	被解释变量：主观幸福感				
	剔除每年观测值小于50个的城市样本	剔除每年观测值小于100个的城市样本	剔除每年观测值小于200个的城市样本	剔除每年观测值小于300个的城市样本	剔除每年观测值小于500个的城市样本
年份固定效应	是	是	是	是	是
城市固定效应	是	是	是	是	是
观测值	111204	88899	63942	46811	35062

注：（1）括号内为稳健聚类标准误；（2）＊＊＊代表在1%显著性水平上显著。

与此同时，本节进一步在基准回归使用的总样本数据库中进行有放回和不放回两种随机抽样，而且分别抽样 30000 次、50000 次、80000 次，并基于随机抽样后的各组样本进行依次回归，以此检验本章基准实证结果的稳健性。表 8.10 报告了基于随机抽样样本的实证结果，研究结果表明，不论在不放回随机抽样组别还是有放回随机抽样组别中，关键解释变量城市住房拥有率的回归系数都显著为正，省份住房拥有率的回归系数均显著为负，与本章基准实证结果保持一致，强化证明了基准实证结果具有很强的可靠性。

表 8.10　　　稳健性检验：基于随机抽样样本进行回归

	（1）	（2）	（3）	（4）	（5）	（6）
	被解释变量：主观幸福感					
	不放回随机抽样			放回随机抽样		
	30000 次	50000 次	80000 次	30000 次	50000 次	80000 次
解释变量						
城市住房拥有率	0.574＊＊＊（0.213）	0.619＊＊＊（0.164）	0.485＊＊＊（0.129）	0.363＊（0.212）	0.520＊＊＊（0.163）	0.383＊＊＊（0.129）

续表

	（1）	（2）	（3）	（4）	（5）	（6）
	被解释变量：主观幸福感					
	不放回随机抽样			放回随机抽样		
	30000 次	50000 次	80000 次	30000 次	50000 次	80000 次
省份住房拥有率	− 1.448 *** (0.406)	− 0.826 *** (0.315)	− 0.843 *** (0.249)	− 0.858 ** (0.405)	− 0.675 ** (0.315)	− 0.666 *** (0.249)
控制变量						
人口统计学特征	是	是	是	是	是	是
社会经济特征	是	是	是	是	是	是
宏观经济变量	是	是	是	是	是	是
年份固定效应	是	是	是	是	是	是
城市固定效应	是	是	是	是	是	是
观测值	30000	50000	80000	30000	50000	80000

注：（1）括号内为稳健聚类标准误；（2）＊、＊＊、＊＊＊分别代表在10%、5%和1%显著性水平上显著。

三、替换关键指标

与本书第五章中的稳健性检验思路类似，除了上述调整估计方法进行的稳健性检验外，本节还继续通过替换关键指标的方式进行稳健性检验，尤其是对被关键解释变量进行调整，以检测城市住房拥有率和省份住房拥有率对居民主观福祉影响的必然性、连续性和稳定性。图8.3分别直观描绘了城市层面和省份层面住房拥有率与住房自有率的数值关系，显然，住房拥有率与住房自有率之间存在非常明显的正相关关系。因此，本节以住房自有率代替住房拥有率，实证探讨城市住房自有率和省份住房自有率对居民主观幸福感的影响。

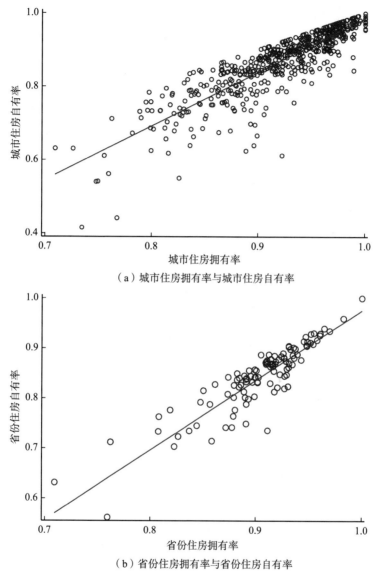

（a）城市住房拥有率与城市住房自有率

（b）省份住房拥有率与省份住房自有率

图 8.3　住房拥有率与住房自有率散点图

资料来源：2011～2017 年 CHFS 数据。

　　表 8.11 报告了以住房自有率替代住房拥有率的稳健性检验结果，同样采取逐步回归的方式进行实证。第（1）列中关键解释变量城市住房自有率的回归系数为正且在 1% 的显著性水平上显著，表明了城市住

房自有率与居民主观福祉之间存在显著的正向关联。第（2）列中关键解释变量省份住房自有率的回归系数为负且在1%的显著性水平上显著，表明了省份住房自有率与居民主观福祉之间存在显著的负向关联。第（3）列中同时控制了城市住房自有率和省份住房自有率，实证结果表明，解释变量城市住房自有率、省份住房自有率的回归系数分别在1%的显著性水平上显著为正和显著为负。因而，即便以住房自有率替代住房拥有率，所得的实证结果依然表明城市住房自有率与居民主观幸福感之间存在显著的正相关关系，而省份住房自有率与居民主观幸福感之间存在显著的负相关关系。这也再次说明了本章基准实证结果具有很强的稳健性。

表 8.11　　　　　　稳健性检验：以住房自有率替代住房拥有率

	（1）	（2）	（3）
	被解释变量：主观幸福感		
解释变量			
城市住房自有率	0.205 *** (0.060)		0.260 *** (0.063)
省份住房自有率		− 0.284 ** (0.127)	− 0.429 *** (0.132)
控制变量			
人口统计学特征	是	是	是
社会经济特征	是	是	是
宏观经济变量	是	是	是
年份固定效应	是	是	是
城市固定效应	是	是	是
观测值	111331	111331	111331

注：（1）括号内为稳健聚类标准误；（2）** 、*** 分别代表在5%、1%显著性水平上显著。

与此同时，如果本章的基准回归结果成立，则意味着城市住房拥有率与省份住房拥有率对居民主观幸福感产生一正一负的显著影响，这也意味着如果城市住房拥有率相对于省份住房拥有率越高，那么居民的主观幸福感水平也就越高。为此，本节进而将城市住房拥有率与省份住房拥有率作差，以此衡量城市住房拥有率的相对优越度，并将其作为关键解释变量进行实证研究。表 8.12 中的实证结果表明，当控制住相关可观测的控制变量之后，城市住房拥有率相对优越度（城市住房拥有率—省份住房拥有率）的回归系数为正且在 1% 的显著性水平上显著，表明了城市住房拥有率相对省份住房拥有率越高，所在地区的居民主观幸福感也相应越高。因此，这一结论也进一步强化验证了本章基准实证结果的稳健性。

表 8.12　稳健性检验：城市住房拥有率相对优越度与居民主观幸福感

	（1）	（2）	（3）	（4）
	被解释变量：主观幸福感			
解释变量				
城市住房拥有率	0.059	0.307 ***	0.542 ***	0.608 ***
省份住房拥有率	(0.103)	(0.104)	(0.106)	(0.107)
控制变量				
人口统计学特征	否	是	是	是
社会经济特征	否	否	是	是
宏观经济变量	否	否	否	是
年份固定效应	是	是	是	是
城市固定效应	是	是	是	是
观测值	111331	111331	111331	111331

注：（1）括号内为稳健聚类标准误；（2）*** 代表在 1% 显著性水平上显著。

四、调整估计方法

同样地，与本书第五章中的稳健性检验策略相类似，考虑到 CHFS

数据为全国层面的微观家庭金融调查数据，虽然调查团队通过不断优化调研方案和抽样方法，尽可能增强数据在全国、省级和市级层面的代表性，但是不可否认的是，任何微观调查都可能会在不同程度上涉及样本代表性问题。为了进一步消除可能存在的样本选择性问题对实证结果造成的偏差，本节以各个地区的年末常住总人口为依据，假设在单个城市中每户家庭理论上被抽到的概率相同，进而以每个家庭被选中的概率作为权重，在保持样本容量不变的情况下，实现对回归结果的修正。表8.13报告了抽样权重调整后的估计结果，同样也采用了逐步回归的方式开展实证研究。研究结果表明，关键解释变量城市住房拥有率的回归系数在各列中均显著为正，而省份住房拥有率的回归系数在各列中均显著为负，这也进一步加强了本章基准回归结果的说服力。

表8.13　　　　　稳健性检验：抽样权重调整后的估计结果

	（1）	（2）	（3）
	被解释变量：主观幸福感		
解释变量			
城市住房拥有率	0.377* （0.217）		0.566** （0.230）
省份住房拥有率		-0.760* （0.388）	-1.120*** （0.402）
控制变量			
人口统计学特征	是	是	是
社会经济特征	是	是	是
宏观经济变量	是	是	是
年份固定效应	是	是	是
城市固定效应	是	是	是
观测值	111331	111331	111331

注：（1）括号内为稳健聚类标准误；（2）*、**、***分别代表在10%、5%和1%显著性水平上显著。

与此同时，本节也参照现有相关研究的做法（Perez - Truglia，2020），在对居民主观幸福感从1（非常不幸福）至5（非常幸福）进行连续整数赋值的基础上，采用 Probit-adapted OLS 方法对居民主观幸福感进行重新编码，并最终得到了一组均值为0、方差为1的新的赋值结果。且重新赋值后各个层级居民主观幸福感对应的值分别为 - 2.800（非常不幸福）、 - 1.930（不幸福）、 - 0.884（一般）、0.277（幸福）、1.578（非常幸福）。基于此，表8.14 报告了基于 Probit-adapted OLS 方法的估计结果。显然，在对被解释变量进行重新编码赋值的情况下，本章关键解释变量城市住房拥有率的回归系数依然为正且都保持在1%的显著性水平上显著，而且省份住房拥有率的回归系数依然为负且都保持在1%的显著性水平上显著。这又再一次证明了本章基准回归结果的稳健性。与此同时，第（3）列中在同时控制了城市住房拥有率和省份住房拥有率之后，解释变量城市住房拥有率的估计系数为0.497，省份住房拥有率的估计系数为 - 0.872，参照何立新和潘春阳（2011）对于此类系数的解释，即城市住房拥有率每提高1个百分点，居民主观幸福感将提升0.497个百分点；省份住房拥有率每提高1个百分点，居民主观幸福感将下降0.872个百分点。由此看来，省份住房拥有率对于居民主观幸福感的影响程度甚至超过了城市住房拥有率对于居民主观幸福感的影响程度。

表 8.14　　稳健性检验：基于 Probit-adapted OLS 方法的估计结果

解释变量	(1)	(2)	(3)
	被解释变量：主观幸福感		
城市住房拥有率	0.326 *** (0.087)		0.497 *** (0.094)
省份住房拥有率		- 0.495 *** (0.171)	- 0.872 *** (0.185)

续表

	(1)	(2)	(3)
	被解释变量：主观幸福感		
控制变量			
人口统计学特征	是	是	是
社会经济特征	是	是	是
宏观经济变量	是	是	是
年份固定效应	是	是	是
城市固定效应	是	是	是
调整 R^2	0.111	0.111	0.111
观测值	111331	111331	111331

注：(1) 括号内为稳健聚类标准误；(2) *** 代表在1%显著性水平上显著。

除此之外，本章基准回归结果运用的是有序 Probit 模型，而与之相对应的估计方法是有序 Logit 模型（Ordered Logit model），这两种估计方法的细微差别本书已经在第五章中介绍过，在此不予赘述。总之，有序 Probit 模型相对应的是有序 Logit 模型通常都被用来估计被解释变量是排序数据的回归方程。与此同时，虽然居民的主观幸福感数据一个典型的排序数据，但是近年来也有很多本领域研究为了获取回归系数的经济学含义，采用经典的普通最小二乘法（Ordinary Least Squares，OLS）进行估计（何立新和潘春阳，2011；Jiang et al.，2012；Hu & Ye，2020）。为此，本章再次应用有序 Logit 模型和 OLS 方法，重新估计城市住房拥有率和省份住房拥有率对居民主观幸福感的影响。

表 8.15 报告了基于有序 Logit 模型和 OLS 方法的重新估计结果。具体而言，第（1）列至第（3）列的回归结果基于有序 Logit 模型进行估计，而第（4）列至第（6）列的回归结果基于 OLS 方法进行估计。总体而言，各列中的城市住房拥有率回归系数在1%的显著性水平上显著为正，且省份住房拥有率回归系数在1%的显著性水平上显著为负，这与本章的基准实证结果完全一致。因此，有序 Logit 回归和 OLS 回归结果均表明本章基准实证结果具有稳健性和可靠性。

表 8.15　稳健性检验：基于有序 Logit 模型和 OLS 方法的估计结果

	(1)	(2)	(3)	(4)	(5)	(6)
	被解释变量：主观幸福感					
	Ordered Logistic model			OLS		
解释变量						
城市住房拥有率	0.672 *** (0.174)		1.010 *** (0.188)	0.285 *** (0.074)		0.425 *** (0.080)
省份住房拥有率		−0.944 *** (0.339)	−1.707 *** (0.368)		−0.388 *** (0.145)	−0.710 *** (0.157)
控制变量						
人口统计学特征	是	是	是	是	是	是
社会经济特征	是	是	是	是	是	是
宏观经济变量	是	是	是	是	是	是
年份固定效应	是	是	是	是	是	是
城市固定效应	是	是	是	是	是	是
调整 R^2	0.112	0.112	0.113	—	—	—
观测值	111331	111331	111331	111331	111331	111331

注：（1）括号内为稳健聚类标准误；（2）*** 代表在1%显著性水平上显著。

第五节　异质性讨论与分析

本节重点从住房产权维度、个体特征维度、区域特征维度等开展异质性讨论与分析，研究城市住房拥有率与省份住房拥有率对不同群体主观幸福感的差别化影响结果。与本书第五章中的异质性分析相类似，本节的异质性分析采用的是分组回归方式，为了尽可能让解释变量的回归系数含义更加直接，从而方便比较不同组别之间的回归结果差异性，本节在进行异质性分析的实证过程中，也运用了 Probit-adapted OLS 方法进行估计（van Praag & Ferrer-i-carbonell，2008），本书第五章中已经在稳健性检验部分详细介绍过该方法的具体来源和应用方法，因而在此不再赘述。针对分组回归中部分组别关键解释变量均表现出统计意义上显著的情形，为了检验分组回归中的系数可比性，根据连玉君等（2010）的做法，本节也同样运用了似无相关模型（seemingly unrelated regression，SUR）、费歇尔组合检验（Fisher's Permutation test）等方法进行组间系数差异检验，且自体抽样（Bootstrap）1000次。通过上述方法得到相关组别之间的"经验P值"，以此检验组间调整系数差异的显著性。

一、基于住房产权维度

为了研究微观家庭是否拥有住房产权以及拥有的住房产权数量在不同城市中对居民产生的差异化幸福效应，本节按照CHFS各个调查年份中所有样本城市住房拥有率的三分位点，将城市住房拥有率依次划分成相对较高、相对居中、相对较低三组，并据此进行分组检验。表8.16报告了基于微观家庭持有住房产权维度的异质性分组回归结果，其中，第（1）列至第（3）列中的关键解释变量为家庭是否拥有住房产权；第（4）列至第（6）列中的关键解释变量为家庭拥有的住房产权数量。从实证结果来看，第（1）列至第（3）列中的关键解释变量回归系数均显著为正，强化验证了拥有住房产权在不同住房拥有率的城市中都能显著提升居民主观幸福感。与此同时，第（3）列中关键解释变量的回归系数为0.123，明显大于前两列中的估计系数，而且基于似无相关模型SUR组间系数差异检验结果可知，第（1）列和第（2）列中关键解释变量回归系数并不存在显著差异，而第（3）列中关键解释变量回归系数与前两列存在显著差异。由此可知，如果居民家庭在住房拥有率相对较低的城市拥有住房产权，则能够在更大程度上显著提升其主观幸福感。而且，相比较在此类城市没有住房产权的居民而言，拥有住房产权的居民主观幸福感显著高出0.123个标准差。

类似地，表8.16第（4）列至第（6）列中的关键解释变量住房产权数量回归系数均在1%的显著性水平上显著为正，再次验证了拥有住房产权的套数与居民主观幸福感之间呈现出显著的正向关联。而且，第（6）列中关键解释变量的回归系数为 0.089，明显大于其他两列中的关键解释变量回归系数，基于似无相关模型 SUR 组间系数差异检验结果可知，第（4）列和第（5）列中关键解释变量回归系数并不存在显著差异，而第（6）列中关键解释变量回归系数与前两列在 10% 的显著性水平上存在差异。由此可知，如果居民家庭在住房拥有率相对较低的城市拥有多套住房产权，则能够在更大程度上显著提升其主观幸福感。而且，在此类城市中居民每增加获得一套住房产权，他们的主观幸福感将会平均提高 0.089 个标准差。

综上所述，相比较城市住房拥有率相对偏低的城市，对于住房拥有率相对较高或者相对中等的城市，居民拥有住房产权对于其主观幸福感的影响程度略低。可能的原因在于，在住房拥有率相对较低的城市，住房产权的相对稀缺性更加凸显，有产者基于社会比较产生的相对优越感也就更加突出，其拥有的住房产权也更能显化他的经济社会地位，更能提升他的社会阶层认知，从而能在更大程度上显著提升个人的主观幸福感。类似地，在住房拥有率相对较低的城市，居民家庭所拥有的住房产权数量也更能够彰显出他的相对优势，而在城市住房拥有率相对偏低的城市，住房产权数量也更能凸显出个人在经济地位和社会阶层等方面的相对优越程度，因而在此类城市拥有更多住房产权的居民，他们的主观幸福感水平也往往更高。

表 8.16　异质性分析：基于微观家庭持有的住房产权维度

	(1)	(2)	(3)	(4)	(5)	(6)
	被解释变量：主观幸福感					
	城市住房拥有率相对较高	城市住房拥有率相对居中	城市住房拥有率相对较低	城市住房拥有率相对较高	城市住房拥有率相对居中	城市住房拥有率相对较低
解释变量						
是否拥有住房产权	0.070 ** (0.027)	0.068 *** (0.020)	0.123 *** (0.016)			

续表

	(1)	(2)	(3)	(4)	(5)	(6)
	被解释变量：主观幸福感					
	城市住房拥有率相对较高	城市住房拥有率相对居中	城市住房拥有率相对较低	城市住房拥有率相对较高	城市住房拥有率相对居中	城市住房拥有率相对较低
住房产权数量				0.079*** (0.012)	0.066*** (0.010)	0.089*** (0.009)
控制变量						
人口统计学特征	是	是	是	是	是	是
社会经济特征	是	是	是	是	是	是
宏观经济变量	是	是	是	是	是	是
年份固定效应	是	是	是	是	是	是
城市固定效应	是	是	是	是	是	是
调整 R^2	0.128	0.119	0.103	0.118	0.109	0.093
观测值	36752	37948	36631	36752	37948	36631

注：（1）括号内为稳健聚类标准误；（2）**、***分别代表在5%、1%显著性水平上显著；（3）根据似无相关模型 SUR 组间系数差异检验，相关组别对应的经验 P 值分别为：P（1, 2）= 0.943，P（2, 3）= 0.022**，P（1, 3）= 0.095*，P（4, 5）= 0.376，P（5, 6）= 0.061*，P（4, 6）= 0.089*。且 P（m, n）表示表格中的第（m）列和第（n）列对应的组间系数差异经验 P 值，本章下同。

除了上述基于微观家庭持有的住房产权维度开展异质性分析之外，本节又进一步将受访居民所在城市住房拥有率与省份住房拥有率进行比较，旨在探讨当城市住房拥有率高于（含等于）省份住房拥有率、城市住房拥有率低于省份住房拥有率时，城市住房拥有率和省份住房拥有率对居民主观幸福感的不同影响结果。实证结果如表 8.17 所示，第（1）列回归结果表明，当城市住房拥有率高于（含等于）省份住房拥有率时，关键解释变量城市住房拥有率的回归系数为正且在5%的显著性水平上显著，表明了城市住房拥有率与居民主观幸福感之间呈现出显著的正向关联；而省份住房拥有率的回归系数为负但却并未表现出统计意义上的显著性，表明了此时省份住房拥有率并不能显著影响居民的主观幸福感。第（2）列回归结果表明，当城市住房拥有率低于省份住房拥有率时，关键解释变量城市住房拥有率的回归系数为正但却并未表现出统计意义上的显著性，表明了此时城市住房拥有率并不能显著影响居民主观幸福感；省份住房拥有率的回归系数为负且在1%的显著性水平上显著，表明了此时省份住房拥有率与居民主观幸福感之间存在显著的负向关联。因此，综上所述，当居民所在城市的住房拥有率超过了省份住房拥有率时，此时居民的主观幸福感受到城市住房拥有率的正向影响，而省份住房拥有率并不能产生显著影响；但是，当居民所在城市的住房拥有率不及省份住房拥有率时，此时居民的主观幸福感受到省份住房拥有率的负向影响，而城市住房拥有率并不能产生显著影响。对此可能的解释是，若居民所在城市的住房拥有率高于省份平均水平，则表明了该城市的住房拥有率情况总体上优于省内其他城市，意味着该城市的宜居性可能更加优越，因而能够推升居民的主观福祉。相反，若居民所在城市的住房拥有率低于省份平均水平，则表明了该城市的住房拥有率情况总体上弱于省内其他城市，这也意味着该城市的宜居性可能相对偏低，因而居民的主观福祉也会被削弱。

表 8.17　　异质性分析：基于城市住房拥有率与省份住房拥有率比较维度

	（1）	（2）
	被解释变量：主观幸福感	
	城市住房拥有率高于 （含等于）省份住房拥有率	城市住房拥有率低于 省份住房拥有率
解释变量		
城市住房拥有率	1.109 ** (0.257)	0.758 (0.283)
省份住房拥有率	−0.487 (0.316)	−3.045 *** (0.431)
控制变量		
人口统计学特征	是	是

	（1）	（2）
	被解释变量：主观幸福感	
	城市住房拥有率高于（含等于）省份住房拥有率	城市住房拥有率低于省份住房拥有率
社会经济特征	是	是
宏观经济变量	是	是
年份固定效应	是	是
城市固定效应	是	是
调整 R^2	0.117	0.113
观测值	58379	52952

注：（1）括号内为稳健聚类标准误；（2）**、***分别代表在5%、1%显著性水平上显著。

二、基于个体特征维度

由于不同的个体对住房产权的需求程度、对住房市场的认知等多方面存在差异，因而城市住房拥有率和省份住房拥有率对不同个体的幸福效应也可能存在差异。为此，本节基于户主相关特征和家庭特征开展异质性分析，主要包括户主的性别、年龄、婚配状况、收入、户口、受教育水平等方面，同时也将上述维度进行适当交叉，从而更加细致地比较城市和省份住房拥有率对于不同群体主观幸福感的差异化影响。在此仍需要说明的是，本节的异质性分析采用的是分组回归方式，为了尽可能让解释变量的回归系数含义更加直接，从而方便比较不同组别之间的回归结果差异性，本节在进行异质性分析的实证过程中，均运用了Probit-adapted OLS方法进行估计。

表8.18报告了基于户主性别、年龄、婚配状况维度的异质性分组回归结果。具体而言，第（1）列和第（2）列分别报告了城市住房拥有率、省份住房拥有率对男性和女性人群主观幸福感影响的实证结果。实证结果表明，在男性组别中，关键解释变量城市住房拥有率的回归

系数为正且在 1% 的显著性水平上显著，但在女性组别中却并未表现出统计意义上的显著性，表明了城市住房拥有率仅对提升男性户主主观幸福感具有显著的积极影响。另一关键解释变量省份住房拥有率在男性和女性组别中的回归系数均显著为负，表明了省份住房拥有率与男性和女性户主的主观幸福感都存在显著的负向关联。根据似无相关模型 SUR 组间系数差异检验可知，第（1）列和第（2）列中的省份住房拥有率经验 P 值为 0.624，即解释变量省份住房拥有率在男性和女性两组之间的回归系数并不存在显著的差异性。由此可见，城市住房拥有率仅与男性户主主观幸福感之间存在显著的正向关联，而省份住房拥有率对男性和女性户主主观幸福感都能产生显著的负向影响。

第（3）列至第（5）列分别报告了城市住房拥有率、省份住房拥有率对于不同年龄段居民主观幸福感影响的实证结果。与本书第五章中的分组方式抑制，本节也将户主年龄分成三个年龄段，即年龄在 45 岁以下的青年群体，45 岁（含）至 65 岁的中年群体，以及 65 岁及以上的老年群体。实证结果表明，对于年龄 45 岁以下的居民而言，城市住房拥有率、省份住房拥有率与他们的主观幸福感之间并不存在显著的关联性，二者仅对 45 岁及以上的中老年居民主观幸福感产生显著影响。而且，城市住房拥有率与中老年居民主观幸福感之间存在显著的正相关关系，而省份住房拥有率与中老年居民主观幸福感之间则存在显著的负相关关系。根据似无相关模型 SUR 组间系数差异检验可知，第（4）列和第（5）列中的城市住房拥有率经验 P 值为 0.098，省份住房拥有率经验 P 值为 0.124，即城市住房拥有率对 45 岁（含）至 65 岁中年居民、65 岁及以上老年居民主观幸福感的影响程度不同，而省份住房拥有率对两类居民主观幸福感的影响程度不存在显著差异。且根据系数比较可知，城市住房拥有率对 65 岁及以上老年居民的影响程度相对更大。

第（6）列至第（7）列分别报告了城市住房拥有率、省份住房拥有率对于不同婚配状况居民主观幸福感影响的实证结果。实证结果表明，城市住房拥有率、省份住房拥有率仅对已婚/有伴侣居民主观幸福感具有显著的影响，而在丧偶/离婚/分居/未婚群体组别中的估计系数并没有表现出统计意义上的显著性。且城市住房拥有率与已婚/有伴侣居民主观幸福感之间存在显著的正相关关系，省份住房拥有率则表现出显著的负相关关系。

表 8.18　　　异质性分析：基于户主性别、年龄、婚配状况维度

	（1）	（2）	（3）	（4）	（5）	（6）	（7）
	被解释变量：主观幸福感						
	性别		年龄			婚配状况	
	男性	女性	45 岁以下	45 岁（含）至 65 岁	65 岁及以上	已婚/有伴侣	丧偶/离婚/分居/未婚
解释变量							
城市住房拥有率	0.549*** (0.210)	0.358 (0.304)	0.300 (0.234)	0.515** (0.235)	0.975*** (0.340)	0.482** (0.208)	0.388 (0.352)
省份住房拥有率	−0.777** (0.376)	−1.010* (0.553)	−0.537 (0.415)	−0.739* (0.401)	−1.667*** (0.617)	−0.898** (0.348)	−0.661 (0.663)
控制变量							
人口统计学特征	是	是	是	是	是	是	是
社会经济特征	是	是	是	是	是	是	是
宏观经济变量	是	是	是	是	是	是	是
年份固定效应	是	是	是	是	是	是	是
城市固定效应	是	是	是	是	是	是	是
调整 R^2	0.112	0.115	0.114	0.107	0.109	0.104	0.134
观测值	85325	26006	31377	54503	25451	95729	15602

注：（1）括号内为稳健聚类标准误；（2） * 、 ** 、 *** 分别代表在 10% 、 5% 和 1% 显著性水平上显著；（3）根据似无相关模型 SUR 组间系数差异检验，相关组别对应的经验 P 值分别为：城市住房拥有率 P（4，5）= 0.098* ；省份住房拥有率 P（1，2）= 0.624，P（4，5）= 0.124。

表 8.19 报告了基于家庭收入、户主户口、受教育水平维度的异质性分组回归结果。具体而言，第（1）列至第（3）列分别报告了城市住房拥有率、省份住房拥有率对于不同收入人群主观幸福感影响的实证结果。与本书第五章异质性分析中的分组过程类似，依然根据每个年份受访家庭年总收入的 1/3 和 2/3 分位点，将收入分成高收入、中等收入、低收入三组。实证结果表明，城市住房拥有率在三个组别中的回归系数均显著为正，且基于似无相关模型 SUR 组间系数差异检验结果可知，城市住房拥有率对于不同收入等级居民的主观幸福感的正向影响程度并不存在显著差异。省份住房拥有率在高收入组和中等收入组中的回归系数显著为负，但在低收入组别中的回归系数并没有表现出统计意义上的显著性，说明了省份住房拥有率对低收入居民主观幸福感并不能产生显著的影响。

第（4）列和第（5）列分别报告了城市住房拥有率、省份住房拥有率对于不同户口类型居民主观幸福感影响的实证结果。实证结果表明，两项关键解释变量的回归系数仅在非农业户口的组别中具有统计意义上的显著性，且城市住房拥有率与非农业户口居民的主观幸福感之间存在显著正向关联，省份住房拥有率与非农业户口居民的主观幸福感之间则存在显著的负向关联。

第（6）列和第（7）列分别报告了城市住房拥有率、省份住房拥有率对于不同受教育水平居民主观幸福感影响的实证结果。实证结果表明，两项关键解释变量的回归系数在大专以下、大专及以上组别中都具有统计意义上的显著性，且城市住房拥有率回归系数显著为正，省份住房拥有率回归系数显著为负。根据似无相关模型 SUR 组间系数差异检验结果，两组中城市住房拥有率对应的经验 P 值为 0.284，即城市住房拥有率对于不同受教育水平居民的主观幸福感正向作用程度不存在显著差异；省份住房拥有率对应的经验 P 值为 0.063，而且其在大专及以上组别中的回归系数绝对值更大，意味着省份住房拥有率对于受过高等教育的居民主观幸福感负向影响程度更大。

表 8.19 异质性分析：基于收入、户口、受教育水平维度

	(1)	(2)	(3)	(4)	(5)	(6)	(7)
	被解释变量：主观幸福感						
	收入水平			户口		受教育水平	
	高收入	中等收入	低收入	非农业户口	农业户口	大专以下	大专及以上
解释变量							
城市住房拥有率	0.667 ***	0.428 *	0.439 *	0.791 ***	0.262	0.420 *	0.802 **
	(0.248)	(0.249)	(0.243)	(0.249)	(0.224)	(0.213)	(0.363)
省份住房拥有率	−1.186 **	−0.963 **	−0.615	−1.538 ***	−0.588	−0.748 **	−1.788 ***
	(0.486)	(0.426)	(0.415)	(0.440)	(0.420)	(0.355)	(0.604)
控制变量							
人口统计学特征	是	是	是	是	是	是	是
社会经济特征	是	是	是	是	是	是	是
宏观经济变量	是	是	是	是	是	是	是
年份固定效应	是	是	是	是	是	是	是
城市固定效应	是	是	是	是	是	是	是
调整 R^2	0.085	0.104	0.122	0.110	0.114	0.115	0.100
观测值	37113	37186	37032	52559	58772	93407	17924

注：（1）括号内为稳健聚类标准误；（2）＊、＊＊、＊＊＊分别代表在10%、5%和1%显著性水平上显著；（3）根据似无相关模型 SUR 组间系数差异检验，相关组别对应的经验 P 值分别为：城市住房拥有率 P（1，2）＝0.298，P（2，3）＝0.962，P（1，3）＝0.390，P（6，7）＝0.284；省份住房拥有率 P（1，2）＝0.594，P（6，7）＝0.063＊。

表 8.20 报告了基于户主性别与年龄的交叉维度的异质性分组回归结果。实证结果表明，城市住房拥有率的回归系数仅在 45 岁（含）至 65 岁男性组别、65 岁及以上男性组别中显著为正，表明了城市住房拥有率仅与中老年男性居民主观幸福感之间存在显著的正相关关系。而且根据似无相关模型 SUR 组间系数差异检验结果，第（3）列和第（5）列之间的经验 P 值为 0.078，且城市住房拥有率在第（5）列中的回归系数值相对较大，这意味着相比较中年男性居民而言，城市住房

拥有率与老年男性居民主观幸福感之间的正向关联程度更大。与此同时，省份住房拥有率的回归系数仅在 45 岁（含）至 65 岁男性组别、65 岁及以上男性和女性组别中显著为负，表明了省份住房拥有率仅与中年男性居民和老年居民的主观幸福感之间存在显著的负相关关系。而且根据似无相关模型 SUR 组间系数差异检验结果，上述组别中的经验 P 值均不显著，说明了省份住房拥有率与中年男性居民和老年居民主观幸福感之间的负向关联程度较为一致。

表 8. 20　　　　异质性分析：基于户主性别与年龄的交叉维度

	（1）	（2）	（3）	（4）	（5）	（6）
	被解释变量：主观幸福感					
	45 岁以下		45 岁（含）至 65 岁		65 岁及以上	
	男性	女性	男性	女性	男性	女性
解释变量						
城市住房拥有率	0. 313 (0. 254)	0. 324 (0. 420)	0. 562 ** (0. 241)	0. 381 (0. 421)	1. 113 *** (0. 370)	0. 566 (0. 555)
省份住房拥有率	−0. 279 (0. 448)	−1. 030 (0. 667)	−0. 870 ** (0. 409)	−0. 356 (0. 752)	−1. 284 ** (0. 641)	−2. 745 *** (1. 018)
控制变量						
人口统计学特征	是	是	是	是	是	是
社会经济特征	是	是	是	是	是	是
宏观经济变量	是	是	是	是	是	是
年份固定效应	是	是	是	是	是	是
城市固定效应	是	是	是	是	是	是
调整 R^2	0. 115	0. 124	0. 108	0. 109	0. 111	0. 113
观测值	23554	7823	43089	11414	18682	6769

注：（1）括号内为稳健聚类标准误；（2）＊、＊＊、＊＊＊分别代表在 10% 、5% 和 1% 显著性水平上显著；（3）根据似无相关模型 SUR 组间系数差异检验，相关组别对应的经验 P 值分别为：城市住房拥有率 P（3，5）=0.078＊；省份住房拥有率 P（3，5）=0.519，P（5，6）=0.151。

三、基于区域特征维度

考虑到中国的住房市场存在显著的区域分化现象,各个区域的住房市场发展以及住房拥有率情况各不相同。因此,借鉴本书第五章中的区域异质性分组办法,本节将四期 CHFS 总样本划分为东中西部三个子组,且东部地区样本来自北京、天津、河北、辽宁、上海、江苏、浙江、福建、山东、广东、海南 11 个省(市),中部地区样本来自吉林、黑龙江、山西、安徽、江西、河南、湖北、湖南 8 个省;西部地区样本来自内蒙古、广西、重庆、四川、贵州、云南、陕西、甘肃、青海、宁夏 10 个省(自治区、直辖市)。

表 8.21 报告了基于城乡和区域维度的住房拥有率对居民主观幸福感影响的分组回归结果。其中,第(1)列和第(2)列回归结果的分组依据是城乡维度,第(3)列至第(5)列回归结果的分组依据是东中西部维度。具体而言,从城乡区域分组回归结果来看,城市住房拥有率回归系数均在 1% 的显著性水平上显著为正,省份住房拥有率回归系数均在 1% 的显著性水平上显著为负,且根据似无相关模型 SUR 组间系数差异检验结果,第(1)列和第(2)列中两项关键解释变量的经验 P 值都不显著,表明了城市住房拥有率、省份住房拥有率与城市地区和农村地区居民主观幸福感之间的关联程度并没有显著差异。由此可知,与城市居民一样,农村居民也同样会受到城市住房拥有率、省份住房拥有率的双重影响。这可能是由于城镇化进程的不断推进,大量农村地区居民也需要进城购房,而且即便农村居民自身不进入城市,很多农村居民也需要为子代在城镇地区获取住房产权,因而城市住房拥有率和省份住房拥有率也会对农村居民主观幸福感产生显著影响。

第(3)列至第(5)列回归结果表明,城市住房拥有率回归系数仅在东部地区和中部地区组别中显著为正,而省份住房拥有率回归系数仅在东部地区组别中显著为负。且似无相关模型 SUR 组间系数差异检验结果显示,城市住房拥有率回归系数在第(3)列和第(4)列并不存在显著差异。由此可见，城市住房拥有率仅与东部地区和中部地区居民的主观幸福感之间存在显著的正相关关系，而省份住房拥有率仅与东部地区居民的主观幸福感之间存在显著的负相关关系，因而东部地区居民对于省内其他城市的住房拥有率具有更强的敏感性，也更容易产生攀比心理，当省内其他城市的住房拥有率提高时，他们的主观福祉将会显著降低。

表 8.21　　　　　　异质性分析：基于城乡和区域维度

	(1)	(2)	(3)	(4)	(5)
	被解释变量：主观幸福感				
	城乡区域		东中西部		
	城市地区	农村地区	东部地区	中部地区	西部地区
解释变量					
城市住房拥有率	0.442 *** (0.105)	0.393 *** (0.152)	0.323 * (0.171)	0.291 * (0.168)	-0.181 (0.208)
省份住房拥有率	-0.751 *** (0.206)	-0.918 *** (0.306)	-2.161 *** (0.318)	0.957 (0.717)	0.415 (0.898)
控制变量					
人口统计学特征	是	是	是	是	是
社会经济特征	是	是	是	是	是
宏观经济变量	是	是	是	是	是
年份固定效应	是	是	是	是	是
城市固定效应	是	是	是	是	是
调整 R^2	0.110	0.125	0.113	0.110	0.119
观测值	75677	35654	54545	31335	25451

注：（1）括号内为稳健聚类标准误；（2）＊、＊＊＊分别代表在10%、1%显著性水平上显著；（3）根据似无相关模型 SUR 组间系数差异检验，相关组别对应的经验 P 值分别为：城市住房拥有率 P（1，2）=0.811，P（3，4）=0.965；省份住房拥有率 P（1，2）=0.708。

本节进一步将城乡与区域维度进行交叉分析，从而更加细致地对比不同地区城乡居民对待城市住房拥有率和省份住房拥有率的不同主观心态。表 8.22 报告了基于城乡和区域交叉维度的异质性分组实证结果。具体而言，关键解释变量城市住房拥有率回归系数仅在第（2）列和第（3）列显著为正，而在第（5）列却在 10% 的显著性水平上显著为负。这表明了城市住房拥有率与东部农村地区居民、中部城市地区居民主观幸福感之间存在显著的正向关联，但却与西部城市地区居民主观幸福感之间存在显著的负向关联，这可能是由于西部城市房价水平相对不高，住房拥有率相对较高，当城市住房拥有率提高时，会逐步弱化住房产权对显化人们社会经济地位等方面的价值，进而削弱居民的主观福祉。与此同时，关键解释变量省份住房拥有率回归系数仅在第（1）列和第（2）列显著为负，表明了省份住房拥有率仅与东部地区居民、中部城市地区居民主观幸福感之间存在显著的负向关联。而且根据似无相关模型 SUR 组间系数差异检验结果，第（1）列和第（2）列中省份住房拥有率的经验 P 值为 0.032，表明了省份住房拥有率与东部地区农村居民的主观幸福感负向关联程度更高。然而，第（3）列中的省份住房拥有率回归系数在 5% 的显著性水平上显著为正，表明了省份住房拥有率与中部地区城市居民的主观幸福感之间存在显著的正向关联，这可能是由于中部地区城市房价总体水平相对适中，并且省内城市的房价联动性较强，当居民所在城市以及省内其他城市住房拥有率提高时，不仅反映出所在省份的宜居程度总体性上升，而且能够产生较强的"正向隧道效应"，进而有助于提升居民的主观福祉。

表 8.22　　　　　　　异质性分析：基于城乡与区域的交叉维度

	(1)	(2)	(3)	(4)	(5)	(6)
	被解释变量：主观幸福感					
	东部地区		中部地区		西部地区	
	城市地区	农村地区	城市地区	农村地区	城市地区	农村地区
解释变量						
城市住房拥有率	0.258 (0.217)	0.741 * (0.392)	0.439 ** (0.215)	0.144 (0.330)	−0.552 * (0.317)	0.220 (0.341)

续表

	(1)	(2)	(3)	(4)	(5)	(6)
	被解释变量：主观幸福感					
	东部地区		中部地区		西部地区	
	城市地区	农村地区	城市地区	农村地区	城市地区	农村地区
省份住房拥有率	− 1. 202 *** （0. 406）	− 2. 989 *** （0. 662）	1. 983 ** （0. 931）	− 0. 615 （1. 257）	0. 377 （1. 221）	0. 924 （1. 439）
控制变量						
人口统计学特征	是	是	是	是	是	是
社会经济特征	是	是	是	是	是	是
宏观经济变量	是	是	是	是	是	是
年份固定效应	是	是	是	是	是	是
城市固定效应	是	是	是	是	是	是
调整 R^2	0. 106	0. 140	0. 112	0. 116	0. 119	0. 126
观测值	41696	12849	18714	12621	15267	10184

注：（1）括号内为稳健聚类标准误；（2） ＊ 、 ＊＊ 、 ＊＊＊ 分别代表在 10％ 、 5％ 和 1％ 显著性水平上显著；（3）根据似无相关模型 SUR 组间系数差异检验，相关组别对应的经验 P 值为：省份住房拥有率 P （1，2）＝0. 032 ** 。

第六节　进一步讨论

本章前面的基准回归结果、稳健性检验和异质性分析等内容，系统性揭示了城市住房拥有率、省份住房拥有率对居民主观幸福感的不同影响，同时通过多种手段确保了实证结论的稳健性和可靠性，也细致对比分析了城市和省份住房拥有率对不同个体、在不同时间、在不同区域的差异化作用结果。但是，考虑到本章基准回归中量化的居民主观幸福感为排序数据，即将其依次划分为 1～5 五个等级，且运用的估计方法是有序 Probit 模型，那么城市住房拥有率、省份住房拥有率究竟对居民主观幸福感的各个等级产生什么样的边际影响？城市住房拥有率、省份住房拥有率在居民主观幸福感变化中究竟发挥着什么样的作用？多套住房产权拥有率对居民主观幸福感又有着怎样的影响？显然，科学回答好上述问题仍然至关重要，才能更为彻底地厘清城市住房拥有率、省份住房拥有率对居民主观福祉的深刻影响。为此，本章进一步围绕这些问题展开进一步讨论，旨在从更为丰富的视角和更加全面的维度全景式剖析宏观层面的住房产权拥有率对微观居民主观福祉的内在影响。

一、边际效应分析

如前所述，本章基准实证模型采取的是有序 Probit 模型进行估计，但该模型的估计系数含义并不直观，只能从显著性水平以及系数符号方面给出有限的信息。为此，为了探讨拥有住房产权对居民主观幸福感各个层级的具体影响，因而有必要进行边际效应分析。与本书第五章中的边际效应分析办法一致，本节参考（连玉君等，2014）的做法，分别计算了关键解释变量城市住房拥有率、省份住房拥有率的连续边际效应，即在所有解释变量处于均值时，关键解释变量的单位变动如何影响被解释变量取各个值的概率。有序 Probit 模型边际效应求解的一般形式是：

$$\left.\frac{\partial Prob(y=i\,|\,x)}{\partial x}\right|_{x=\bar{x}} (i=1,2,3,4,5) \tag{8.6}$$

其中，x 表示解释变量，y 表示被解释变量，i 表示被解释变量的取值范围。所以，式（8.6）的含义是：当解释变量发生 1 个单位的变动时，被解释变量在各个取值点上的概率如何变化。

表 8.23 报告了城市住房拥有率和省份住房拥有率对居民主观幸福感影响的边际效应，同时也报告了对应的标准误、Z 统计量和 P 值。实证结果表明，当所有解释变量处于均值时，当居民所在城市住房拥有率每提高一个单位，居民主观幸福感为"非常不幸福"的概率将下降0.0160，为"不幸福"的概率下降 0.0527，为"一般"的概率下降

0.1345，为"幸福"的概率上升0.0639，为"非常幸福"的概率上升0.1393。由此可见，提高城市住房拥有率能显著降低"非常不幸福""不幸福""一般"的概率，反之能够显著提高"幸福""非常幸福"的概率，且对"非常幸福"概率的正向提升作用最大，对主观幸福感"一般"概率的负向抑制作用最大。

与此同时，当居民所在省份住房拥有率每提高一个单位，居民主观幸福感为"非常不幸福"的概率将上升0.0274，为"不幸福"的概率上升0.0901，为"一般"的概率上升0.2301，为"幸福"的概率下降0.1094，为"非常幸福"的概率下降0.2383。由此可见，省份住房拥有率的提高能显著增加"非常不幸福""不幸福""一般"的概率，反之能够显著降低"幸福""非常幸福"的概率，且对"非常幸福"概率的负向抑制作用最大，对主观幸福感"一般"概率的正向提升作用最大。

表8.23　城市住房拥有率和省份住房拥有率对居民主观幸福感影响的边际效应

主观幸福感	边际效应（城市住房拥有率）	标准误	Z 统计量	P 值
非常不幸福	− 0.0160 ***	0.003	− 5.32	0.000
不幸福	− 0.0527 ***	0.010	− 5.36	0.000
一般	− 0.1345 ***	0.025	− 5.36	0.000
幸福	0.0639 ***	0.012	5.36	0.000
非常幸福	0.1393 ***	0.026	5.36	0.000
主观幸福感	边际效应（省份住房拥有率）	标准误	Z 统计量	P 值
非常不幸福	0.0274 ***	0.006	4.64	0.000
不幸福	0.0901 ***	0.019	4.67	0.000
一般	0.2301 ***	0.049	4.67	0.000
幸福	− 0.1094 ***	0.023	− 4.67	0.000
非常幸福	− 0.2383 ***	0.051	− 4.67	0.000

注：*** 代表在1%显著性水平上显著。

二、主观幸福感跃迁

本章基准实证回归结果虽然表明城市住房拥有率、省份住房拥有率分别对居民主观幸福感具有"一正一负"的反向作用，但却无法分离出二者对主观幸福感处在不同层次的居民主观福祉变动究竟产生什么样的影响以及存在怎样的差异。为此，与本书第五章中的做法一致，本节进一步探讨住房拥有率、省份住房拥有率对居民主观幸福感跃迁的影响。即依据居民主观幸福感的各个等级对实证样本进行重新归类分组，进而探讨住房拥有率在每个组别中发挥的具体作用。

首先，本节假设居民主观幸福感是逐级跃迁的，即遵循着"非常不幸福"→"不幸福"→"一般"→"幸福"→"非常幸福"的向上提高过程，或者遵循着方向逐级降低的过程。为此，本节依据上述主观幸福感两两相邻的等级，对总样本进行划分，即一共得到了4组子样本，包含了"非常不幸福→不幸福""不幸福→一般""一般→幸福""幸福→非常幸福"组别。在此基础上，本节对每组中的主观幸福感进行重新赋值，由于每组中只包含了主观幸福感水平相近的两类样本，因而将主观幸福感相对较低的赋值为0，反之将主观幸福感相对较高的赋值为1。比如，在"非常不幸福→不幸福"组别中，主观幸福感为"非常不幸福"则赋值为0，主观幸福感为"不幸福"则赋值为1；依次类推，在"幸福→非常幸福"组别中，主观幸福感为"幸福"则赋值为0，主观幸福感为"非常幸福"则赋值为1。因此，在各个组别中，关键被解释变量主观幸福感跃迁为取值0和1的二值虚拟变量，所以本节将采取二值选择 Probit 模型进行实证研究，构建的回归方程形式如下所示：

$$
\begin{aligned}
Pr(happiness\_transition_{ijt} = 1) = G(&\beta_{3,1} + \beta_{3,2} \times homeownershiprate\_city_{ijt} \\
&+ \beta_{3,3} \times homeownershiprate\_provin_{ijt} \\
&+ \beta_{3,4} \times controls_{ijt} + \theta_T + \delta_j + \varepsilon_{ijt}) \quad (8.7)
\end{aligned}
$$

其中，$happiness\_transition_{ijt}$ 为核心被解释变量，表示居民主观幸福感逐级跃迁的虚拟变量。$homeownershiprate\_city_{ijt}$ 和 $homeownershiprate\_provin_{ijt}$ 仍然为本节核心解释变量，分别表示城市住房拥有率、省份住房拥有率。$controls_{ijt}$ 表示人口统计学特征、社会经济特征和宏观经济变量这些控制变量，与本章基准实证模型中的控制变量完全一致。θ_T 和 δ_j 分别表示年份固定效应和城市固定效应。ε_{ijt} 为白噪声，服从标准正态分布。本节仍然使用 2011 年、2013 年、2015 年、2017 年 CHFS 数据进行实证，也与本章基准实证使用的数据一致。

　　表 8.24 报告了城市住房拥有率和省份住房拥有率对居民主观幸福感逐级跃迁影响的回归结果，不仅展示了关键解释变量的回归系数和标准误等信息，同时还显示了关键解释变量对应的边际效应。第（1）列报告了"非常不幸福→不幸福"组别中的回归结果，结果发现城市住房拥有率和省份住房拥有率的回归系数均未表现出统计意义上的显著性，表明了城市住房拥有率和省份住房拥有率不能显著影响"非常不幸福"者的主观福祉水平。第（2）列报告了"不幸福→一般"组别中的回归结果，此时关键解释变量城市住房拥有率的回归系数在 5% 的显著性水平上显著为正，表明了城市住房拥有率能够显著提升生活"不幸福"者的主观福祉水平，且城市住房拥有率每提高 1 个单位，将使得生活"不幸福"者转变为生活"一般"者的概率增加 0.015。但此时的另一关键解释变量省份住房拥有率的回归系数仍然不显著。第（3）列报告了"一般→幸福"组别中的回归结果，关键解释变量城市住房拥有率的回归系数在 1% 的显著性水平上显著为正，表明了城市住房拥有率能够显著提升生活"一般"者的主观福祉水平，且城市住房拥有率每提高一个单位，将使得生活"一般"者转变为生活"幸福"者的概率增加 0.171，但省份住房拥有率的回归系数仍然不显著。然而，从第（4）列报告的"幸福→非常幸福"组别中的回归结果中可以看出，此时关键解释变量城市住房拥有率的回归系数并不显著，这表明了城市住房拥有率难以显著改变幸福人群的主观福祉。但是此时另一关键解释变量省份住房拥有率的回归系数在 1% 的显著性水平上显著为负，表明了省份住房拥有率的提高能够显著削弱生活"非常幸福"

者的主观福祉水平，且省份住房拥有率每提高 1 个单位，将使得生活"幸福"者转变为生活"非常幸福"者的概率下降 0.063，综合上述实证结果，可以发现城市住房拥有率和省份住房拥有率对于居民主观幸福感"一正一负"的影响效应存在"幸福感错位"现象，具体而言，城市住房拥有率仅对于幸福感处于"中间"的居民主观福祉产生显著积极影响，而对于幸福感处于"两端"的居民主观福祉则没有显著影响；与之不同的是，省份住房拥有率仅对于幸福感处于"高水平"的居民主观福祉产生显著负面影响，而对于幸福感处于"较高及以下"的居民主观福祉则没有显著影响。

更进一步地，本节继续放松"居民主观幸福感是逐级跃迁的"这一假设，假定居民主观幸福感的变化存在跳跃性，即可能一共存在六种不同的跳跃情形，包括"非常不幸福→一般""非常不幸福→幸福""非常不幸福→非常幸福""不幸福→幸福""不幸福→非常幸福""一般→非常幸福"这些情形的跳跃。据此，本节按照居民主观幸福感可能存在跨级跃迁的所有六种情形展开实证研究。类似地，将 2011 ~ 2017 年 CHFS 样本按照上述六种情形划分成六个子样本组，并且将每个组别中相对偏低的幸福感等级赋值为 0，另外一个相对偏高的幸福感等级赋值为 1。因此，在上述六个组别中，关键被解释变量主观幸福感跃迁为取值 0 和 1 的二值虚拟变量，所以本节继续采取二值选择 Probit 模型进行实证研究，构建的回归方程形式如下所示：

$$Pr(happiness\_skip_{ijt} = 1) = G(\beta_{4,1} + \beta_{4,2} \times homeownershiprate\_city_{ijt} + \beta_{4,3}$$
$$\times homeownershiprate\_provin_{ijt} + \beta_{4,4} \times controls_{ijt}$$
$$+ \theta_t + \delta_j + \varepsilon_{ijt}) \tag{8.8}$$

其中，$happiness\_skip_{ijt}$ 为核心被解释变量，表示居民主观幸福感跨级跃迁的虚拟变量。$homeownershiprate\_city_{ijt}$ 和 $homeownershiprate\_provin_{ijt}$ 仍然为核心解释变量，分别表示城市住房拥有率、省份住房拥有率。$controls_{ijt}$ 表示人口统计学特征、社会经济特征和宏观经济变量这些控制变量，与本章基准实证模型中的控制变量完全一致。θ_t 和 δ_j 分别表示年份固定效应和城市固定效应。ε_{ijt} 为白噪声，服从标准正态分布。

表 8.25 报告了城市住房拥有率和省份住房拥有率对居民主观幸福感跨级跃迁影响的回归结果，并同步报告了关键解释变量的回归系数、标准误以及边际效应等信息。第（1）列至第（3）列分别报告了"非常不幸福→一般""非常不幸福→幸福""非常不幸福→非常幸福"组别中的回归结果，关键解释变量城市住房拥有率和省份住房拥有率在这三组中都没有表现出统计意义上的显著性，表明了二者均不能显著改变"非常不幸福"者的主观福祉。第（4）列报告了"不幸福→幸福"组别中的回归结果，关键解释变量城市住房拥有率的回归结果在1%的显著性水平上显著为正，表明了城市住房拥有率每提高一个单位，能够使得生活"不幸福"者转变为生活"幸福"者的概率增加0.154。但此时另一关键解释变量省份住房拥有率的回归系数仍不显著。第（5）列报告了"不幸福→非常幸福"组别中的回归结果，关键解释变量城市住房拥有率的回归系数在1%的显著性水平上显著为正，表明了城市住房拥有率每提高1个单位，能够使得生活"不幸福"者转变为生活"非常幸福"者的概率增加0.331。此时另一关键解释变量省份住房拥有率的回归系数在1%的显著性水平上显著为负，表明了省份住房拥有率每提高1个单位，将会使得生活"不幸福"者转变为生活"非常幸福"者的概率降低0.494。第（6）列报告了"一般→非常幸福"组别中的回归结果，关键解释变量城市住房拥有率的回归结果仍然在1%的显著性水平上显著为正，表明了城市住房拥有率每提高1个单位，能够使得生活"一般"者转变为生活"非常幸福"者的概率增加0.208。此时省份住房拥有率的回归系数也在1%的显著性水平上显著为负，表明了省份住房拥有率每提高1个单位，将会使得生活"一般"者转变为生活"非常幸福"者的概率降低0.766。综上所述，城市住房拥有率和省份住房拥有率都不能显著影响生活"非常不幸福"者的主观福祉跨级跃迁，前者能够显著助力居民跨级实现"幸福"或"非常幸福"的生活，而后者则能够显著抑制居民跨级实现"非常幸福"的生活。

表8.24　住房拥有率对居民主观幸福感逐级跃迁影响的回归结果

	(1) 非常不幸福→不幸福		(2) 不幸福→一般		(3) 一般→幸福		(4) 幸福→非常幸福	
	回归系数	边际效应	回归系数	边际效应	回归系数	边际效应	回归系数	边际效应
解释变量								
城市住房拥有率	-0.603 (0.559)	-0.147	0.519** (0.251)	0.015**	0.467*** (0.147)	0.171***	0.244 (0.178)	0.079
省份住房拥有率	0.174 (1.135)	0.042	-0.098 (0.498)	-0.022	-0.134 (0.289)	-0.049	-1.861*** (0.350)	-0.063***
控制变量								
人口统计学特征	是		是		是		是	
社会经济特征	是		是		是		是	
宏观经济变量	是		是		是		是	
年份固定效应	是		是		是		是	
城市固定效应	是		是		是		是	
观测值	7317		39537		84497		70499	

注：(1) 括号内为稳健聚类标准误；(2) **、***分别代表在5%、1%显著性水平上显著。

表 8.25　住房拥有率对居民主观幸福感跨级跃迁影响的回归结果

	(1) 非常不幸福→一般		(2) 非常不幸福→幸福		(3) 非常不幸福→非常幸福		(4) 不幸福→幸福		(5) 不幸福→非常幸福		(6) 一般→非常幸福	
	回归系数	边际效应	回归系数	边际效应	回归系数	边际效应	回归系数	边际效应	回归系数	边际效应	回归系数	边际效应
解释变量												
城市住房拥有率	-0.049 (0.422)	-0.004	0.041 (0.413)	0.002	0.139 (0.519)	0.014	0.953*** (0.241)	0.154***	1.378*** (0.315)	0.331***	0.626*** (0.198)	0.208***
省份住房拥有率	0.194 (0.856)	0.014	0.512 (0.831)	0.026	-1.206 (1.068)	-0.117	-0.018 (0.474)	-0.003	-2.054*** (0.630)	-0.494***	-2.308*** (0.394)	-0.766***
控制变量												
人口统计学特征	是		是		是		是		是		是	
社会经济特征	是		是		是		是		是		是	
宏观经济变量	是		是		是		是		是		是	
年份固定效应	是		是		是		是		是		是	
城市固定效应	是		是		是		是		是		是	
观测值	34663		52063		20670		57056		25539		52980	

被解释变量：主观幸福感跳跃

注：（1）括号内为稳健聚类标准误；（2）*** 代表在 1% 显著性水平上显著。

三、调节效应分析

进一步地，地区住房拥有率是否会对住房产权的幸福效应产生影响？即本章继续讨论地区住房拥有率可能产生的调节效应。为此，分别将城市住房拥有率、省份住房拥有率与家庭住房产权进行交互，并将交互项带入计量模型进行回归，所得结果如表 8.26 所示。结果表明，主效应住房产权的回归系数显著为正，但地区住房拥有率与住房产权的交互项回归系数均显著为负，意味着地区住房拥有率的提高能够削弱住房产权的幸福效应。这可能是因为如果人们所在城市和省份的住房拥有率越高，那么拥有住房产权者因社会比较而产生的相对优越感则会降低，从而导致了住房产权的幸福效应也会降低。这也再次证明了我国住房市场存在一定的攀比现象。

表 8.26   地区住房拥有率对住房产权幸福效应的调节效应的回归结果

	（1）	（2）
	被解释变量：主观幸福感	
解释变量		
住房产权	0.422 ** (0.166)	0.492 ** (0.221)
城市住房拥有率	0.813 *** (0.207)	0.487 *** (0.109)
省份住房拥有率	− 1.001 *** (0.210)	− 0.611 ** (0.304)
住房产权×城市住房拥有率	− 0.356 * (0.191)	
住房产权×省份住房拥有率		− 0.428 * (0.248)
控制变量		
人口统计学特征	是	是

续表

	（1）	（2）
	被解释变量：主观幸福感	
社会经济特征	是	是
宏观经济变量	是	是
年份固定效应	是	是
城市固定效应	是	是
观测值	111331	111331

注：（1）括号内为稳健聚类标准误；（2） * 、** 、 *** 分别代表在10%、5%和1%显著性水平上显著。

四、多套住房产权拥有率

本章的前述内容仅研究了城市住房拥有率和省份住房拥有率对于居民主观幸福感的影响，但无法区分出多套房拥有率对居民主观幸福感的影响。之所以要进一步探讨多套房拥有率对居民主观幸福感的影响，是因为在城市住房拥有率这个指标中，含有一部分居民持有多套住房产权，并且这一比例不容忽视。根据2017年CHFS调查数据的统计结果，图8.4直观展示了城市多套房拥有率和省份多套房拥有率核密度分布，可以看出在CHFS的样本城市中，很多城市的多套房拥有率处于10%～30%，并且大多数样本省（自治区、直辖市）的多套房拥有率介于10%～20%。

在部分居民家庭暂未获得住房产权以及大多数居民仅拥有一套住房产权的现实背景下，城市多套房拥有率和省份多套房拥有率是否也会对居民主观幸福感产生影响？为了对这一问题作出合理回答，本节进一步基于2011～2017年CHFS微观调查数据展开讨论，实证研究多套住房产权拥有率对居民主观幸福感的影响。为此，本节构建了如下计量模型：

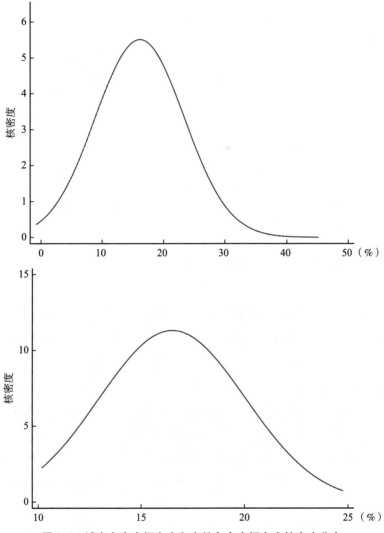

图8.4 城市多套房拥有率和省份多套房拥有率核密度分布

数据来源：2017年CHFS数据。

$$happiness_{ijt} = \beta_{5,1} + \beta_{5,2} \times multihomeownershiprate\_city_{ijt} + \beta_{5,3}$$
$$\times multihomeownershiprate\_provin_{ijt} + \beta_{5,4} \times controls_{ijt} + \theta_t + \delta_j + \varepsilon_{ijt}$$

$$(8.9)$$

其中，$multihomeownershiprate\_city_{ijt}$ 和 $multihomeownershiprate\_provin_{ijt}$ 为本

部分研究的关键解释变量，表示受访居民所在城市的居民家庭多套房拥有率和相应省份居民家庭多套房拥有率。被解释变量 $happiness_{ijt}$ 和所有控制变量 $controls_{ijt}$ 与本章基准模型中的完全一致。同时也控制了城市固定效应 δ_j 和年份固定效应 θ_t。此外，ε_{ijt} 为随机扰动项。与本章基准回归过程一致，采用有序 Probit 模型对该方程进行估计。

表 8.27 采取逐步回归的方式，报告了城市多套房拥有率、省份多套房拥有率对居民主观幸福感影响的回归结果。第（1）列中关键解释变量城市多套房拥有率回归系数为负但并没有表现出统计意义上的显著性，意味着城市多套房拥有率可能并不会对居民主观幸福感产生显著影响。第（2）列中关键解释变量省份多套房拥有率回归系数为负且在 5% 的显著性水平上显著，意味着省份多套房拥有率可能与居民主观幸福感之间存在显著的负向关联。第（3）列中同时控制了城市多套房拥有率和省份多套房拥有率，此时前者的回归系数仍然不显著，而后者仍然在 5% 的显著性水平上显著为负。由此可见，城市多套房拥有率与居民主观幸福感之间并没有显示出显著的关联性，而省份多套房拥有率则与居民主观幸福感之间存在显著的负向关联。

那么，对于拥有住房产权和不拥有住房产权的居民而言，省份多套房拥有率是否对他们的主观幸福感都产生显著的负向影响？为此，表 8.27 中的第（4）列和第（5）列继续围绕这一问题展开实证研究。从实证结果来看，城市多套房拥有率在有房居民和无房居民两组中的回归系数均不显著，而省份多套房拥有率仅在有房居民组别中显著为负，且显著性水平为 1%，但其在无房居民组别中则并不显著。由此可知，省份多套房拥有率仅对拥有住房产权的居民主观福祉产生显著抑制作用。

综合上述分析，可以发现城市多套房拥有率不会对居民主观幸福感产生显著影响，而省份多套房拥有率则会对居民主观幸福感产生显著负向影响，且这一负向影响仅仅对于拥有住房产权的居民群体有效。对此可能的解释是，当城市多套房拥有率不断提高时，一方面可以产生"正向隧道效应"，使得居民对自己未来的住房产权拥有量持有乐观预期，由此可以对居民主观幸福感产生积极作用；但另一方面，随着城市多套房拥有率的不断提升，逐步弱化了仅拥有一套房居民的自我优越感和阶层认同度，也可能增强了不拥有住房产权居民的自卑感，因而会对居民主观幸福感产生消极作用。所以，积极作用和消极作用相互冲抵，进而导致城市多套房拥有率对居民主观幸福感的影响结果并不显著。然而，当省份多套房拥有率提高时，意味着省内其他城市多套房拥有率攀升，在社会比较过程中，这无疑会显化居民所在城市的相对劣势，而由于无论从住房可支付性以及相关住房政策等多重因素制约下，不同城市的多套房拥有机会显然不对等，进而形成了"负向隧道效应"。尤其对于拥有住房产权的居民而言，在省内城市之间的横向攀比过程中形成了"有产者的焦虑"，从而造成了自身的主观福祉不断降低。

表 8.27   多套房拥有率与居民主观幸福感的回归结果

	(1)	(2)	(3)	(4)	(5)
	被解释变量：主观幸福感				
	总样本			拥有住房产权的样本	不拥有住房产权的样本
解释变量					
城市多套房拥有率	-0.102 (0.078)		-0.005 (0.090)	0.034 (0.093)	-0.432 (0.372)
省份多套房拥有率		-0.427 ** (0.168)	-0.421 ** (0.195)	-0.524 *** (0.203)	0.511 (0.779)
控制变量					
人口统计学特征	是	是	是	是	是
社会经济特征	是	是	是	是	是
宏观经济变量	是	是	是	是	是
年份固定效应	是	是	是	是	是
城市固定效应	是	是	是	是	是
观测值	111331	111331	111331	100531	10800

注：(1) 括号内为稳健聚类标准误；(2) **、*** 分别代表在5%、1%显著性水平上显著。

第七节　本章小结

本章基于 2011～2017 年中国家庭金融调查（CHFS）数据，结合本书前述章节在微观层面的实证研究结论，从宏观视角研究城市住房拥有率和省份住房拥有率对微观居民主观福祉的影响。旨在从居民主观福祉的视角探讨城市层面和省级层面住房拥有率的不同社会影响，通过多种计量手段和实证方法确保了基准回归结果的稳健性与可靠性，并且利用相关理论对实证结果进行了解释。在此基础上，本章从住房产权维度、个体特征维度和区域特征维度，分析住房产权拥有率对不同群体主观幸福感的异质性影响。在此之后，本章展开进一步讨论，研究了城市和省份住房产权拥有率对居民主观幸福感影响的边际效应，及其对居民主观幸福感逐级跃迁和跨级跃迁的影响，同时本章还研究了城市和省份多套住房产权拥有率对于居民主观幸福感的影响等，并对实证结果作出了相应阐述。本章的主要研究结论如下：

（1）基准实证结果表明，城市住房拥有率与居民主观幸福感表现出显著的正向关联，而省份住房拥有率则与居民主观幸福感表现出显著的负向关联。对于第一条结果的可能解释是：第一，城市住房拥有率越高，能够在很大程度上表明该城市的宜居性越高，因而生活在该城市的居民主观幸福感也更为强烈；第二，对于住房拥有率越高的城市来说，意味着更多居民的居住品质和生活环境更优、城市融合度和身份认同感更高、邻里关系更加和谐、社会网络更加多元，因而使得城市整体的和谐程度也越高，对于生活在如此环境中的单个个体而言，居民的生活幸福度也会随之提升；第三，在住房拥有率较高的城市，私有住房产权的分布状况更加均匀，住房市场具有相对更高的平等性；第四，当人们所在城市的住房拥有率较高时，产生了"正向隧道效应"，此时无房者可能会对他们获取住房产权持有乐观积极的预期。对于第二条结果的可能解释是：当省内其他城市的住房拥有率提高的时候，此时居民通过社会比较发现自身所处的环境处于相对劣势状态，并且由于不同城市之间的住房可支付性、住房政策等方面存在巨大差异，因而住房产权的可获取性并不遵循机会均等原则，"负向隧道效应"，进而可能引发居民产生不满、嫉妒和抱怨等情绪，进而降低了居民的主观幸福感。

（2）异质性分析结果表明：第一，从住房产权维度来看，首先，在住房拥有率相对较低的城市，居民拥有住房产权以及所拥有的住房产权套数，能在更大程度上提升其主观幸福感。其次，当居民所在城市的住房拥有率超过了省份住房拥有率时，此时居民的主观幸福感受到城市住房拥有率的正向影响，而省份住房拥有率并不能产生显著影响；而当居民所在城市的住房拥有率不及省份住房拥有率时，此时居民的主观幸福感受到省份住房拥有率的负向影响，而城市住房拥有率并不能产生显著影响。第二，从个体特征维度来看，首先，城市住房拥有率仅与男性户主主观幸福感之间存在显著的正向关联，而省份住房拥有率对男性和女性户主主观幸福感都能产生显著的负向影响。其次，对于年龄45岁以下的居民而言，城市住房拥有率、省份住房拥有率与他们的主观幸福感之间并不存在显著的关联性，二者仅对45岁及以上的中老年居民主观幸福感产生显著影响。然后，城市住房拥有率、省份住房拥有率仅对已婚/有伴侣居民主观幸福感具有显著的影响，而在丧偶/离婚/分居/未婚群体组别中的估计系数并没有表现出统计意义上的显著性。而且，省份住房拥有率对低收入居民主观幸福感并不能产生显著的影响，城市住房拥有率和省份住房拥有率仅对非农业户口居民主观幸福感产生显著影响，省份住房拥有率对于受过高等教育的居民主观幸福感负向影响程度更大，城市住房拥有率仅与中老年男性居民主观幸福感之间存在显著的正相关关系，且与老年男性居民主观幸福感之间的正向关联程度更大。第三，从区域特征维度来看，首先，城市住房拥有率、省份住房拥有率与城市地区和农村地区居民主观幸福感之间的关联程度并没有显著差异。其次，城市住房拥有率仅与东部地区和中部地区居民的主观幸福感之间存在显著的正相关关系，而省份住房拥有率仅与东部地区居民的主观幸福感之间存在显著的负相关关系。最后，城市住房拥有率与东部农村地区居民、中部城市地区居民主观幸福感之间存在显著的正向关联，但却与西部城市地区居民主观幸福感之间存在显著的负向关联；省份住房拥有率仅与东部地区居民、中部城市地区居民主观幸福感之间存在显著的负向关联，且与东部地区农村居民的主观幸福感负向关联程度更高。

（3）进一步讨论发现，第一，提高城市住房拥有率能显著降低"非常不幸福""不幸福""一般"的概率，反之能够显著提高"幸福""非常幸福"的概率，且对"非常幸福"概率的正向提升作用最大，对主观幸福感"一般"概率的负向抑制作用最大。与此同时，省份住房拥有率的提高能显著增加"非常不幸福""不幸福""一般"的概率，反之能够显著降低"幸福""非常幸福"的概率，且对"非常幸福"概率的负向抑制作用最大，对主观幸福感"一般"概率的正向提升作用最大。第二，城市住房拥有率和省份住房拥有率对于居民主观幸福感"一正一负"的影响效应存在"幸福感错位"现象，具体而言，城市住房拥有率仅对于幸福感处于"中间"的居民主观福祉产生显著积极影响，而对于幸福感处于"两端"的居民主观福祉则没有显著影响；与之不同的是，省份住房拥有率仅对于幸福感处于"高水平"的居民主观福祉产生显著负面影响，而对于幸福感处于"较高及以下"的居民主观福祉则没有显著影响。此外，城市住房拥有率和省份住房拥有率都不能显著影响生活"非常不幸福"者的主观福祉跨级跃迁，前者能够显著助力居民跨级实现"幸福"或"非常幸福"的生活，而后者则能够显著抑制居民跨级实现"非常幸福"的生活。第三，城市多套房拥有率不会对居民主观幸福感产生显著影响，而省份多套房拥有率则会对居民主观幸福感产生显著负向影响，且这一负向影响仅仅对于拥有住房产权的居民群体有效。对于拥有住房产权的居民而言，在省内城市之间的横向攀比过程中形成了"有产者的焦虑"，从而造成了自身的主观福祉不断降低。

综合而言，本章基于中国住房市场的现实情况，实证研究了城市住房拥有率和省份住房拥有率对居民主观福祉的差异化影响结果，揭示出城市住房拥有率和省份住房拥有率对中国居民的不同含义，从宏观视角更为全面地厘清了住房产权对于居民个体的价值内涵，不仅对本书其他章节的研究视角进行了有效补充，同时也在更大程度上提高了本书的边际贡献、研究价值和学术创新水平。

第九章

研究结论与政策启示

　　研究住房产权对中国居民主观福祉的影响，不仅能够探索出住房产权与民生福祉之间存在的一般性规律，还能够揭示出蕴含在其中的非常丰富的中国故事。中国社会的历史变迁、社会矛盾、制度改革等都与这个问题存在不同程度的关联。本书在综合使用国际数据和国内宏观数据对中国住房产权和居民主观福祉进行刻画和描述的基础上，基于多年度中国家庭金融调查（CHFS）数据、中国综合社会调查（CGSS）数据、中国社会状况综合调查（CSS）数据多套微观数据资源，从政治、经济、文化、社会、心理等多个维度，通过理论分析和实证检验，全景式剖析住房产权对居民主观福祉的影响，多维度探索其内在机理。不仅厘清了拥有住房产权对微观居民主观福祉的影响，归纳了住房产权对居民主观福祉的影响机制，还探索了宏观层面住房拥有率对微观居民的主观福祉的影响，对比了城市层面和省份层面住房拥有率对于居民主观福祉的不同含义。本章基于本书的理论研究和实证研究结果，对相关研究结论进行概括性归纳与总结，并提出相关政策启示。

第一节　主要研究结论

　　本书在介绍了本书的研究背景、研究目的与研究意义、研究对象与研究内容、研究方法与技术路线等基础上，从住房产权、居民主观福祉以及二者之间的关系入手，全面梳理和综述了国内外相关研究成果。然后，本书第三章依据经济学、社会学、心理学等多学科经典理论，重点从理论层面分析了住房产权对居民主观福祉的影响及其内在机理；第四章简要梳理了中国住房制度变迁历史，尤其自新中国成立之后以及改革开放以来我国住房制度的演变历程，并结合国内外宏观数据对中国住房产权和居民主观福祉进行了宏观描述；第五章至第八章为实证研究部分，其中，第五章从微观视角实证研究了拥有住房产权对居民主观福祉的影响，第六章实证检验了住房产权对居民主观福祉的影响机制，第七章从微观视角实证研究了不同类型住房产权对居民主观福祉的影响，第八章从宏观视角探讨了住房拥有率对居民主观福祉的影响。总体而言，本书的主要研究结论如下：

一、住房产权对居民主观福祉的提升作用因人而异、因地而异

第一，总的来说，拥有住房产权能够显著提升居民的主观幸福感，但对不同个体的影响结果存在差异。从个体维度看，男性户主和女性户主都很重视获取住房产权，且住房产权对两类户主产生的幸福效应并没有显著的差异；拥有住房产权对青年群体和中年群体的幸福效应最强，对提升老年群体的主观幸福感程度较弱；相比较中低收入群体而言，拥有住房产权能在更大程度上显著提升高收入人群的主观幸福感；拥有住房产权对已婚/有伴侣的居民主观幸福感影响程度明显高于丧偶/离婚/分居/未婚的居民。从年份维度看，从 2011 年至 2017 年，拥有住房产权对人们产生的幸福效应始终存在，虽然住房市场和社会经济发展迅速，但是似乎并没有显著改变获取住房产权对提升人们主观福祉的价值内涵。从区域维度看，拥有住房产权对城市地区和农村地区居民主观幸福感都表现出正向提升作用，但对城市地区居民的主观福祉提升作用更强。住房产权对居民主观幸福感的提升作用主要表

现在东部地区和中部地区，尤其能够在更大程度上显著提升东部地区城市居民的主观幸福感。

第二，拥有住房产权能显著降低居民感到"非常不幸福""不幸福""一般"的概率，反之能够显著提高"幸福""非常幸福"的概率，且对居民感到"非常幸福"概率的正向提升作用最大，对主观幸福感"一般"概率的负向抑制作用最大。这也意味着，获取住房产权有助于居民跨越"中等幸福陷阱"。

第三，拥有住房产权仅能够显著正向提高幸福水平相对较低的群体的主观幸福感，对于本身就已经感到幸福或者非常幸福的人群而言，拥有住房产权已经失去了明显的幸福效应。所以，从提升居民主观幸福感的视角来看，获取住房产权往往只能对那些幸福度较低的人群起到"雪中送炭"的作用，而难以对幸福度较高的人群起到"锦上添花"的作用。拥有住房产权能够显著助推居民主观幸福感发生由低到高的跨级跃迁，有助于改善幸福水平相对偏低的群体的主观幸福感。

第四，拥有多套住房产权的确能够提升居民主观幸福感，仅拥有一套住房产权的居民已经难以从住房产权上获得更多幸福感，但住房产权数量对居民产生的边际幸福效应呈现出倒"U"形特征。拥有3套住房产权和拥有5套及以上住房产权对居民产生的幸福效应大致趋同，拥有4套住房产权对居民主观幸福感的提升作用最强。

第五，对于"有房—不幸福"的群体而言，从人口统计学特征来看，往往表现为身体状况欠佳，婚姻状况不理想；从社会经济特征来看，主要居住在农村地区，户口为农业户口，受教育年限较短，较少拥有家庭汽车，收入和支出水平相对不高，社保参与率偏低；从宏观经济变量来看，主要居住在住房拥有率较高的地区，房价水平和地区经济发展水平相对偏低，物价水平相对偏高。对于"无房—幸福"的群体而言，从人口统计学特征来看，女性表现得相对明显，健康程度较高；从社会经济特征来看，主要居住在城市地区和拥有城市户口，受教育年限较长，家庭收入和支出表现一般但是负债水平很低；从宏观经济变量来看，主要居住在住房拥有率较低的地区，地区人口规模相对偏小，房价水平和地区经济发展水平相对偏高。

二、住房产权对居民主观福祉的影响重点源于"产"与"权"

第一，住房产权能够产生资产效应。由于 21 世纪前 20 年中国城镇住房价格快速上涨，拥有住房产权的家庭获取了大量的住房财富增值，并且住房资产的财富效应和抵押效应等进一步放大了有房家庭的财富优势。与同龄人相比，拥有住房产权的居民比不拥有住房产权的居民往往具有更高的社会经济地位感知。与当地人相比，拥有住房产权能够显著提升人们对其家庭经济状况在所在地的所属档次认知，同时对未来 5 年其在本地的社会经济地位也持有乐观预期。与全社会人相比，拥有住房产权的居民也依然对自己的社会经济地位有着更高的评价。与自身期望相比，拥有住房产权的居民更倾向于认为自己的劳动收入合理性更高，即对于个人经济收入的满足感有所提升。

第二，住房产权能够产生社会门票效应。拥有住房产权能显著提升人们的社会公平感、社会信任感和社会阶层感知。而且，拥有住房产权还会对居民未来 10 年社会阶层的预期产生正向提升作用，显著提升居民的代内社会阶层向上流动和代际社会阶层向上流动；从居民对社会保障、教育资源、公共医疗、社会财富及收入分配等方面的评价结果来看，拥有住房产权通常能够显著提升人们对于社会资源的获得感、满意度、公平感；拥有住房产权有助于增强人们与亲朋好友之间的社会网络，进而也有助于其积累更多社会资本；拥有住房产权能够显著提升人们的社会融合度与身份认同感，并且"在城镇购买住房"是成为城里人的重要条件已经引起社会公众的共鸣。

第三，住房产权能够产生家庭和谐效应。拥有住房产权的居民婚姻生活满意度更高、比周围人也生活得更加知足；拥有住房产权的居民对现阶段的整体生活状态满意度更高；拥有住房产权的居民对家庭关系往往更加满意，家庭生活的和谐度和融洽度更高；拥有住房产权的家庭拥有更好的休闲/娱乐/文化生活，即他们的生活压力相对比较缓，平时生活节奏更加舒适；拥有住房产权居民的社交生活更加丰富；拥有住房产权的居民更加认可自身的生活，更加认为他自己的生活符合个人理想和期望。总而言之，拥有住房产权的家庭通常具有更高的生活品质、更小的生活压力、更和谐融洽的家庭关系和氛围、更理想的社交生活、更高的生活满意度。

第四，住房产权能够产生睦邻效应。拥有住房产权的居民与邻居/街坊/同村其他居民互相之间的熟悉程度往往更高，更有动机且更有条件与周围邻居建立和维持良好的互动关系；拥有住房产权能在更大程度上提升居民与邻居的社交娱乐活动频率，更加积极地与邻居或朋友进行社交互动，有助于居民建立起和谐融洽的邻里关系；拥有住房产权的居民往往对邻里环境状况表现出更高的满意程度，也意味着有房群体的居住条件和居住环境相对更优。

第五，住房产权能够产生政治参与门票效应。拥有住房产权虽然能在较小程度上影响居民是否具有基层政治参与的资格，但是却能在很大程度上影响居民参与基层政治活动的积极性，即拥有住房产权的居民具有更为强烈的政治参与行动力；拥有住房产权的居民更加积极地参与了村居/单位的重大决策讨论；拥有住房产权的居民更加积极地参与了当地的相关政治活动；住在自有住房的居民更加有意愿参与社区治理；住在自有住房的居民参与社区治理的积极性和行动力更强；住在自有住房的居民对社区的建议更能引起管理部门的重视，更容易被社区或上级政府采纳；住在自有住房的居民感知到的社区居委会/村委会对其帮助程度更大。

第六，住房产权能够产生自我肯定效应。拥有住房产权的居民日常心情通常更好，心情抑郁或者感到沮丧的频率相对更低；拥有住房产权的居民通常比不拥有住房产权的居民在平日里更加感到充满活力，心理健康程度往往更高；拥有住房产权的居民通常对未来持有更加乐观的态度；拥有住房产权能够显著提升人们的主观安全感；拥有住房产权的居民比不拥有住房产权的居民更有成就感和自我实现感；拥有住房产权增强了人们实现目标和解决困难的可行能力。

第七，中国的住房增值不平等程度相对收入不平等程度更加严重。城市层面收入不平等并没有显著影响居民的主观福祉，而城市层面住房产权增值不平等与居民的主观幸福感呈现出显著的正向关联，一个可能的解释是城市内住房增值对居民心理预期产生了"正向隧道效应"。

三、不同类型住房产权对居民主观福祉的影响程度存在差异

第一，从产权性质维度来看，产权性质为部分产权的住房对居民产生的幸福效应相对偏弱；从获取方式维度来看，拥有新建商品房住房产权的居民幸福感水平相对最高，而拥有政策性住房、继承或赠与性质的住房产权并不能显著提升居民的主观幸福感；从获取时间维度来看，住房产权的持有期限越长，其对于居民主观幸福感的提升作用也就越弱，这可以根据社会适应理论进行解释，即对于近期才拥有住房产权的居民，住房产权对他们产生的"新鲜感"更能提升他们的主观幸福感，但是随着持有年份的逐步拉长，人们也已经渐渐适应了拥有住房产权的生活，住房产权带来的心理性福祉效应也会逐步衰减。

第二，从初始价值维度来看，不同初始价值的住房产权与居民的主观幸福之间呈现出非对称性"U"形关系，且拥有初始价值相对较高的住房产权能在最大程度上提升居民的主观幸福感；从首付来源维度来看，首付资金主要来源于受访者和配偶的这类住房产权，对于居民主观幸福感的正向提升作用最为明显。这可能是因为依靠自身或配偶的共同努力，由此获取到的住房产权更能体现出个人的社会经济地位、自我实现感、成就感等。而对于购房首付资金不足且需要通过向他人借款的方式获取住房产权的居民，住房产权对他们的主观幸福感提升程度和提升显著度相对稍低，这可能是由于他们获取住房产权的资金压力更大，向他们借款实际上也是一种"消费人情"的行为，并且也承受着相对更大的债务压力。从贷款方式维度来看，通过住房公积金贷款获取的住房产权能在更大程度上显著提升居民的主观幸福感，这

可能是由于住房公积金贷款利息成本相对更低，即有效缓解了居民获取住房产权的资金成本。

第三，从所处区位维度来看，位于本地的住房产权对于居民主观幸福感的提升程度略高于位于外地的住房产权对于居民主观幸福感的提升程度，这可能是由于本地的住房产权具有更强的居住便捷性，同时也更能显化居民在本地的社会经济地位，强化居民在本地的社会网络，便于居民在本地积累社会资本。拥有城市地区的住房产权能在更大程度上显著提升居民的主观福祉，拥有城镇/乡镇地区、农村地区住房产权对居民产生的幸福效应依次减弱，这可能是因为城市地区的住房产权更能体现出个人的经济社会地位，同时也更能提升人们的城市身份认同感，有助于促进人们融入城市生活，并且在城市基层治理和政治参与等方面掌握更强的主动性和话语权。拥有东部地区住房产权能在更大程度上显著提升居民主观幸福感，拥有中部地区住房产权次之，拥有西部地区住房产权相对最弱。

第四，从产权用途维度来看，拥有用于出租的住房产权对于居民的主观福祉提升作用最强，拥有用于自家成员居住的住房产权对于居民的主观福祉提升作用略微减弱，但拥有免费给亲友居住的住房产权并未对居民产生明显的幸福效应；从产权归属维度来看，当住房产权属于居民本人及其配偶/伴侣时，此时拥有住房产权对居民主观幸福感的提升程度最高，但如果家庭的自有住房产权不归属于该居民本人及其配偶/伴侣，此时家庭的住房产权对居民主观幸福感的提升作用较弱。居民并不在乎其父母是否拥有住房产权，而特别在乎其子女是否拥有住房产权，意味着住房产权对居民主观福祉的影响存在着明显的向下代际传递特征。

第五，从市场现价维度来看，只有市场价值相对较高或者相对居中的住房产权才能显著提升居民的主观幸福感，而市场价值相对偏低的住房产权并不能显著提升居民的主观幸福感；从产权增值维度来看，增值水平越高的住房产权能够在更大程度上提升居民的主观幸福感；从产权债务维度来看，对于仍然欠有银行住房债务的居民而言，住房产权对他们产生的幸福效应在较大程度上取决于住房产权的增值水平，且增值水平较高的住房产权能够在相对最大程度上显著提升居民的主观福祉。对于已经没有银行住房债务的居民而言，住房产权对他们产生的幸福效应也在较大程度上取决于住房产权的增值水平，并且增值水平较高的住房产权同样能够在相对最大程度上显著提升居民的主观福祉。较为关键的是，存有住房债务家庭的幸福感很可能高于没有银行住房债务的家庭，可能是因为虽然住房债务可能会增加居民的经济压力，但住房债务能够有效平滑居民在生命周期中的收入，以实现效用的最优化。而且，在住房价格不断上涨的情况下，当居民向银行借出更多的住房贷款或者申请到了更长还款期限的住房贷款，很可能更能够让他们更加感到"物超所值"，他们即便背负了一定的住房债务，但银行贷款能够使得他们突破了自身可支付能力的约束，住房产权的增值反而让他们更加认可自己贷款购买这一决策的预见性和明智性。除此之外，由于住房公积金"低存低贷"等方面的政策设计，延长住房贷款时间和增加住房贷款额度等都会显著提升居民的经济福利。

第六，从学区住房维度来看，拥有住房产权能在更大程度上显著提升家里有学龄儿童的居民主观幸福感；从公共资源可达性维度来看，住房产权对居民主观幸福感的提升作用需要依赖于公共资源可达性，这是因为公共资源可达性不仅能够有效提升居民生活的便利性和舒适性，而且公共资源的资本化效应还能够显著推动住房增值，从而使得住房产权拥有者获得相对更高的资产收益；从通勤成本维度来看，拥有通勤距离越近的住房产权，能在相对更大程度上显著提升居民的主观幸福感。拥有通勤时间越短的住房产权，能在相对更大程度上显著提升居民的主观幸福感，而若单程通勤时间超过 1 小时，住房产权对居民的主观福祉提升作用则明显减弱。

第七，男性子嗣拥有住房产权能够提升父辈的主观福祉，然而女性子嗣拥有住房产权未能显著提升父辈的主观福祉。这可能是由于男性子嗣更需要通过获取住房产权来显化其社会经济地位，同时更能提高其在婚姻市场的竞争力，也解释了为什么很多中国居民偏向于"为儿子买房"。同时，居民家庭为获取住房产权而产生的经济压力能够显著削弱居民主观幸福感，尤其对于很难偿还房债以及完全没有偿还房债能力的家庭而言，拥有住房产权并没有对居民的主观幸福感产生正向提升作用，反而存在一定的抑制倾向，即获取住房产权提升居民主观福祉的前提条件是不能造成居民家庭过大的偿债经济压力，否则住房产权的主观福祉效应将会被削弱甚消失，这从增进民生福祉的视角为遏制房价非理性过快上涨提供了理论依据。

四、城市和省份住房拥有率对居民主观福祉产生"一正一负"的影响

第一，城市住房拥有率与居民主观幸福感表现出显著的正向关联，而省份住房拥有率则与居民主观幸福感表现出显著的负向关联。对于第一条结果的可能解释是：城市住房拥有率越高，能够在很大程度上表明该城市的宜居性越高，因而生活在该城市的居民主观幸福感也更为强烈；对于住房拥有率越高的城市来说，意味着更多居民的居住品质和生活环境更优、城市融合度和身份认同感更高、邻里关系更加和谐、社会网络更加多元，因而使得城市整体的和谐程度也越高，对于生活在如此环境中的单个个体而言，居民的生活幸福度也会随之提升；在住房拥有率较高的城市，私有住房产权的分布状况更加均匀，住房市场具有相对更高的平等性；当人们所在城市的住房拥有率较高时，产生了"正向隧道效应"，此时无房者可能会对他们获取住房产权持有乐观积极的预期。对于第二条结果的可能解释是：当省内其他城市的住房拥有率提高的时候，此时居民通过社会比较发现自身所处的环境处于相对劣势状态，并且由于不同城市之间的住房可支付性、住房政策等方面存在巨大差异，因而住房产权的可获取性并不遵循机会均等原则，"负向隧道效应"，进而可能引发居民产生不满、嫉妒和抱怨等情绪，进而降低了居民的主观幸福感。

第二，从住房产权维度来看，在住房拥有率相对较低的城市，居

民拥有住房产权以及所拥有的住房产权套数，能在更大程度上提升其主观幸福感。当居民所在城市的住房拥有率超过了省份住房拥有率时，此时居民的主观幸福感受到城市住房拥有率的正向影响，而省份住房拥有率并不能产生显著影响；而当居民所在城市的住房拥有率不及省份住房拥有率时，此时居民的主观幸福感受到省份住房拥有率的负向影响，而城市住房拥有率并不能产生显著影响。从个体特征维度来看，城市住房拥有率仅与男性户主主观幸福感之间存在显著的正向关联，而省份住房拥有率对男性和女性户主主观幸福感都能产生显著的负向影响。城市住房拥有率、省份住房拥有率仅对 45 岁及以上的中老年居民、已婚/有伴侣居民主观幸福感产生显著影响。而且，城市住房拥有率和省份住房拥有率仅对非农业户口居民主观幸福感产生显著影响，省份住房拥有率对于低收入居民主观幸福感并不能产生显著的影响，对受过高等教育的居民主观幸福感负向影响程度偏大，城市住房拥有率仅与中老年男性居民主观幸福感之间存在显著的正相关关系，且与老年男性居民主观幸福感之间的正向关联程度更大。从区域特征维度来看，城市住房拥有率、省份住房拥有率与城市地区和农村地区居民主观幸福感之间的关联程度并没有显著差异，且前者仅与东部地区和中部地区居民的主观幸福感之间存在显著的正相关关系，后者仅与东部地区居民的主观幸福感之间存在显著的负相关关系。

第三，城市住房拥有率和省份住房拥有率对于居民主观幸福感"一正一负"的影响效应存在"幸福感错位"现象，具体而言，城市住房拥有率仅对于幸福感处于"中间"的居民主观福祉产生显著积极影响，而对于幸福感处于"两端"的居民主观福祉则没有显著影响；与之不同的是，省份住房拥有率仅对于幸福感处于"高水平"的居民主观福祉产生显著负面影响，而对于幸福感处于"较高及以下"的居民主观福祉则没有显著影响。此外，城市多套房拥有率不会对居民主观幸福感产生显著影响，而省份多套房拥有率则会对居民主观幸福感产生显著负向影响，且这一负向影响仅仅对于拥有住房产权的居民群体有效。对于拥有住房产权的居民而言，在省内城市之间的横向攀比过程中形成了"有产者的焦虑",从而造成了自身的主观福祉不断降低。

第二节　政策含义讨论

基于国家顶层设计和当前时代背景,结合我国住房市场和城市发展最新动向,围绕本书主要研究结论,本节尝试提炼和总结相关政策启示,以期为我国住房市场平稳健康发展和增进民生福祉提供理论参考。凝练出的政策含义主要包括以下四个方面内容:一是建立和完善以增进民生福祉为导向的住房制度;二是优化住房"产、权"分配机制增强租购可替代性;三是抑制因攀比心理导致的居民非理性购房行为;四是重视住房产权引发的代际与城乡居民主观福祉传递效应。

一、建立和完善以增进民生福祉为导向的现代化住房制度

习近平总书记指出,共同富裕是社会主义的本质要求,是中国式现代化的重要特征,现在,已经到了扎实推动共同富裕的历史阶段。[①]显然,共同富裕不仅体现在物质层面,也体现人民精神生活层面,增进民生福祉是发展的根本目的,让人民生活幸福是"国之大者"。不可否认,自20世纪80、90年代至今,我国住房和城乡建设事业经历了一系列重大改革,取得了令人瞩目的成就。比如城乡住房水平明显提高,人居环境显著改善,建成了世界最大住房保障体系等(王蒙徽,2020),这为我国全面建成小康社会奠定了坚实的基础,也为下一阶段实现住房和城乡建设现代化发展提供了必要的条件。但是,需要清醒地意识到,现阶段我国住房市场发展仍然面临着较为突出的不平衡不充分问题。比如住房结构性供给不足,租赁市场发展相对滞后,租购

---

① 习近平. 扎实推动共同富裕 [J]. 求是,2021 (10):15.

不同权问题突出，新市民、青年群体、流动人口、中低收入群体的住房问题仍未被很好地解决，职住不平衡问题较为突出，人居环境仍有待提高，住房市场区域分化现象明显，住房市场财税金融体制机制仍不健全，政策性住房金融制度不够完善，大中城市商品住房价格仍然处于高位，住房市场韧性不足等。

住房作为保障和改善民生的重要物质基础，住房问题自然也是重要的民生问题。本书的研究结论表明，住房产权关系到居民百姓的获得感、幸福感、安全感，从基本生存和高阶发展两个维度深刻影响着人们的福祉。所以，在新发展时期和新发展阶段，必须要完善住房市场体系和住房保障体系，必须要建立和完善以增进民生福祉为导向的现代化住房制度，必须要顺应居民高品质住房需求，下大力气解决好老百姓住有所居、住有宜居、职住平衡的问题。其基本前提是坚持"房住不炒"的定位，关键在于推动有效市场和有为政府更好结合，做好中长期住房发展规划，同步协调推进住房租赁制度、住房产权制度以及相关配套性制度改革；加快建立多主体供给、多渠道保障、租购并举的住房制度，坚持因地制宜、因时制宜和多策并举，夯实城市政府主体责任，稳定地价、房价和预期；建立住房和土地联动机制，加强房地产金融调控，发挥住房税收调节作用，改革完善住房公积金制度；加强住房领域立法工作，让住房回归居住属性，促进房地产行业平稳健康发展和良性循环（刘鹤，2021）；抑制住房市场的"马太效应"，防止住房产权沦为富裕阶层攫取社会发展成果的工具，以住房正义促进社会公平正义，为促进国内大循环和实现共同富裕发挥积极作用。

与此同时，我们切忌被表面上较高的住房拥有率和住房自有率所欺骗，而对我国居民的实际住房需求作出误判。这是因为，虽然我国常住人口城镇化水平已经超过了60%，但对于人口基数如此之大的我国而言，城镇化进程仍然任重道远，在这个过程中，农村与城市之间的人口流动、城市与城市之间的人口流动非常频繁，导致了传统的家庭户形态被不断切割和拉扯，一家人并不住在"同一屋檐下"的现象比比皆是。所以，如果简单地以传统家庭户的方式统计住房拥有率，必然将导致对住房的实际需求产生较为严重的低估，进而对住房市场的供求关系形成错误认知。所以，要坚持以人为本的住房制度改革导向，继续加大城市住房供给，尤其要适当提高大城市住宅建设用地供给比重，解决好住房供给总量和结构的问题。但需要注意的是，加大住房供给并不简单等于增加住房开发建设，更为重要是要有效盘活存量住房资源，加快住房过滤，提高住房资源使用效率。同时要加快培育和发展住房租赁市场，有力有序扩大城市租赁住房供给，完善城市长租房政策，扩大保障性租赁住房供给，着力解决困难群体和新市民住房问题。而且，要将住房发展规划与城市规划、土地规划、交通规划、产业规划等有机衔接，避免住房无效供给或重复供给。继续发展与推广绿色低碳住宅，为实现碳达峰、碳中和目标做出积极贡献，提高人们居住健康度、舒适度。

除此之外，建立和完善以增进民生福祉为导向的现代化住房制度，要坚持以"烹小鲜"之"道"推进大国治理现代化的思维，不仅要有高屋建瓴的制度设计，还要在城乡社区治理的过程中，做到具体问题具体分析，不断细化各项住房政策的适用情形，不断优化面向各种情形的政策设计。而且，在政策设计和调整的过程中，需要充分考虑其对于居民福祉的长短期影响，对于可能会引起居民不满意和抱怨情绪的政策条文或相关草案，要广泛吸收民声民意，做好相关政策的宣传和解读工作。进而构建纵向到底、横向到边、共建共治共享的城乡住房治理体系，充分调动人民群众、市场主体的积极性和主动性。从建设、交易、使用、管理、维护等领域，构建全生命周期住房运作体制与机制，在实施城市更新行动、推进城市体检的过程中，建立和完善住房体检制度、住房更新制度、住房维修基金制度等，积极解决老百姓房前屋后人居环境的实事小事，不断满足人民日益增长的美好生活需要，真正使人民获得感、幸福感、安全感更加充实、更有保障、更可持续。

二、优化住房"产、权"分配机制增强租购可替代性

本书的研究结果表明，住房产权对居民主观福祉的影响重点源于"产"与"权"，这也为中国居民倾向于获取住房产权这一现象提供了解释。但是，无论从其他国家的发展经验来看，还是从我国中央政府的顶层设计要求来看，建立租购并举的住房制度、形成租购并举的住房市场无疑有助于推动住房市场平稳健康发展，有助于提升住房市场韧性，也是实现全体人民住有所居的根本途径。然而，参考本书在第四章中基于对比分析所描述的客观现实，现阶段我国住房市场明显存在租赁短板问题，重购轻租的现象在我国住房市场表现得尤为突出。但是，基于本书的研究结论，无论从中国的传统文化还是数十年以来"租购不同权"的住房制度设计以及住房市场发展趋势来看，中国居民青睐于获取住房产权都具有很强的必然性。获取住房产权不仅能够满足最基本的居住需求，更重要的是能够获得住房增值收益、更高的社会阶层认知、更好的生活品质、更多的公共服务获取权和政治参与权、更优的社会网络和社会资本、更强的身份认同感、更积极的主观心态等。所以，如此众多的因素共同驱动了中国居民获取住房产权的欲望，提升了拥有住房产权的效用和满足感。换句话说，当前我国住房市场的租购可替代性不强，导致了租购失衡的局面。建立住房市场租购协调发展、良性互动的健康发展秩序，需要对"租"和"购"两类人群、从"产"和"权"两个维度进行系统性住房制度改革和优化。

对于住房租房人群而言，最为关键和最为紧迫的住房制度改革任务是要逐步提升承租人的公共服务获取权，这也是破除住房租购不同权的核心环节。事实上，近5年来，我国多个城市已经陆续发布了关于加快发展住房租赁市场的相关政策方案，甚至有城市提出要实行"租购同权"。但是有学者已经指出，脱离国情和实际片面强调租购同权，可能会放大住房权与公共服务获取权之间的内生矛盾，导致一部分群体从为"住"租房转向为"权"租房，弱化住房租赁的消费功

能，加剧住房供给的结构性矛盾。因此，在努力增加公共服务配置空间均衡和推进各项配套性制度改革的同时，还要从真正理解什么是住房权入手，找准住房租赁市场的功能定位，将保障住房权与保障公共服务获取权合理脱钩，防止公共服务获取权被资本化、金融化（陈杰和吴义东，2019）。因而，在基本公共服务相对稀缺且供给弹性相对不足的客观约束下，一步到位式的实施"租购同权"可能困难重重，并且还可能产生一系列的负面影响。相比较而言，"租赁赋权"可能是当前和今后一个时期较为理想且实施可行性较高的改革方案。而且，《中华人民共和国国民经济和社会发展第十四个五年规划和2035年远景目标纲要》中已经明确提出，"逐步使租购住房在享受公共服务上具有同等权利"，由此可见，我们一方面要强调"租赁赋权"符合社会公平正义的正确方向，另一方面还要实事求是地强调这属于一项"逐步"改革过程，并不能一蹴而就。即逐步消除对于住房承租人的制度性歧视，破除他们在生存、发展以及社会融入过程中的各项制度性障碍，逐步使得承租人在子女义务教育、基本医疗、计划生育、公共卫生、健康促进、基本养老、就业服务、社会保障、社区事务、科技申报、住房保障和住房公积金提取等方面享有与住房产权人同等的权利，从而实现"租有所得"，增进住房承租人各项福祉。除此之外，还需要致力于提升住房承租人的居住条件，改善他们的人居环境，赋予他们平等地参与社会治理权利和政治参与等各项权利。而且，可以适当加大住房公积金对承租人的租金支持力度，甚至还可以大胆探索住房公积金在租金杠杆方面可能发挥的作用空间。总而言之，实现租购并举，关键要提升住房租购的可替代性，这种可替代性并不仅仅指的是居住功能的可替代性，还需要通过租赁赋权等方式，提升住房承租人在"产"和"权"两个方面的获得感，增进他们的主观福祉。

对于住房产权人群而言，在对承租人实施"租赁赋权"的过程中，相应地需要将公共服务获取权与住房产权逐步松绑甚至完全脱钩，抑制公共服务被资本化、金融化到住房产权中，不断压缩住房产权的投机套利空间。在保障人们合理的基本居住需求和改善性居住需求基础上，深入总结上海和重庆的房地产税试点经验，并进一步在更多的是开展房地产税扩大试点工作，同时借鉴典型国家或地区的房地产税制度经验，继续完善不动产登记制度、建立房地产估计体系等，设计出符合中国国情的房地产税收制度及其配套性综合改革方案，并逐步扩大试点范围。以此促进房地产市场平稳健康发展，打击住房市场投机炒作行为，调节住房产权收益分配机制。当然，在这个过程中，需要警惕重复征税和税收转嫁等，而且本书的研究结论也已经表明，不同类型的住房产权对居民的福祉产生着不同的福祉效应，因而要继续对不同类型的住房产权制定出更为精准化、具有针对性的税收方案，同时因地制宜地探索房地产税的资金使用方式，通过转移支付和保障房供应等方式做到还利于民、让利于民。除此以外，应该持续增加城乡各类舒适物供给（amenities），即根据各地实际情况，增加能够引起人们幸福、舒适与快乐的资源，特别是要无差别地保障承租人和产权人"家门口"的舒适物供给。让住房承租人和产权人都能感受到住得舒适、住得体面、住得有尊严，不断满足人们对美好生活的向往。

三、抑制居民因攀比心理导致的非理性与投机性购房行为

本书的研究结论已经证实，城市内部的住房产权增值不平等程度已经较为严重，且近些年来保持着加剧的势头，然而住房产权增值的不平等程度不但没有削弱有房居民的主观幸福感，反而与有房居民主观福祉之间表现出正向关联。与此同时，相比较拥有多套住房产权的居民而言，仅拥有一套住房产权已经难以有效提升居民的主观福祉，而且当省内其他城市居民住房拥有率或者多套房拥有率提升时，居民的主观福祉将会受到显著抑制。导致上述这些结果的一个很重要原因是居民的攀比心理，即当有房居民发现城市内其他地块住房增值时，即便当期居民自有住房增值幅度不大，但其会产生一种积极的住房升值预期；当城市内其他居民拥有多套住房产权，或者周边其他城市居民普遍拥有住房产权或者多套住房产权时，此时的攀比心理使得居民

主观福祉被削弱。所以，人们为了追求"非理性幸福"，可能会进行"非理性购房""攀比性购房"，这一方面将扭曲住房的居住属性，不利于住房市场健康发展；另一方面还可能会蕴藏着潜在的风险，如果房价出现波动特别是下降时，很容易引发住房市场的金融风险。

事实上，国内外有很多相关研究已经证实，住房市场存在非常明显的羊群效应（herd effect）或者传染效应等（contagion）。比如，有学者基于美国住房市场的深度实证研究，发现了住房市场投机行为存在很强的传染效应，尤其在住房市场价格上涨的阶段，市场参与往往会急剧扩大，很多经验或专业知识不足的投机者被吸引到市场，就如同17世纪荷兰的郁金香泡沫事件类似（Bayer et al.，2021）。这种非理性攀比和模仿行为，导致了很多人根本不是出于居住的需求购房，并且也不是出于对住房市场的理性判断而购房，而是存在明显的跟风现象和传染现象，当他们观察到身边的房屋被人投机或者周边的人通过买房投机套利的时候，自己也会感到不安甚至仿效。尤其在当前自媒体飞速发展以及人们的社会网络日益多元的情况下，住房市场的"小道消息"和"炒房"行为很容易引起大量公众的关注，刺激人们的攀比心理和跟风行为。然而，无论是17世纪荷兰的郁金香泡沫事件还是历次经济危机，都昭示着市场的非理性繁荣终将产生严重的后果，人们也将为此付出沉重的代价。

因此，要始终坚持"房住不炒"的基本定位，严厉打击房地产开发企业、中介企业以及其他相关主体对于住房市场的恶意煽动和错误引导，稳定社会居民对于住房市场的情绪，坚定人们对于住房市场平稳健康发展的信心。与此同时，要压实地方政府责任，加快建立房地产市场监测预警长效机制，实时监测城市房地产市场发展动态，配置好针对各项指标和各类情形的调控政策工具箱。而且，要及时发布官方权威信息，强化舆论引导，稳定市场预期和居民情绪。另外，我们仍需要清醒地意识到，住房市场分化特征将会持续存在，这是一种客观现象，所以因城施策是一种尊重客观规律的做法，也是充分发挥地方政府主观能动性的关键手段。但是，因城施策要避免出现人为地加剧住房市场分割程度，避免地方政府借助因城施策的幌子变相利用住房市场作为实现其他政策目标的辅助性工具，"房住不炒"的含义既应该包括遏制"居民炒房"行为，也应该包括遏制"政府炒房"行为。比如，近年来部分城市陆续出台相应的"引才计划"甚至演化成"抢人大战"，地方政府的政策初衷可能是为了通过吸引更多人才刺激经济社会发展，这本身是无可厚非的，但要特别警惕至少两点：一是涉及的住房相关优惠政策是否可能会引发住房市场波动，造成了对于本地居民以及"引才"之外的其他流动人口的福祉剥夺；二是诸如此类"计划"无疑给住房市场预期增加了更多干扰，尤其是释放了未来短期内本地住房市场需求信号，从而导致居民的恐慌性购房和投机性购房。从这个意义上说，我们既要强调住房市场因城施策，但是因城施策并不是要进行市场分割，各地区在制定住房政策时候，一方面要通过更加精准化和更具灵活性的手段提高住房市场的治理能力和治理水平，另一方面也需要充分考虑区域之间的住房市场联动效应，特别是同一省份、近邻地区、相似能级的城市在进行住房市场调控时，不仅需要深刻把握本地区的住房市场客观发展规律和存在的具体问题，而且还需要统筹考虑其他地区的政策，从而增强住房政策的有效性，提高政策效果的可预见性，抑制居民因攀比心理、恐慌心理所导致的非理性购房行为。

四、重视住房产权引发的代际与城乡居民主观福祉传递效应

通常来说，住房市场主要存在于城市地区，因而城市地区的住房产权对城市居民的相关影响更容易受到关注。然而，本书的理论分析和实证研究结果表明，住房产权不仅显著地影响了城市居民主观福祉，而且也深刻影响着农村居民主观福祉。与此同时，自有住房产权对居民主观福祉的影响不仅限于本代，父代的住房产权能够显著影响子代的主观福祉，而且子代的住房产权也会显著影响父辈的主观福祉。总的来说，住房产权不仅仅能够影响本代居民以及城市居民的主观福祉，

而且还会引发代际主观福祉、城乡居民主观福祉的传递效应。这既反映了现有相关文献的研究局限，也彰显了本书的研究创新。其实，基于中国的传统文化和住房制度设计等视角，不难理解住房产权引发的代际与城乡居民主观福祉传递效应。比如，住房产权之所以能够引起代际主观福祉传递，是因为一方面在现阶段城市学区房制度下，拥有住房产权特别是优质学区房的家庭，他们的子女往往拥有更大的概率接受相对优质的基础教育，这直接影响了子代的主观福祉；另一方面，当子代拥有住房产权时，子代的社会阶层、社会经济地位、婚姻市场竞争力等方面相对更优越，在中国"望子成龙、望女成凤"的传统文化观念下，子代的相对优越性也会反作用于父代主观福祉。再如，住房产权之所以能够引起城乡居民主观福祉的传递，是因为对于在城市地区拥有住房产权的农村居民而言，他们也通常拥有更高的社会阶层认知、社会经济地位认知等，并且在城市住房价格上涨的情况下，他们能够获得住房增值产生的经济利益；同时，在中国城市化进程推进的过程中，虽然仍有不少居民生活在农村地区，但是他们的家人、尤其是他们的子女通过工作和读书等方式进入城市，因而让这部分农村家庭也更加具有了在城市购房的动机和需求，进而使得住房产权引发城乡居民主观福祉传递。

显然，我们需要高度重视住房产权引发的代际和城乡居民主观福祉传递过程中的负面影响。首先，由于住房产权不仅能够影响自身主观福祉，还能够影响代际主观福祉，因而居民在年轻时需要"为自己买房而储蓄"，在年老时还需要"为子女买房而储蓄"，尤其对于有男性子嗣的家庭而言，这个现象表现得更为明显。而在 20 世纪末和 21 世纪初期，我国的城镇化水平并不高，老一代居民主要生活和工作于农村地区，收入水平相对偏低，但随着城市化进程的加快推进以及城市商品住房价格的持续飙升，他们往往要花光大部分积蓄甚至是全部积蓄用于支持子女购房，而且还可能需要背负较多的住房债务。这种现象造成了中国上一代人"未富先老"，他们实际用于自身的生存和发展等方面的消费支出水平很低，即便在生命周期的第二阶段，他们的消费能力和消费意愿依然偏低，从而将自身主观福祉传递给子代。其次，由于住房产权还能够影响城乡居民主观福祉传递，因而农村居民也同样需要分担获取城市住房产权的焦虑和压力。

由此可见，建立和完善面向现代化的住房制度事关全局，具有重大和长远的现实意义，是增进代际之间、城乡之间民生福祉的重要举措。尤其在加快形成以国内大循环为主体、国内国际双循环相互促进的新发展格局过程中，更需要通过让居民感受到住房市场的获得感、安全感，从而释放出更多的消费需求。而且，在全面实施乡村振兴战略、推动城乡融合发展过程中，在推进以县城为重要载体的城镇化建设过程中，不仅仅要建设"幸福城市"，还要建设"幸福县城"，也要建设"幸福乡村"。正是因为住房产权能够引发代际主观福祉、城乡居民主观福祉传递和联动，因而建立面向现代化的住房制度是实现上述目标的必要前提，需要持之以恒改善城市、县城和乡村人居环境，不断满足人们对于"美好居住"的向往，推动住房和城乡建设事业高质量发展。

第三节　未来研究展望

客观而言，尽管本书从框架上遵循了一个较为完整和清晰的研究逻辑，且通过理论研究和实证研究等多种方法，综合借鉴了多学科理论知识，基于翔实的研究过程，得到了较为丰富的研究结论和政策启示，但研究中存在的不足和局限仍值得后续进一步深化。

第一，囿于数据的可得性约束，现阶段本书无法基于大样本长周期的微观家庭数据，通过双重差分等技术手段，探讨居民获取住房产权之前和获取住房产权之后的主观福祉变化，以及造成这种变化的个性化因素。显然，这一研究无论从学理层面还是从政策层面都具有较强的价值，因为只有更加精细化的研究过程才能总结出更加贴近现实的研究结论，才能更加具体且精准地指导政策实践。当然，随着国内微观调查项目的不断兴起和延续，在未来可以通过长期的数据积累和相关专项调研，或许可以为解决这一研究问题提供扎实的数据支撑，进而有助于更进一步了解中国住房产权对居民主观福祉影响的历史变迁过程。

第二，住房产权对居民主观福祉的影响可能还会受到住房政策或者其他相关政策的冲击，以往关于房地产市场各项调控政策以及其他相关政策效果的研究，大多数聚焦于政策出台之后的市场反应，而鲜有研究基于居民主观福祉的视角对政策效果进行论证。然而，从根本上说，人民对美好生活的向往是我们党的奋斗目标，应该要把人民高兴不高兴、满意不满意、答应不答应作为检验一切工作的标准。所以，在未来的研究中，不仅要进一步深化研究住房产权对居民主观福祉的影响，还应该补充考虑诸如住房保障政策、住房金融政策、住房租赁政策、动迁拆政策、户籍制度、基础教育政策等各类相关政策因素，探讨政策调整对于住房产权与居民主观福祉二者关系的影响。不仅有助于从居民主观福祉的视角厘清住房市场和住房制度的症结，评价以往相关制度改革的得失，还能够从居民主观福祉的视角对各项政策效果进行预估，从而为下一步我国住房制度改革和相关配套性政策调整提供更加具有价值的理论依据。

第三，一切理论框架和实证方法都存在各自的局限性，讲好中国故事绝不能仅仅凭借现有的理论框架和实证方法，住房产权对中国居民主观福祉的影响效应与影响机理，必然存在一些普适性和独特性的理论解释。我们固然可以基于自己的生活经历和规范化的分析得到有价值的结论，但如何从利益攸关方尤其是无房居民的视角，了解他们对于美好居住的真实需求，显然是极为重要的。同时，"城市不城市，关键看三四"，在高质量推进城镇化建设、扎实推进共同富裕以及建设社会主义现代化国家的征程中，三线、四线城市住房与民生福祉的关系也需要给予足够关注。虽然大城市的住房问题往往相对更加突出，但根据本书的研究结果，获取住房产权产生的社会压力能够在区域之间和代际之间进行传递，在未来就这一问题将展开更为细致深入的分析。而且现有很多研究对"中等收入陷阱"给予了高度关注，并据此展开了大量讨论，但根据本书的研究结果可知，"中等幸福陷阱"或许是一项更应该引起社会高度关注的重大话题，特别是在我国已经全面建成小康社会，且正处于建设社会主义现代化国家的新阶段，讨论社会是否存在以及如何跨越"中等幸福陷阱"或许是一项具有重要理论价值和实践意义的工作。为此，在未来的研究过程中，需要更加注重立足真实世界，通过开展田野调查、深入访谈等多种形式，扎实获取一手调研资料，特别是重点了解住房困难家庭的相关情况，细致梳理住房问题的形成机理，全面分析人们对美好居住的诉求和向往，从而为改革和完善我国住房制度、实现全体人民住有所居和住有宜居、不断增进人民福祉提供更加坚实有力的决策参考。

参 考 文 献

［1］阿马蒂亚·森. 正义的理念［M］. 王磊, 李航, 译. 北京: 中国人民大学出版社, 2012.

［2］艾洪山, 袁艳梅. 社会网络联系对居民主观幸福感的影响——来自2012 年世界价值观调查 WVS 的微观数据［J］. 调研世界, 2015 (12): 47 –52.

［3］安虎森, 叶金珍. 房价对幸福感的影响及其作用机制［J］. 贵州社会科学, 2018 (04): 109 –116.

［4］柏拉图. 理想国［M］. 郭斌和, 张竹明, 译. 北京: 商务印书馆, 2014: 158.

［5］庇古. 福利经济学［M］. 金镝, 译. 北京: 华夏出版社, 2013.

［6］边燕杰. 城市居民社会资本的来源及作用: 网络观点与调查发现［J］. 中国社会科学, 2004 (03): 136 –146.

［7］边燕杰, 刘勇利. 社会分层、住房产权与居住质量——对中国 "五普" 数据的分析［J］. 社会学研究, 2005 (03): 82 –98.

［8］边燕杰, 丘海雄. 企业的社会资本及其功效［J］. 中国社会科学, 2000 (02): 87 –99.

［9］边燕杰, 肖阳. 中英居民主观幸福感比较研究［J］. 社会学研究, 2014, 29 (02): 22 –42.

［10］边燕杰, 张文宏. 经济体制、社会网络与职业流动［J］. 中国社会科学, 2001 (02): 77 –89.

［11］曹维明. 老年健康的社会影响因素研究［D］. 杭州: 浙江大

学，2014.

［12］曹羽鹤，王坚．安全感研究述评与展望［J］．中国健康心理学杂志，2016（12）：1914-1917.

［13］陈斌开，杨汝岱．土地供给、住房价格与中国城镇居民储蓄［J］．经济研究，2013，48（01）：110-122.

［14］陈斌开，张川川．人力资本和中国城市住房价格［J］．中国社会科学，2016（05）：43-64.

［15］陈飞，苏章杰．城镇移民的幸福损失——基于期望水平理论的新解释［J］．经济学动态，2020（09）：75-95.

［16］陈刚．通货膨胀的社会福利成本——以居民幸福感为度量衡的实证研究［J］．金融研究，2013（02）：60-73.

［17］陈浩彬，苗元江．主观幸福感、心理幸福感与社会幸福感的关系研究［J］．心理研究，2012，5（04）：46-52.

［18］陈建国．你的社区你做主吗？——住房产权对业主治权实现影响的实证分析［J］．武汉科技大学学报（社会科学版），2020，22（01）：69-74.

［19］陈杰等．促进住房正义：对《住房租赁条例（征求意见稿)》的意见书，2020.

［20］陈杰．对上海"十四五"住房发展规划编制的建言——率先实现"住有所居"到"住有宜居"的迈进，2020.

［21］陈杰，吴义东．租购同权过程中住房权与公共服务获取权的可能冲突——为"住"租房还是为"权"租房［J］．学术月刊，2019，51（02）：44-56.

［22］陈杰．新中国70年城镇住房制度的变迁与展望［J］．国家治理，2019（14）：25-35.

［23］陈杰．优质高中名额再分配——"阶层混合"的政策实验与教育公平的倒逼机制［J］．探索与争鸣，2021（05）：101-109.

［24］陈杰．住房私有率≠住房自有率［J］．中国房地产，2006（10）：17-18.

[25] 陈锦华. 九十年代的经济体制改革 [J]. 管理世界，1991 (04)：7-20.

[26] 陈璐，熊毛毛. 基本医疗保险制度的幸福效应 [J]. 社会保障研究，2020 (05)：51-62.

[27] 陈前恒，林海，吕之望. 村庄民主能够增加幸福吗？——基于中国中西部 120 个贫困村庄 1800 个农户的调查 [J]. 经济学（季刊），2014，13 (02)：723-744.

[28] 陈胜. 住房产权分化机制的阶段性效应与路径分化——来自广州市事件史数据（1980—2009）的经验证据 [J]. 学术研究，2014 (06)：55-63.

[29] 陈淑云，杨建坤. 住房是否影响了居民健康？——来自中国综合社会调查（2015）的实证分析 [J]. 华中师范大学学报（人文社会科学版），2018，57 (05)：55-64.

[30] 陈伟. 都市未婚青年的精神健康及生活满意度——来自"上海都市社区调查"的发现 [J]. 华中科技大学学报（社会科学版），2020，34 (05)：124-132.

[31] 陈伟，吴晓刚. 房价上涨与城镇居民对地方政府的政绩评价 [J]. 开放时代，2020 (06)：162-180.

[32] 陈鑫，杨红燕. 社会比较、时间比较对老年人主观幸福感的影响研究 [J]. 华中农业大学学报（社会科学版），2020 (01)：102-110.

[33] 陈彦斌，邱哲圣. 高房价如何影响居民储蓄率和财产不平等 [J]. 经济研究，2011，46 (10)：25-38.

[34] 陈屹立. 家庭债务是否降低了幸福感？——来自中国综合社会调查的经验证据 [J]. 世界经济文汇，2017 (04)：102-119.

[35] 陈永伟，顾佳峰，史宇鹏. 住房财富、信贷约束与城镇家庭教育开支——来自 CFPS2010 数据的证据 [J]. 经济研究，2014，49 (S1)：89-101.

[36] 陈勇兵，刘佳祺，徐丽鹤. 房价与出口：不可贸易部门对可

贸易部门的挤出效应 [J]. 经济研究, 2021, 56 (03): 186 – 203.

[37] 陈媛媛, 董彩婷, 朱彬妍. 流动儿童和本地儿童之间的同伴效应: 孰轻孰重? [J]. 经济学 (季刊), 2021, 21 (02): 511 – 532.

[38] 陈云松, 范晓光. 阶层自我定位、收入不平等和主观流动感知 (2003—2013) [J]. 中国社会科学, 2016 (12): 109 – 126.

[39] 陈钊, 徐彤, 刘晓峰. 户籍身份、示范效应与居民幸福感: 来自上海和深圳社区的证据 [J]. 世界经济, 2012, 35 (04): 79 – 101.

[40] 陈志霞, 李启明. 城市居民幸福指数的影响因素及测量 [J]. 城市问题, 2013 (09): 52 – 58.

[41] 陈卓. 住房租售结构对城市住房市场的影响: 微观机制与宏观效应 [D]. 上海: 上海财经大学, 2018.

[42] 程晗蓓, 刘于琪, 田明, 李志刚. "居住不稳定性"对中国大城市流动人口健康的影响研究 [J]. 地理研究, 2021, 40 (01): 185 – 198.

[43] 程名望, 华汉阳. 购买社会保险能提高农民工主观幸福感吗?——基于上海市 2942 个农民工生活满意度的实证分析 [J]. 中国农村经济, 2020 (02): 46 – 61.

[44] 褚雷, 邢占军. 基本医疗保险对居民幸福感的影响——基于可行能力理论的分析框架 [J]. 南京社会科学, 2022 (02): 42 – 50.

[45] 崔璨, 崔军茹, 李佳怡. 代际传递视角下中国城市家庭住房产权获得——基于上海的实证研究 [J]. 世界地理研究, 2021, 30 (01): 167 – 178.

[46] 崔璨, 穆学英, 常鹤影, 李佳怡, 王丰龙. 上海市居民居住迁移的区位选择及其影响因素研究 [J]. 地理科学进展, 2021, 40 (03): 422 – 432.

[47] 崔巍. 居民幸福感的影响因素及时代演变 [J]. 经济问题, 2019 (10): 19 – 25.

[48] 崔馨月, 李斌, 贺汝婉, 张淑颖, 雷励. 亲社会支出对主观幸福感的影响及其作用机制 [J]. 心理科学进展, 2021 (7): 1 – 12.

［49］邓大松，杨晶．养老保险、消费差异与农村老年人主观幸福感——基于中国家庭金融调查数据的实证分析［J］．中国人口科学，2019（04）：43－55．

［50］邓敏．社会关系、心理健康水平与老年人主观幸福感改进——基于 CGSS2015 数据的实证分析［J］．人口与发展，2019，25（03）：85－93．

［51］丁传标等．城中村空间形态对居民居住安全感的影响——以广州珠村为例［J］．地域研究与开发，2015（04）：70－75．

［52］董纪昌，何静，李秀婷，董志．公众房价预期形成机理分析与实证研究——基于社会学习视角［J］．管理评论，2020，32（10）：34－46．

［53］董源，郑晓冬，方向明．公共服务对城市居民幸福感的影响［J］．城市问题，2020（02）：82－88．

［54］段巍，王明，吴福象．中国式城镇化的福利效应评价（2000—2017）——基于量化空间模型的结构估计［J］．经济研究，2020，55（05）：166－182．

［55］段忠桥．马克思和恩格斯对正义概念的两种用法——兼评伍德的两个误解［J］．中国社会科学，2020（06）：193－203．

［56］范航，李丹丹，刘燊，方圣杰，张林．主观幸福感代际传递：有调节的中介效应［J］．心理科学，2019，42（04）：841－847．

［57］范红忠，范阳．住房消费的攀比性与主观幸福感［J］．武汉理工大学学报（社会科学版），2015，28（03）：416－420．

［58］范红忠，侯亚萌．住房因素对城市居民幸福感的影响［J］．城市问题，2017（04）：64－69．

［59］范剑勇，莫家伟，张吉鹏．居住模式与中国城镇化——基于土地供给视角的经验研究［J］．中国社会科学，2015（04）：44－63．

［60］范雷．当前中国住房状况与住房不平等［J］．山东大学学报（哲学社会科学版），2016（06）：25－33．

［61］范里安．微观经济学现代观点（第 9 版）［M］．费方域，朱

保华，等译．上海：格致出版社，2015.

［62］范一鸣．家庭背景与青年群体住房资助获得［J］．青年研究，2021（02）：32 - 40.

［63］范子英，刘甲炎．为买房而储蓄——兼论房产税改革的收入分配效应［J］．管理世界，2015（05）：18 - 27.

［64］方长春．城镇青年住房状况的变动及其影响因素：2003 - 2013［J］．福建论坛（人文社会科学版），2018（12）：159 - 165.

［65］方长春，刘欣．地理空间与住房不平等——基于 CFPS2016 的经验分析［J］．社会，2020，40（04）：163 - 190.

［66］方长春．中国城市移民的住房——基于社会排斥的视角［J］．社会学研究，2020，35（04）：58 - 80.

［67］方福前，吕文慧．中国城镇居民福利水平影响因素分析——基于阿马蒂亚·森的能力方法和结构方程模型［J］．管理世界，2009（04）：17 - 26.

［68］方文．转型心理学：以群体资格为中心［J］．中国社会科学，2008（04）：137 - 147.

［69］方兴，王博．什么为众筹发起人带来了超额筹资？——基于羊群效应和粉丝经济视角的研究［J］．经济学（季刊），2019，18（03）：1061 - 1080.

［70］冯俊，张锋．当前城镇住房矛盾与对策［J］．管理世界，2014（05）：1 - 4.

［71］冯同庆，许晓军．走向市场经济的中国企业职工内部关系和结构［J］．中国社会科学，1993（03）：101 - 120.

［72］傅广宛．公共政策制定中的公民参与：量度、绩效与进路［D］．上海：华中师范大学，2008.

［73］高波等．我国城市住房制度改革研究——变迁、绩效与创新［M］．北京：经济科学出版社，2017.

［74］高波，洪涛．中国住宅市场羊群行为研究——基于 1999 ~ 2005 动态面板模型的实证分析［J］．管理世界，2008（02）：90 - 96.

[75] 高波. 以市场经济原则推进城镇住房制度改革 [J]. 中国房地产，1996（01）：6 – 10.

[76] 高波，王文莉，李祥. 预期、收入差距与中国城市房价租金"剪刀差"之谜 [J]. 经济研究，2013，48（06）：100 – 112.

[77] 高红莉，张东，许传新. 住房与城市居民主观幸福感实证研究 [J]. 调研世界，2014（11）：18 – 24.

[78] 高景柱. 罗尔斯的代际正义论：一种融贯解释的尝试 [J]. 学海，2020（01）：81 – 91.

[79] 高启杰等. 福利经济学：以幸福为导向的经济学 [M]. 北京：社会科学文献出版社，2012.

[80] 高启杰，费佐兰. 居民个体收入、主观幸福感及影响机制 [J]. 武汉大学学报（哲学社会科学版），2019，72（04）：173 – 184.

[81] 高然，龚六堂. 土地财政、房地产需求冲击与经济波动 [J]. 金融研究，2017（04）：32 – 45.

[82] 高星. 安全社区中居民安全感测量方法研究 [J]. 中国安全科学学报，2011（09）：152 – 158.

[83] 葛本中. 关于正确认识房地产业的几个问题 [J]. 管理世界，1996（04）：117 – 122.

[84] 耿峰，秦雪征. 女性教育优势：基于房价上涨对子代教育支出影响的分析 [J]. 财经研究，2019，45（04）：54 – 67.

[85] 龚锋，李博峰，雷欣. 大学扩招提升了社会公平感吗——基于主观公平感的断点回归分析 [J]. 财贸经济，2021，42（03）：111 – 127.

[86] 官皓. 收入对幸福感的影响研究：绝对水平和相对地位 [J]. 南开经济研究，2010（05）：56 – 70.

[87] 管勇攀. L1正则化方法及其在经济增长中的应用 [J]. 统计学报，2020，1（03）：67 – 76.

[88] 郭克莎. 中国房地产市场的需求和调控机制——一个处理政府与市场关系的分析框架 [J]. 管理世界，2017（02）：97 – 108.

［89］郭亮．从理想到现实："涨价归公"的实践与困境［J］.社会学研究，2021，36（03）：23－46.

［90］郭小弦，王建．社会支持还是参照群体？——社会网络对主观幸福感影响机制的考察［J］.社会科学战线，2019（01）：240－248.

［91］郭永玉，杨沈龙，李静，胡小勇．社会阶层心理学视角下的公平研究［J］.心理科学进展，2015，23（08）：1299－1311.

［92］韩莹莹．社会质量与居民幸福感——以广东四县（区）为考察对象［J］.中国行政管理，2016（08）：109－114.

［93］韩永辉，黄亮雄，邹建华．房地产"限购令"政策效果研究［J］.经济管理，2014，36（04）：159－169.

［94］韩跃红．普世伦理视域中的公平与正义［J］.哲学研究，2007（12）：85－89.

［95］何立新，潘春阳．破解中国的"Easterlin悖论"：收入差距、机会不均与居民幸福感［J］.管理世界，2011（08）：11－22.

［96］何强，董志勇．国民储蓄率的决定机制：基于幸福经济学的考察［J］.统计研究，2016，33（12）：58－66.

［97］何强，董志勇．转移支付、地方财政支出与居民幸福［J］.经济学动态，2015（02）：56－65.

［98］何强．基于幸福增进的最优个人所得税率机制研究［J］.财经问题研究，2012（06）：74－80.

［99］何强．攀比效应、棘轮效应和非物质因素：对幸福悖论的一种规范解释［J］.世界经济，2011，34（07）：148－160.

［100］何庆红，谭远发，谢鹏鑫．天伦之乐还是天伦之累？——照料孙子女与中老年人幸福感［J］.中国经济问题，2020（03）：121－136.

［101］何晓斌，董寅茜．从经济到社会——中国城镇居民主观幸福感影响因素的变迁：2003－2017［J］.南京社会科学，2021（03）：54－63.

［102］何兴强，杨锐锋．房价收入比与家庭消费——基于房产财富效应的视角［J］．经济研究，2019，54（12）：102－117.

［103］何子张，洪国城．基于"微更新"的老城区住房产权与规划策略研究——以厦门老城为例［J］．城市发展研究，2015，22（11）：51－56.

［104］贺京同，郝身永．怎样才能使落脚城市人群更幸福？——基于 CHIPS 数据的实证分析［J］．南开经济研究，2013（06）：54－73.

［105］贺京同，那艺，郝身永．决策效用、体验效用与幸福［J］．经济研究，2014，49（07）：176－188.

［106］贺京同，战昱宁，万志华．房地产市场中的羊群行为及其对商品房交易量的影响［J］．浙江大学学报（人文社会科学版），2009，39（02）：172－180.

［107］侯玉波，葛枭语．收入不平等与收入再分配对幸福感的影响——基于社会认知视角［J］．北京大学学报（哲学社会科学版），2020，57（01）：150－160.

［108］胡金焱，张博．社会网络、民间融资与家庭创业——基于中国城乡差异的实证分析［J］．金融研究，2014（10）：148－163.

［109］胡珺，高挺，常启国．中国家庭金融投资行为与居民主观幸福感——基于 CGSS 的微观经验证据［J］．金融论坛，2019，24（09）：46－57.

［110］胡明志，陈杰．住房财富对创业的异质性影响［J］．社会科学战线，2019（08）：120－132.

［111］胡荣华，孙计领．消费能使我们幸福吗［J］．统计研究，2015，32（12）：69－75.

［112］胡小勇等．社会阶层的心理学研究：社会认知视角［J］．心理科学，2014，37（6），1509－1517.

［113］黄嘉文．教育程度、收入水平与中国城市居民幸福感：一项基于 CGSS2005 的实证分析［J］．社会，2013，33（05）：181－203.

[114] 黄嘉文. 相对收入、社区参与和中国城市居民幸福获得的二元路径模式 [J]. 社会学评论, 2015, 3 (03): 68-81.

[115] 黄建宏. 家庭背景与青年住房梦 [J]. 青年研究, 2018 (01): 23-33.

[116] 黄建宏, 王发民, 张文秀. 住房产权影响社区选举投票的邻里效应 [J]. 城市问题, 2020 (04): 97-103.

[117] 黄建军. 唯物史观论域中的分配正义及历史生成逻辑 [J]. 中国社会科学, 2021 (08): 78-97.

[118] 黄静, 崔光灿. "租购同权" 对提升居民幸福感的影响 [J]. 城市问题, 2019 (12): 87-96.

[119] 黄静, 屠梅曾. 房地产财富与消费: 来自于家庭微观调查数据的证据 [J]. 管理世界, 2009 (07): 35-45.

[120] 黄少安, 郭俊艳. 性别不平等观念对幸福感的影响——基于世界价值观调查数据的实证分析 [J]. 社会科学战线, 2019 (11): 35-42.

[121] 黄有光. 改革话语体系升级的环境生态维度——以 "快乐国家指数" 取代 GDP 的可能性 [J]. 人民论坛·学术前沿, 2013 (24): 46-58.

[122] 黄有光. 社会福祉与经济政策 [M]. 唐翔, 译. 北京: 北京大学出版社, 2005.

[123] 黄有光. 福祉经济学: 一个趋于更全面分析的尝试 [M]. 张清津, 译. 大连: 东北财经大学出版社, 2005.

[124] 霍海燕. 当代中国政策过程中的社会参与 [M]. 北京: 人民出版社, 2014.

[125] 雷伯. 心理学词典 [M]. 李伯黍, 译. 上海: 上海译文出版社, 1996.

[126] 冷晨昕, 陈前恒. 子女数量与老年人幸福感关系研究——基于 CGSS2013 的实证分析 [J]. 大连理工大学学报（社会科学版）, 2019, 40 (05): 60-68.

［127］冷晨昕，祝仲坤．住房保障对居民幸福感的影响——来自中国综合社会调查的经验证据［J］．中国经济问题．

［128］黎耀奇，谢礼珊．社会网络分析在组织管理研究中的应用与展望［J］．管理学报，2013，10（01）：146－154.

［129］李斌，蒋娟娟，张所地．丈母娘经济：婚姻匹配竞争对住房市场的非线性冲击［J］．现代财经（天津财经大学学报），2018，38（12）：72－81.

［130］李斌，张贵生．农业转移人口身份认同的分化逻辑［J］．社会学研究，2019，34（03）：146－169.

［131］李斌，张贵生．住房产权与农业转移人口社区治理参与［J］．社会治理，2019（01）：35－43.

［132］李超，倪鹏飞，万海远．中国住房需求持续高涨之谜：基于人口结构视角［J］．经济研究，2015，50（05）：118－133.

［133］李超，万海远．贫民住区改造与主观幸福感——基于辽宁省六市的抽样调查［J］．财贸经济，2013（06）：117－127.

［134］李佃来．马克思正义思想的三重意蕴［J］．中国社会科学，2014（03）：5－16.

［135］李芳芝，张焕明．代际流动影响主观幸福感吗？——基于CGSS2015的经验证据［J］．统计研究，2021，38（03）：107－121.

［136］李凤，罗建东，路晓蒙，邓博夫，甘犁．中国家庭资产状况、变动趋势及其影响因素［J］．管理世界，2016（02）：45－56.

［137］李国武．相对位置与经济行为：社会比较理论［J］．社会学评论，2020，8（01）：35－50.

［138］李红阳，邵敏．临时性就业对劳动者工资收入的影响［J］．财经研究，2018，44（01）：113－127.

［139］李江一．高房价降低了人口出生率吗？——基于新家庭经济学理论的分析［J］．南开经济研究，2019（04）：58－80.

［140］李江一，李涵，甘犁．家庭资产—负债与幸福感："幸福—收入"之谜的一个解释［J］．南开经济研究，2015（05）：3－23.

[141] 李江一，李涵．住房对家庭创业的影响：来自 CHFS 的证据 [J]．中国经济问题，2016 (02)：53 - 67.

[142] 李京文，齐建国，汪同三．我国未来各阶段经济发展特征与支柱产业选择 [J]．管理世界，1998 (02)：89 - 101.

[143] 李景睿，李青塬．子女数量、家庭资产与居民幸福感 [J]．人口与社会，2021，37 (02)：81 - 93.

[144] 李骏．住房产权与政治参与：中国城市的基层社区民主 [J]．社会学研究，2009，24 (05)：57 - 82.

[145] 李磊，刘斌．预期对我国城镇居民主观幸福感的影响 [J]．南开经济研究，2012 (04)：53 - 67.

[146] 李磊，刘鹏程，孙婳．男性与女性，谁更幸福 [J]．统计研究，2017，34 (07)：82 - 93.

[147] 李路路，石磊．经济增长与幸福感——解析伊斯特林悖论的形成机制 [J]．社会学研究，2017，32 (03)：95 - 120.

[148] 李明．新时代"人的全面发展"的哲学逻辑 [N]．光明日报，2019 - 02 - 11.

[149] 李平，朱国军．社会资本、身份特征与居民幸福感——基于中国居民社会网络变迁的视角 [J]．经济评论，2014 (06)：113 - 125.

[150] 李清彬，李博．中国居民幸福—收入门限研究——基于 CGSS2006 的微观数据 [J]．数量经济技术经济研究，2013，30 (03)：36 - 52.

[151] 李树，陈刚．幸福的就业效应——对幸福感、就业和隐性再就业的经验研究 [J]．经济研究，2015，50 (03)：62 - 74.

[152] 李树，于文超．幸福的社会网络效应——基于中国居民消费的经验研究 [J]．经济研究，2020，55 (06)：172 - 188.

[153] 李涛，陈斌开．家庭固定资产、财富效应与居民消费：来自中国城镇家庭的经验证据 [J]．经济研究，2014，49 (03)：62 - 75.

[154] 李涛，史宇鹏，陈斌开．住房与幸福：幸福经济学视角下的中国城镇居民住房问题 [J]．经济研究，2011，46 (09)：69 - 82.

［155］李涛，周君雅，金星晔，史宇鹏．社会资本的决定因素：基于主观经济地位视角的分析［J］．经济研究，2021，56（01）：191－205．

［156］李潇晓，金一虹，叶宸辰．房产证上的夫妻权力博弈——制度变迁、相对资源与中国城镇夫妻权力的平等化趋势［J］．南京邮电大学学报（社会科学版），2019，21（05）：68－80．

［157］李晓明．重大公共政策过程中的社会参与：有序性和有效性——基于公共政策学视角的理论分析和制度建构［J］．理论界，2013（09）：20－22．

［158］李雪松，黄彦彦．房价上涨、多套房决策与中国城镇居民储蓄率［J］．经济研究，2015，50（09）：100－113．

［159］李正图，杨维刚，马立政．中国城镇住房制度改革四十年［J］．经济理论与经济管理，2018（12）：5－23．

［160］李志刚，梁奇，林赛南．转型期中国大城市流动人口的身份认同、特征与机制［J］．地理科学，2020，40（01）：40－49．

［161］连玉君，黎文素，黄必红．子女外出务工对父母健康和生活满意度影响研究［J］．经济学（季刊），2014，14（01）：185－202．

［162］连玉君，彭方平，苏治．融资约束与流动性管理行为［J］．金融研究，2010（10）：158－171．

［163］梁土坤．居住证制度、生命历程与新生代流动人口心理融入——基于2017年珠三角地区流动人口监测数据的实证分析［J］．公共管理学报，2020，17（01）：96－109．

［164］梁土坤．可行能力视角下新生代农民工婚姻状况及影响因素研究［J］．安徽师范大学学报（人文社会科学版），2019，47（03）：91－100．

［165］廖海波．基于住房产权制度的居民偏好与心理分析［J］．四川理工学院学报（社会科学版），2011，26（04）：71－73．

［166］林洪，孙求华．中国国民幸福统计研究十年简史［J］．统计研究，2013，30（01）：37－43．

［167］林江，周少君，魏万青．城市房价、住房产权与主观幸福

感 [J]. 财贸经济, 2012 (05): 114 – 120.

[168] 林李月, 朱宇, 柯文前. 居住选择对流动人口城市居留意愿的影响——基于一项对福建省流动人口的调查 [J]. 地理科学, 2019, 39 (09): 1464 – 1472.

[169] 林南, 王玲, 潘允康, 袁国华. 生活质量的结构与指标——1985 年天津千户户卷调查资料分析 [J]. 社会学研究, 1987 (06): 73 – 89.

[170] 林育川. 历史唯物主义视域中的规范正义——一种可能的马克思主义正义理论 [J]. 哲学研究, 2018 (08): 18 – 26.

[171] 刘斌, 李磊, 莫骄. 幸福感是否会传染 [J]. 世界经济, 2012, 35 (06): 132 – 152.

[172] 刘斌, 张安全. 有产者的就业焦虑: 安居真的可以乐业吗——基于城市住房分层与工作满意度的观察 [J]. 财经研究, 2021, 47 (01): 47 – 61.

[173] 刘成奎, 任飞容, 王宙翔. 社会资本、公共服务满意度与居民幸福感 [J]. 首都经济贸易大学学报, 2019, 21 (04): 3 – 11.

[174] 刘鹤. 必须实现高质量发展 [N]. 人民日报, 2021 – 11 – 24.

[175] 刘宏, 明瀚翔, 赵阳. 财富对主观幸福感的影响研究——基于微观数据的实证分析 [J]. 南开经济研究, 2013 (04): 95 – 110.

[176] 刘洪清. 安得广厦千万间——古代住房保障稽考 (一) [J]. 中国社会保障, 2016 (09): 66.

[177] 刘洪清. "官邸制" 的演变——古代住房保障稽考 (二) [J]. 中国社会保障, 2016 (10): 66.

[178] 刘佳纯, 王子成. 广州市流动人口住房变动趋势及动因分析——基于 Oaxaca – Blinder 与 Fairlie 方法的分解 [J]. 调研世界, 2019 (06): 21 – 26.

[179] 刘军岭. 房价、住房产权条件与城镇居民社会信任 [J]. 现代财经 (天津财经大学学报), 2017, 37 (02): 26 – 38.

[180] 刘军强, 熊谋林, 苏阳. 经济增长时期的国民幸福感——

基于 CGSS 数据的追踪研究 ［J］. 中国社会科学，2012（12）：82 - 102.

［181］刘利利，刘宏. 房价与城镇居民健康 ［J］. 财经研究，2020，46（01）：79 - 95.

［182］刘琳. 影响流动人口定居意愿的居住因素分析：居住隔离抑或社区社会资本？［J］. 河海大学学报（哲学社会科学版），2019，21（01）：87 - 96.

［183］刘米娜，杜俊荣. 住房不平等与中国城市居民的主观幸福感——立足于多层次线性模型的分析 ［J］. 经济经纬，2013（05）：117 - 121.

［184］刘米娜. 中国城镇住房产权的区域差异分析——基于 CGSS （2003）数据的实证研究 ［J］. 兰州学刊，2009（05）：114 - 119.

［185］刘明明. 社会信任对公众主观幸福感的影响研究 ［J］. 学习与实践，2016（01）：87 - 97.

［186］刘望保，闫小培. 2000 - 2010 年广州市住房产权管理角色变化分析 ［J］. 地理学报，2015，70（06）：941 - 954.

［187］刘望保，闫小培. 转型期广州市生命历程与住房产权转换 ［J］. 地理研究，2010，29（06）：1117 - 1128.

［188］刘小鸽，司海平，庞嘉伟. 地区代际流动与居民幸福感：基于代际教育流动性的考察 ［J］. 世界经济，2018，41（09）：171 - 192.

［189］刘欣. 中国城市的阶层结构与中产阶层的定位 ［J］. 社会学研究，2007（06）：1 - 14.

［190］刘志侃，程利娜. 家庭经济地位、领悟社会支持对主观幸福感的影响 ［J］. 统计与决策，2019，35（17）：96 - 100.

［191］刘自敏，杨丹，张巍巍. 收入不平等、社会公正与认知幸福感 ［J］. 山西财经大学学报，2018，40（05）：1 - 14.

［192］刘祖云，毛小平. 中国城市住房分层：基于 2010 年广州市千户问卷调查 ［J］. 中国社会科学，2012（02）：94 - 109.

［193］卢汉龙. 来自个体的社会报告——上海市民的生活质量分析［J］. 社会学研究, 1990 (01): 71 – 91.

［194］卢淑华, 韦鲁英. 生活质量主客观指标作用机制研究［J］. 中国社会科学, 1992 (01): 121 – 136.

［195］鲁克俭. 马克思是否关注分配正义——从"按需分配"的中译文谈起［J］. 马克思主义理论学科研究, 2020, 6 (02): 50 – 60.

［196］鲁元平. 安格斯·迪顿对幸福经济学的贡献［J］. 经济学动态, 2015 (11): 113 – 122.

［197］鲁元平, 王军鹏. 数字鸿沟还是信息福利——互联网使用对居民主观福利的影响［J］. 经济学动态, 2020 (02): 59 – 73.

［198］鲁元平, 王韬. 收入不平等、社会犯罪与国民幸福感——来自中国的经验证据［J］. 经济学 (季刊), 2011, 10 (04): 1437 – 1458.

［199］鲁元平, 王韬. 主观幸福感影响因素研究评述［J］. 经济学动态, 2010 (05): 125 – 130.

［200］鲁元平, 张克中. 社会流动影响居民幸福感吗——来自中国转型期的经验证据［J］. 财经科学, 2014 (03): 96 – 107.

［201］陆方文, 刘国恩, 李辉文. 子女性别与父母幸福感［J］. 经济研究, 2017, 52 (10): 173 – 188.

［202］陆铭, 蒋仕卿, 佐藤宏. 公平与幸福［J］. 劳动经济研究, 2014, 2 (01): 26 – 48.

［203］路磊, 黄京志, 吴博. 基金排名变化和羊群效应变化［J］. 金融研究, 2014 (09): 177 – 191.

［204］吕福新. 住房制度改革中的产权建设［J］. 经济研究, 1993 (03): 69 – 73.

［205］罗楚亮. 城乡分割、就业状况与主观幸福感差异［J］. 经济学 (季刊), 2006 (02): 817 – 840.

［206］罗楚亮. 绝对收入、相对收入与主观幸福感——来自中国城乡住户调查数据的经验分析［J］. 财经研究, 2009, 35 (11): 79 – 91.

［207］罗楚亮，李实，岳希明 . 中国居民收入差距变动分析（2013—2018）［J］. 中国社会科学，2021（01）：33－54.

［208］罗楚亮 . 住房改革、收入差距与城镇住房不均等［J］. 经济与管理评论，2013，29（05）：5－10.

［209］马汴京 . 分手快乐？——离婚对个体幸福感的影响［J］. 南方经济，2019（07）：113－132.

［210］马丹 . 社会网络对生活满意度的影响研究——基于京、沪、粤三地的分析［J］. 社会，2015，35（03）：168－192.

［211］马红鸽，席恒 . 收入差距、社会保障与提升居民幸福感和获得感［J］. 社会保障研究，2020（01）：86－98.

［212］马洪云 . 城镇住房制度中的产权问题［J］. 城市开发，1998（01）：29－31.

［213］马克思，恩格斯 . 马克思恩格斯选集（第 2 版第 3 卷）［M］. 北京：人民出版社，1995：305.

［214］马克思 . 资本论［M］. 李睿，编译 . 武汉：武汉出版社，2010，3（06）.

［215］马亮 . 公共服务绩效与公民幸福感：中国地级市的实证研究［J］. 中国行政管理，2013（02）：104－109.

［216］马万超 . 社会资本影响居民幸福感内在机制的实证研究［J］. 社会科学，2018（02）：62－72.

［217］马志远，刘珊珊 . 政府治理、国民幸福感及其增进适配路径——基于定性比较分析方法（QCA）［J］. 厦门大学学报（哲学社会科学版），2021（03）：56－67.

［218］马志远，刘珊珊 . 中国国民幸福感的"镜像"与"原像"——基于国内外权威数据库的相互辅证与 QCA 适配路径分析［J］. 经济学家，2019（10）：46－57.

［219］曼昆 . 经济学原理（第 7 版）［M］. 梁小民，梁砾，译 . 北京：北京大学出版社，2015.

［220］毛丰付，韩爱娟，柳津妮 . 住房政策与家庭财富积累：公

积金到底有多重要？［J］. 郑州大学学报（哲学社会科学版），2017，50（06）：54 – 59.

［221］毛丰付，朱书琦，白云浩. 住房特征与乡城移民的定居意愿［J］. 贵州财经大学学报，2018（02）：13 – 24.

［222］毛小平. 住房产权、社会和谐与居民幸福感研究［J］. 统计与决策，2013（03）：88 – 91.

［223］孟斌，湛东升，郝丽荣. 北京市居民居住行为对职住分离的影响［J］. 城市问题，2013（10）：33 – 39.

［224］苗国强. 家庭代际团结对城市老年人主观幸福感的影响研究——基于河南省的调查［J］. 中国软科学，2020（01）：104 – 111.

［225］苗元江. 幸福感，社会心理的"晴雨表"［J］. 社会，2002（08）：40 – 43.

［226］苗元江. 影响幸福感的诸因素［J］. 社会，2004（04）：20 – 23.

［227］倪鹏飞，李清彬，李超. 中国城市幸福感的空间差异及影响因素［J］. 财贸经济，2012（05）：9 – 17.

［228］宁光杰. 居民财产性收入差距：能力差异还是制度阻碍？——来自中国家庭金融调查的证据［J］. 经济研究，2014，49（S1）：102 – 115.

［229］宁薛平，文启湘. 中国居民房贷幸福指数影响因素及作用路径——理论分析与实证研究［J］. 财经研究，2011，37（11）：27 – 38.

［230］欧阳文静. 房价与城市居民身心健康——来自 CFPS 数据的证据［J］. 财经研究，2019，45（09）：141 – 153.

［231］裴志军. 家庭社会资本、相对收入与主观幸福感：一个浙西农村的实证研究［J］. 农业经济问题，2010，31（07）：22 – 29.

［232］彭争呈，邹红. 儿子、房子与老子——未婚子女、房价与老年人劳动参与［J］. 经济与管理研究，2019，40（07）：75 – 89.

［233］平新乔. 微观经济学十八讲［M］. 北京：北京大学出版社，2001.

［234］钱江洪，张杰，杨善华，张伦．我国大中城市青年结婚消费研究［J］．中国社会科学，1987（03）：111-129．

［235］钱志远，孙其昂．基于产权与场域关系视角的城市社区治理研究［J］．求实，2019（06）：67-80．

［236］卿石松，郑加梅．工作让生活更美好：就业质量视角下的幸福感研究［J］．财贸经济，2016（04）：134-148．

［237］丘海雄，李敢．国外多元视野"幸福"观研析［J］．社会学研究，2012，27（02）：224-241+246．

［238］屈炳祥．论《资本论》与马克思的资源配置理论［J］．经济评论，1999（04）：8-11．

［239］任寿根．住房产权制度改革与房产税配置效应［J］．当代财经，2000（01）：33-35．

［240］闫丙金．收入、社会阶层认同与主观幸福感［J］．统计研究，2012，29（10）：64-72．

［241］桑林．社会医疗保险对居民幸福感的影响及内在机制研究［J］．社会保障研究，2018（06）：31-45．

［242］申云，贾晋．收入差距、社会资本与幸福感的经验研究［J］．公共管理学报，2016，13（03）：100-110．

［243］沈可，程令国，魏星．居住模式如何影响老年人的幸福感？［J］．世界经济文汇，2013（06）：89-100．

［244］石华平，易敏利．环境治理、高质量发展与居民幸福感——基于CGSS（2015）微观调查数据的实证研究［J］．管理评论，2020，32（09）：18-33．

［245］宋超英，张乾．房地产泡沫的形成机理——基于行为经济学视角的分析［J］．城市问题，2009（01）：51-56．

［246］宋春华．跨世纪中国住宅发展的政策选择［J］．管理世界，1999（05）：7-9．

［247］宋弘，罗长远．高房价会扭曲公众的价值观吗？——基于中国家庭追踪调查（CFPS）的实证分析［J］．经济学（季刊），2021

（05）：1753 – 1772.

[248] 孙凤. 主观幸福感的结构方程模型 [J]. 统计研究，2007（02）：27 – 32.

[249] 孙力强，李国武. 在京流动青年的住房获得：先赋因素和后致因素的影响 [J]. 青年研究，2019（03）：38 – 46.

[250] 孙龙，雷弢. 北京老城区居民邻里关系调查分析 [J]. 城市问题，2007（02）：56 – 59.

[251] 孙三百，董建秋. 住房产权与家庭行为研究进展 [J]. 广义虚拟经济研究，2016，7（02）：81 – 89.

[252] 孙三百，黄薇，洪俊杰，王春华. 城市规模、幸福感与移民空间优化 [J]. 经济研究，2014，49（01）：97 – 111.

[253] 孙三百. 住房产权、公共服务与公众参与——基于制度化与非制度化视角的比较研究 [J]. 经济研究，2018，53（07）：75 – 88.

[254] 孙伟增，邓筱莹，万广华. 住房租金与居民消费：效果、机制与不均等 [J]. 经济研究，2020，55（12）：132 – 147.

[255] 孙伟增，郑思齐. 住房与幸福感：从住房价值、产权类型和入市时间视角的分析 [J]. 经济问题探索，2013（03）：1 – 9.

[256] 孙玉环，张金芳. 中国家庭住房产权类型分化研究 [J]. 数量经济技术经济研究，2014，31（03）：89 – 103.

[257] 谭旭运，董洪杰，张跃，王俊秀. 获得感的概念内涵、结构及其对生活满意度的影响 [J]. 社会学研究，2020，35（05）：195 – 217.

[258] 汤凤林，甘行琼. 西方主观幸福感影响因素研究综述 [J]. 经济问题探索，2013（11）：163 – 169.

[259] 唐靓瑜. 社会适应理论视角下城郊新市民群体幸福感研究 [D]. 上海：华东师范大学，2015.

[260] 陶春海，王玉晓. 政府卫生支出结构对经济增长的影响——基于 Lasso 回归和面板门槛模型的分析 [J]. 软科学，2018，32（11）：34 – 38.

［261］田立法，刘艳阳. 政府行为对居民主观幸福感的影响研究——以天津市为例［J］. 天津大学学报（社会科学版），2020，22（02）：155 – 164.

［262］田青，马健，高铁梅. 我国城镇居民消费影响因素的区域差异分析［J］. 管理世界，2008（07）：27 – 33.

［263］童萍. 两种正义：《资本论》语境中的马克思正义观探析［J］. 北京行政学院学报，2020（03）：75 – 81.

［264］万广华，张彤进. 机会不平等与中国居民主观幸福感［J］. 世界经济，2021，44（05）：203 – 228.

［265］万建香，汪寿阳. 社会资本与技术创新能否打破"资源诅咒"？——基于面板门槛效应的研究［J］. 经济研究，2016，51（12）：76 – 89.

［266］汪利娜. 住宅产权：从模糊到明晰［J］. 经济研究，1994（10）：66 – 70.

［267］王兵. 当代中国人的社会参与研究述评［J］. 哈尔滨工业大学学报（社会科学版），2012，14（06）：22 – 26.

［268］王常伟，顾海英. 城镇住房、农地依赖与农户承包权退出［J］. 管理世界，2016（09）：55 – 69.

［269］王春凯，石智雷. 城市社会保护对农民工子女随迁的影响研究［J］. 农业技术经济，2021（05）：63 – 76.

［270］王广州，王军. 中国家庭幸福感测量［J］. 社会，2013，33（06）：139 – 160.

［271］王丽艳，段中倩，王振坡. 居住环境、通勤时间与居民主观幸福感——基于天津市微观调查与大数据的实证分析［J］. 城市发展研究，2020，27（02）：103 – 110.

［272］王蒙徽. 推动住房和城乡建设事业高质量发展［N］. 人民日报，2020 – 03 – 06.

［273］王敏，王峰. 农民社会阶层越高越幸福吗？——基于 CGSS 2010 – 2015 年数据的微观分析［J］. 华中农业大学学报（社会科学

版），2019（03）：120 – 129.

[274] 王敏．住房、阶层与幸福感——住房社会效应研究［J］．华中科技大学学报（社会科学版），2019，33（04）：58 – 69.

[275] 王宁，陈胜．中国城市住房产权分化机制的变迁——基于广州市（1980 – 2009）的实证研究［J］．兰州大学学报（社会科学版），2013，41（04）：1 – 12.

[276] 王频，侯成琪．预期冲击、房价波动与经济波动［J］．经济研究，2017，52（04）：48 – 63.

[277] 王沁雨，陈华，牟珊珊．城乡居民医保参与对其幸福感影响的实证研究——基于公平感视角［J］．农村经济，2020（05）：137 – 144.

[278] 王群勇，李仲武，冯学良．身份、性别与幸福——基于家庭层面的分析［J］．世界经济文汇，2020（05）：105 – 120.

[279] 王疏影，梁捷．幸福的来源——以中国青少年为例［J］．学术月刊，2014，46（11）：87 – 98.

[280] 王伟同，谢佳松，张玲．人口迁移的地区代际流动偏好：微观证据与影响机制［J］．管理世界，2019，35（07）：89 – 103.

[281] 王先柱等．建立公开规范的住房公积金制度研究［M］．北京：经济科学出版社，2020.

[282] 王先柱，王敏．改革住房制度 让全体人民住有所居——住房增强居民幸福感的差异性研究［J］．商业研究，2018（08）：12 – 21.

[283] 王先柱，杨义武．差异化预期、政策调控与房价波动——基于中国35个大中城市的实证研究［J］．财经研究，2015，41（12）：51 – 61.

[284] 王孝璇，崔宝玉，石玉娟．家用汽车是否提升了居民幸福感？——基于CHFS2017的实证研究［J］．消费经济，2020，36（05）：68 – 78.

[285] 王心蕊，孙九霞．城市居民休闲与主观幸福感研究：以广州市为例［J］．地理研究，2019，38（07）：1566 – 1580.

[286] 王艺，程恩富．马克思主义视野中的"幸福指数"探究

[J]. 学术月刊，2013，45（04）：68－75.

[287] 王育琨. 论我国城镇住房制度改革 [J]. 经济研究，1992（01）：75－80.

[288] 王育琨. 住房改革背景分析 [J]. 管理世界，1992（05）：50－60.

[289] 王云中. 马克思经济学研究的一个新视角——马克思的资源配置理论 [J]. 马克思主义研究，2006（09）：29－36.

[290] 王震，刘天琦. 社会养老保险政策对农村老年人主观福利的影响——基于 CHARLS 数据的实证分析 [J]. 财经科学，2021（04）：105－117.

[291] 王智敏，王实. 住房路径视角下我国城镇移民社会融入演变 [J]. 调研世界，2018（12）：50－56.

[292] 魏传光. 恩格斯对马克思主义正义理论的贡献 [J]. 马克思主义研究，2020（04）：94－104.

[293] 魏万青，高伟. 经济发展特征、住房不平等与生活机会 [J]. 社会学研究，2020，35（04）：81－103.

[294] 魏新东，汪凤炎. 从无我到自我实现：基于自我发展的智慧历程 [J]. 心理科学进展，2020，28（11）：1880－1889.

[295] 魏星河. 当代中国公民有序政治参与研究 [M]. 北京：人民出版社，2007.

[296] 温兴祥. 本地非农就业对农村居民家庭消费的影响——基于 CHIP 农村住户调查数据的实证研究 [J]. 中国经济问题，2019（03）：95－107.

[297] 温兴祥，郑凯. 户籍身份转换如何影响农村移民的主观福利——基于 CLDS 微观数据的实证研究 [J]. 财经研究，2019，45（05）：58－71.

[298] 文魁. 中国住房分配工资化改革的机理分析 [J]. 管理世界，2000（01）：72－78.

[299] 吴翠萍. 身份认同及其社会生成机制 [D]. 南京：南京大

学，2013．

[300] 吴海瑾．中国新时代住房正义的内涵及制度优越性 [J]．学海，2020（04）：24 – 27．

[301] 吴佳哲．基于羊群效应的 P2P 网络借贷模式研究 [J]．国际金融研究，2015（11）：88 – 96．

[302] 吴开泽．房改进程、生命历程与城市住房产权获得（1980 – 2010 年）[J]．社会学研究，2017，32（05）：64 – 89．

[303] 吴开泽，魏万青．住房制度改革与中国城市青年住房获得——基于住房生涯视角和离散时间事件史模型的研究 [J]．公共行政评论，2018，11（02）：36 – 61．

[304] 吴开泽．住房市场化与住房不平等——基于 CHIP 和 CFPS 数据的研究 [J]．社会学研究，2019，34（06）：89 – 114．

[305] 吴义东，陈杰．保障性抑或互助性：中国住房公积金制度的属性定位与改革取向 [J]．中国行政管理，2020（09）：58 – 66．

[306] 吴义东，王先柱．青年群体住房租买选择及其购房压力研究 [J]．调研世界，2018（04）：13 – 21．

[307] 习近平．扎实推动共同富裕 [J]．求是，2021（20），2021 – 10 – 16．

[308] 项久雨．美好社会：现代中国社会的历史展开与演化图景 [J]．中国社会科学，2020（06）：4 – 25．

[309] 晓亮，戚名琛．住宅商品化和社会主义实践 [J]．中国社会科学，1985（06）：31 – 42．

[310] 肖黎姗，郭青海，李新虎．厦门城市居民住房资源分层及其形成机制 [J]．地理科学进展，2013，32（12）：1804 – 1813．

[311] 肖作平，尹林辉．我国个人住房消费影响因素研究：理论与证据 [J]．经济研究，2014，49（S1）：66 – 76．

[312] 邢占军．我国居民收入与幸福感关系的研究 [J]．社会学研究，2011，25（01）：196 – 219 + 245 – 246．

[313] 熊毅．经济学幸福行为 [M]．北京：经济科学出版社，

2016.

[314] 徐淑一，陈平 . 收入、社会地位与幸福感——公平感知视角 [J]. 管理科学学报，2017，20（12）：99-116.

[315] 徐延辉，黄云凌 . 城市低收入居民的幸福感及其影响因素研究 [J]. 经济社会体制比较，2013（04）：158-168.

[316] 徐延辉，邱啸 . 社会经济保障与农民工的身份认同 [J]. 深圳大学学报（人文社会科学版），2019，36（02）：102-111.

[317] 徐映梅，夏伦 . 中国居民主观幸福感影响因素分析——一个综合分析框架 [J]. 中南财经政法大学学报，2014（02）：12-19.

[318] 许德风 . 住房租赁合同的社会控制 [J]. 中国社会科学，2009（03）：125-139.

[319] 许海平，张雨雪，傅国华 . 绝对收入、社会阶层认同与农村居民幸福感——基于 CGSS 的微观经验证据 [J]. 农业技术经济，2020（11）：56-71.

[320] 许玲丽，方敏，王亮 . 主要领域满意度对幸福影响的动态分析 [J]. 财经研究，2018，44（12）：57-69.

[321] 许玲丽，龚关，艾春荣 . 幸福，赚钱还是花钱？[J]. 财经研究，2016，42（06）：17-26.

[322] 许宪春，贾海，李皎，李俊波 . 房地产经济对中国国民经济增长的作用研究 [J]. 中国社会科学，2015（01）：84-101.

[323] 亚里士多德 . 政治学 [M]. 吴寿彭，译 . 北京：商务印书馆，2010：18-19.

[324] 严成樑 . 社会资本、创新与长期经济增长 [J]. 经济研究，2012，47（11）：48-60.

[325] 颜色，朱国钟 . "房奴效应" 还是 "财富效应"？——房价上涨对国民消费影响的一个理论分析 [J]. 管理世界，2013（03）：34-47.

[326] 阳义南，章上峰 . 收入不公平感、社会保险与中国国民幸福 [J]. 金融研究，2016（08）：34-50.

［327］杨国荣. 重思正义——正义的内涵及其扩展［J］. 中国社会科学，2021（05）：64 – 80.

［328］杨继东，邹宏威."中年危机"的经济学分析——基于幸福感数据的证据［J］. 劳动经济研究，2021（03）：71 – 100.

［329］杨晶，孙飞，申云. 收入不平等会剥夺农民幸福感吗——基于社会资本调节效应的分析［J］. 山西财经大学学报，2019，41（07）：1 – 13.

［330］杨柳，李力，吴婷. 预期冲击与中国房地产市场波动异象［J］. 经济学（季刊），2017，16（01）：321 – 348.

［331］杨鲁. 中国住房制度改革实践中的问题和政策设计［J］. 管理世界，1991（06）：65 – 73.

［332］杨缅昆. 论国民福利核算框架下的福利概念［J］. 统计研究，2008（06）：72 – 77.

［333］杨巧. 居民住房权保障中的政府责任［J］. 管理世界，2014（11）：174 – 175.

［334］杨赞，张欢，赵丽清. 中国住房的双重属性：消费和投资的视角［J］. 经济研究，2014，49（S1）：55 – 65.

［335］姚玲珍，孙聪，唐旭君. 新时代中国特色住房制度研究［M］. 北京：经济科学出版社，2020.

［336］姚秋涵，杜妍冬. 住房负担、住房产权对心理健康的影响——基于流动人口与户籍人口的比较［J］. 城市学刊，2020，41（05）：51 – 57.

［337］叶静怡，王琼. 进城务工人员福利水平的一个评价——基于 Sen 的可行能力理论［J］. 经济学（季刊），2014，13（04）：1323 – 1344.

［338］叶林祥，张尉. 主观空气污染、收入水平与居民幸福感［J］. 财经研究，2020，46（01）：126 – 140.

［339］叶汝贤. 每个人的自由发展是一切人的自由发展的条件——《共产党宣言》关于未来社会的核心命题［J］. 中国社会科学，2006

（03）：4 – 14.

［340］叶胥，谢迟，毛中根．中国居民民生获得感与民生满意度：测度及差异分析［J］．数量经济技术经济研究，2018，35（10）：3 – 20.

［341］易成栋，刘志东．基于 Logit 模型的中国城镇家庭住房产权的影响因素分析［J］．大连民族学院学报，2006（06）：58 – 60.

［342］易成栋，任建宇，高璇．房价、住房不平等与居民幸福感——基于中国综合社会调查 2005、2015 年数据的实证研究［J］．中央财经大学学报，2020（06）：105 – 117.

［343］易成栋，任建宇，王优容．子女数量、性别与中国城市家庭的住房选择［J］．华东师范大学学报（哲学社会科学版），2018，50（06）：100 – 107.

［344］易成栋．中国城镇家庭住房来源与产权的省际差异——基于 2000 年人口普查资料的分析［J］．经济地理，2006（S1）：163 – 165.

［345］易宪容．中国住房市场的公共政策研究［J］．管理世界，2009（10）：62 – 71.

［346］殷金朋，陈永立，倪志良．公共教育投入、社会阶层与居民幸福感——来自微观混合横截面数据的经验证据［J］．南开经济研究，2019（02）：147 – 167.

［347］尹敬东，周绍东．基于劳动价值论的资源配置理论研究［J］．经济学动态，2015（05）：30 – 36.

［348］尹银，刘慧娟，Jessica M. Sautter，顾大男．中国城市老年人住房产权影响因素的动态变化研究：理论框架和实证分析［J］．社会学评论，2019，7（03）：72 – 83.

［349］尹志超，岳鹏鹏，陈悉榕．金融市场参与、风险异质性与家庭幸福［J］．金融研究，2019（04）：168 – 187.

［350］游士兵，刘志杰，黄炳南，杨涛．3G – GDP 国民经济核算理论初探［J］．中国工业经济，2010（06）：15 – 24.

［351］于潇，Peter Ho．非农业户籍会使人更幸福吗［J］．统计研

究，2016，33（10）：67 – 74.

[352] 余亮亮，蔡银莺. 购买城镇商品房能提高农民幸福感吗？——基于 CHFS 数据的实证研究 [J]. 华中科技大学学报（社会科学版），2019，33（06）：26 – 36.

[353] 俞明轩，谷雨佳，李睿哲. 党的以人民为中心的土地政策：百年沿革与发展 [J]. 管理世界，2021，37（04）：24 – 35.

[354] 袁吉富. 对马克思恩格斯正义思想两种解读模式的质疑 [J]. 教学与研究，2011（02）：30 – 36.

[355] 原鹏飞，冯蕾. 经济增长、收入分配与贫富分化——基于 DCGE 模型的房地产价格上涨效应研究 [J]. 经济研究，2014，49（09）：77 – 90.

[356] 岳经纶，张虎平. 收入不平等感知、预期与幸福感——基于 2017 年广东省福利态度调查数据的实证研究 [J]. 公共行政评论，2018，11（03）：100 – 119.

[357] 臧旭恒，张欣. 中国家庭资产配置与异质性消费者行为分析 [J]. 经济研究，2018，53（03）：21 – 34.

[358] 詹婧，赵越. 身体健康状况、社区社会资本与单位制社区老年人主观幸福感 [J]. 人口与经济，2018（03）：67 – 80.

[359] 张宝建，胡海青，张道宏. 企业创新网络的生成与进化——基于社会网络理论的视角 [J]. 中国工业经济，2011（04）：117 – 126.

[360] 张传勇，罗峰，黄芝兰. 住房属性嬗变与城市居民阶层认同——基于消费分层的研究视域 [J]. 社会学研究，2020，35（04）：104 – 127.

[361] 张传勇，王丰龙. 住房财富与旅游消费——兼论高房价背景下提升新兴消费可行吗 [J]. 财贸经济，2017，38（03）：83 – 98.

[362] 张传勇. 住房差异是否影响了家庭收入不平等？机制、假说与检验 [J]. 南开经济研究，2018（01）：67 – 85.

[363] 张大永，曹红. 家庭财富与消费：基于微观调查数据的分析 [J]. 经济研究，2012，47（S1）：53 – 65.

［364］张光利，刘小元．住房价格与居民风险偏好［J］．经济研究，2018，53（01）：110－123．

［365］张君安，张文宏．社会网络类型与老年人幸福感［J］．社会发展研究，2019，6（02）：79－96．

［366］张康之，张乾友．市民社会演变中的社会治理变革［J］．浙江学刊，2009（06）：106－115．

［367］张莉，何晶，马润泓．房价如何影响劳动力流动？［J］．经济研究，2017，52（08）：155－170．

［368］张沥今等．Lasso回归：从解释到预测［J］．心理科学进展，2020，28（10）：1777－1791．

［369］张梁梁，杨俊．社会资本与居民幸福感：基于中国式分权的视角［J］．经济科学，2015（06）：65－77．

［370］张群．中国古代的住房权问题［J］．南京大学法律评论，2007（Z1）：137－157．

［371］张淑华，李海莹，刘芳．身份认同研究综述［J］．心理研究，2012，5（01）：21－27．

［372］张彤进，万广华．机会不均等、社会资本与农民主观幸福感——基于CGSS数据的实证分析［J］．上海财经大学学报，2020，22（05）：94－108．

［373］张威威，王承就．基于马克思幸福观的新时代人民美好生活意蕴探究［J］．中共南京市委党校学报，2021（01）：37－44．

［374］张文宏，刘琳．职业流动的性别差异研究——一种社会网络的分析视角［J］．社会学研究，2013，28（05）：53－75．

［375］张文宏，刘琳．住房问题与阶层认同研究［J］．江海学刊，2013（04）：91－100．

［376］张翔等．住房增加幸福：是投资属性还是居住属性［J］．金融研究，2015（10）：17－31．

［377］张翔，李伦一，柴程森，马双．住房增加幸福：是投资属性还是居住属性？［J］．金融研究，2015（10）：17－31．

［378］张兴祥等. 国民幸福感的指标体系构建与影响因素分析：基于 LASSO 的筛选方法［J］. 统计研究，2018（11）：3 – 13.

［379］张学敏，李雨，张明. 提升社会信任——转型期高等教育作用变化的实证研究［J］. 教育与经济，2017（05）：3 – 9.

［380］张学志，才国伟. 收入、价值观与居民幸福感——来自广东成人调查数据的经验证据［J］. 管理世界，2011（09）：63 – 73.

［381］张雅淋，孙聪，姚玲珍. 越负债，越消费？——住房债务与一般债务对家庭消费的影响［J］. 经济管理，2019（12）：40 – 56.

［382］张雅淋，吴义东，姚玲珍. 住房财富"寡"而消费"不均"？——青年群体住房财富对消费相对剥夺的影响研究［J］. 财贸经济，2022（03）：98 – 113.

［383］张雅淋，姚玲珍. 家庭负债与消费相对剥夺——基于住房负债与非住房负债的视角［J］. 财经研究，2020（08）：64 – 79.

［384］张洋，毛冬月，宁艳杰，金占勇. 住房产权对居民幸福感的影响研究［J］. 中国房地产，2017（06）：14 – 25.

［385］张子豪，谭燕芝. 社会保险与中国国民幸福感［J］. 金融经济学研究，2018，33（03）：116 – 128.

［386］赵方杜. 市场转型与城市家庭的住房分化——基于 CGSS2006 数据的分析［J］. 华东理工大学学报（社会科学版），2013，28（06）：1 – 9.

［387］赵奉军. 收入与幸福关系的经济学考察［J］. 财经研究，2004（05）：75 – 84.

［388］赵佳丽. 收入、健康与主观幸福感［J］. 经济问题，2017（11）：118 – 124.

［389］赵蜜，方文. 社会政策中的互依三角——以村民自治制度为例［J］. 社会学研究，2013，28（06）：169 – 192.

［390］赵玮，刘旭阳. 中国高学历女性的"幸福单身"——对单身状态与主观幸福感的经验研究［J］. 财经研究，2019，45（04）：42 – 53.

［391］赵新宇，范欣，姜扬．收入、预期与公众主观幸福感——基于中国问卷调查数据的实证研究［J］.经济学家，2013（09）：15-23.

［392］赵玉芳，黄金华，陈冰．主观社会阶层对主观幸福感的影响：安全感与社会支持的作用［J］.西南大学学报（社会科学版），2019（03）：106-112.

［393］郑挺国，葛厚逸．中国股市羊群效应的区制转移时变性研究［J］.金融研究，2021（03）：170-187.

［394］郑新夷，杨艳群．交通主观安全感和客观安全感的博弈［J］.中国安全科学学报，2020（10）：13-19。

［395］钟荣桂，吕萍，于璐源．中国城镇化进程中城乡住房融合研究——一个文献综述［J］.经济问题探索，2017（10）：177-183.

［396］钟荣桂，吕萍．住房稳定性对青年收入水平的影响——基于天津市青年群体微观调查数据的分析［J］.城市问题，2018（08）：4-11.

［397］种聪，岳希明．经济增长为什么没有带来幸福感提高？——对主观幸福感影响因素的综述［J］.南开经济研究，2020（04）：24-45.

［398］周浩，龙立荣．参照对象信息对分配公平感的影响：攀比效应与虚荣效应［J］.华东师范大学学报（教育科学版），2015，33（02）：70-76.

［399］周京奎，黄征学．住房制度改革、流动性约束与"下海"创业选择——理论与中国的经验研究［J］.经济研究，2014，49（03）：158-170.

［400］周晶晶．基于CGSS数据的社会保险与老年人幸福指数关系研究［J］.统计与决策，2021，37（10）：142-146.

［401］周利，冯大威．人格特征与家庭负债［J］.金融发展研究，2020，（2）：32-42.

［402］周密，刘秉镰．供给侧结构性改革为什么是必由之路？——中国式产能过剩的经济学解释［J］.经济研究，2017，52

（02）：67 – 81.

[403] 周绍杰，王洪川，苏杨. 中国人如何能有更高水平的幸福感——基于中国民生指数调查 [J]. 管理世界，2015（06）：8 – 21.

[404] 周烁，金星晔，伏霖，李涛. 幸福经济学视角下的居民创业行为：来自中国的经验发现 [J]. 世界经济，2020，43（03）：26 – 45.

[405] 周烁，张文韬. 互联网使用的主观福利效应分析 [J]. 经济研究，2021，（09）：158 – 174.

[406] 周雪娇，崔江龙，吕静. 阶层定位、社会公平感对居民幸福感的影响 [J]. 人口与社会，2021，37（02）：94 – 108.

[407] 周雅玲，肖忠意，于文超. 通货膨胀、自有住房与城镇居民主观幸福感 [J]. 中国经济问题，2017（03）：50 – 63.

[408] 周颖刚，蒙莉娜，卢琪. 高房价挤出了谁？——基于中国流动人口的微观视角 [J]. 经济研究，2019，54（09）：106 – 122.

[409] 周悦，崔炜. 社会参与理论下的农村社区建设现状分析与机制构建 [J]. 前沿，2012（17）：116 – 119.

[410] 朱晨，杨晔. 农村老年人幸福感的健康效应——基于"千村调查"的数据 [J]. 农业技术经济，2017（12）：76 – 87.

[411] 朱国钟，颜色. 住房市场调控新政能够实现"居者有其屋"吗？——一个动态一般均衡的理论分析 [J]. 经济学（季刊），2014，13（01）：103 – 126.

[412] 朱慧劼. "成家立业"对城市青年幸福感的影响研究：基于生命历程的视角 [J]. 中国青年研究，2019（11）：61 – 67.

[413] 朱建芳，杨晓兰. 中国转型期收入与幸福的实证研究 [J]. 统计研究，2009，26（04）：7 – 12.

[414] 朱玲. 计划经济下的社会保护评析 [J]. 中国社会科学，1998（05）：25 – 36.

[415] 朱前鸿，刘伟. 公平正义是社会主义的基本价值取向 [N]. 人民日报，2016 – 04 – 29（7）.

[416] 朱庄瑞，刘杰. 人力资本视角下城市青年住房分化研究

［J］. 山东社会科学, 2020 (09)：114 - 119.

［417］朱庄瑞, 王玉廷. 大城市青年住房产权稳定性研究：理论分析、实践探索与提升路径［J］. 经济问题, 2021 (05)：117 - 123.

［418］祝瑜晗, 吕光明. 城镇化进程中人口流动的主观福利效应考察［J］. 统计研究, 2020, 37 (10)：115 - 128.

［419］邹东涛. 住房建设：新的经济增长点［J］. 管理世界, 1998 (06)：110 - 115.

［420］邹静, 陈杰, 王洪卫. 社会融合如何影响流动人口的居住选择——基于 2014 年全国流动人口监测数据的研究［J］. 上海财经大学学报, 2017, 19 (05)：64 - 79.

［421］Altonji, J. G., Elder, T. E., Taber, C. R. Selection on Observed and Unobserved Variables：Assessing the Effectiveness of Catholic Schools. *Journal of Political Economy*, 2005, 113 (1)：151 - 184.

［422］Ansell, B. The Political Economy of Ownership：Housing Markets and the Welfare State. *American Political Science Review*, 2014, 108 (2)：383 - 402.

［423］Appleton, S., Song, L. Life Satisfaction in Urban China：Components and Determinants. *World Development*, 2008, 36 (11)：2325 - 2340.

［424］Asadullah, M. N., Xiao, S. Z., Yeoh, E. Subjective Well - Being in China, 2005 - 2010：The role of relative income, gender, and location. *China Economic Review*, 2018, 48：83 - 101.

［425］Baker, E., R. Bentley, K. Mason. The Mental Health Effects of Housing Tenure：Causal or Compositional?. *Urban Studies*, 2013, 50 (2)：426 - 442.

［426］Ball, R., Chernova, K. Absolute Income, Relative Income, and Happiness. *Social Indicators Research*, 2008, 88：497 - 529.

［427］Bartolini, S., Bilancini, E., Pugno, M. Did the Decline in Social Connections Depress Americans' Happiness?. *Social Indicators*

Research, 2013, 110 (3): 1033 – 1059.

[428] Bayer, P. , Mangum, K. , Roberts, J. W. Speculative Fever: Investor Contagion in the Housing Bubble. *American Economic Review*, 2021, 111 (2): 609 – 651.

[429] Becker, G. S. A Theory of Social Interactions. *Journal of Political Economy*, 1974, 82 (6): 1063 – 1093.

[430] Bellows, J. , Miguel, E. War and Local Collective Action in Sierra Leone. *Journal of Public Economics*, 2009, 93: 1144 – 1157.

[431] Belsley, D. , Kuh, E. , Welsch, R. Regression Diagnostics: Identifying Influential Data and Sources of Collinearity. *New York: John Wiley*, 1980.

[432] Bentley, R. , Baker, E. , Mason, S. V. K. Subramanian, and A. M. Kavanagh. Association between Housing Affordability and Mental Health: A Longitudinal Analysis of a Nationally Representative Household Survey in Australia. *American Journal of Epidemiology*, 2011, 174 (7): 753 – 760.

[433] Bian, Y. J. , Logan, J. R. Market Transition and the Persistence of Power: The Changing Stratification System in Urban China. *American Sociological Review*, 1996, 61 (5): 739 – 758.

[434] Bourdieu, P. , The Forms of Capital: Handbook of Theory and Research for the Sociology of Education. *Greenwood Publishing Group*, *New York*, 1986: 241 – 258.

[435] Bradshaw, J. , Keung, A. , Rees, G. , Goswami, H. Children's Subjective Well-being: International Comparative Perspectives. *Children and Youth Services Review*, 2011, 33: 548 – 556.

[436] Bucchianeri, G. W. The American Dream or the American Delusion? The Private and External Benefits of Homeownership for Women. Working Paper. *Philadelphia, PA: The Wharton School of Business*, 2011.

[437] Buryi, P. , Gilbert, S. Effects of College Education on Demon-

strated Happiness in the United States. *Applied Economics Letters*, 2014, 21 (18): 1253 – 1256.

[438] Campbella, J. Y., Cocco, J. F. How Do House Prices Affect Consumption? Evidence from Micro Data. *Journal of Monetary Economics*, 2007, 54: 591 – 621.

[439] Carroll, C. D. Macroeconomic Expectations of Households and Professional Forecasters. *Quarterly Journal of Economics*, 2003, 118 (1): 269 – 298.

[440] Carroll, C. D., Slacalek, J., Sommer, M. International Evidence on Sticky Consumption Growth. *The Review of Economics and Statistics*, 2011, 93 (4): 1135 – 1145.

[441] Cattaneo, M. D., Galiani, S., Gertler, P. J., Martinez, S., Titiunik, R. Housing, Health, and Happiness. *American Economic Journal*: *Economic Policy*, 2009, 1 (1): 75 – 105.

[442] Chamon M. D., Prasad E. S. Why Are Saving Rates of Urban Households in China Rising? . *American Economic Journal*: *Macroeconomics*, 2010, 2 (1): 93 – 130.

[443] Chang, J. et al. Community Attachment among Residents Living in Public and Commodity Housing in China. *Housing Studies*, 2020, 35: 1337 – 1361.

[444] Cheng, Z. M., King, S. P., Smyth, R., Wang, H. N. Housing Property Rights and Subjective Wellbeing in Urban China. *European Journal of Political Economy*, 2016, 45: 160 – 174.

[445] Cheng, Z. M., Prakash, K., Smyth, R., Wang, H. N. Housing Wealth and Happiness in Urban China. *Cities*, 2020, 96: 102470.

[446] Chen, J., Hao, Q. J., Stephens, M. Assessing Housing Affordability in Post-reform China: A Case Study of Shanghai. *Housing Studies*, 2010, 25 (6): 877 – 901.

[447] Chen, J., Hardin, W., Hu, M. Z. Housing, Wealth, In-

come and Consumption: China and Homeownership Heterogeneity. *Real Estate Economics*, 2020, 48 (2): 373 – 405.

[448] Chen, J. H., Hao, S. Y., Wu, Y. Housing and Health in Vulnerable Social Groups: An Overview and Bibliometric Analysis. *Reviews on Environmental Health*, 2021, May 28, PMID: 34049423.

[449] Chen, J., Hu, M. Z., Lin, Z. G. Does Housing Unaffordability Crowd Out Elites in Chinese Superstar Cities?. *Journal of Housing Economics*, 2020, 35 (8): 1337 – 1361.

[450] Chen, J., Qi, X., Lin, Z. G., Wu, Y. D. Impact of Governments' Commitment to Housing Affordability Policy on People's Happiness: Evidence from China. *Housing Policy Debate*, 2021, 1 – 20.

[451] Chen, J., Wang, W. EconomicIncentive and Settlement Intentions of Rural Migrants: Evidence from China. *Journal of Urban Affairs*, 2019, 41 (3): 372 – 389.

[452] Chen, M. K., Wu, Y. D., Liu, G. W., Wang, X. Z. The Effect of the Housing Provident Fund on Housing Consumption and Inequity Risks. *Cities*, 2020, 104 (3): 102812.

[453] Chen, M. K., Wu, Y. D., Liu, G. W., Wang, X. Z. The Effect of the Housing Provident Fund on Income Redistribution: The Case of China. *Housing Policy Debate*, 2020, 30 (3): 1 – 21.

[454] Chen N. K., Chen S. S., Chou Y. H. House Prices, Collateral Constraint, and the Asymmetric Effect on Consumption. *Journal of Housing Economics*, 2010, 19 (7): 93 – 130.

[455] Cinelli, C., Ferwerda, J., Hazlett, C. Sensemakr: Stata Module to Provide Sensitivity Tools for OLS. *Journal of Statistical Software*, 2020: 1 – 28.

[456] Clapham, D., Foye, C., Christian, J. The Concept of Subjective Well-being in Housing Research. *Housing Theory & Society*, 2018, 35 (3): 261 – 280.

[457] Clark, A. E., Oswald, A. J. Satisfaction and Comparison Income. *Journal of Public Economics*, 1996, 61: 359 – 381.

[458] Clark, A., Frijters, P., Shields, M. A. Relative Income, Happiness and Utility: An Explanation for the Easterlin Paradox and Other Puzzles. *Journal of Economic Literature*, 2008, 46 (1): 95 – 144.

[459] Clark, W., Yi, D. C., Huang, Y. Q. Subjective Well-being in China's Changing Society. *PNAS*, 2019, 116 (34): 16799 – 16804.

[460] Coleman, J. S. Foundations of Social Theory. *Cambridge: Harvard University Press*, 1994.

[461] Cooper, D. House price Fluctuations: The Role of Housing Wealth as Borrowing Collateral. *Review of Economics and Statistics*, 2013, 95 (4): 1183 – 1197.

[462] Cuñado, J., Gracia, F. P. Does Education Affect Happiness? Evidence for Spain. *Social Indicators Research*, 2012, 108 (1): 185 – 196.

[463] David, C. Happiness, Well-being and Housing Policy. *Policy and Politics*, 2010, 38 (2): 253 – 267.

[464] Deaux, K. Reconstructing Social Identity. *Personality and Social Psychology Bulletin*, 1993, 19: 4 – 12.

[465] Devine, J., Hinks, T., Naveed, A. Happiness in Bangladesh: The Role of Religion and Connectedness. *Journal of Happiness Studies*, 2019, 20: 351 – 371.

[466] Diener, E. Assessing Subjective Well-being: Progress and Opportunities. *Social Indicators Research*, 1994, 31: 103 – 157.

[467] Diener, E., E. M. Suh, R. E. Lucas, and H. L. Smith. Subjective Well-being: Three Decades of Progress. *Psychological Bulletin*, 1999, 125 (2): 276 – 302.

[468] Diener, E., Lucas, R. E., Schimmack, U., Helliwell, J. Well-being for Public Policy. *New York, NY: Oxford University Press*, 2009.

［469］ Diener, E. , Oishi, S. , Tay, L. Advances in Subjective Well-being Research. *Nature Human Behaviour*, 2018, (2): 253 – 260.

［470］ Diener, E. , Sapyta J. J. , Suh, E. Subjective Well-being Is Essential to Well – Being. *Psychological Inquiry*, 1998, 9 (1): 33 – 37.

［471］ Diener, E. The Science of Well-being. *Springer Science and Business Media*, 2009.

［472］ Dolan, P. , Peasgood, T. , White, M. Do We Really Know What Makes Us Happy? A Review of the Economic Literature on the Factors Associated with Subjective Well-being. *Journal of Economic Psychology*, 2008, 29 (1): 94 – 122.

［473］ Du, T. Y. , Zeng, N. S. , Huang, Y. X. , Vejre, H. Relationship between the Dynamics of Social Capital and the Dynamics of Residential Satisfaction under the Impact of Urban Renewal. *Cities*, 2020, 107: 102933.

［474］ Easterlin. Does Economic Growth Improve the Human Lot? Some Empirical Evidence. *Pittsburgh: Academic Press*, 1974.

［475］ Easterlin, R. A. Explaining Happiness. *PNAS*, 2003, 100 (19): 11176 – 11183.

［476］ Easterlin, R. A. Life Cycle Happiness and its Sources Intersections of Psychology, Economics, and Demography. *Journal of Economic Psychology*, 2006, 27: 463 – 482.

［477］ Ellison, C. G. Sapyta J. J. , Suh, E. Religious Involvement and Subjective Well-being. *Journal of Health and Social Behavior*, 1991, 32 (1): 80 – 99.

［478］ Elsinga, M. , Hoekstra, J. Homeownership and Housing Satisfaction. *Journal of Housing and the Built Environment*, 2005, 20 (4): 401 – 424.

［479］ Emran, M. S. , Hou, Z. Access to Markets and Rural Poverty: Evidence from Household Consumption in China. *Review of Economics and*

Statistics, 2013, 95 (2): 682 – 697.

[480] Erling, L. , Dag, E. S. Rising Inequality of Housing? Evidence from Segmented Housing Price Indices. *Housing Theory and Society*, 2000, 21 (6): 77 – 88.

[481] Florida, R. , Mellander, C. , Rentfrow, P. J. The Happiness of Cities. *Regional Studies*, 2013, 47 (4): 613 – 627.

[482] Fong, E. , Yuan, Y. , Gan, Y. Q. Homeownership and Happiness in Urban China. *Journal of Housing and the Built Environment*, 2021, 36: 153 – 170.

[483] Foye, C. The Relationship Between Size of Living Space and Subjective Well-being. *Journal of Happiness Studies*, 2017, 18 (2): 427 – 461.

[484] Frey, B. S. , Gallus, J. , Steiner, L. OpenIssues in Happiness Research. *International Review of Economics*, 2014, 61: 115 – 125.

[485] Frey, B. S. , Stutzer, A. What Can Economists Learn from Happiness Research? . *Journal of Economic Literature*, 2002, XL: 402 – 435.

[486] Fujiwara, D. The Social Impact of Housing Providers. *London*: *HACT*, 2013.

[487] Gatzlaff, D. H. , R. K. Green, and D. C. Ling. Cross-tenure Differences in Home Maintenance and Appreciation. *Land Economics*, 1998, 74: 328 – 342.

[488] Giles, J. , Yoo, K. Precautionary Behavior, Migrant Networks, and Household Consumption Decisions: An Empirical Analysis Using Household Panel Data from Rural China. *The Review of Economics and Statistics*, 2007, 89 (3): 534 – 551.

[489] Glaeser, E. , Huang, W. , Ma, Y. and Shleifer, A. A Real Estate Boom with Chinese Characteristics. *Journal of Economic Perspectives*, 2017, 31 (1): 93 – 116.

［490］Graham, C. The Economics of Happiness: Insights on Globalization from a Novel Approach. *World Economics*, 2005, 6 (3): 41 – 55.

［491］Granovetter, M. Economic Action and Social Structure: The Problem of Embeddedness. *American Journal of Sociology*, 1985. 91: 481 – 510

［492］Granovetter, M. The Strength of Weak Ties: A Network Theory Revisited. *Sociological Theory*, 1983, 1 (6): 201 – 233.

［493］Gurney, C. M. Pride and Prejudice: Discourses of Normalisation in Public and Private Accounts of Home Ownership. *Housing Studies*, 1999, 14 (2): 163 – 183.

［494］Hajdu, G. , Hajdu, T. The Impact of Culture on Well-being: Evidence from a Natural Experiment. *Journal of Happiness Studies*, 2016, 17: 1089 – 1110.

［495］Halpern, D. The Hidden Wealth of Nations. *Cambridge: Polity Press*, 2010.

［496］Hamnett, C. UrbanHousing in Contemporary China: A Commentary. *Cities*, 2021, 108: 102968.

［497］Hartog, J. , Oosterbeek, H. Health, Wealth and Happiness: Why Pursue a Higher Education? . *Economics of Education Review*, 1998, 17 (3): 245 – 256.

［498］Headey, B. , Wearing, A. The Sense of Relative Superiority: Central to Well-being. *Social Indicators Research*, 1988, 20 (5): 497 – 516.

［499］Hirschauer, N. , Lehberger, M. , Musshoff, O. Happiness and Utility in Economic Thought – Or: What Can We Learn from Happiness Research for Public Policy Analysis and Public Policy Making? . *Social Indicators Research*, 2015, 121: 647 – 674.

［500］Hirschman, A. The Changing Tolerance for Income Inequality in the Course of Economic Development. *Quarterly Journal of Economics*,

1973, 87 (4): 544 – 566.

[501] Hoang, T. X. , Pham, C. S. , Ulubaşoğlu M. A. Non-farm Activity, Household Expenditure, and Poverty Reduction in Rural Vietnam: 2002 – 2008. *World Development*, 2014, 64 (12): 554 – 568.

[502] Hoerl, A. E. Application of Ridge Analysis to Regression Problems. *Chem. Eng. Progress*, 1962, 58: 54 – 59.

[503] Hoerl, A. E. , Kennard, R. W. Ridge Regression: Biased Estimation for Non-orthogonal Problems. *Technometrics*, 1970, 12 (1): 55 – 67.

[504] Huang, X. He, D. S. , Tang, S. S. , Li, X. Compensation, Housing Situation and Residents' Satisfaction with the Outcome of Forced Relocation: Evidence from Urban China. *Cities*, 2020, 96: 102436.

[505] Huang, Y. Q. , Yi, D. C. Clark, W. Multiple Home Ownership in Chinese Cities: An Institutional and Cultural Perspective. *Cities*, 2020, 97: 102518.

[506] Huang, Z. , Du, X. , and Yu, X. Home Ownership and Residential Satisfaction: Evidence from Hangzhou, China. *Habitat International*, 2015, 49, 74 – 83.

[507] Hu, F. Homeownership and Subjective Well-being in Urban China: Does Owning a House Make You Happier? . *Social Indicators Research*, 2013, 110: 951 – 971.

[508] Hu, M. Z. , Ye, W. P. Home Ownership and Subjective Well-being: A Perspective from Ownership Heterogeneity? . *Journal of Happiness Studies*, 2020, 21: 1059 – 1079.

[509] Inglehart, R. Gender, Aging, and Subjective Well-being. *International Journal of Comparative Sociology*, 2002, 43 (3 – 5): 391 – 408.

[510] Iwata, S. , and Yamaga, H. Rental Externality, Tenure Security, and Housing Quality. *Journal of Housing Economics*, 2018, 17 (3): 201 – 211.

［511］Jiang, S. Q. , Lu, M. , Sato, H. Identity, Inequality, and Happiness: Evidence from Urban China. *World Development*, 2012, 40 (6): 1190 – 1200.

［512］Jongbloed, J. Higher Education for Happiness? Investigating the Impact of Education on the Hedonic and Eudaimonic Well-being of Europeans. *European Educational Research Journal*, 2018, 17 (5): 733 – 754.

［513］Khalifa, S. , Seck, O. , Tobing, E. Housing Wealth Effect: Evidence from Threshold Estimation. *Journal of Housing Economics*, 2013, 22: 25 – 35.

［514］Knight, J. , Song, L. Gunatilaka, R. Subjective Well-being and Its Determinants in Rural China. *China Economic Review*, 2009, 20 (4): 635 – 649.

［515］Kraus et al. SocialClass, Solipsism, and Contextualism: How the Rich Are Different from the Poor. *Psychological Review*, 2012, 119 (3): 546 – 572.

［516］Kuroki, M. Are American Homeowners More Satisfied with Their Lives than Renters? . *Nature Human Behaviour*, 2019, 43 (6): 536 – 548.

［517］Lenzi, C. , Perucca, G. Not Too Close, Not Too Far: Urbanisation and Life Satisfaction along the Urban Hierarchy. *Urban Studies*, 2020: 1 – 16.

［518］Lewbel, A. Using Heteroscedasticity to Identify and Estimate Mismeasured and Endogenous Regressor Models. *Journal of Business & Economic Statistics*, 2012, 30 (1): 67 – 80.

［519］Li, J. , Liu, Z. L. Housing Stress and Mental Health of Migrant Populations in Urban China. *Cities*, 2018, 81: 172 – 179.

［520］Liu, J. H. , Chen, H. S. Chen, Y. , Li, Z. G. Emotional-Well-being and Social Support in Social Housing Neighbourhoods in China. *Journal of International Medical Research*, 2018, 46 (8): 3209 – 3218.

［521］ Liu, Z. F. , Zhong, X. Y. , Zhang, T. T. , Li, W. Q. Household Debt and Happiness: Evidence from the China Household Finance Survey. *Applied Economics Letters*, 2020, 27 (3): 199 – 205.

［522］ Logan, J. R. , Fang, Y. P. , Zhang, Z. X. The Winners in China's Urban Housing Reform. *Housing Studies*, 2010, 25 (1): 101 – 117.

［523］ Manturuk, K. R. Urban Homeownership and Mental Health: Mediating Effect of Perceived Sense of Control. *City & Community*, 2012, 11 (4): 409 – 430.

［524］ Mason, K. E. , E. Baker, T. Blakely, and R. J. Bentley. Housing Affordability and Mental Health: Does the Relationship Differ for Renters and Home Purchasers? . *Social Science & Medicine*, 2013, 94: 91 – 97.

［525］ Milberg et al. Patient's Sense of Security During Palliative Care: What Are the Influencing Factors? . *Journal of Pain & Symptom Management*, 2014, 48 (1): 45 – 55.

［526］ Ng, Y. K. , Wang, J. G. Relative Income, Aspiration, Environmental Quality, Individual and Political Myopia: Why May the Rat-race for Material Growth be Welfare – Reducing? . *Mathematical Social Sciences*, 1993, 26 (1): 3 – 23.

［527］ Nikolaev, B. Living with Mom and Dad and Loving It…Or Are You? . *Journal of Economic Psychology*, 2015, 51: 199 – 209.

［528］ Nikolaev, B. , Rusakov, P. Education and Happiness: An Alternative Hypothesis. *Applied Economics Letters*, 2016, 23 (12): 827 – 830.

［529］ Oishi, S. , Diener, E. Can and Should Happiness Be A Policy Goal? . *Policy Insights from the Behavioral and Brain Sciences*, 2014, 1 (1): 195 – 203.

［530］ Oishi, S. , Schimmack, U. Residential Mobility, Well-being, and Mortality. *Journal of Personality and Social Psychology*, 2010, 98 (6): 980 – 994.

［531］ Papachristou, I. A. , Rosas – Casals, M. Cities and quality of life. Quantitative Modeling of the Emergence of the Happiness Field in Urban Studies. *Cities*, 2019, 88: 191 – 208.

［532］Peltonen, T. A. , Sousa, R. M. , Vansteenkiste, I. S. Wealth Effects in Emerging Market Economies. *International Review of Economics and Finance*, 2012, 24: 155 – 166.

［533］Perez – Truglia, Ricardo. The Effects of Income Transparency on Well-being: Evidence from A Natural Experiment. *American Economic Review*, 2020, 110 (4): 1019 – 1054.

［534］Pevalin, D. J. , M. P. Taylor, and J. Todd. The Dynamics of Unhealthy Housing in the UK: A Panel Data Analysis. *Housing Studies*, 2008, 23 (5): 679 – 695.

［535］Popham, F. , L. Williamson, and E. Whitley. Is Changing Status through Housing Tenure Associated with Changes in Mental Health? Results from the British Household Panel Survey. *Journal of Epidemiology and Community Health*, 2015, 69 (1): 6 – 11.

［536］Prakash, K. A. , Smyth, R. The Quintessential Chinese Dream? Homeownership and the Subjective Well-being of China's Next Generation. *China Economic Review*, 2019, 58: 101350.

［537］Putnam, R. D. , Leonardi, R. , Nanetti, R. F. Making Democracy Work: Civic Traditions in Modern Italy, Japanese Edition. *Tokyo: NTT Shuppan*, 2001.

［538］Rohe, W. M. , and V. Basolo. Long Term Effects of Home Ownership on the Selfesteem, Perceived Control and Life Satisfaction of Low-income People. *Journal of the American Planning Association*, 1997, 60 (2): 173 – 184.

［539］Rosenbaum, P. R. , Rubin, D. B. Assessing Sensitivity to an Unobserved Binary Covariate in an Observational Study with Binary Outcome. *Journal of the Royal Statistical Society*, 1983, 45 (2): 212 – 218.

［540］Ruprah, I. J. Does Owning Your Home Make You Happier? Impact Evidence from Latin America. *Washington, DC: Inter – American Development Bank*, 2010.

[541] Ryff, C. D. , Singer, B. H. Know Thyself and Become What You Are: A Eudaimonic Approach to Psychological Well-being. *Journal of Happiness Studies*, 2008, 9: 13 –39.

[542] Saunders, P. A Nation of Home Owners. *London: Unwin Hyman*, 1990.

[543] Sen, A. Functionings and Capability. *Oxford: Oxford University Press*, 1995.

[544] Senik, C. When Information Dominates Comparison: Learning from Russian Subjective Panel Data. *Journal of Public Economics*, 2004, 88 (9 –10): 2099 –2123.

[545] Shi, T. , Zhu, W. Z. , Fu, S. H. Quality of Life in Chinese Cities. *China Economic Review*, 2021, 69: 101682.

[546] Song, Y. , Zhou, A. , Zhang, M. , Wang, H. Assessing theEffects of Haze Pollution on Subjective Well-being Based on Chinese General Social Survey. *Journal of Cleaner Production*, 2019, 235: 574 –582.

[547] Stillman, S. , Liang, Y. Does Home-ownership Improve Personal Well-being. *Manuscript, Motu Economic and Public Policy Research*, 2010.

[548] Stotz, O. The perception of homeownership utility: Short-term andLong-term Effects. *Journal of Housing Economics*, 2019, 44: 99 –111.

[549] Stutzer, A. , Frey, B. Stress That Doesn't Pay: The Commuting Paradox. *Scandinavian Journal of Economics*, 2008, 110 (2), 339 – 366.

[550] Tani, M. Hukou Changes and Subjective Well-being in China. *Social Indicators Research*, 2017, 132: 47 –61.

[551] Taylor, M. P. , Pevalin, D. J. , Todd, J. The Psychological Costs of Unsustainable Housing Commitments (No. 2006 – 08). *Colchester:*

Institute for Social and Economic Research, 2006.

［552］Tibshirani, R. Regression Shrinkage and Selection via the Lasso. *Journal of the Royal Statistical Society: Series B*, 1996, 58（1）: 267 – 288.

［553］Turner, T. M. , Luea, H. Homeownership, Wealth Accumulation and Income Status. *Journal of Housing Economics*, 2009, 18: 104 – 114.

［554］UN – HCHR, The Right to Adequate Housing, the Office of the United Nations High Commissioner for Human Rights, *United Nations Office at Geneva*, Geneva, 2009, 21（21）.

［555］Van Praag, B. M. S. , Ferrer-i-carbonell, A. Happiness Quantified: A Satisfaction Calculus Approach. *Oxford: Oxford University Press*, 2008.

［556］Veenhoven, R. Capability and Happiness: Conceptual Difference and Reality Links. *The Journal of Socio – Economics*, 2010, 39: 344 – 350.

［557］Wainer, A. , Zabel, J. Homeownership and Wealth Accumulation for Low-income Households. *Journal of Housing Economics*, 2020, 47: 101624.

［558］Wang, F. L. , Wang, D. J. Changes in Residential Satisfaction after Home Relocation: A Longitudinal Study in Beijing, China. *Urban Studies*, 2020, 57（3）: 583 – 601.

［559］Wang, H. N. , Cheng, Z. M. , Smyth, R. Consumption and Happiness. *The Journal of Development Studies*, 2019, 55（1）: 120 – 136.

［560］Wang, Q. , Mukhopadhaya, P. , Ye, J. Y. An Evaluation of the Changes in Well – being in China – 2005 to 2015: An Exploratory Study. *China Economic Review*, 2020, 61: 101457.

［561］Wei, Z. C. , Liu, Y. T. , He, S. J. , Mo, H. T. Housing Differentiation in Transitional Urban China. *Cities*, 2020, 96: 102469.

［562］Wu, F. L. Commodification and Housing Market Cycles in Chinese Cities. *International Journal of Housing Policy*, 2020, 15（1）: 6 – 26.

[563] Wu, J., Gyourko, J., Deng, Y. H. Evaluating Conditions in Major Chinese Housing Markets. *Regional Science and Urban Economics*, 2012, 42: 531 – 543.

[564] Wu, W. J. Does Public Investment Improve Homeowners' Happiness? New Evidence based on Micro Surveys in Beijing. *Urban Studies*, 2014, 51 (1): 75 – 92.

[565] Wu, W. J., Stephens, M., Du, M. Z., Wang, B. Homeownership, Family Composition and Subjective Wellbeing. *Cities*, 2019, 84: 46 – 55.

[566] Yang, Y. Social Inequalities in Happiness in the United States, 1972 to 2004: An Age – Period – Cohort Analysis. *American Sociological Review*, 2020, 73 (2): 204 – 226.

[567] Yan, J. H., Bao, H. AProspect Theory-based Analysis of Housing Satisfaction with Relocations: Field Evidence from China: Evidence from China. *Cities*, 2018, 83: 193 – 202.

[568] Yu, S. Y., Blader, S. L. Why Does Social Class Affect Subjective Well-being? The Role of Status and Power. *Personality and Social Psychology Bulletin*, 2020, 46 (3): 331 – 348.

[569] Zeng, W., Rees, P., Xiang, L. L. Do residents of Affordable Housing Communities in China suffer from relative accessibility deprivation? A case study of Nanjing. *Cities*, 2019, 90: 141 – 156.

[570] Zhang, C. Y., Zhang, F. Effects of Housing Wealth on Subjective Well-being in Urban China. *Journal of Housing and the Built Environment*, 2019, 34: 965 – 985.

[571] Zhang, F., Zhang, C. Y., Hudson, J. Housing Conditions and Life Satisfaction in Urban China. *Cities*, 2018, 81: 35 – 44.

[572] Zhang, P., Sun, L., Zhang, C. Y. Understanding the Role of Homeownership in Wealth Inequality: Evidence from Urban China (1995 – 2018). *China Economic Review*, 2021: 101657.

［573］Zhang, Q. D. , Churchill, S. A. Income Inequality and Subjective Well-being: Panel Data Evidence from China. *China Economic Review*, 2020, 60: 101392.

［574］Zhang, S. H. , Hou, C. L. , Chen, J. Homeownership, City Integration, and the Sense of Happiness of Migrants in Urban China. *Frontiers of Business Research in China*, 2019, 13（1）: 1 – 20.

［575］Zheng, X. , Yuan, Z. Q. , Zhang, X. L. Does Happiness Dwell in An Owner-occupied House? Homeownership and Subjective Well-being in Urban China. *Cities*, 2020, 96: 102404.

［576］Özmen, M. U. , Kalafatcılar M. K. , Yılmaz E. The Impact of Income Distribution on House Prices. *Central Bank Review*, 2019, 19（2）: 45 – 58.

［577］Zumbro, T. The Relationship between Homeownership and Life Satisfaction in Germany. *Housing Studies*, 2014, 29（3）: 319 – 338.

附　　录

表 A1　　　1949 年以来有关住房的代表性论述、会议和制度

时间	文章/文件/会议/事件	涉及住房、房地产的相关内容摘编或历史意义总结
1949 年 8 月	《人民日报》	应当把所有城市房屋看作社会的财产，加以适当的监护。给将来社会主义的房屋公共所有权制度创造有利条件
1956 年 1 月	中共中央批转中央书记处第二办公室《关于目前城市私有房产基本情况及进行社会主义改造的意见》	对城市私有房产实行社会主义改造
1978 年 9 月	国家计委、国家建委、财政部、国家物资总局发布《关于自筹资金建设职工住房的通知》	各省、市、自治区和各城市每年必须在自筹资金中安排一部分资金建设职工住房。现有的全民所有制企业职工住房建设资金应在企业基金中优先安排，也可以用企业提取一部分职工宿舍的更新改造资金建设职工住房。职工住房建设要列入基本建设自筹资金计划
1978 年 9 月	中央召开城市住宅建设会议	传达了邓小平同志的重要谈话精神：解决住房问题能不能路子宽些，譬如允许私人建房或者私建公助，分期付款。把个人手中的钱动员出来，国家解决材料
1980 年 4 月	邓小平同志就住宅问题再次发表重要讲话	城镇居民个人可以购买、自盖房屋。新、老房子都可以出售。可以一次付款，也可以分期付款。要联系房价调整房租，要研究逐步提高房租。将来房租提高了，对低工资的职工要给予补贴。建房还可以鼓励公私合营或民建公助，也可以私人自己想办法

时间	文章/文件/会议/事件	涉及住房、房地产的相关内容摘编或历史意义总结
1980 年 6 月	中共中央、国务院批转国家建委党组《全国基本建设工作会议汇报提纲》	正式宣布将实行住房商品化的政策，提出个人可以新建、购买、拥有住房
1980 年 7 月	国家城市建设总局印发《关于加强城市公房管理工作的意见的通知》	建立健全房产管理机构，坚持统一管理的方针，贯彻"以租养房"的原则，加强房屋维修保养，要合理分配房屋，搞好房屋修建材料生产
1982 年 4 月	国务院发布《国务院关于城市出售住宅试点问题的复函》	对新建住宅积极试行补贴出售的办法，对原有住宅可按不同情况区别对待
1983 年 6 月	城乡建设环境保护部发布《城镇个人建造住宅管理办法》	鼓励城镇个人建造住宅，防止个人建造住宅中的违法乱纪行为
1983 年 12 月	国务院发布《城市私有房屋管理条例》	加强对城市私有房屋的管理，保护房屋所有人和使用人的合法权益，发挥私有房屋的作用，以适应社会主义现代化建设和人民生活的需要
1985 年 2 月	城乡建设环境保护部印发《关于城市私有出租房屋社会主义改造遗留问题的处理意见》	我国城市的私房改造工作，作为整个社会主义改造的组成部分是完全必要的，正确的。但是，也有不少城市的私房改造工作，由于当时开展工作的时间比较仓促，调查研究不够，工作粗糙，加上"左"的错误思想的影响，遗留下一些目前急需解决的问题
1986 年 11 月	国务院办公厅转发《关于烟台、唐山、蚌埠、常州、江门五城市住房制度改革试点工作会议纪要》	五城市即将开始进行的改革试点，是我国住房制度改革在整个经济体制改革的推动下迈出的重要一步
1988 年 1 月	第一次全国住房制度改革工作会议	住房制度改革正式列入中央和地方的改革计划，在全国分期分批展开。住房制度的改革办法是实现住房商品化。基本构思是提高房租，增加工资，鼓励职工买房
1988 年 2 月	国务院印发《关于在全国城镇分期分批推行住房制度改革的实施方案》	我国城镇住房制度改革的目标是：按照社会主义有计划的商品经济的要求，实现住房商品化。从改革公房低租金制度着手，将现在的实物分配逐步改变为货币分配，由住户通过商品交换，取得住房的所有权或使用权，使住房这个大商品进入消费品市场，实现住房资金投入产出的良性循环，从而走出一条既有利于解决城镇住房问题，又能够促进房地产业、建筑业和建材工业发展的新路子

时间	文章/文件/会议/事件	涉及住房、房地产的相关内容摘编或历史意义总结
1991 年 6 月	国务院发布《关于继续积极稳妥地进行城镇住房制度改革的通知》	合理调整现有公有住房的租金，有计划有步骤地提高到成本租金；出售公有住房；实行新房新制度；住房建设应推行国家、集体、个人三方共同投资体制，积极组织集资建房和合作建房，大力发展经济实用的商品住房，优先解决无房户和住房困难户的住房问题；通过多种形式、多种渠道筹集住房资金，各级人民政府要切实做好住房资金的转化，建立住房基金；发展住房金融业务；加强房地产市场管理
1991 年 11 月	国务院办公厅转发国务院住房制度改革领导小组《关于全面进行城镇住房制度改革的意见》	城镇住房制度改革是经济体制改革的重要组成部分，其根本目的，是要缓解居民住房困难，不断改善住房条件，正确引导消费，逐步实现住房商品化，发展房地产业。按照社会主义有计划商品经济的要求，从改革公房低租金制度着手，将现行公房的实物福利分配制度逐步转变为货币工资分配制度，由住户通过商品交换（买房或租房），取得住房的所有权或使用权，使住房这种特殊商品进入消费品市场，实现住房资金投入产出的良性循环
1994 年 7 月	国务院发布《关于深化城镇住房制度改革的决定》	把住房建设投资由国家、单位统包的体制改变为国家、单位、个人三者合理负担的体制；把各单位建设、分配、维修、管理住房的体制改变为社会化、专业化运行的体制；把住房实物福利分配的方式改变为以按劳分配为主的货币工资分配方式；建立以中低收入家庭为对象、具有社会保障性质的经济适用住房供应体系和以高收入家庭为对象的商品房供应体系；建立住房公积金制度；发展住房金融和住房保险，建立政策性和商业性并存的住房信贷体系；建立规范化的房地产交易市场和发展社会化的房屋维修、管理市场，逐步实现住房资金投入产出的良性循环，促进房地产业和相关产业的发展
1994 年 12 月	建设部印发《城市经济适用住房建设管理办法》	建立以中低收入家庭为对象，具有社会保障性质的经济适用住房供应体系，加快经济适用住房建设，提高城镇职工、居民的住房水平，加强对经济适用住房建设的管理

时间	文章/文件/会议/事件	涉及住房、房地产的相关内容摘编或历史意义总结
1995 年 2 月	国务院办公厅《关于转发国务院住房制度改革领导小组国家安居工程实施方案的通知》	结合城镇住房制度改革，调动各方面的积极性，加快城镇住房商品化和社会化进程，促进城镇住房建设
1996 年 8 月	国务院办公厅转发国务院住房制度改革领导小组《关于加强住房公积金管理意见》的通知	实行住房公积金制度是城镇住房制度改革的重要内容和中心环节，直接关系到城镇住房制度改革工作的成败，要进一步全面推进
1998 年 7 月	国务院下发《关于进一步深化城镇住房制度改革加快住房建设的通知》	停止住房实物分配，逐步实行住房分配货币化；建立和完善以经济适用住房为主的多层次城镇住房供应体系；发展住房金融，培育和规范住房交易市场
1998 年 10 月	国务院颁布了《关于加强房地产价格调控加快住房建设的意见》	加强房地产价格调控，建立合理的住房价格体系；清理整顿建设项目收费，调整住房价格构成；规范住房价格及物业管理收费行为，建立正常、良好的市场秩序；积极稳妥地推进公有住房租金改革，加快实现住房商品化
1999 年 8 月	建设部《关于进一步推进现有公有住房改革的通知》	各地要进一步明确可出售公有住房和不宜出售公有住房的范围；凡属各地房屋管理部门直管的成套公有住房，除按规定不宜出售的外，均应向有购房意愿的现住户出售
2002 年 5 月	国土资源部发布《招标拍卖挂牌出让国有土地使用权规定》	商业、旅游、娱乐和商品住宅等各类经营性用地，必须以招标、拍卖或者挂牌方式出让
2002 年 8 月	建设部等联合印发《关于加强房地产市场宏观调控促进房地产市场健康发展的若干意见》	充分发挥政府职能，加强房地产市场宏观调控；强化土地供应管理，严格控制土地供应总量；充分发挥城市规划职能，规范建设用地管理，促进土地的合理使用；严格控制自有资金不足、行为不规范的房地产开发企业新开工项目；大力发展经济适用住房，调整房地产市场供应结构；加快落实住房补贴，提高职工购房的支付能力；充分发挥金融对房地产市场的调控作用；继续加大对住房建设和消费环节不合理收费的清理力度；加强房屋拆迁管理，维护社会稳定

时间	文章/文件/会议/事件	涉及住房、房地产的相关内容摘编或历史意义总结
2003 年 8 月	国务院发布《关于促进房地产市场持续健康发展的通知》	完善供应政策，调整供应结构；改革住房制度，健全市场体系；发展住房信贷，强化管理服务；改进规划管理，调控土地供应；加强市场监管，整顿市场秩序
2005 年 5 月	国务院办公厅转发建设部等部门《关于做好稳定住房价格工作意见的通知》	强化规划调控，改善住房供应结构；加大土地供应调控力度，严格土地管理；调整住房转让环节营业税政策，严格税收征管；加强房地产信贷管理，防范金融风险；明确享受优惠政策普通住房标准，合理引导住房建设与消费；加强经济适用住房建设，完善廉租住房制度；切实整顿和规范市场秩序，严肃查处违法违规销售行为；加强市场监测，完善市场信息披露制度
2007 年 8 月	国务院发布《关于解决城市低收入家庭住房困难的若干意见》	进一步建立健全城市廉租住房制度；改进和规范经济适用住房制度；逐步改善其他住房困难群体的居住条件；完善配套政策和工作机制
2007 年 10 月	党的十七大报告	健全廉租住房制度，加快解决城市低收入家庭住房困难
2008 年 12 月	国务院办公厅印发《关于促进房地产市场健康发展的若干意见》	加大保障性住房建设力度；进一步鼓励普通商品住房消费；支持房地产开发企业积极应对市场变化；强化地方人民政府稳定房地产市场的职责；加强房地产市场监测；积极营造良好的舆论氛围
2009 年 12 月	国务院常务会议出台"国四条"	增加普通商品住房的有效供给；抑制投资投机性购房；加强市场监管；继续大规模推进保障性安居工程建设
2010 年 1 月	国务院办公厅发布《关于促进房地产市场平稳健康发展的通知》	增加保障性住房和普通商品住房有效供给；合理引导住房消费抑制投资投机性购房需求；加强风险防范和市场监管；加快推进保障性安居工程建设
2010 年 4 月	国务院发布《关于坚决遏制部分城市房价过快上涨的通知》	坚决抑制不合理住房需求；增加住房有效供给；加快保障性安居工程建设；加强市场监管

时间	文章/文件/会议/事件	涉及住房、房地产的相关内容摘编或历史意义总结
2011 年 3 月	国民经济和社会发展"十二五"规划纲要	城镇保障性安居工程建设 3600 万套
2012 年 11 月	党的十八大报告	建立市场配置和政府保障相结合的住房制度，加强保障性住房建设和管理，满足困难家庭基本需求
2013 年 7 月	国务院发布《关于加快棚户区改造工作的意见》	加快推进各类棚户区改造，重点推进资源枯竭型城市及独立工矿棚户区、三线企业集中地区的棚户区改造，稳步实施城中村改造。2013 年至 2017 年改造各类棚户区 1000 万户，使居民住房条件明显改善，基础设施和公共服务设施建设水平不断提高
2013 年 11 月	十八届三中全会审议通过的《中共中央关于全面深化改革若干重大问题的决定》	加快房地产税立法并适时推进改革。健全符合国情的住房保障和供应体系，建立公开规范的住房公积金制度，改进住房公积金提取、使用、监管机制
2014 年 8 月	国务院办公厅《关于进一步加强棚户区改造工作的通知》	进一步完善棚户区改造规划；优化规划布局；加快项目前期工作；加强质量安全管理；加快配套建设；落实好各项支持政策
2015 年 1 月	住建部发布《关于加快培育和发展住房租赁市场的指导意见》	发挥市场在资源配置中的决定性作用和更好发挥政府作用，积极推进租赁服务平台建设，大力发展住房租赁经营机构，完善公共租赁住房制度，拓宽融资渠道，推动房地产开发企业转型升级，用 3 年时间，基本形成渠道多元、总量平衡、结构合理、服务规范、制度健全的住房租赁市场
2015 年 12 月	中央经济工作会议	化解房地产库存。要明确深化住房制度改革方向，以满足新市民住房需求为主要出发点，以建立购租并举的住房制度为主要方向，把公租房扩大到非户籍人口。要发展住房租赁市场，鼓励自然人和各类机构投资者购买库存商品房，成为租赁市场的房源提供者，鼓励发展以住房租赁为主营业务的专业化企业。要鼓励房地产开发企业顺应市场规律调整营销策略，适当降低商品住房价格，促进房地产业兼并重组，提高产业集中度

时间	文章/文件/会议/事件	涉及住房、房地产的相关内容摘编或历史意义总结
2016 年 6 月	国务院办公厅印发《关于加快培育和发展住房租赁市场的若干意见》	到 2020 年，基本形成供应主体多元、经营服务规范、租赁关系稳定的住房租赁市场体系，基本形成保基本、促公平、可持续的公共租赁住房保障体系，基本形成市场规则明晰、政府监管有力、权益保障充分的住房租赁法规制度体系，推动实现城镇居民住有所居的目标
2016 年 12 月	中央经济工作会议	促进房地产市场平稳健康发展。要坚持"房子是用来住的、不是用来炒的"的定位，综合运用金融、土地、财税、投资、立法等手段，加快研究建立符合国情、适应市场规律的基础性制度和长效机制，既抑制房地产泡沫，又防止出现大起大落。要在宏观上管住货币，微观信贷政策要支持合理自住购房，严格限制信贷流向投资投机性购房。要落实人地挂钩政策，根据人口流动情况分配建设用地指标。要落实地方政府主体责任，房价上涨压力大的城市要合理增加土地供应，提高住宅用地比例，盘活城市闲置和低效用地。特大城市要加快疏解部分城市功能，带动周边中小城市发展。要加快住房租赁市场立法，加快机构化、规模化租赁企业发展。加强住房市场监管和整顿，规范开发、销售、中介等行为
2017 年 7 月	住建部等联合印发《关于在人口净流入的大中城市加快发展住房租赁市场的通知》	培育机构化、规模化住房租赁企业；建设政府住房租赁交易服务平台；增加租赁住房有效供应；创新住房租赁管理和服务体制
2017 年 9 月	住建部印发《关于支持北京市、上海市开展共有产权住房试点的意见》	决定在北京市、上海市开展共有产权住房试点
2017 年 10 月	党的十九大报告	坚持房子是用来住的、不是用来炒的定位，加快建立多主体供给、多渠道保障、租购并举的住房制度，让全体人民住有所居
2018 年 12 月	中央经济工作会议	要构建房地产市场健康发展长效机制，坚持房子是用来住的、不是用来炒的定位，因城施策、分类指导，夯实城市政府主体责任，完善住房市场体系和住房保障体系

时间	文章/文件/会议/事件	涉及住房、房地产的相关内容摘编或历史意义总结
2019 年 12 月	中央经济工作会议	要加大城市困难群众住房保障工作，加强城市更新和存量住房改造提升，做好城镇老旧小区改造，大力发展租赁住房。要坚持房子是用来住的、不是用来炒的定位，全面落实因城施策，稳地价、稳房价、稳预期的长效管理调控机制，促进房地产市场平稳健康发展
2020 年 5 月	中共中央、国务院关于新时代加快完善社会主义市场经济体制的意见	稳妥推进房地产税立法。加快建立多主体供给、多渠道保障、租购并举的住房制度，改革住房公积金制度
2020 年 12 月	国务院办公厅印发《关于全面推进城镇老旧小区改造工作的指导意见》	大力改造提升城镇老旧小区，改善居民居住条件，推动构建"纵向到底、横向到边、共建共治共享"的社区治理体系，让人民群众生活更方便、更舒心、更美好
2020 年 12 月	中央经济工作会议	解决好大城市住房突出问题。要坚持房子是用来住的、不是用来炒的定位，因地制宜、多策并举，促进房地产市场平稳健康发展。要高度重视保障性租赁住房建设，加快完善长租房政策，逐步使租购住房在享受公共服务上具有同等权利，规范发展长租房市场。土地供应要向租赁住房建设倾斜，单列租赁住房用地计划，探索利用集体建设用地和企事业单位自有闲置土地建设租赁住房，国有和民营企业都要发挥功能作用。要降低租赁住房税费负担，整顿租赁市场秩序，规范市场行为，对租金水平进行合理调控
2021 年 3 月	2021 年国务院政府工作报告	坚持"房住不炒"的定位，稳地价、稳房价、稳预期。解决好大城市住房突出问题，通过增加土地供应、安排专项资金、集中建设等办法，切实增加保障性租赁住房和共有产权住房供给，规范发展长租房市场，降低租赁住房税费负担，尽最大努力帮助新市民、青年人等缓解住房困难

时间	文章/文件/会议/事件	涉及住房、房地产的相关内容摘编或历史意义总结
2021 年 3 月	中华人民共和国国民经济和社会发展第十四个五年规划和 2035 年远景目标纲要	坚持"房住不炒"的定位，加快建立多主体供给、多渠道保障、租购并举的住房制度，让全体人民住有所居、职住平衡。坚持因地制宜、多策并举，夯实城市政府主体责任，稳定地价、房价和预期。建立住房和土地联动机制，加强房地产金融调控，发挥住房税收调节作用，支持合理自住需求，遏制投资投机性需求。加快培育和发展住房租赁市场，有效盘活存量住房资源，有力有序扩大城市租赁住房供给，完善长租房政策，逐步使租购住房在享受公共服务上具有同等权利。加快住房租赁法规建设，加强租赁市场监管，保障承租人和出租人合法权益。有效增加保障性住房供给，完善住房保障基础性制度和支持政策。以人口流入多、房价高的城市为重点，扩大保障性租赁住房供给，着力解决困难群体和新市民住房问题。单列租赁住房用地计划，探索利用集体建设用地和企事业单位自有闲置土地建设租赁住房，支持将非住宅房屋改建为保障性租赁住房。完善土地出让收入分配机制，加大财税、金融支持力度。因地制宜发展共有产权住房。处理好基本保障和非基本保障的关系，完善住房保障方式，健全保障对象、准入门槛、退出管理等政策。改革完善住房公积金制度，健全缴存、使用、管理和运行机制
2021 年 7 月	住建部等 8 部门联合印发《关于持续整治规范房地产市场秩序的通知》	力争用 3 年左右时间，实现房地产市场秩序明显好转
2021 年 10 月	第十三届全国人民代表大会常务委员会第三十一次会议	授权国务院在部分地区开展房地产税改革试点工作
2021 年 12 月	中央经济工作会议	要坚持"房住不炒"的定位，加强预期引导，探索新的发展模式，坚持租购并举，加快发展长租房市场，推进保障性住房建设，支持商品房市场更好满足购房者的合理住房需求，因城施策促进房地产业良性循环和健康发展

续表

时间	文章/文件/会议/事件	涉及住房、房地产的相关内容摘编或历史意义总结
2022 年 10 月	党的二十大报告	坚持房子是用来住的、不是用来炒的定位，加快建立多主体供给、多渠道保障、租购并举的住房制度
2022 年 12 月	中央经济工作会议	要确保房地产市场平稳发展，扎实做好保交楼、保民生、保稳定各项工作，满足行业合理融资需求，推动行业重组并购，有效防范化解优质头部房企风险，改善资产负债状况，同时要坚决依法打击违法犯罪行为。要因城施策，支持刚性和改善性住房需求，解决好新市民、青年人等住房问题，探索长租房市场建设。要坚持房子是用来住的、不是用来炒的定位，推动房地产业向新发展模式平稳过渡
2023 年 12 月	中央经济工作会议	要统筹化解房地产、地方债务、中小金融机构等风险，严厉打击非法金融活动，坚决守住不发生系统性风险的底线。积极稳妥化解房地产风险，一视同仁满足不同所有制房地产企业的合理融资需求，促进房地产市场平稳健康发展。加快推进保障性住房建设、"平急两用"公共基础设施建设、城中村改造等"三大工程"。完善相关基础性制度，加快构建房地产发展新模式
2024 年 7 月	党的二十届三中全会	加快建立租购并举的住房制度，加快构建房地产发展新模式。加大保障性住房建设和供给，满足工薪群体刚性住房需求。支持城乡居民多样化改善性住房需求。充分赋予各城市政府房地产市场调控自主权，因城施策，允许有关城市取消或调减住房限购政策、取消普通住宅和非普通住宅标准。改革房地产开发融资方式和商品房预售制度。完善房地产税收制度
2024 年 12 月	中央经济工作会议	持续用力推动房地产市场止跌回稳，加力实施城中村和危旧房改造，充分释放刚性和改善性住房需求潜力。合理控制新增房地产用地供应，盘活存量用地和商办用房，推进处置存量商品房工作。推动构建房地产发展新模式，有序搭建相关基础性制度

资料来源：根据公开资料搜集整理。

表 A2

2020年中国主要城市居民通勤相关指标统计结果

城市效率: 45分钟以内通勤比重			极端通勤: 60分钟以上通勤比重			通勤感受: 单程平均通勤距离			通勤感受: 单程平均通勤时耗			空间范围: 通勤空间半径			空间匹配: 职住分离度			幸福通勤: 5公里以内通勤比重		
城市规模	研究城市	数据	城市规模	研究城市	数据	城市规模	研究城市	数据	城市规模	研究城市	数据	城市规模	研究城市	数据	城市规模	研究城市	数据	城市规模	研究城市	数据
超大城市 (68%)	深圳	77%	超大城市 (17%)	深圳	12%	超大城市 (9.1千米)	深圳	7.6	超大城市 (40分钟)	深圳	36	超大城市 (38千米)	北京	41	超大城市 (4.2千米)	深圳	2.5	超大城市 (49%)	深圳	60%
	广州	71%		广州	13%		广州	8.7		广州	38		深圳	39		广州	3.7		广州	52%
	上海	69%		上海	17%		上海	8.9		上海	40		上海	39		北京	3.8		上海	48%
	北京	57%		北京	27%		北京	11.1		北京	47		广州	31		上海	6.7		北京	38%
特大城市 (73%)	杭州	79%	特大城市 (13%)	西安	8%	特大城市 (8.2千米)	西安	8.1	特大城市 (38分钟)	西安	34	特大城市 (31千米)	重庆	39	特大城市 (3.9千米)	沈阳	3.1	特大城市 (51%)	杭州	56%
	西安	79%		郑州	10%		杭州	7.4		杭州	35		天津	37		杭州	3.3		郑州	55%
	郑州	77%		杭州	11%		沈阳	7.2		沈阳	36		杭州	33		天津	3.3		沈阳	53%
	沈阳	76%		沈阳	12%		郑州	8		郑州	36		南京	31		南京	3.8		天津	52%
	南京	73%		成都	13%		南京	8.4		南京	38		沈阳	31		武汉	3.8		西安	52%
	天津	72%		南京	13%		天津	8.4		天津	39		武汉	29		重庆	4.0		青岛	52%
	武汉	70%		青岛	14%		武汉	8.3		武汉	39		郑州	28		西安	4.1		武汉	50%
	青岛	70%		武汉	14%		成都	9		成都	39		成都	28		郑州	4.2		南京	50%
	成都	70%		天津	15%		青岛	8		青岛	39		西安	27		青岛	4.5		重庆	48%
	重庆	68%		重庆	17%		重庆	8.9		重庆	40		青岛	25		成都	4.8		成都	46%

城市效率：45分钟以内通勤比重			极端通勤：60分钟以上通勤比重			通勤感受：单程平均通勤距离			通勤感受：单程平均通勤时耗			空间范围：通勤空间半径			空间匹配：职住分离度			幸福通勤：5公里以内通勤比重		
城市规模	研究城市	数据	城市规模	研究城市	数据	城市规模	研究城市	数据	城市规模	研究城市	数据	城市规模	研究城市	数据	城市规模	研究城市	数据	城市规模	研究城市	数据
I型大城市(82%)	温州	89%	I型大城市(8%)	太原	5%	I型大城市(7.7千米)	温州	6.4	I型大城市(34分钟)	温州	30	I型大城市(28千米)	大连	34	I型大城市(3.3千米)	厦门	2.3	I型大城市(56%)	温州	66%
	常州	88%		常州	5%		常州	6.5		常州	31		哈尔滨	33		昆明	2.5		常州	62%
	无锡	86%		温州	6%		太原	6.9		太原	32		济南	31		大连	2.5		厦门	60%
	太原	86%		无锡	7%		佛山	8.2		佛山	32		温州	31		温州	2.6		昆明	60%
	佛山	84%		昆明	7%		厦门	7.1		厦门	32		乌鲁木齐	29		乌鲁木齐	2.6		无锡	57%
	厦门	84%		乌鲁木齐	7%		无锡	7		无锡	33		厦门	29		常州	2.8		佛山	57%
	东莞	84%		厦门	7%		昆明	7.3		昆明	33		长沙	29		哈尔滨	2.8		太原	57%
	昆明	83%		东莞	8%		东莞	13.3		东莞	33		长春	29		无锡	3.0		济南	56%
	苏州	82%		佛山	8%		乌鲁木齐	6.9		乌鲁木齐	34		苏州	28		苏州	3.0		哈尔滨	55%
	合肥	81%		石家庄	8%		长沙	8.2		长沙	34		石家庄	27		合肥	3.0		乌鲁木齐	55%

续表

城市效率：45分钟以内通勤比重			极端通勤：60分钟以上通勤比重			通勤感受：单程平均通勤距离			通勤感受：单程平均通勤时耗			空间范围：通勤空间半径			空间匹配：职住分离度			幸福通勤：5公里以内通勤比重		
城市规模	研究城市	数据	城市规模	研究城市	数据	城市规模	研究城市	数据	城市规模	研究城市	数据	城市规模	研究城市	数据	城市规模	研究城市	数据	城市规模	研究城市	数据
I型大城市（82%）	乌鲁木齐	81%	I型大城市（8%）	苏州	8%	I型大城市（7.7千米）	合肥	7.2	I型大城市（34分钟）	合肥	34	I型大城市（28千米）	昆明	27	I型大城市（3.3千米）	太原	3.1	I型大城市（56%）	石家庄	55%
	长沙	80%		济南	8%		济南	7.7		济南	34		佛山	26		佛山	3.3		徐州	54%
	徐州	80%		徐州	8%		苏州	8.2		苏州	34		徐州	26		长春	3.6		长沙	54%
	济南	80%		合肥	9%		徐州	7.9		徐州	35		常州	26		济南	3.6		合肥	54%
	石家庄	79%		长沙	9%		哈尔滨	7.2		哈尔滨	35		无锡	25		长沙	3.7		大连	54%
	哈尔滨	77%		哈尔滨	10%		石家庄	8		石家庄	35		合肥	25		徐州	4.4		苏州	54%
	长春	76%		长春	11%		长春	7.5		长春	36		太原	25		东莞	4.9		长春	51%
	大连	73%		大连	13%		大连	7.2		大连	38		东莞	22		石家庄	5.3		东莞	43%
II型大城市（84%）	海口	91%	II型大城市（6%）	海口	3%	II型大城市（7.2千米）	海口	7	II型大城市（33分钟）	海口	30	II型大城市（25千米）	宁波	31	II型大城市（3.6千米）	福州	2.7	II型大城市（58%）	海口	63%
	宁波	86%		南宁	5%		宁波	6.6		宁波	31		兰州	28		宁波	2.7		兰州	63%
	呼和浩特	86%		呼和浩特	5%		呼和浩特	6.4		呼和浩特	32		银川	28		南宁	2.7		宁波	61%
	南宁	84%		宁波	6%		银川	8.1		银川	33		西宁	27		贵阳	3.1		福州	61%

续表

城市效率：45分钟以内通勤比重			极端通勤：60分钟以上通勤比重			通勤感受：单程平均通勤距离			通勤感受：单程平均通勤时耗			空间范围：通勤空间半径			空间匹配：职住分离度			幸福通勤：5公里以内通勤比重		
城市规模	研究城市	数据	城市规模	研究城市	数据	城市规模	研究城市	数据	城市规模	研究城市	数据	城市规模	研究城市	数据	城市规模	研究城市	数据	城市规模	研究城市	数据
Ⅱ型大城市（84%）	银川	83%	Ⅱ型大城市（6%）	福州	7%	Ⅱ型大城市（7.2千米）	兰州	7.2	Ⅱ型大城市（33分钟）	兰州	33	Ⅱ型大城市（25千米）	贵阳	26	Ⅱ型大城市（3.6千米）	呼和浩特	3.2	Ⅱ型大城市（58%）	呼和浩特	58%
	兰州	83%		贵阳	7%		南宁	6.8		南宁	33		福州	24		海口	3.3		银川	57%
	福州	82%		银川	7%		贵阳	7.5		贵阳	34		南昌	23		南昌	3.6		贵阳	57%
	南昌	81%		西宁	7%		南昌	7.2		南昌	34		呼和浩特	22		兰州	3.7		南昌	56%
	西宁	81%		兰州	7%		福州	6.9		福州	34		海口	21		西宁	5.2		南宁	55%
	贵阳	80%		南昌	8%		西宁	8.5		西宁	35		南宁	21		银川	5.5		西宁	55%

注：（1）数据来源于2021年7月住房和城乡建设部城市交通基础设施监测与治理实验室、中国城市规划设计研究院联合发布的《2021年度中国主要城市通勤监测报告》；（2）括号内标注城市规模分类的指标均值；（3）表格中共选取42个中国主要城市、2.3亿人作为研究对象；（4）本表以居住地或就业地至少一端位于中心城区就业地就业范围内的通勤人口作为研究对象，包含城区内部通勤、城区居住郊区就业、郊区居住城区就业、城外居住城区就业的情形；（5）45分钟以内通勤比重是指中心城区通勤人口中，单程45分钟以内可达比重，是城市运行效率和居民生活品质的衡量标准与发展目标；（6）60分钟以上通勤比重是指中心城区通勤人口，全方式出行45分钟以上可达比重，作为城市超长通勤同题的量度；（7）单程平均通勤时耗是指中心城区居民到岗通勤人口，早高峰从居住地到就业地的平均值，是居民生活品质的重要影响因素；（8）通勤空间半径是指覆盖90%中心城区通勤人口建构的空间椭圆，以椭圆周长锚定义通勤空间半径，作为城市通勤空间的量度；（9）职住分离度是指不考虑就业差异特征下，职住分离度越大，说明城市通勤建构宽松空间范围的最小通勤距离，在既有职住选择、作为有职住布局条件下通过交换居住地或就业地所能实现的最小通勤距离，可采用步行、自行车等非机动车方式上班，会带来幸福的通勤体验；（10）幸福通勤是指就近职住，在理论上能够实现的最小通勤距离，以距离小于5公里的通勤人口比重作为衡量城市职住平衡和通勤幸福的指标。

表 A3   测算的城市居民生活质量指数（Shi et al., 2021）

排名	城市	QOL 指数	排名	城市	QOL 指数	排名	城市	QOL 指数	排名	城市	QOL 指数	排名	城市	QOL 指数
1	深圳	6186.341	23	西安	2227.822	45	合肥	1247.013	67	泉州	864.549	89	无锡	558.478
2	上海	4483.538	24	福州	2163.259	46	锦州	1209.951	68	呼伦贝尔	835.625	90	唐山	537.987
3	北京	4357.027	25	昆明	2112.878	47	张家口	1172.682	69	绍兴	812.753	91	武威	534.813
4	大连	4169.473	26	成都	1979.728	48	贵阳	1166.594	70	常州	798.65	92	晋中	520.845
5	银川	3917.356	27	石家庄	1876.482	49	巴彦淖尔	1150.628	71	东营	795.936	93	吕梁	506.445
6	呼和浩特	3869.493	28	石嘴山	1767.401	50	乌兰察布	1141.834	72	嘉兴	754.31	94	延安	490.95
7	乌鲁木齐	3776.626	29	克拉玛依	1664.267	51	黑河	1134.883	73	朔州	752.972	95	张掖	490.241
8	厦门	3748.664	30	包头	1659.777	52	武汉	1118.393	74	庆阳	748.939	96	承德	488.799
9	海口	3636.176	31	乌海	1645.144	53	大庆	1108.612	75	鞍山	738.942	97	普洱	478.452
10	拉萨	3380.277	32	盘锦	1539.822	54	金昌	1092.231	76	中山	693.951	98	赤峰	465.59
11	西宁	3312.747	33	长春	1528.534	55	阜新	1036.296	77	松原	692.883	99	潍坊	452.699
12	东莞	3015.201	34	哈尔滨	1513.137	56	济南	1030.192	78	三门峡	671.62	100	佳木斯	450.786
13	青岛	2924.162	35	嘉峪关	1497.917	57	宝山	1018.389	79	临沧	668.3	101	白银	435.516
14	太原	2690.618	36	郑州	1485.137	58	威海	1016.074	80	酒泉	651.664	102	宝鸡	426.517
15	天津	2663.583	37	攀枝花	1463.731	59	榆林	1009.302	81	阳泉	650.125	103	双鸭山	414.881
16	杭州	2607.233	38	丽江	1444.273	60	大同	983.119	82	三亚	629.693	104	长沙	414.783
17	广州	2537.854	39	秦皇岛	1434.63	61	齐齐哈尔	948.945	83	通辽	617.773	105	重庆	412.174
18	兰州	2510.175	40	南宁	1429.571	62	吴忠	948.637	84	白城	603.205	106	晋城	405.409
19	南京	2443.615	41	南通	1396.232	63	昭通	946.831	85	舟山	595.69	107	潮州	391.633
20	宁波	2387.643	42	营口	1313.256	64	牡丹江	924.931	86	烟台	592.489	108	平凉	382.268
21	丹东	2302.716	43	鄂尔多斯	1310.464	65	中卫	899.669	87	曲靖	591.359	109	铜川	366.489
22	沈阳	2242.49	44	玉溪	1291.408	66	葫芦岛	874.049	88	朝阳	563.916	110	陇南	332.483

续表

排名	城市	QOL指数	排名	城市	QOL指数	排名	城市	QOL指数	排名	城市	QOL指数	排名	城市	QOL指数
111	长治	329.34	133	辽阳	21.215	155	德阳	-327.341	177	淄博	-582.326	199	莱芜	-871.477
112	七台河	328.015	134	绵阳	16.974	156	伊春	-335.71	178	渭南	-615.197	200	淮北	-871.547
113	固原	321.375	135	洛阳	2.999	157	绥化	-339.797	179	鄂州	-626.394	201	衢州	-874.507
114	十堰	279.532	136	连云港	-6.575	158	天水	-361.403	180	黄石	-642.06	202	铜陵	-874.886
115	鸡西	244.486	137	北海	-23.376	159	黄冈	-371.627	181	新乡	-656.107	203	资阳	-890.265
116	忻州	238.583	138	南昌	-30.218	160	德州	-372.483	182	淮南	-671.386	204	鹤壁	-901.001
117	阳江	235.842	139	日照	-39.085	161	泰州	-377.159	183	广元	-679.572	205	莱尚	-915.434
118	铁岭	227.159	140	马鞍山	-100.851	162	湖州	-386.939	184	宿迁	-722.552	206	百色	-923.849
119	鹤岗	195.828	141	衡水	-113.278	163	许昌	-414.21	185	济宁	-740.104	207	江门	-930.577
120	镇江	178.226	142	咸阳	-116.527	164	焦作	-424.509	186	安阳	-761.548	208	景德镇	-930.998
121	芜湖	105.832	143	辽源	-121.074	165	漯河	-425.391	187	白山	-763.015	209	广安	-933.47
122	沧州	103.07	144	湛江	-150.35	166	六盘水	-426.291	188	安顺	-765.975	210	达州	-961.836
123	邯郸	102.08	145	商洛	-162.041	167	定西	-432.371	189	遵义	-793.918	211	金华	-1002.71
124	佛山	87.76	146	抚顺	-197.713	168	云浮	-471.544	190	泸州	-793.924	212	莆田	-1012.45
125	邢台	78.017	147	滨州	-205.187	169	盐城	-482.432	191	汕头	-798.681	213	梅州	-1040.7
126	吉林	71.785	148	保定	-214.272	170	温州	-517.45	192	安康	-826.632	214	赣州	-1045.5
127	本溪	61.072	149	临汾	-219.118	171	玉林	-528.864	193	九江	-827.611	215	河源	-1060.77
128	珠海	60.219	150	四平	-229.384	172	徐州	-534.509	194	汉中	-831.157	216	淮安	-1066.47
129	运城	57.137	151	茂名	-267.228	173	宜昌	-553.828	195	宜宾	-837.205	217	临沂	-1080.99
130	汕尾	43.519	152	揭阳	-283.027	174	遂宁	-555.558	196	张家界	-842.867	218	平顶山	-1092.85
131	苏州	39.67	153	扬州	-286.12	175	惠州	-573.102	197	濮阳	-857.858	219	内江	-1105.12
132	廊坊	30.189	154	通化	-307.235	176	蚌埠	-580.647	198	肇庆	-860.816	220	聊城	-1112.89

续表

排名	QOL指数	城市	排名	QOL指数	城市	排名	QOL指数	城市	排名	QOL指数	城市
221	-1118.57	梧州	243	-1334.86	宣城	265	-1743.28	襄阳	287	-3192.47	防城港
222	-1128.35	泰安	244	-1345.11	随州	266	-1758.6	鹰潭			
223	-1138.63	巢湖	245	-1351.1	丽水	267	-1774.95	周口			
224	-1149.58	开封	246	-1351.93	株洲	268	-1791.08	阜阳			
225	-1152.98	漳州	247	-1361.88	亳州	269	-1826.98	萍乡			
226	-1157.38	南充	248	-1404.53	河池	270	-1917.36	新余			
227	-1164.43	怀化	249	-1429.7	安庆	271	-1925.8	孝感			
228	-1170.7	荆门	250	-1433	眉山	272	-1939.59	宜春			
229	-1178.12	崇左	251	-1438.48	邵阳	273	-1968.02	南平			
230	-1181.83	雅安	252	-1452.84	枣庄	274	-2000.25	上饶			
231	-1181.9	巴中	253	-1481.25	菏泽	275	-2032.17	湘潭			
232	-1186.55	商丘	254	-1505.43	贵港	276	-2040.81	常德			
233	-1206.38	韶关	255	-1508.66	贺州	277	-2044.68	钦州			
234	-1235.26	滁州	256	-1540.55	台州	278	-2062.93	永州			
235	-1235.75	三明	257	-1547.42	娄底	279	-2114.35	桂林			
236	-1236.99	苏州	258	-1591.37	郴州	280	-2296.1	信阳			
237	-1256.11	池州	259	-1593.45	荆州	281	-2340.81	驻马店			
238	-1270.9	黄山	260	-1606.38	南阳	282	-2369.56	龙岩			
239	-1275.46	来宾	261	-1664.33	六安	283	-2435.91	吉安			
240	-1276.13	岳阳	262	-1715.22	衡阳	284	-2496.73	福州			
241	-1306.92	自贡	263	-1729.13	柳州	285	-3119.35	宁德			
242	-1321.8	清远	264	-1735.07	咸宁	286	-3123.56	益阳			

注：(1) 本表来自 Shi, T., Zhu, W. Z., Fu, S. H. (2021) 的测算；(2) QOL 表示城市居民生活质量（Quality of life）。